Bild- und Presseagenturen

10 Presse-Photo GmbH (1928 – 32): Wilhelmstr. 130
11 Keystone View Company (1925 – 35): Zimmerstr. 29
12 New York Times / Wide World Photos (1928 – 36): Kochstr. 28/29
13 Associated Press (1932 – 38): Zimmerstr. 70
14 Atlantic (1931 – 41): Schützenstr. 67
15 Walter Gircke (1917 – 33): Kochstr. 4
16 Alfred Groß (1910 – 35): Zimmerstr. 48 a + b
17 Dephot: Kochstr. 53
18 Telegraphen-Union: Blücherstr. 12
19 Robert Senneke, Int. Illustrations-Verlag: Hallesches Ufer 9
20 Süssmann-Presse-Photo: Markgrafenstr. 87
21 Fotoaktuell GmbH: Von der Heydtstr. 13
22 John Graudenz: Jägerstr. 1

Treffpunkte der Journalisten und Fotografen

23 Jädickes Konditorei, Kochstraße 57
24 Romanisches Café, Kurfürstendamm
25 Café Friedrichshof, Friedrichstraße Ecke Kochstraße

Kino-Paläste

26 Marmorhaus: Kurfürstendamm 236
27 Ufa-Theater Pavillon: Kurfürstendamm 26
28 Ufa-Theater: Nollendorfplatz 4
29 Phöbus-Palast: Im Europahaus
30 Gloria-Palast: Auguste-Viktoria-Platz

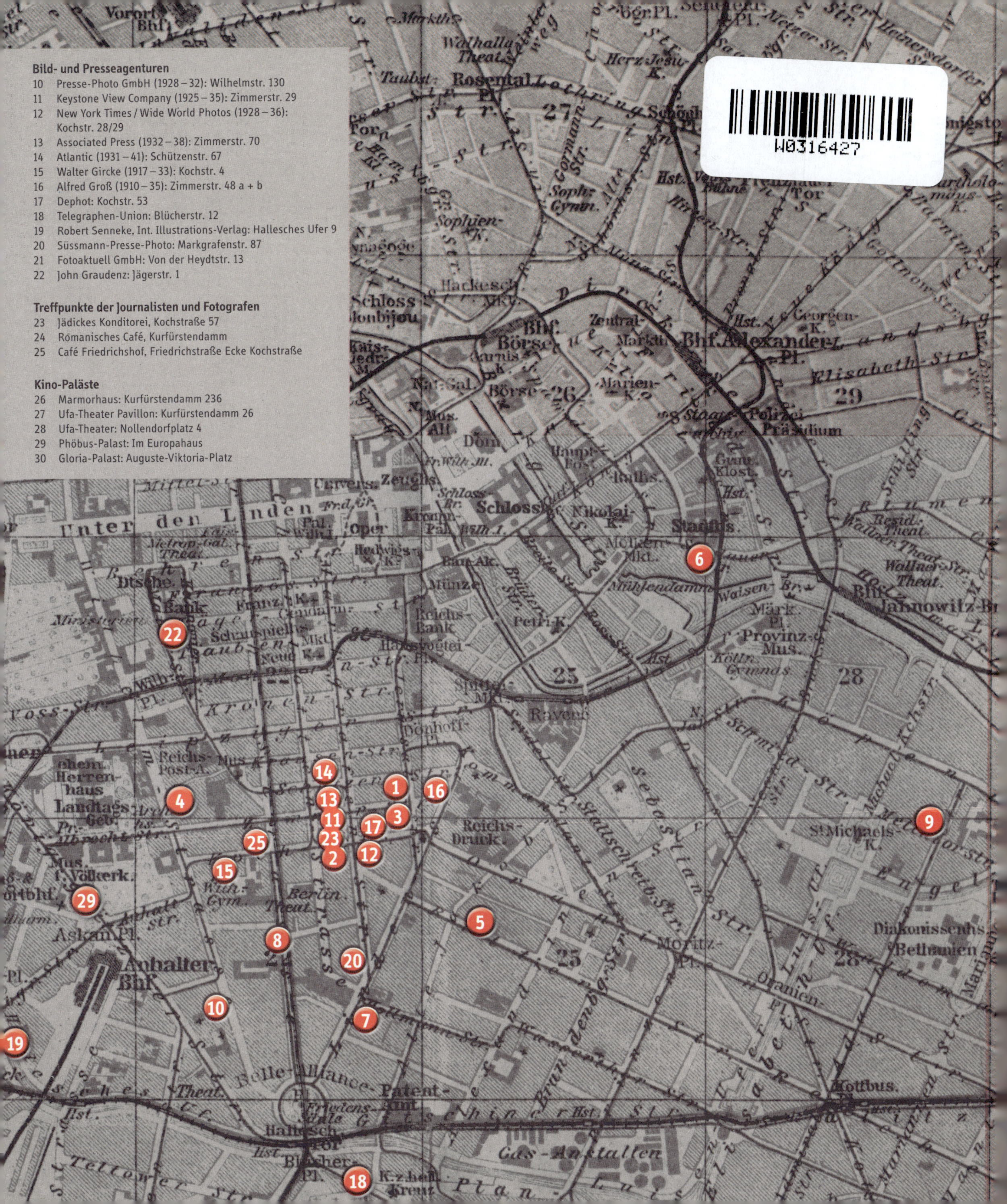

Die Weimarer Zeit

Für Maya zum Andenken an Berlin

Bonner Straße 126, D-50968 Cologne

Verlags- und Art Direktion: Peter Feierabend
Projektleitung: Kirsten E. Lehmann
Projektkoordination: Britta Harting
Personenglossar: Patrick Bierther
Lektorat: Dr. Nils Havemann
Übersetzung aus dem Schwedischen: Maike Dörries
Layout und Satz: Agentur Roman, Bold & Black, Köln
Herstellung: Mark Voges
Lithographie: typografik, Köln
Druck und Bindung: Dürer Nyomda, Gyula

Printed in Hungary

ISBN 3-8290-2696-X

10 9 8 7 6 5 4 3 2 1

Die Weimarer Zeit in Pressefotos und Fotoreportagen

IDEE UND KONZEPT: TORSTEN PALMÉR
HERAUSGEBER: HENDRIK NEUBAUER

KÖNEMANN

Das Zeitalter der Bilder

Das 18. Jahrhundert wurde zum Zeitalter der Aufklärung, das folgende zu einem des Fortschritts. Das 20. Jahrhundert sperrt sich gegen derartige Vereinfachungen. In der ersten Hälfte scheiterten Deutschland und Japan, in der zweiten Hälfte die Sowjetunion. Ist es deshalb das Jahrhundert Amerikas? Oder ist es das Jahrhundert der Massenmorde und Exilierungen in Millionenhöhe?

Das 20. Jahrhundert ist vor allem das Zeitalter der Bilder, die alle diese Fragen aufwerfen. Die tägliche Flut der Bilder, die bewußt und unbewußt wahrgenommen wird, setzte mit der Entwicklung der Massenmedien in den 20er Jahren ein. Während noch vor 1900 die Presse mit ihren Nachrichten und Bildern den Geschehnissen Monate und Wochen hinterherhinkten, verkürzt sich diese Differenz nach dem Ersten Weltkrieg auf Tage und Stunden. Mit der Aufhebung der Zensur explodierte die Presselandschaft der Weimarer Republik. Wenn in der ersten deutschen Demokratie die politischen Kämpfe nicht gerade auf der Straße ausgetragen wurden, in den Zeitungen fanden sie täglich statt. Der Fotografie kam dabei eine ganz neue Rolle zu; es entstand die irrationale kollektive Leichtgläubigkeit des Lesers gegenüber Fotos: Das ist ein Pressefoto, also ist es wahr.

Über die illustrierte Nachricht hinaus entwickelte sich in der Weimarer Zeit der Fotojournalismus. In den Illustrierten rückte das Foto in den Mittelpunkt, die Bilder selbst erzählten Geschichten, die nur durch kurze Texte erläutert und kommentiert wurden. Die Fotojournalisten zeichneten in ihren Bildserien ein Kaleidoskop der Gesellschaft. Mit ihren jüngst erst entwickelten Kleinbild-Kameras entdeckten sie das Leben auf den Straßen und Hinterhöfen, fingen das unverblümte Porträt der Staatsmänner ein und wagten den Blick in das Privatleben der Stars und Sternchen. Die großen Illustrierten der Weimarer Zeit entwickelten einen Reportagestil, der heute noch die Bildsprache der großen Magazine prägt.

Das vorliegende Buch erzählt die Geschichte von 1918 bis 1933 aus der Perspektive des Bildjournalismus. Im Mittelpunkt steht die Frage: Wie hat sich die Weimarer Zeit selbst beschrieben? Die Pressefotografien und Fotoreportagen aus dem Archiv des Schwedischen Fernsehens, SVT Bild, werden als Originaldokumente mit den ursprünglichen Bildzeilen und Reportagetexten präsentiert. So werden die entscheidenden Ereignisse und Zeitströmungen aus der Sicht der Bildjournalisten, der Reporter vor Ort, lebendig. Diesen Originaldokumenten zur Seite gestellt sind Auszüge aus Zeitungen, Reden, Erinnerungen und Liedern: Aus ihnen sprechen die Persönlichkeiten des gesellschaftlichen Lebens in der ersten deutschen Demokratie. Alles in allem ermöglicht das Buch den Blick darauf, wie die Zeitgenossen der ersten deutschen Republik sich ihres Alltags vergewisserten und diesen beschrieben.

Heute wissen wir nur allzugut, daß Bilder „lügen" können. Politik und Kriege wurden im Verlauf des 20. Jahrhunderts immer mehr zu Events, die, bevor sie auf Sendung und in den Druck gingen, zunächst einmal auf ihre „ästhetischen" Qualitäten hin abgeklopft wurden. Die Propaganda der Nationalsozialisten ab Mitte der 20er Jahre zeigt, daß diese Form der Beeinflussung der Öffentlichkeit bereits in der Zeit von 1918 bis 1933 gang und gäbe war – wenn auch auf einem ganz anderen technischen Niveau. Um den ideologischen Charakter im Zusammenspiel von Wort und Bild nachvollziehbar zu machen, zeichnen die einleitenden Texte der Kapitel die großen Linien der einzelnen Zeit- und Themenabschnitte nach. In den jeweiligen Bildstrecken wurden Kommentare aus heutiger Sicht dort eingefügt, wo eine Erläuterung unerläßlich schien.

Hendrik Neubauer, im Dezember 1999

Rechts: „Symbolische Darstellung der Arbeit. Der Reporter."
Vorhergehende Seite: „Reichsbanner ‚Schwarz-Rot-Gold' Kundgebung in Magdeburg [...] Reichskanzler a.D. Hermann Müller während seiner Ansprache. 22. 5. 1925" *(Originalbildzeilen)*

Inhalt

UND INDEM IHR SEHT...

1

Unzählige Fotoreporter begleiteten das politische Geschehen der Weimarer Republik in ihrer Hauptstadt Berlin von Anfang an. Dieses Foto entstand am 1. April 1930, als sich – nach dem Zerfall der großen Koalition – das neue Präsidialkabinett unter Reichskanzler Heinrich Brüning vorstellte. „So beginnt eine Regierung. Eine Armee von Operateuren und Fotografen, die die neue Reichsregierung bei ihrer offiziellen Vorstellung bombardiert", lautete die Originalbildzeile damals. In den 20er Jahren entwickelte sich der Berufsstand des Bildjournalisten, dessen Bedeutung der Chefredakteur der Berliner Illustrirte, Kurt Korff, bereits 1919 formulierte: „Die Illustrationsfotografie ist das zeitgeschichtliche Mikroskop des Weltbürgers. Der Fotograf wandert für Euch um die Welt [...] Und indem Ihr seht, werdet Ihr wissend."

Leipziger
Ausl. Eisenb.-Prior.
Industrie-Aktien

Die Entfesselung der Presse

In den „goldenen 20er Jahren“ galt Berlin neben New York, London und Paris als eine der führenden „Zeitungsstädte“ der Welt. Zwischen 1924 und 1929 hatten sich hier Tageszeitungen, Boulevardblätter und Illustrierten zu Massenmedien mit Millionenauflagen entwickelt. Vor allem der Erfolg der Illustrierten beruhte auf ihrer neuen visuellen Ästhetik, die die Leser mit Abbildern der Wirklichkeit lockte – Pressefotos und Fotoreportagen. In der Reichshauptstadt, die seit den Ereignissen der Revolution 1918/19 ihren Reportern aus dem In- und Ausland Tag für Tag Zündstoff aus Politik und Kultur lieferte, lebten Anfang der 30er Jahre etwas mehr als vier Millionen Menschen – im Vergleich dazu hatte New York damals acht Millionen und London 7,5 Millionen Einwohner.

Ende des 20. Jahrhunderts erlebt Berlin als neue „alte“ Hauptstadt eine politische und wirtschaftliche Blüte. Eine Pressemetropole ist sie jedoch nicht. Heute ist kaum noch etwas zu erkennen von dem ehemaligen Herzstück der „Zeitungsstadt“. Das Viertel erstreckte sich vom Potsdamer Platz bis zum Anhalter Bahnhof; in der Zimmerstraße, Kochstraße, Hedemannstraße und Jerusalemstraße waren die wichtigsten Verlage und ihre Redaktionen ansässig. Während des Januaraufstandes 1919 tobten hier die Barrikadenkämpfe. In den 20er Jahren schrieben hier die Zeitungen, Zeitschriften und Illustrierten ein Stück herausragender Pressegeschichte, deren Vielfalt die Nationalsozialisten mit der Gleichschaltung der Medien 1933 mit einem Schlag zunichte machten. In den Bombennächten des Zweiten Weltkrieges und im Verlauf der Räumungsarbeiten der Nachkriegsjahre wurde das Quartier dem Erdboden gleichgemacht.

Massenmedien der Weimarer Zeit

Im Zuge der Hauptstadteuphorie der 1990er Jahre blühte auch der Mythos der „Zeitungsstadt“ Berlin wieder auf. 1999 formulierte Holger Böning in der Wochenzeitung *Die Zeit:* „Wer die deutsche Pressegeschichte kennt, bleibt allerdings skeptisch: Der märkische Sand war bisher jedenfalls kein Boden für vitale, national erfolgreiche Gazetten.“ Die Pressegeschichte der Weimarer Republik darf aus dieser Perspektive als Ausnahme gelten. Die Revolution und die Aufhebung der Zensur 1918 wirkten wie eine Befreiung auf die Presselandschaft der Republik. Die Rotationsmaschine, die unter ohrenbetäubendem Lärm in rasender Geschwindigkeit Zeitungen ausspuckte, wurde zu einem Sinnbild für die Geräuschkulisse, das Tempo, den Rhythmus der Großstadt in jener Zeit. Anfang der 20er Jahre gab es allein in Berlin 47 Tageszeitungen, die morgens, mittags oder abends erschienen. Darüber hinaus wurden 33 täglich erscheinende Stadtteilzeitungen, etwa 50 Wochenzeitschriften und 18 Illustrierten in der Hauptstadt publiziert.

Der Mythos der „Zeitungsstadt Berlin“ lebt immer noch von der Erinnerung an die großen Zeitungspaläste – die liberalen jüdischen Verlagshäuser Mosse und Ullstein, aber auch der erzkonservative Scherl-Verlag residierten alle im Berliner Zeitungsviertel. Auf diesem kleinen Stück Berlin drängten sich die altehrwürdige *Vossische Zeitung* (1704 gegründet), das *Berliner Morgenblatt* der bürgerlichen Linken und Theodor Wolffs linksliberales *Berliner Tageblatt,* die konservativen bis reaktionären Tageszeitungen wie *Berliner Lokalanzeiger, Der Tag* und die *Deutsche Allgemeine Zeitung,* das katholische Zentrumsblatt *Germania,* das Sensationsblatt *Tempo,* der sozialdemokratische *Vorwärts* und *Die Rote Fahne* der Kommunisten. Mit Ausnahme der Parteipresse erlangten alle diese Zeitungen während der Weimarer Republik aber niemals eine republikweite Bedeutung.

Die Bilderflut nach dem Krieg

Ein Publikum über den Erscheinungsort hinaus erreichten Zeitschriften und Illustrierten. Die deutschen Verlage ergriff bereits im Frühjahr 1919, als sich die Wirtschaft der Republik infolge der Nachkriegsdepression noch im Tiefschlaf befand, eine Art Gründerfieber: Von April bis Juni erschienen über hundert neue Zeitschriften und Illustrierten. Der Großteil

„Im Banne der Zeitung“ – Fotoreportage
Ende der 20er Jahre entwickelte sich die Fotoreportage als neues Ausdrucksmedium der Presse. Der Fotograf selbst blieb meist anonym.

Linke Seite: „Der Börsianer verschlingt den Kurszettel.“
Oben: „Zwei lesen schon die Zeitung und noch ein dritter kiebitzt.“ *(Originalbildzeilen)*

„Im Banne der Zeitung" – Fotoreportage (Fortsetzung)
Links: „Der Reporter sucht wiederzufinden, was er schrieb."

Rechts: „Er riskiert eher einen Beinbruch, als er das Zeitungslesen auf der Treppe läßt."
Rechte Seite: „Heute neu, alles heute neu!" *(Originalbildzeilen)*

überlebte jedoch die Inflationszeit nicht. Vor allem die großen Illustrierten aus Berlin und München schrieben nach 1923 mit ihren hohen Auflagen rasante Erfolgsgeschichten: Das kultivierte bürgerliche Wochenmagazin *Berliner Illustrirte Zeitung,* 1891 gegründet, erlebte in den 20er Jahren seine Blütezeit. 1924 erwuchs der *BIZ* jedoch in der *Münch(e)ner Illustrierten Presse,* kurz *MIP* genannt, ein ernsthafter Konkurrent. Diese beiden bürgerlichen Blätter wurden gestalterisch seit 1925 wesentlich von der in Berlin herausgegebenen *AIZ* inspiriert – die *Arbeiter-Illustrierte-Zeitung* forcierte nicht nur den sozialistischen Bildjournalismus, sondern galt zudem als avantgardistisches Vorbild. Die enorme Popularität stehender Bilder in den 20er Jahren ist leicht zu erklären: Die Illustrierten konkurrierten mit der Filmindustrie, die ein Millionenpublikum in die Kinos lockte. Für ein Eintrittsgeld wurden dem Besucher in schmuddeligen Vorstadtkinos wie in luxuriösen Kinopalästen die illustrierte Wochenschau, ein Vorfilm und ein Hauptfilm geboten. Aber auch die Werbung arbeitete zunehmend mit der Fotografie.

Das Zusammentreffen von Journalisten, Künstlern, Wirtschaftsbossen und Politikern schuf eine unvergleichliche Atmosphäre. Der Presseball am dritten Samstag im Januar war der gesellschaftliche Höhepunkt der Saison. Vergleichbare Anlässe gab es genug, die Journalisten blieben aber auch gern einmal unter sich. In Jädickes Konditorei in der Kochstraße, dem berüchtigten Treff der Zeitungsbranche, konnte man rund um die Uhr den neuesten Klatsch und Tratsch aus Szene und Gesellschaft erfahren. Der legendäre „rasende Reporter" Egon Erwin Kisch hatte ebenso wie der Kulturphilosoph Walter Benjamin und viele andere Intellektuelle seinen Stammplatz im legendären „Romanischen Café" in der Nähe der Gedächtniskirche am Kurfürstendamm, während sich die Pressefotografen zum Kegeln im „Café Friedrichshof" Ecke Friedrichstraße/ Kochstraße trafen.

Zügellosigkeit — Brutalität
Brandkatastrophe
in einem Newyorker Film-Atelier.
Zehn Tote. — Verzweiflungssprünge durch die Fenster.
Welt Rekord

Illustrierte Nachrichten

Fotoreporteralltag zwischen Himmel und Erde.
Links: „Streiflichter von der zweiten Haager Konferenz. Die rumänische Delegation im Kreuzfeuer der Kameraleute."
Rechte Seite: „An einen Ballon gebunden schwebt der Pressefotograf – überall dabei! – über das Menschengewimmel bei der Flugschau in Staaken im April 1928."
(Originalbildzeilen)

Die Anfänge der Illustrationsfotografie reichen bis in die Jahrzehnte vor 1914 zurück. Mit der Autotypie hatte man 1882 die Möglichkeit geschaffen, Fotografien im Buchdruck zu reproduzieren. Allen voran nutzten die anglo-amerikanischen Tageszeitungen wie der *New York Tribune* 1887 und der *Daily Graphic* 1891 das neue Bildmedium, in Deutschland folgte 1902 *Der Tag*. Für die Zeitungen in den USA und England wurde das Foto bald ein selbstverständlicher Bestandteil des Journalismus. Es wurden eigens Fotoredaktionen und -archive eingerichtet. In deutschen Tageszeitungen hingegen waren aktuelle Nachrichtenfotos immer noch die Ausnahme. Die deutsche Pressefotografie steckte noch in den Kinderschuhen, Zeitungen und Illustrierte waren auf ausländische Fotografen und Bildagenturen angewiesen. Um die Jahrhundertwende begannen die großen deutschen Zeitungen, aktuelle Pressefotos in illustrierten Wochenbeilagen mit besserer Papierqualität zu publizieren – das gewöhnliche Zeitungspapier war für die Wiedergabe von Fotografien ungeeignet. Einer der Vorreiter war 1892 der sozialdemokratische *Vorwärts* mit seiner Beilage *Die Neue Welt*, ab 1919 *Volk und Zeit*. 1896 gab das Verlagshaus Mosse erstmals den *Welt-Spiegel* als Beilage zum *Berliner Tageblatt* heraus, 1909 folgte der *Berliner Lokal-Anzeiger* mit seiner Beilage *Bilder vom Tage* und 1914 die *Vossische Zeitung* mit ihrer Beilage *Zeitbilder*.

Die Fotografie auf dem Vormarsch

Die illustrierten Zeitungsbeilagen waren der Versuch der Tagespresse, mit den bebilderten Wochenzeitschriften – den „Illustrierten" – zu konkurrieren. Diese richteten sich an das Massenpublikum der Großstädte. Den Illustrierten diente die Fotografie als Blickfang; bereits beim Kauf wurden die Leser vom ganzseitigen Titelfoto gelockt, beim Hineinblättern boten sich ihnen zahlreiche illustrierte Doppelseiten. In Berlin erschien seit 1891 die Wochenzeitschrift *Berliner Illustrirte Zeitung (BIZ)*. Ab 1894 wurde sie vom Verlagshaus Rudolf Ullstein herausgegeben und entwickelte sich unter der Leitung des Chefredakteurs Kurt Korff zur wichtigsten Illustrierten Deutschlands. 1914 hatte sie eine Auflage von einer Million, 1932 von nahezu zwei Millionen. Auch drucktechnisch waren Ullstein und die *BIZ* führend, da sie seit 1902 das Rotationsdruckverfahren für die Zeitungsproduktion nutzten. Fotografen, die sich in der *BIZ* vor 1914 einen Namen machten, waren unter anderem Walter Gircke, Alfred Groß, Robert Sennecke und Willi Ruge. In Konkurrenz zu den jüdischen, liberalen Häusern Ullstein und Mosse rief das konservative Verlagshaus Scherl 1899 die Illustrierte *Die Woche* ins Leben, die sich besonders der aktuellen Berichterstattung widmete.

Mit dem Wandel der Presse um die Jahrhundertwende und ihrem wachsenden Bildbedarf professionalisierte sich auch der deutsche Bildermarkt. Die Amateur-Fotografen Karl Delius, Heinrich Sanden und Martin Gordan gründeten 1900 die Berliner Illustrations-Gesellschaft, die sich ausschließlich auf Fotografien für die Presse spezialisierte. Damit begann in Berlin die Zeit der eigentlichen Pressefotografie, und nur zehn Jahre später gab es in der Stadt bereits um die zwanzig Pressefotofirmen. Der Erste Weltkrieg unterbrach diese Entwicklung. Die Presse unterlag der Zensur; Pressefotografen bekamen Aufträge als Frontfotografen – so etwa Robert Sennecke, der in der Türkei stationiert war, und Willi Ruge, der Kriegsdienst als Fotograf der Luftwaffe leistete.

Die Krise der Gesellschaft

Die dramatischen Jahre nach Kriegsende lieferten den Pressefotografen sensationsgeladene Stoffe, vom Januaraufstand 1919 in Berlin bis zum Hitler-Putsch in München 1923. Die Presse reagierte auf die Ereignisse mit bebilderten Sonderausgaben. Dem Januaraufstand 1919 in Berlin, von Fotografen wie Walter Gircke, Georg Pahl, Willy Römer, Willi Ruge und Robert Sennecke dokumentiert, wurde eine 24seitige Spezialnummer in der *BIZ* gewidmet. In den folgenden drei Jahren wurde die Weimarer Republik von bürgerkriegsähnlichen Zuständen und einer tiefen wirtschaftlichen Krise erschüttert. In dieser Phase zeigten sich vor allem die Illustrierten als sehr konjunkturabhängig, selbst erfolgreiche Titel wie die *BIZ* verloren über eine Million Leser. Den Endpunkt markierte ihre letzte Nummer vor der Einführung der Rentenmark im November 1923: Sie kostete genau eine Billion Mark.

Die mangelnde Nachfrage stürzte auch die Pressefotografie in eine Krise. Nichtsdestotrotz entstanden nach 1919 in Deutschland 50 neue Bildagenturen. Anfang der 20er Jahre gab es in Berlin etwa 40 Pressefotoagenturen, die jeweils bis zu zehn Fotografen beschäftigten, sowie ungefähr 70 freiberufliche Pressefotografen. Viele Fotoamateure versuchten in der hoffnungslosen Nachkriegssituation ihr Gück in einem Gewerbe, für das verhältnismäßig wenig Startkapital notwendig war. Das Paradoxe an der Situation war, daß es eigentlich „Arbeit" genug für Fotografen gab, doch Auflage und Seitenumfang der deutschen Illustrierten gingen zurück. Auch der ausländische Markt brach zusammen, da die Redaktionen in New York, London oder Paris wenig Interesse an den Ereignissen in der Republik zeigten: Deutschland war nach dem Ersten Weltkrieg außenpolitisch weitgehend isoliert.

Stahlgewitter

Die Menschen in der Weimarer Republik wurden in ihrer Wahrnehmung der Presse von einer wesentlichen Erfahrung geprägt. Film und Fotografie bekamen mit dem Ersten Weltkrieg nicht nur strategische, sondern auch ungeheure propagandistische Bedeutung. Das breite Publikum vertraute den Heldenposen und Siegesmeldungen in Filmwochenschauen und gedruckten Sonderbeilagen der Presse.

Nach Kriegsende gab es jedoch für viele ein böses Erwachen. Mit der Aufhebung der Zensur brach eine verwirrende und unkontrollierte Bilderflut über die Menschen herein: Sie sahen neben den rennenden, kämpfenden, rastenden, essenden, lachenden Soldaten nun auch den sterbenden. Film und Fotografie gaben die Greuel der Kriegsmaschinerie entweder am Beispiel individueller Schicksale oder auch in abstrakten, fast ästhetischen Luftaufnahmen wieder. Nachdem das wirkliche Ausmaß der Vernichtung durch diese Feuerwalze, die über große Teile Europas hinweggerollt war, bekannt wurde, verloren viele Betrachter ihren Glauben an die Menschheit und wurden Anhänger eines weltweiten Pazifismus, durch den der Mensch vor sich selbst geschützt werden sollte; viele Militaristen wie Ernst Jünger hingegen sahen sich bestätigt und erblickten in den Szenarien „Stahlgewitter", die die Überlebenden nur noch härter ins Dasein entließ. Die Frage, ob der Erste Weltkrieg eine Tragödie oder ein Heldenepos gewesen sei, spaltete die deutsche Nation in zwei Lager.

Das Foto als Beweis

Über die ethisch-moralische Erfahrung des Weltkrieges stellte sich eine andere Erkenntnis ein. Hunderttausende von fotografischen Dokumenten, in denen auf deutscher Seite Soldaten, Offiziere und offizielle Berichterstatter, Zeitungs- und Agenturreporter sowie Zivilisten bei Frontbesuchen ihre Fronteindrücke mit ihren Kameras festgehalten hatten, zementierten die Auffassung: Nur Film und Foto könnten widerspiegeln, „wie es wirklich gewesen ist".

Diese Erkenntnis war nicht neu, vielmehr begleitete sie die Fotografie seit ihrer Entstehung. Nun zog sie aber weite Kreise: Die Presse und ihr Publikum verlangten immer mehr nach Bildern, die die im Text beschriebenen Ereignisse auch belegen konnten. Die *Berliner Illustrirte Zeitung* definierte 1919 das Berufsbild des Fotografen, der bisher nur den Texten zuarbeitete, neu und kennzeichnete ihn selbst als Journalisten: „Die Illustrationsfotografie ist das zeitgeschichtliche Mikroskop des Weltbürgers. Der Fotograf wandert für Euch um die Welt, um sie Euch nahezubringen. Er steht am

Im chinesischen Bürgerkrieg kämpften die Truppen Tschiang Kai-scheks gegen die Rote Armee.
„Chinas Bevölkerung flüchtet. Neueste Aufnahmen vom Krieg im fernen Osten. Eine alte Chinesin bringt sich mit ihrem dürftigen Hausrat auf einem primitiven Karren in Sicherheit. 1931." *(Originalbildzeile)*

Erst nachdem der Erste Weltkrieg beendet war, wurden die Schrecken und Greuel des Krieges bekannt. Die Geschehnisse erhielten durch Bilder wie dieses von deutschen Soldaten an der Westfront aus dem Jahr 1918 eine neue Dimension.

„Aus dem Weltkrieg. Besetzung eines riesigen Minentrichters unmittelbar nach der Sprengung durch unsere Truppen."

(Originalbildzeile)

Kraterrand des Vulkanausbruchs, saust im Boot durch die Stromschnellen des Niagara, klettert auf den Turmspitzenknopf des Wolkenkratzers, fliegt im Flugzeug über den Himalaya, läßt sich im Schützengraben verschütten, steht im Schußwechsel zwischen Spartakus und den Regierungstruppen. Und all dies nur, damit Ihr überall dabei sein könnt, wo Ihr nicht dabei wart, damit Ihr alle Perspektiven und Erscheinungsformen dieser Welt, von außen und innen, sehen lernt. Und indem Ihr seht, werdet Ihr wissend." (Kurt Korff)

Das Vertrauen in die Genauigkeit und die Abbildqualität der journalistischen Fotografie setzte sich in der Weimarer Generation der Fotografen, Redakteure und Leser durch. Dieser populären Haltung standen jedoch die theoretischen Diskurse der Zeit gegenüber: Der Expressionismus hatte sich gänzlich vom Konzept der Mimesis abgewandt; die „Neue Sachlichkeit" sah in allen Versuchen, die soziale Wirklichkeit darzustellen, nur ein Konstrukt, das sich der Realität immer nur annähern könne; nur die sogenannten Abbildtheoretiker gingen davon aus, daß sich die Wirklichkeit, in welchem Medium auch immer, bei entsprechender Bemühung auch adäquater umsetzen lasse.

Suche nach Wahrhaftigkeit

Die Rezeption der Presse im beginnenden Zeitalter der Massenmedien ist schwierig zu rekonstruieren, aber man kann vermuten, daß Fotografien an sich in der breiten Öffentlichkeit für Wahrhaftigkeit und Authentizität standen. Solch weitverbreitete Wahrnehmungsweisen spiegeln sich oft in Alltagsweisheiten wider; hier liegt die Redewendung nahe: „Ein Bild sagt mehr als tausend Worte".

Und wie schrieb der Kulturphilosoph Arthur Liebert im Jahr 1926: „Ist das äußerste Minimum an ‚Darstellung' nicht dadurch erreicht, daß bereits an Stelle des kürzesten Textes mehr und mehr die Illustration tritt? Die Zunahme an solchen Schilderungen durch das Bild, die Wiedergabe von Vorgängen durch die Illustration liegt ganz im Geiste der Dynamik unserer Zeit. Ein Bild ist kürzer als der kürzeste Text, es wirkt kräftiger als die eindringlichste Wortgebung."

Bilderbogen der Republik

Die Illustrierten und die illustrierten Beilagen der Tagespresse lieferten seit ihrem Entstehen einmal in der Woche die Bilder zu dem aktuellen Geschehen, über das die Zeitungen Tag für Tag berichteten. Das Publikum der Weimarer Republik veränderte nicht nur seine Einstellung zum Lesen, sondern zum Leben überhaupt. Gesellschaftliche Tabus kamen ins Wanken, Sexualität wurde ein Thema, über das frei diskutiert wurde. Nach Überwindung der Krise herrschte ab 1924 eine Aufbruchsstimmung, die einem „Tanz auf dem Vulkan" glich. Die Massenmedien boten Glanz und Glamour, Stars und Sternchen und übertünchten gleichzeitig die unübersehbaren sozialen Mißstände.

Gedrucktes Kino

Die Illustrierten halfen dem Publikum, in der kargen Freizeit aus dem grauen Alltag der Republik in die Illusion der großen, weiten Welt abzutauchen. Der Chefredakteur der *BIZ*, Kurt Korff, zog selbst den augenfälligen Vergleich: „Es ist kein Zufall, daß die Entwicklung des Kinos und die Entwicklung der *Berliner Illustrirten Zeitung* ziemlich parallel laufen. Mehr und mehr gewöhnte sich das Publikum daran, die Ereignisse der Welt stärker durch das Bild auf sich wirken zu lassen als durch die Nachricht." Die Illustrierte war weder Zeitung noch Zeitschrift, als Massenmedium glich sie am ehesten der illustrierten Wochenschau, die seit 1910 als fortlaufende Chronik in fast allen Kinos vor dem Hauptfilm über das Weltgeschehen informierte. Auch „die Sujets der Filmreportagen sind ähnlich wie die Illustrierten [...] vielfältig und stellen dem Beschauer eine möglichst universale Möglichkeit vor die Augen: Politik, Katastrophen und letzte Neuerungen in Technik, Wissenschaft, Kunst und Mode" (Jest van Rennings). Zum Wochenende wechselte das Programm der Wochenschau, und auch die druckfrischen Illustrierten erschienen im Straßenverkauf und am Kiosk. Sie bebilderten die Nachrichten, von denen das Publikum schon gehört oder gelesen hatte, sei es im Radio, das sich seit 1923 als Medium langsam entwickelte, oder in der Zeitung.

Die große Welt

Mitte der 20er Jahre gab es unzählige Illustrierte in der Weimarer Republik. Ihren formatfüllenden Titelfotos kam dem Pressehistoriker Otto Groth zufolge die Funktion zu: „Anlocken, heranziehen, herbeirufen muß das Bild der ersten Seite: ein markanter Kopf, eine Figur, eine Szene aus dem aktuellen politischen oder gesellschaftlichen Leben und – besonders beliebt das Konterfei einer männlichen oder weiblichen Film- oder Sportgröße oder sonst einer im Mittelpunkt stehenden Person, ein reizvoller Mädchenkopf, leicht bekleidete Mädchen bei Bad, Tanz, Sport." Bereits in den 20er Jahren waren Frauenkörper

Das gesellschaftliche Leben ist ein ewiges Thema der Illustrierten.
„Filmball im Berliner Zoo. Am Sonnabend, den 16. November, fand in den Festsälen des Berliner Zoologischen Gartens der Filmball statt, und außer der großen Filmwelt war auch Politik und Polizei vertreten. Unser Bild zeigt den ehemaligen Reichskanzler Dr. Wirth (links), Vizepräsident Dr. Weiss (Mitte) und den bayerischen Gesandten in Berlin, Dr. Preger (rechts)." *(Originalbildzeile)*

auf dem Titel ein Kaufargument im Vertrieb der Massenpresse. Der Innenteil präsentierte auf Doppelseiten, aufwendig ausgestattet und auf geglättetem Papier, Fotoserien zu bestimmten Themen, die die Redakteure aus dem Archivmaterial mehrerer Fotografen zusammengestellt hatten. Reportagen aus der Hand eines Fotografen waren die Ausnahme.

In der Regel dominierten zeitlose und exotische fotografische Themen: Reiseberichte von anderen Kontinenten, Schnappschüsse von Galas und Matineen und Einblicke in das Leben der europäischen Königshäuser. Technische Innovationen wurden zum Inbegriff eines neuen deutschen Selbstbewußtseins. Der graue Alltag der Weimarer Republik paßte nicht in dieses Weltbild, allenfalls nur als eine kuriose oder verklärende Randnotiz – man suchte immer nur das Besondere im Allgemeinen und fand selbst in der größten Armut noch eine menschliche Idylle. Die Begleittexte zu den Fotoseiten waren eher kurz und pointiert gehalten, wenn die Nachricht von den Redakteuren als solche schon als bekannt vorausgesetzt werden konnte. Generell sagten die Zeilen der Verfasser mehr über den subjektiven Standpunkt des Berichterstatters aus, als daß sie den Lesern Hintergrundinformationen zu dem Berichteten lieferten.

Der Kampf um die Leser

Viele der Illustrierten schufen eine über Wochen dauernde Leserbindung durch ihre Fortsetzungsromane. Diese kreisten oft um das ewige Thema Liebe, stellten neue Geschlechterrollen und die sexuelle Moral der Weimarer Zeit literarisch auf die Probe. Vicky Baums Roman *stud. chem. Helene Willfüer* behandelte die Probleme einer ledigen Mutter und soll der *BIZ* 1928 einen Zuwachs von 200 000 Lesern verschafft haben. Wiederum die *BIZ* bescherte 1921 der Republik eine Kultfigur in den satirischen Zeichnungen von Theo Matejko – der Kriegsgewinnler „Raffke" setzte sich jahrelang in dieser Illustrierten fort und verkörperte den kulturlosen Emporkömmling, der auf der Not der anderen seinen eigenen Wohlstand aufgebaut hatte. Moral und Politik spiegelten sich auch in den redaktionellen Beiträgen zahlreicher, nach 1924 entstandener Illustrierten wie *MIP, Deutsche Illustrierte, Hackebeils Illustrierte* oder *Kölnische Illustrierte Zeitung*.

Lichtempfindliche Kleinbildkameras wie die Ermanox oder die Leica machten es möglich, unkonventionelle Nahaufnahmen zu machen, wie hier die Porträtstudie eines alten Fischers aus Friesland.

Nach 1925/26 setzte sich das Nachrichtenfoto mehr und mehr in der Tagespresse durch. Richtungweisend für die großen Tageszeitungen waren die reich und lebendig illustrierten, kleinformatigeren Zeitungen wie Scherls *Nachtausgabe*, Ullsteins *Tempo* und Mosses *8Uhr-Abendblatt*, die nach amerikanischem Vorbild entstanden waren. Die Illustrierten verloren nun ihre ursprüngliche Funktion als illustrierte Nachrichtenorgane – es entsprach einfach nicht mehr dem Zeitgeist und dem Stand der Technik, mit teilweise einwöchiger Verzögerung Bilder der aktuellen Ereignisse nachgeliefert zu bekommen. Durch diese Entwicklung wurden die Illustrierten noch einmal entpolitisiert. Sie konnten sich voll und ganz den Zeitgeistthemen, Sensationen und Katastrophen widmen.

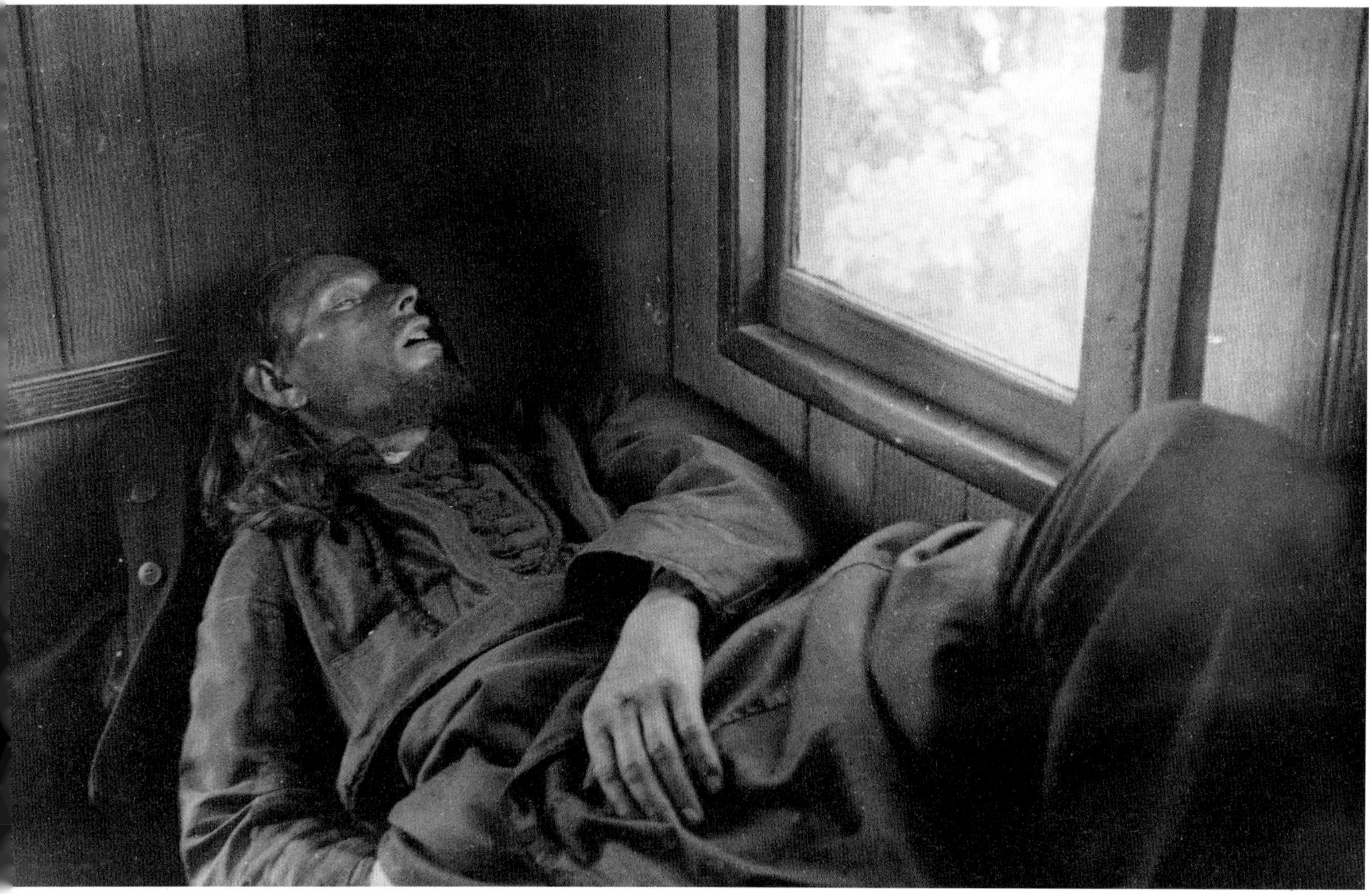

„Gute Reise, Allah segne dich!" – Fotoreportage
Reisereportagen waren ein beliebter Bestandteil der Illustrierten. Diese Kleinbild-Fotoserie einer Reise mit der „kleinsten staatlichen Eisenbahn der Welt" durch Makedonien versuchte, den Lesern das Leben auf dem Balkan näherzubringen.

Oben: „Die Fahrt mit dem kleinen stickigen Wägelchen und die Hitze Mazedoniens ermüdet – schlafender Pope."
Links: „In der Kurve." *(Originalbildzeilen)*

„Der Kräuterdoktor spricht“ – Fotoreportage
In der fortschrittverliebten Weimarer Zeit entdeckte der Fotograf Walter Süssmann einen lebenden Anachronismus – den Kräuterdoktor, der in Schüttelreimen seine Waren anpreist. Das Tempo der Großstadt verwandelte die Traditionen von gestern im Handumdrehen zur Sensation.

„Damen und Herren, det jibt neue Kraft!
Det ist das beste für die Leber und die Blase,
für Rheuma, Ischjas, Schwindsucht, rote Nase
det is die S-o-n-n-e-n-zwiebel, die heilt alles aus.
Immer ordentlich die Pulle schütteln, immer zwanzig Tropfen,
und denn hört det kranke Herzken uff so stark zu kloppen,
und dann spring'nse wieder rum wie'n Fisch im Wasser,
und denn hört det Quatschen uff: wirst ja immer blasser!
Ob Se husten, schwitzen, uff zwei Stöcker komm'n gekrochen –
tut nischt! –
Andre Zwiebel könnse in die Suppe kochen
Aber helfen hilft se Ihnen nich!“ *(Originalbildzeile)*

Der Reiz der Bilder

Mit dem Einzug der Fotografie in die deutschen Tageszeitungen veränderte sich der deutsche Bildermarkt dramatisch. Der gewachsene Bildbedarf zog neue Anbieter und veränderte Vertriebsmethoden nach sich. Führende anglo-amerikanische Bildagenturen eröffneten Büros in Berlin: Keystone View Company 1926, Wide World Photos und Associated Press News Photos 1927 sowie Pacific & Atlantic 1928. Mit ihren ökonomischen Ressourcen, weltumspannenden Netzwerken, niedrigen Preisen und schnellen Lieferzeiten entfachten die internationalen Bildagenturen einen harten Konkurrenzkampf und ermöglichten der deutschen Presse den Zugriff auf die aktuellsten Nachrichtenbilder aus aller Welt. Mit der telegrafischen Bildübertragung war es ab 1926 möglich, Bilder aus dem letzten Winkel der Welt in die Pressemetropolen zu senden.

Diesem neuen Tempo war die heimische Konkurrenz zunächst nicht gewachsen. Die deutschen Pressefotografen waren noch zu sehr an den wöchentlichen Publikationsrhythmus der Illustrierten gewöhnt, denen es nicht auf eine umgehende Lieferung ankam. Sie dachten immer noch in den Zeitspannen des wöchentlichen Redaktionsschlusses. Dennoch ließ sich die Entwicklung nicht aufhalten. Im Jahr 1928 erschienen in etwa 600 bis 800 von insgesamt 4000 Zeitungen regelmäßig Bilder im Text.

Das neue Sehen

Die Redakteure der Illustrierten wie Kurt Korff *(BIZ)* und Stefan Lorant *(MIP)* waren gezwungen, nach neuen visuellen Möglichkeiten zu suchen, um sich auf dem Markt eindeutig zu positionieren. Sie brauchten sich eigentlich nur aufmerksam umzuschauen: Die avantgardistischen Ideen lagen in den „goldenen Zwanzigern“ geradezu in der Luft. Bauhauskünstler wie Renger-Patzsch experimentierten mit der Fotografie und suchten traditionelle Wahrnehmungsmuster zu durchbrechen. Die sozialistische Illustrierte *AIZ* entwickelte ab 1925 konsistente und optisch aufregende Erzählweisen in Bild und Text, die als „Reportagen“ eindeutig gesellschaftskritische Aussagen entfalteten. Hier veröffentlichte auch John Heartfield Ende der 20er Jahre regelmäßig seine Fotomontagen. Die Avantgardisten mißtrauten der Fotografie und stellten ihre scheinbare „Objektivität“ in Frage. Das Mißtrauen der Avantgarde gegenüber der fotografischen Wirklichkeit faßte Siegfried Kracauer 1927 so zusammen: „Noch niemals hat eine Zeit so gut über sich Bescheid gewußt, wenn Bescheid wissen heißt: ein Bild von den Dingen haben, das ihnen im Sinne der Fotografie ähnlich ist.“ Massenmedien wie die *BIZ* und *MIP* untermauerten in der Bilderflut der 20er Jahre genau die von Kracauer kritisierte Wahrnehmung der

Unter ständiger Beobachtung der Weltpresse stand 1930 die Haager Konferenz über den „Young-Plan", der die Frage der deutschen Reparationen an die Alliierten endgültig regeln sollte.
„Der französische Außenminister Aristide Briand staunt über die Schnelligkeit der Bildberichterstattung bei der Haager Konferenz." *(Originalbildzeile)*

Fotografie durch die breite Öffentlichkeit. Noch 1919 hatte die *BIZ* die Formel ausgegeben: „Und indem ihr seht, werdet ihr wissend." Nun stöberten Kurt Korff und Stefan Lorant im technischen Fundus der Avantgarde und adaptierten die Struktur der Fotoreportage. Der kulturkritische Überbau der Avantgarde aber blieb bei diesem Adaptionsprozeß durch die Massenmedien auf der Strecke. Wie überzeugt die Illustriertenleser vom objektiven Charakter der Fotografie letztendlich waren, zeigten beispielsweise die zahlreichen Leserbriefe auf die jährlich veröffentlichten Aprilscherze, bei denen es sich meist um bewußte Bildfälschungen oder geschickte Retuschen handelte: Reihenweise fielen die Leser auf die manipulierten Bilder herein.

Die Fotoreportage

Der Fotojournalismus bot den Illustrierten ganz neue visuelle Erzählweisen: Im Gegensatz zu den bisher üblichen Einzelaufnahmen der Pressefotografie stellt in der Reportage ein Bildjournalist ein Thema in Fotosequenzen dar oder erzählt eine Geschichte. Filmische Bildsequenzen, die in kurzer Zeitfolge und von wechselnden Standorten aus aufgenommen werden; Alltagssujets, die über längere Zeiträume dokumentiert werden; mit Kleinbildkameras, die Nahaufnahmen, ungewohnte Perspektiven, Innenaufnahmen und „Versteckte Kamera"-Effekte erlauben, entstanden neue Formen des Fotojournalismus. In den Illustrierten erschienen die Fotografien, inszeniert in einer zusammenhängenden Bildfolge, meist als Doppelseite mit einem Minimum an Text. Das Bild rückte ins Zentrum des Interesses, der Text wurde zweitrangig. Korff erläuterte 1927 die von der Last der Wochenaktualität befreite optische Strategie der *BIZ:* „Das bildliche Sehen aller Ereignisse mit Erkennung des bildlich Eindrucksvollsten und Auslassung all dessen, was nur stofflich, nicht bildlich interessieren konnte, wurde zum Grundsatz der *BIZ*-Redaktion. Nicht die Wichtigkeit des Stoffes entschied über Auswahl und Annahme von Bildern, sondern allein der Reiz des Bildes selbst."

Der Markt der Massenmedien

In den Massenmedien begann der Konkurrenzkampf zwischen gedrucktem Wort und Bild, der sich bis heute in dem Wettlauf zwischen der Presse und den elektronischen Medien fortsetzt. Nach wie vor geht es bei diesem Konkurrenzkampf nicht nur um die Gunst des Publikums, sondern auch darum, die Werbekunden für das eigene Medium zu begeistern. Die Illustrierte entwickelte sich in den 20er Jahren zu einem Massenprodukt mit sehr hohen Herstellungskosten, die nicht allein durch Abonnement und Straßenverkauf gedeckt werden konnten, sondern gleichermaßen ein gutgehendes Anzeigengeschäft voraussetzten, um Profite zu sichern.

Revolution der Technik

In einem Inserat für die Kleinbildkamera Ermanox hieß es 1925: „Sie können im Theater während der Vorstellung fotografieren – kurze Belichtungszeiten und Momentaufnahmen. Mit der Ermanox, klein, leicht zu bedienen und diskret". Eine technische Revolution in der Fotografie bahnte sich an, doch die meisten Pressefotografen arbeiteten Mitte der 20er Jahre noch mit schweren und unhandlichen Balgenkameras, die Plattenwechselmagazine für Glasnegative besaßen, jedes Magazin faßte zwölf Glasplatten.

Auf Reportagereisen konnte der Fotograf kaum mehr als fünf solcher Magazine transportieren – mit anderen Worten: Jedes Bild mußte mit größter Sorgfalt und Bedacht aufgenommen werden. Ein Vorteil der Glasplatten war, daß sich problemlos weiterverwertbare Kontaktkopien herstellen ließen, was die Lieferzeiten an die Zeitungsredaktionen gegenüber den Kleinbildern, die erst noch vergrößert werden mußten, erheblich verkürzte. Und Schnelligkeit war in dem harten Konkurrenzkampf oft entscheidend.

Zur Ausrüstung der Pressefotografen gehörte außerdem ein schweres Holzstativ für die Kamera und in Großstädten wie Berlin zusätzlich eine gewöhnliche Haushaltsleiter, um bei den Massenveranstaltungen und im Gedränge Fotos über die Köpfe des Publikums hinweg machen zu können. Fotografien, die mit einer solchen Kameraausrüstung gemacht wurden, bestachen durch ihre gleichmäßige Schärfe und Belichtung, eine umfassende Dokumentation der Ereignisse war jedoch nicht möglich. Der Fotograf mußte die Situation in wenigen Bildern auf den Punkt bringen und war zudem durch sein unhandliches Arbeitsgerät sehr unbeweglich. Es lag in der Natur der Sache, daß der Pressefotograf mit seiner Plattenkamera nur Einzelbilder an die Redaktionen liefern konnte.

„Die Kamera hilft bauen. Am Europahaus in Berlin wird die größte Lichtreklame Europas angebracht. Unser Bild zeigt eine Situation von dem 60 Meter hohen Eisengerüst." *(Originalbildzeile)*

Der teilnehmende Beobachter

Mitte der 20er Jahre kamen schließlich verschiedene Kleinbildkameras auf den Markt: die Leica mit perforiertem 35-mm-Rollfilm, die Plaubel Makina und auch die handliche Mittelformatkamera Rolleiflex. Zu den epochemachenden Neuheiten aber gehörte die 1925 herausgekommene Ermanox, eine Kleinbildkamera mit einem besonders lichtstarken Objektiv, mit der Bildaufnahmen ohne Blitz sogar bei extrem schlechten Lichtverhältnissen gemacht werden konnten. Sie ermöglichte dem Fotografen Dr. Erich Salomon sogar Innenaufnahmen aus Gerichtsälen und Konferenzzimmern, die die Leser durch ihre Direktheit und Natürlichkeit überraschten: Der Betrachter fühlte sich, als sei er unbemerkt dabeigewesen. Salomon und seine „candid camera" wurden weltberühmt, seine Bilder wurden zu fotojournalistischen Ikonen. Aber auch der Gebrauch der Leica setzte sich unter den Fotojournalisten immer mehr durch. André Kertész erinnerte sich gern an seine erste Leica, die er 1928 kaufte und die es ihm erlaubte, schnelle Bildaufnahmen und Bildsequenzen bei der Arbeit an Reportagen zu machen: „Ich konnte endlich mit der Kamer so frei reagieren, wie mein Gefühl es tat, ohne versäumte Augenblicke, ohne technisch bedingte Unterlassungen und Verzögerungen. Ich hatte plötzlich ein geradezu körperliches Gefühl, mich ganz frei ausdrücken zu können."

Zeugen der Zeit

„Der Zeitungsfotograf bei der Arbeit. Hoch zu Roß. Der Zeitungsfotograf auf der Quadriga des Brandenburger Tores in Berlin beim Einzug einer hohen Persönlichkeit in die Reichshauptstadt." *(Originalbildzeile)*

Gerade für junge und akademisch ausgebildete Menschen bot der insgesamt stagnierende Arbeitsmarkt der Weimarer Republik nicht viele Alternativen. Mit der Entdeckung der Fotoreportage durch die populären Illustrierten boten sich für einige von ihnen neue und mitunter zufällige Möglichkeiten. Beispielsweise gerieten die Gebrüder Gidal, Tim und Georg, als junge Studenten und Fotoamateure in Kontakt mit der *MIP.* 1929 veröffentlichte Tim seine erste Reportage „Servus Kumpel" über jugendliche Aussteiger. Im gleichen Jahr erschien Georgs „Acht Stunden Hörsaal". Die Bilder nahm der Medizinstudent heimlich während einer Vorlesung des bekannten Anatomieprofessors Siegfried Mollier auf. Der Ethnograph Wolfgang Weber hatte Mitte der 20er Jahre eine Forschungsreise zum Kilimandscharo gemacht, bevor er 1929 begann, als Fotojournalist mit dem Schwerpunkt Arbeits- und Alltagswelt zu arbeiten. Der promovierte Jurist Erich Salomon wechselte aus der Werbeabteilung des Ullstein-Verlages in die Selbständigkeit als freier Bildreporter und brachte sein professionelles Wissen in den neuen Beruf mit ein; schlagartig wurde er mit den Bildern vom Mordprozeß Kranz, veröffentlicht am 19.2.1928 in der *BIZ,* zum Starfotografen.

Ein neuer Berufszweig

Viele Wege führten zum Beruf des Fotojournalisten, der nun auch Bildjournalist oder Bildberichterstatter genannt wurde. Die meisten stammten aus ehemals wohlhabenden mittelständischen Familien, deren Ersparnisse während der Inflation zerronnen waren. Andere hatte es aus den Metropolen Wien oder Budapest in die Pressestadt gezogen. Ihnen allen war gemeinsam, daß sie weltgewandt und oft mehrsprachig waren. Meist linksliberal gesinnt, waren sie gut informiert über aktuelle gesellschaftliche Probleme und kulturelle Fragen. Im Gegensatz zu den alteingesessenen Pressefotografen entwickelten sie einen eigenen und neuen „journalistischen Blick für Eigenart und Wesensart der Dinge und Ereignisse". Es war aber auch, so Willy Stiewe, „journalistisches Verständnis für den Interessenkreis der Leser des Blattes" von ihnen gefordert. Doch nicht nur junge Talente, auch alte Könner des Fachs wie Willi Ruge schafften den Sprung in das Lager der Fotojournalisten.

Um Illustriertenredakteure wie Korff und Lorant, die keine festangestellten Fotografen beschäftigten, scharte sich ein fester Kreis von 15 bis 20 Fotografen, die in freier Mitarbeit bis 1933 Reportagen produzierten. Zu dieser kleinen, kreativen Gruppe gehörten auch die Leiter der Agenturen Deutscher Photo Dienst und Weltrundschau-Agenten, Simon Guttmann und Rudolf Birnbach. Sie spezialisierten sich auf das Angebot kompletter Reportagen in Bild und Text, inspirierten Fotografen mit ihren Ideen und vermittelten zwischen den Redakteuren und den Fotojournalisten. Mitspracherecht bei der Gestaltung der Seiten hatten die Fotografen nicht. Ihre Aufgabe endete mit der Abgabe ihres Auftrages.

Diese jungen Enthusiasten zogen in den nächsten Jahren bis zur „Machtergreifung" durch die Nationalsozialisten 1933 in die Welt hinaus, um sie mit ihren Kleinbildkameras zu entdecken. Stilistisch orientierten sie sich am Bauhaus und an der zeitgenössischen sowjetrussischen Pressefotografie mit ihrer expressiven und agitatorischen Bildsprache. Zu diesem Kreis gehörten neben den bisher Genannten Umbo (Otto Umbehr), Felix H. Man (eigentlich Hans Baumann), Kurt Hutton (Kurt Hübschmann), Alfred Eisenstaedt, Martin Munkásci, Robert Capa (André Friedmann), Walter Boßhard und Harald Lechtenperg.

Anspruch und Wirklichkeit

Fotojournalisten wie Tim Gidal schwärmen in ihren Erinnerungen vom damaligen kreativen Chaos. Ideen wurden meist innerhalb von wenigen Stunden oder Tagen umgesetzt. Es steckte aber auch eine Menge Idealismus hinter dieser Arbeit: „Die menschliche Einstellung des Fotoreporters, der ehrliche Bericht des Gesehenen, ob schön oder unschön, positiv oder negativ, wurde zum entscheidenden Maßstab. Durch diese unmittelbare Art der Reportage erlebte der Leser und Betrachter bisher unbeobachtete Lebenssphären des Mitmenschen, ein Privileg, das ihm der moderne Fotoreporter verschaffte, der sehr wohl die Grenzen der Intimsphäre respektierte", erinnert sich Gidal und fährt mit gewissen Einschränkungen fort: „Trotzdem muß gesagt werden, daß diese Fotoreportagen zumeist nicht [...] die Zustände zeigten, damit sie abgestellt werden, sondern so, wie sie waren. Der Betrachter hatte wie im Leben die individuelle Wahl der Reaktion auf das Gesehene."

Die Fotojournalisten konnten über die letztendliche Ausgestaltung der Reportage in der Illustrierten nicht mitentscheiden. Auch wenn sie Text und Unterschriften zu ihren Bildern mitlieferten, hatte die Redaktion das letzte Wort und bestimmte damit die Gesamtaussage des Beitrages. Der Pressehistoriker Wilhelm Marckwardt beurteilt das Selbstverständnis der frühen Fotojournalisten sehr nüchtern und meint, daß es sich an den kapitalistischen Rahmenbedingungen ihrer Arbeit orientiert habe: „Das Bild wurde zur Ware; fotografiert wurde alles, was Profit versprach, ohne daß nach der Weiterverwendung und den politischen Intentionen der Käufer gefragt wurde." Ohne Gidals Erinnerungen als reine Verklärung abzutun, öffnet sich hier eine Schere zwischen dem aufklärerischen Anspruch des Reporters und der publizistischen Wirklichkeit der Illustrierten.

Links: „Die Konferenz in Den Haag hat begonnen. Seit dem Augenblick ihrer Ankunft werden die ausländischen Abgeordneten der Konferenz in Den Haag von Pressefotografen belagert."
Ganz oben: „Der Zeitungsfotograf bei der Verfolgung wichtiger Persönlichkeiten im Auto, welche er unbedingt auf die Platte haben muß. Ständig neben dem Automobil seines Objektes daherfahrend versucht er, seine Zeitungsaufnahme zu machen."
Oben: „So stürzten sie sich auf jeden Abgeordneten! Unser Bild zeigt die vor dem Eingangsportal des Reichstags postierten Pressefotografen, die sich auf jeden eintretenden Abgeordneten mit der größten Sensationslust stürzten! Berlin am 13. Oktober 1930." *(Originalbildzeilen)*

„Zu Gast im Weißen Haus" – Fotoreportage
Der Fotograf Dr. Erich Salomon begleitete im November 1931 den französischen Ministerpräsidenten Pierre Laval auf dessen Reise zum amerikanischen Präsidenten Herbert Hoover. Salomon verstand es wie kein anderer, sich in den ersten Kreisen der Gesellschaft zu bewegen und zu arbeiten. Seine Fotografien, aufgenommen mit einer Kleinbildkamera, beeindruckten die Zeitgenossen durch ihre Intimität und Ungezwungenheit.

Oben: „Ministerpräsident Pierre Laval (links) und Präsident Herbert Hoover während der sieben Stunden dauernden Konferenz in der Bibliothek des Weißen Hauses."
Links: „Ministerpräsident Pierre Laval (Mitte) im Gespräch mit französischen und deutschen Botschaftern während des Mittagessens beim amerikanischen Präsidentenpaar im Weißen Haus."
Rechte Seite: „Ministerpräsident Pierre Laval (links) und der amerikanische Außenminister Henry L. Stimson beim Lunch im Zug nach Washington." *(Originalbildzeilen)*

Zur Unterhaltung und Belehrung der Leser

Um 1929 setzte sich nicht nur in der *MIP* und *BIZ*, sondern auch in anderen Illustrierten der Fotojournalismus durch. Nicht nur Dephot und Weltrundschau, auch Bildagenturen wie Presse-Photo, Pressebericht, Keystone und nicht zuletzt Willi Ruges Fotoaktuell gingen dazu über, ihre Abonnenten regelmäßig mit Fotoreportagen zu bestimmten Themen zu versorgen. Den Warencharakter der Fotografie verdeutlichte die Ausgabe der *MIP* vom 17. März 1929: Ein Foto zeigt sechs Waschkörbe voller Fotoabzüge; die Bildzeile bezeichnet diese Bilderflut als den normalen Bildeingang einer Woche. Der Bildredakteur Stefan Lorant, der ab 1928 jede Woche einen Tag in Berlin weilte, um dann wieder in die Münchner Redaktion zurückzukehren, ließ sich bei der Auswahl des großen Angebots an Artikeln und Bildern vor allem von einem Grundsatz leiten: „Mein Ziel war es, zu erziehen, zu informieren, zu unterhalten. Generell gestaltete ich das Magazin so, daß es die Aufmerksamkeit der Leute erregen sollte, um ihnen etwas zu geben, das sie vorher noch nicht gesehen hatten, um sie zu lehren, zu amüsieren und sie zu interessieren."

Straßenroulette. Die Bildjournalisten nehmen eine Stellvertreterfunktion ein: Sensationen aus dem Alltag des Makrokosmos Stadt werden in den Illustrierten visuell für jedermann erfahrbar, ohne daß soziale Schranken überquert werden müssen.

Die Ausdrucksformen und Themen der Illustrierten hatten sich mit der Zeit geändert, in der Zusammenstellung der wöchentlichen Wundertüte *MIP* folgte Lorant aber dem Motto der Familienzeitschriften des 19. Jahrhunderts wie *Gartenlaube* oder *Daheim*: „Zur Unterhaltung und Belehrung der Leser."

Der besondere Blick

Ein Überblick über die veröffentlichten Fotoreportagen zeigt: Auch Ende der 20er Jahre interessierten immer noch die bekannten Gesichter des öffentlichen Lebens, die Fotojournalisten lieferten aber den Blick hinter die Kulissen, sei es hinter die Bühne oder in die eigenen vier Wänden des Künstlers, Sportlers oder Politikers. Auch bei spektakulären Publikumsereignissen und Sensationen ging es um den besonderen Blick. Immer mehr entdeckten die Reporter aber auch das weite Feld des Alltags, das von der konventionellen Pressefotografie vernachlässigt wurde: kurz kommentierte Bildsequenzen von Arbeitsplätzen und dem Leben auf der Straße, von Markthallen, Märkten, Schulen, Sportplätzen, Krankenhäusern und Gefängnissen. Intime bis abstoßende Einblicke versprach das Thema „Die Nacht in der Großstadt" mit Momentaufnahmen von Nachtschwärmern und Geschichten aus Vergnügungslokalen, Kabaretts und Revuepalästen. Die Bildgeschichten der Illustrierten bewegten sich zwischen Erotik beim Tanztee und der Exotik des Zirkuslebens, zwischen der schnellen Mark auf der Trabrennbahn und der Armut auf den Hinterhöfen der Großstadt. Beliebt war auch „Der Pressefotograf und die Kamera", womit sich der Fotojournalismus als „neues Sehen" selbst zum Thema machte. Der Fotograf Willi Ruge beispielsweise bevorzugte das Kamerabild als Botschaft und pflegte eine besonders subjektive Bildsprache.

Inhaltliche Analysen der Reportagen in *MIP* und *BIZ* verdeutlichen, daß die Illustrierten mit dem Motto der Familienzeitschriften – „Zur Unterhaltung und Belehrung der Leser" – auch deren Drang zur gesellschaftlichen Harmonie und Idylle übernommen haben. Es wurden zwar aktuelle politische Themen und soziale Mißstände in Reportagen aufgegriffen: „Frauen der Krise", „Arbeitslose zwischen 14 und 21", „Höhlenbewohner bei Berlin", „Ein Dach für die Nacht" waren nur einige der für sich sprechenden Schlagzeilen in der *BIZ* aus dem Notjahr 1932. Texte und Bilder derartiger Reportagen hatten aber immer die Tendenz, die genannten gesellschaftlichen Probleme zu harmonisieren. Die Illustrierten zielten auf eine breite Leserschaft und waren auf das ständige Wohlwollen ihrer Inserenten angewiesen. Direkte Gesellschaftskritik war in der Produktion eines solchen Massenprodukts von vornherein ausgeschlossen.

Wundertüte Illustrierte

Die Wundertüte Illustrierte lieferte nicht nur einen unterhaltenden Bilderbogen, der den Lesern die Wahl in der Beurteilung der Ereignisse ließ – wie Tim Gidal mutmaßte. Die

Illustrierte als ein gedruckter Ausschnitt des Weltgeschehens kreierte in Worten und Bildern auch ein scheinbar objektives, konsistentes Weltbild, das dem Leser ein idyllisches Gegenbild zu der hochpolitischen und konfliktbeladenen Alltagssituation entwarf.

Dieser kleinste gemeinsame Nenner einer politisch und sozial heterogenen Leserschaft – eine Illustrierte wie die *BIZ* richtete sich schließlich an ein Millionenpublikum – konnte nur durch Fokussierung auf Sensationen und allgemein menschliche Themen entstehen, die jedoch mehr vorgeführt als hinterfragt wurden. Publikationen dieser Art reduzierten das gesamtgesellschaftliche Geschehen einer immer komplexer werdenden Lebens- und Arbeitswelt lediglich auf das Interessante und auf Glücksmomente.

Dieses Erfolgsrezept der Illustrierten, von dem man den nationalsozialistischen *Illustrierten Beobachter* und die KPD-nahe *AIZ* ausnehmen muß, traf auf eine Haltung der Leser, die Egon Erwin Kisch in *Ein Reporter wird Soldat* kennzeichnete: „‚Pure Erfindung' bemerkte mein Bruder. ‚Kein Wort von so etwas stand in den Zeitungen.'" Auch in den Anfängen der Massenmedien der Weimarer Zeit war also die Frage nach dem empirischen Wahrheitsgehalt einer Aussage weniger relevant als der Umstand, daß sie überhaupt publiziert wurde, und das Ausmaß, in dem sie geglaubt und in dem auf sie reagiert wurde. Die Illustrierten scheinen somit eine weit verbreitete Haltung des Publikums bedient zu haben, indem sie vor den existenziellen Problemen der Republik die Augen verschlossen – auch wenn viele politisch bewußte Zeitgenossen wie der Sportreporter Curt Riess dies kritisierten: „Es wäre noch viel zu erzählen, auch über die Presse im damaligen Deutschland, über das Haus Ullstein, das außer großen Zeitungen und vielen Zeitschriften die *Berliner Illustrierte* herausgab, die wohl wichtigste Illustrierte Deutschlands, die leider unpolitisch war – und es auch blieb, als sich die drohende Gefahr bereits sichtbar abzeichnete."

„Roulette auf der Straße" – Fotoreportage
Fotojournalisten entdeckten für die Leser der Illustrierten das weite Feld des Alltags in Städten. Georg Gidal fotografierte um 1930 diese Arbeiter beim Glücksspiel auf der Straße.

Linke Seite: „Die primitive Apparatur genügt den Zufallsspielern vollkommen."
Links: „‚Faites votre jeu!' [...] Harte Arbeiterhände setzen Sous-Stücke, meist schwer verdientes Geld."
Unten: „‚Rien ne va plus' – auf der Straße – die Kugel wird ins Rollen gebracht." *(Originalbildzeilen)*

Kein Blick für das Elend?

Im Jahr 1930 gab die Bildagentur Presse-Photo eine Reportage über die Berliner Arbeiterkaserne „Meyerhof" in der Ackerstraße 132 in Wedding heraus, einem der proletarischen Mietshauskomplexe mit tristen, dunklen Hinterhöfen und vernachlässigten Hinterhäusern, die besonders charakteristisch für Berlins Arbeiterviertel aus der Gründerzeit zwischen 1880 und 1890 waren.

Die Fotografien der Reportage zeigen unverblümt und offen das heruntergekommene Milieu, die abblätternden Hausfassaden, die dunklen Winkel, die von schwerer körperlicher Arbeit gezeichneten Bewohner und die Kinder, die auf den kopfsteingepflasterten Hinterhöfen ihre Zeit verbringen. Der dazugehörige Text verwandelt aber all dies zu einer einzigen Idylle. Die illustrierte Szenerie wird mit Worten sentimentalisiert, der Verfall bekommt etwas Malerisches, und die Menschen werden – trotz der harten Lebensumstände – als gutmütige, geduldige und genügsame Kleinbürger dargestellt, als ob sie direkt Heinrich Zilles populären Bildern von den kleinen Leuten entsprungen wären. Die Reportage „Meyerhof" zeigt, daß es in der Unterhaltungsindustrie der Illustrierten und ihrer Zulieferer immer wieder zu einem Konflikt zwischen dem Ehrgeiz des Fotojournalisten, objektiv dokumentieren zu wollen, und dem Bestreben einer Bildagentur kam, die Reportage in unterhaltsamer Form für den Markt aufzubereiten.

Die Reportage wurde auch *Volk und Zeit*, der illustrierten Beilage der sozialdemokratischen Zeitung *Vorwärts*, angeboten. Diese veröffentlichte 1930 den ungekürzten Originaltext und kommentierte ihn folgendermaßen:

„Das ist der Artikel, den uns die Photofirma zu diesen erschütternden Bildern schickt. Romantik findet er in dem fürchterlichen Verfall, dessen Elend wahrhaft zum Himmel schreit. Wir glauben nicht, daß die Begleitzeilen demagogisch gemeint sind. Sie scheinen uns vielmehr ein eklatantes Beispiel zu sein für die Einstellung großer bürgerlicher Kreise, die einfach keinen Blick haben für das Elend in seiner deutlichsten Gestalt."

„Kein Blick für das Elend" – so generell läßt sich diese Aussage im Hinblick auf die Berichterstattung der populären Illustrierten mit Massenauflagen nicht treffen. Sie entwickelten eher einen besonderen Blick auf das Elend. Viele Reportagen in der *Woche, BIZ* und auch *MIP* berichteten über die sozialen Aspekte des Lebens in der Hauptstadt Berlin und dem Rest der Republik, wenn sie auch nie das beherrschende Thema in den Illustrierten waren. In einigen engagierten Reportagen wird die Notlage bestimmter Gruppen sogar durchaus realistisch beschrieben, gleichzeitig treten oft Angehörige mittlerer oder gehobener Gesellschaftsschichten als Helfer auf. Hier wurde eindeutig Politik gemacht, die suggerierte, daß nur durch privates karitatives Engagement die vermeintlichen Unzulänglichkeiten des Weimarer Sozialstaates ausgeglichen werden können.

„Der Meyerhof" – Fotoreportage
In dem Begleittext der Agentur Presse-Photo bekam die Tristesse der Berliner Hinterhöfe einen romantischen Unterton:

„1500 Menschen wohnen in einem Haus. Ein Idyll im Riesendomizil der Weltstadt Berlin."
Linke Seite: „Durch schmale Fenster dringt nur wenig Licht."

Oben rechts: „Dunkel und eng sind die Treppenaufgänge."
Oben links und unten: „Im Herzen Berlins, in der Ackerstraße 132, lebt ein Stückchen ‚gute alte Zeit'".
(Originalbildzeilen)

Unterhaltungsstoff für Millionen

Der Illustriertenleser der Weimarer Zeit – ein unbekanntes Wesen? Die bisherige Einschätzung, daß es besonders Arbeiter und kleine Angestellte in die Kinos und Filmpaläste zog, während die Bildzeitschriften und die Wochenblätter überwiegend von höheren Angestellten und Beamten gelesen wurden, ist sehr vage. Nicht nur die eindeutigen Paralellen zwischen den Medien Film und Illustrierte sprechen dafür, daß die konsumorientierte Massenkultur der 20er Jahre die Struktur der alten Klassengesellschaft unterspülte. Aber leider läßt sich über diesen Aspekt nur spekulieren, da es keine relevanten sozialwissenschaftlichen Daten und Untersuchungen gibt.

Die Geschichte der Verlage hingegen ist durch zahlreiche Monographien und vor allem Zeitschriftenarchive belegt. Allerdings bezieht die Geschichtsschreibung Massenmedien wie Illustrierten immer nur am Rande ein, ohne die Inhalte über mehrere Jahrgänge zu analysieren. Die Kennzeichnung der Illustrierten *BIZ* oder *MIP* als „bürgerlich" erscheint demjenigen ungenügend, der die politische Geschichte der Weimarer Republik kennt und weiß, daß sich das Bürgertum als Klasse in den 20er Jahren vollends auflöste. Der Terminus „bürgerlich" greift hier nur insofern, als er die Trennungslinie zu den sozialistischen Illustrierten zieht. Auch Urteile wie das von Harry Pross: „Die *BIZ* verstand sich am besten darauf, den Konformismus der Mitte ins Bild zu setzen." werfen die Frage nach der „Mitte" auf.

Die Illustrierten waren Teil der Unterhaltungsindustrie der Weimarer Republik. Fotografie wurde von diesem Teil der Presse als Ware eingekauft, um sie in ihren Redaktionen weiterzuverarbeiten. Ein Blick hinter die Kulissen der Verlagslandschaft verrät einiges über die politische Ausrichtung der großen Verlagshäuser, die die Presselandschaft der Republik entscheidend bestimmten.

Der Ullstein-Verlag

Im Jubiläumsband *Fünfzig Jahre Ullstein* skizzierte der Gerichtsreporter Paul Schlesinger, bekannt unter dem Pseudonym „Sling", 1927 die Geschäftsphilosophie dieses jüdisch-liberalen Hauses: „Es ist ein großes Industriehaus, mit festen, strengen, ernsten kaufmännischen Grundsätzen, mit Erfahrungen, Statistiken und mit der Bürokratie, die auch dazu gehört. Aber das, was hergestellt wird, ist nicht Stiefelwichse, nicht Benzol, ist Unterhaltungsstoff für Millionen, zuweilen dauerhaft und schwer, dann wieder leicht und flüchtig. In diesem Hause wird geistig gekämpft, nicht nur nach außen hin, mit der Front gegen politisch anders Gerichtete. Aber der Kampf gegen außen und innen ist nicht diktiert von einem egoistischen Haß. Dahinter steckt die Liebe zu einer Sache. Über eines sind wir einig: über das Unterhaltliche. Vom Chef bis zur letzten Botenfrau..." Kein anderes Produkt aus dem Hause Ullstein entsprach dieser Philosophie so sehr wie die *BIZ*, keine Tageszeitung oder Zeitschrift erreichte ihre Auflagenzahlen. Dieses unterhaltsame Massenmedium kämpfte sicherlich nicht gegen politisch Andersgerichtete, es verstieß aber auch nicht gegen liberale und demokratische Grundsätze im Hause Ullstein, das, wen wundert es, auch in der Filmindustrie engagiert war. Der politische Kampf hingegen oblag den Tageszeitungen und Zeitschriften des Verlages. So wurde beispielsweise in der *Vossischen Zeitung* oder der Zeitschrift *Querschnitt* der für die Weimarer Zeit typische Gesinnungsjournalismus betrieben.

Die Gründung der *MIP* Ende 1923 zielte von vornherein darauf ab, der großen Berliner Ullstein-Illustrierten Konkurrenz zu machen. Sie hatte jedoch erhebliche finanzielle Startschwierigkeiten, die gegenstandslos wurden, als ihr Verlag Knorr & Hirth 1924 in das Fahrwasser des Hugenberg-Konzerns und der rheinisch-westfälischen Schwerindustrie geriet. In Anbetracht dieses Medienkonsortiums, das seit 1914 vom damaligen Krupp-Direktor und späteren Vorsitzenden der DNVP, Alfred Hugenberg, mit Geldern der Schwerindustrie aufgebaut worden war, sprechen Historiker heute von dem „ersten modernen Multi-Medienkonzern" in Deutschland. Zu diesem Konzern, dessen ideologische Ausrichtung nationalistisch und antidemokratisch war, gehörten ab Anfang der 20er Jahre die zweit-

„Zeitungsleser" – Fotoreportage
„Geschäftsstelle. Auch unser Gemüsehändler muß sich über Politik orientieren." *(Originalbildzeile)*

größte Nachrichtenagentur der Weimarer Republik, die Telegraphen-Union, und ein Maternunternehmen, das die Generalanzeigerpresse in den Provinzen Deutschlands mit vorgedruckten Berichten und Kommentaren belieferte. Hinzu kamen der Scherl-Bilderdienst, Zeitungsbanken und Zeitungsberatungsgesellschaften. Auf diese Weise steuerte der Konzern die regionale deutsche Meinungsbildung außerhalb Berlins, ohne jedoch selbst verlegerisch in Erscheinung zu treten.

1927 ergänzte Hugenberg das Konsortium um die finanziell angeschlagene Universum Film AG (Ufa) und gewann damit die Kontrolle über die wichtigsten Anbieter von Spielfilmen und Filmwochenschauen. In der Hauptstadt gehörte ihm der Scherl-Verlag, dessen einflußreichste Zeitung der *Berliner Lokalanzeiger* war, die bis November 1918 einzige Zeitung, die Wilhelm II. unausgeschnitten von seinem Pressestab vorgelegt werden konnte. Die Berliner Illustrierte *Die Woche*, die ebenfalls bei Scherl erschien, war bis Mitte der 20er Jahre sehr erfolgreich mit Auflagen bis zu 320 000, verlor aber dann den Anschluß an die moderneren *BIZ* und *MIP*.

„Zeitungsleser" – Fotoreportage
„Großes Format ist für den eifrigen Zeitungsleser kein Hindernis. Auch im größten Gedränge in der Straßenbahn entfaltet er rücksichtslos sein Leibblatt zum Schrecken aller Mitmenschen, die in dessen ‚Reichweite' stehen." *(Originalbildzeile)*

Der Hugenberg-Konzern

Es besteht kein Zweifel an der politischen Ausrichtung des Konzernführers Alfred Hugenberg. Seine Karriere im Reichstag als DNVP-Mitglied und späterer Initiator der Harzburger Front spricht für sich. Schwieriger verhält es sich mit der Einordnung der vielfältigen publizistischen Organe des Konzerns. Nimmt man die *MIP* als Beispiel, so fällt sie in den bisherigen Beurteilungen politisch eigentlich nicht aus dem oben gekennzeichneten Rahmen. Die einzige politische Reportage, die in diesem Zusammhang immer wieder genannt wird, ist der Beitrag von Felix H. Man über Mussolini 1931. Auf dem Titel der Illustrierten wurde versprochen: „Diese Reportage zeigt nicht den posierenden Diktator, als den man ihn bisher zu sehen gewohnt war, sondern den schöpferischen Menschen – den Mentor der faschistischen Revolution." (*MIP*, 1. 3. 1931)

Auch der Fotojournalist Tim Gidal klagte, daß er dem Redakteur Stefan Lorant aufgrund dessen bayerisch-chauvinistischer Redaktionspolitik nach 1932 keine Reportagen mehr verkauft habe. Trotz dieser Hinweise ist die *MIP* jedoch eher in die Reihe der politisch unauffälligen populären Umsatzbringer innerhalb des Konzerns einzuordnen, denn nicht jedes Produkt atmete den Geist des reaktionären Konzernherren.

Der Rote Hugenberg

Die dritte Größe in der Verlagsindustrie war der von dem Kommunisten Willy Münzenberg aufgebaute Konzern in Berlin, der sowohl Buchverlage, Zeitungen, Zeitschriften als auch Filmindustrie unter einem Dach vereinigte. Münzenberg war unter zeitgenössischen dogmatischen KPD'lern als der „rote Hugenberg" verschrien. Die *Arbeiter-Illustrierte-Zeitung* erreichte unter seiner Leitung 1930 eine Auflage von beinahe 500 000 Exemplaren: „Die *AIZ* unterscheidet sich von allen anderen

Die Internationale Presseausstellung „Pressa" fand unter Beteiligung von 1050 inländischen und 450 ausländischen Ausstellern vom Mai bis Oktober 1928 in Köln statt. Die Weltschau am Rhein bot den Besuchern einen historischen Überblick von den Anfängen des Nachrichtenwesens bis hin zu den vielfältigen Presseprodukten der 20er Jahre.

illustrierten Zeitungen grundsätzlich. Sie hat ihr Gesicht ganz dem Leben und den Kämpfen der Arbeiter und aller werktätigen Schichten zugewandt." (Kurt Koszyk)

Der geschäftliche Erfolg des Konzerns war in der undogmatischen Denkweise Münzenbergs begründet, der sich nicht scheute, auch bürgerliche Boulevard-Blätter in sein Imperium einzugliedern. Er sah in all diesen Aktivitäten nur ein Mittel zum Zweck erweiterter revolutionärer Agitation. Seine ab 1930 verbreitete Filmwochenschau „Welt der Arbeit" stellte ein politisches Gegengewicht zu den Ufa-Produktionen dar, die unter dem Einfluß Hugenbergs immer nationalistischer wurden. Münzenberg erkannte bei dem Aufbau dieses Konzerns die visuellen Zeichen der Zeit: „ein illustriertes Buch wird leichter gelesen und gekauft und eine illustrierte Zeitung ist eine unterhaltendere Lektüre als der Leitartikel einer politischen Tageszeitung. Die Fotografie wirkt auf das Auge des Menschen, das Gesehene spiegelt sich im Kopf wider, ohne daß der Mensch zu kompliziertem Denken gezwungen wird."

Die NSDAP-Presse

Nicht nur der Vollständigkeit halber ist auf dem äußersten rechten Flügel der von den Nationalsozialisten 1925 gegründete *Illustrierte*

„Die seltsamste Druckerei der Welt" – Fotoreportage
Oben: „Drei Generationen, die in der Druckerei von Glückstadt tätig sind."
Unten: „‚Hier wird in allen Sprachen gedruckt.' 300 Jahre deutsche Buchdruckerei in Glückstadt an der Elbe. Beim Setzen eines arabischen Kataloges."
(Originalbildzeilen)

„Moderne Methoden in der Produktion einiger führender Londoner Zeitungen. Hinter den Kulissen in der berühmten Fleet Street – dem Nabel der Welt. Eine Maschinenhand beim Einspannen einer der Druckplatten. Es ist zu sehen, warum die Platten in halb-zylindrischer Form hergestellt sind. Eine Szene aus den *Daily Express*-Büros." *(Originalbildzeile)*

Beobachter zu nennen, der zunächst mit einer vergleichsweise bescheidenen Auflage startete. Nach den Wahlerfolgen der NSDAP von 1930 bis 1933 erreichte der *IB* jedoch Spitzenauflagen von mehr als über 300 000 Exemplaren, parallel wuchs im gleichen Zeitraum die Auflagenstärke aller NS-Tageszeitungen auf rund 3,2 Millionen an. In der Parteiillustrierten dominierten die Fotografien von Heinrich Hoffmann, der anfangs auch als verantwortwortlicher Redakteur agierte. In der Aufmachung hielt der *IB* durchaus den Standard der übrigen illustrierten Presse.

Auffällig waren die Fotomontagen, die Hitler anläßlich von Versammlungen immer wieder eingerahmt von seinen Anhängermassen zeigen. Heinrich Hoffmann wurde Hitlers späterer „Hoffotograf", dessen Archiv den Aufstieg und Fall des nach seiner Ansicht „größten Führers aller Zeiten" dokumentiert.

Nachdem Adolf Hitler, dem Führer der NSDAP, am 30. Januar 1933 von Reichspräsident Paul von Hindenburg auf legalem Wege die Macht in der Weimarer Republik übertragen worden war, verkündete dessen Propagandaminister, Joseph Goebbels, wenige Wochen später: „Das Schaffen des kleinen Amüsements, den Tagesbedarf für die Langeweile und die Trübsal zu produzieren, wollen wir ebenfalls nicht unterdrücken. Man soll nicht von früh bis spät Gesinnung machen." Goebbels hatte seine Lektion in Sachen Massenmedien während der Weimarer Zeit gelernt: Nach der Gleichschaltung der Medien war die enge Verknüpfung von Propaganda und Unterhaltung kennzeichnend, ohne daß jedoch die politische Ausrichtung der Unterhaltung auf den ersten Blick offenbar wurde. Ein Phänomen, das bereits auf die Weimarer Zeit zutraf.

„Ich fliege mit Udet“ – Fotoreportage
Der Fotograf Willi Ruge begleitete Ernst Udet, der als Jagdflieger im Ersten Weltkrieg insgesamt 62 feindliche Flugzeuge abschoß, auf einem seiner Kunstflüge in der Weimarer Zeit. Auf den beim breiten Publikum sehr beliebten Flugschauen fanden Kriegspiloten wie Udet ein neues Betätigungsfeld, nachdem die Reichswehr durch die Verträge von Versailles in Truppenstärke und Bewaffnung radikal reduziert worden war.

„Ich fliege mit Udet" – Fotoreportage (Fortsetzung)
Ruges Reportage ist ein klassisches Beispiel des frühen Fotojournalismus: Der Fotograf macht sich hier selbst und seine Kamera zum Thema seiner Arbeit und betont dadurch die Subjektivität seiner Bilder. Ruge brachte auf diese Weise nicht nur eine neue Sehweise, sondern auch ein ganz neues Selbstbewußtsein des Berufsstandes „Fotograf" zum Ausdruck.
Willi Ruge beschrieb diesen Flug mit Udet in seinen eigenen Worten, die als Originaltext zu den Bildern erhalten sind: „Ich fliege mit Udet! Zuerst sah ich mir die Sache von unten an ... es ging alles zu Anfang gut, der Start war tadellos ... dann trat er das Seitensteuer ein und es wurde mir etwas schwummlich ... jetzt sind wir über der Stadt – er rückt die Verwindung ein ... da drückt uns eine Fallböe auf 20 Meter hinunter ... das war aber alles nichts, denn jetzt setzte er zum Trudeln an ... und mit dem Gefühl, daß die Erde plötzlich um einen kreist, sausen wir in die Tiefe ... noch ganz benommen sehe ich den Meister vor mir stehen, er selbst ist von allem unberührt, aber mein Bedarf an Kunstflügen ist auf lange Zeit gedeckt."

Um die Ecke
GRÖSSTE BERLINER
chneide-Akademie
INH: HEINRICH MAURER
Grammophon-Centrale
alm
Bodega
Bodega
Achtung!
In den Häusern bleiben
R. Zechlin
Dircksen Str.
KOW
HOTEL

IM NOVEMBER WAR ICH ROT

Wie ein Flächenbrand breitete sich im November 1918 die Aufstandsbewegung von Kiel über das gesamte Deutsche Reich aus, ohne auf nennenswerten Widerstand des Militär- und Polizeiapparats des alten Regimes zu treffen. Nach der Ausrufung der Republik begann der Kampf um die Frage: parlamentarische Demokratie oder Räterepublik? Der Kampf fand vorerst sein blutiges Ende im Januar 1919, sein Ausmaß und seine Brutalität werden in diesem Foto und seiner Originalbildzeile nur angedeutet: „Zu den Berliner Straßenkämpfen. Der abgesperrte Alexanderplatz mit Panzerautomobilen." Bert Brecht faßte 1922 die Verbitterung der radikalen Linken, deren Aufstand durch Reichswehr und Freikorps im Auftrag der SPD niedergeschossen wurde, in die Zeilen: „Meine Brüder, die sind tot/Und ich selbst war's um ein Haar/Im November war ich rot/Aber jetzt ist Januar."

2

In der Gewalt der Generäle

In den letzten zwei Jahren des Ersten Weltkriegs stand Deutschland unter dem Einfluß der Obersten Heeresleitung (OHL), an deren Spitze im August 1916 die Generäle Paul von Hindenburg und Erich Ludendorff berufen worden waren. Kaiser Wilhelm II. war nur noch eine Schattenfigur, Reichskanzler von Bethmann Hollweg wurde die wahre Entwicklung der Kriegsereignisse vorenthalten, die Parteien im Reichstag verhielten sich zunächst wie paralysiert. Die militärisch-politische Macht des Duos Hindenburg-Ludendorff beruhte auf dem Mythos der „Schlacht von Tannenberg“, in der zu Kriegsbeginn unter ihrem Oberkommando die russische Armee in Ostpreußen geschlagen worden war. Der Ostpreuße Hindenburg war ein adliger Militär alter Schule und wurde im Alter von 67 Jahren für den Weltkrieg reaktiviert. Der Generalfeldmarschall nahm in der Folgezeit die Rolle der Vatergestalt für das deutsche Volk ein. Auf vielen Plätzen Deutschlands warben Statuen des obersten Feldherrn für die Kriegsanleihen, in den Schaufenstern patriotischer Krämerläden signalisierten seine Porträts den Bürgern Sicherheit und Vertrauen. Hinter den Kulissen der Macht agierte der Generalquartiermeister Erich Ludendorff, ein bürgerlicher Machtmensch und autoritärer Militär, rastlos, ungeduldig, unberechenbar. Er progagierte die totale Mobilmachung und den totalen Krieg. Politik, so erklärte er später sein Credo, sei Krieg, Friede dagegen eine Illusion schwächlicher Zivilisten.

Spätestens im Frühjahr 1917 ergriff die Deutschen Kriegsmüdigkeit. Die Zivilbevölkerung hatte schwer in diesem dritten Kriegswinter gelitten. Doch die Räder der Kriegsmaschinerie drehten sich unermüdlich weiter und forderten immer neue Opfer. Aussichten auf einen Sieg gab es keine, welche Versprechungen auch immer die OHL machte. Zugleich kursierten Gerüchte über eine baldige Invasion der USA. Außerdem erhitzten die Ereignisse der russischen „Februarrevolution“, die im März 1917 mit der Abdankung des Zaren Nikolaus II. endete, die politischen Diskussionen im Reich.

Der Burgfriede löst sich auf

Im Juli 1917 hatte sich die Ausgangslage für die Bewilligung neuer Kriegskredite im Reichstag wesentlich verändert. Der „Burgfriede“ von

Hindenburg (links im Bild) und Ludendorff informieren Wilhelm II. (Bildmitte) über die Kriegslage.

1914 hatte noch die Parteien einschließlich der SPD auf politisches und soziales Stillhalten während des Krieges eingeschworen. Am 4. August 1914 hatten alle Reichstagsmitglieder in der Kriegsfinanzierung ihre vaterländische Pflicht gesehen. Sie handelten in der Überzeugung, daß Deutschland einen Verteidigungskrieg führe. Nun aber begannen sowohl Sozialdemokraten als auch das katholische Zentrum und die Linksliberalen, sich gegen die herrschende Kriegsdoktrin zu wenden, die auch auf Annexionen ausgerichtet war. Dieselben Parteien forderten außerdem eine parlamentarische Regierungsverfassung, in der der Reichskanzler nicht nur dem Kaiser, sondern auch dem Reichstag verantwortlich sein sollte. Matthias Erzberger war der erste, der sich öffentlich gegen Regierung und OHL aussprach. Der linke Zentrumspolitiker war bis dahin ein absoluter Verfechter des deutschen Annexionskriegs gewesen.

Die Friedensresolution im Sommer 1917

Am 6. Juli 1917 legte Erzberger dem Reichstag eine Friedensresolution mit der Forderung vor, daß die Regierung in aller Öffentlichkeit von ihren Annexionsplänen Abstand nehmen und einen Verständigungsfrieden anstreben sollte, bevor das Land völlig ausgeblutet wäre. Die Reichstagsmehrheit, bestehend aus Sozialdemokraten, Zentrum und Linksliberalen, stand geschlossen hinter dieser Friedensinitiative. Die Parteien, die später die Weimarer Koalition bilden sollten, setzten mitten im Weltkrieg die Zeichen für die erste deutsche Demokratie.

Die Oberste Heeresleitung zeigte sich unbeeindruckt. Ludendorff setzte die Reichstagsopposition vielmehr gegen die politische Reichsleitung ein. Kanzler von Bethmann Hollweg und sein unbekannter Nachfolger Georg Michaelis, bis dahin Staatskommissar für Volksernährung, wurden 1917 zwischen den Friedensforderungen aus dem Parlament und der Kriegspolitik Ludendorffs zerrieben. Dieses Machtspiel der OHL endete schließlich am 1. November 1917 mit der Einsetzung von Georg von Hertling als neuem Kanzler. Der vorherige bayerische Ministerpräsident, ein 74jähriger halberblindeter Philosophieprofessor, war der militärisch-politischen Gemengelage in keinster Weise gewachsen. Der Krieg ging weiter, mit dem gleichen illusorischen Ziel wie vorher – Europa sollte deutscher Hegemonie unterstellt werden.

Die Spaltung der SPD

Unterdessen hatte sich im April des Jahres 1917 die Sozialdemokratische Partei an der Frage gespalten, ob der Regierung weitere Kriegsanleihen bewilligt werden sollten oder nicht. Die „Mehrheits-Sozialdemokraten“, wie die Mitglieder und Anhänger der SPD ab diesem Zeitpunkt genannt wurden, waren bereit, Kredite für einen fortgeführten Verteidigungskrieg ohne Eroberungspläne zu bewilligen. Die oppositionelle Minderheit widersetzte sich jedoch jeglicher Art von Kreditierung, löste sich schließlich von der Mutterpartei und bildete die „Unabhängige SPD“ (USPD). Die neue Partei wurde zu einem Sammelbecken unterschiedlicher ideologischer Auffassungen, die unter dem Eindruck der russischen Oktoberrevolution die Zukunft des Sozialismus im Deutschen Reich diskutierten. Theoretiker wie Karl Kautsky, der die Diktatur des Proletariats mit der Demokratie versöhnen wollte, konnten die Mehrheit der Partei auf sich vereinigen. Ein radikaler Flügel, der Spartakusbund unter der Führung von Karl Liebknecht und Rosa Luxemburg, agitierte hingegen für die Diktatur des Proletariats und für eine grundlegende sozialistische Umgestaltung der deutschen Gesellschaft.

Das Heer auf der Verliererstraße

Ohne Zweifel nahm Ludendorff die dramatische innenpolitische Lage wahr, nach außen hin verbreitete die Oberste Heeresleitung jedoch weiter Optimismus, der durch den Friedensschluß mit Rußland im März 1918 an Glaubhaftigkeit gewann. Obwohl Ludendorff wußte, daß die Versorgungslage an der inneren Front katastrophal war und die Moral im Stellungskrieg an der Westfront sank, setzte er alles auf eine Karte. Diese letzte Großoffensive im Westen in der letzten Märzwoche 1918 bewies jedoch endgültig, daß die deutschen Fronttruppen restlos ausgeblutet waren. Der Verzweiflungsangriff offenbarte sich als mörderische Fehlplanung. Im August schlug die alliierte Gegenoffensive tiefe Lücken in die deutschen Linien. Seit der Schlacht von Amiens befand sich die deutsche Armee auf einem ständigen Rückzug. Der 8. August ging als „Schwarzer Tag" in die Geschichte ein.

Die Allianz der Mittelmächte war am Ende. Am 5. September bekam der deutsche Außenminister von Hintze in Wien den Bescheid seines österreichischen Kollegen: „Bei uns ist Schluß!" Österreich-Ungarn streckte seine Friedensfühler aus. Mit der Unterstützung der Türkei war nicht mehr zu rechnen. Am 28. September unterzeichnete der Verbündete Bulgarien einen Waffenstillstand.

Bis in den September 1918 hinein hatte die OHL in ihren Verlautbarungen keinen Zweifel an einem Sieg der deutschen Armee gelassen. Um so größer war die Überraschung im Volk und auch im Parlament, als die Propagandalüge zusammenbrach. Am 29. September fanden sich Ludendorff und Hindenburg bei Wilhelm II. in Spa ein und gaben dem völlig überraschten Kaiser und seinem Reichskanzler eindeutig zu verstehen, daß der Krieg endgültig verloren sei. Sie forderten ein sofortiges Waffenstillstandsgesuch auf der Grundlage des 14-Punkte-Plans des amerikanischen Präsidenten Wilson.

Vorbereitung des Dolchstoßes

Indirekt bezog die OHL die Mehrheitsparteien im Reichstag mit in die Verantwortung ein, indem sie die Demokratisierung forcierte und eine parlamentarische Regierung bilden ließ. Dieser Schritt Ludendorffs, der am gleichen Tag einen Nervenzusammenbruch erlitt, war einerseits der letzte Ausweg eines ratlosen Generalstabs, die Verantwortung für die militärische Niederlage in parlamentarische Hände zu legen. Andererseits war die Demokratisierung eine unabdingbare Voraussetzung, um die alliierten Kriegsgegner an den Verhandlungstisch zu bewegen.

Die Dolchstoßlegende bereitete Ludendorff bereits am 1. Oktober vor, indem er vor den Generälen der OHL erklärte:

„Ich habe S.M. (seine Majestät) gebeten, jetzt auch diejenigen Kreise an die Regierung zu bringen, denen wir es in der Hauptsache zu danken haben, daß wir so weit gekommen sind. Wir werden also diese Herren jetzt in die Ministerien einziehen sehen. Die sollen nun den Frieden schließen, der jetzt geschlossen werden muß. Sie sollen die Suppe jetzt essen, die sie uns eingebrockt haben."

Damit waren die demokratischen Geister, die der Kriegsherr rief, für die nächsten 14 Jahre vorverurteilt. Die antiparlamentarischen Rechten in der Weimarer Republik wurden nicht müde zu wiederholen, daß die Friedensparteien von 1917 für den Waffenstillstand und den „Schandfrieden" von Versailles allein verantwortlich seien. Auf diese Weise seien sie, so der antiparlamentarische Tenor, dem deutschen Heer in den Rücken gefallen.

Auf dem Weg zur Demokratie

Auf Ludendorffs Geheiß zogen am 4. Oktober die Sozialdemokraten, das Zentrum und die Deutsche Demokratische Partei (DDP) in die Regierung ein. Die drei Parteien übernahmen die Verantwortung, ohne sich auf einen eigenen Kandidaten für das Amt des Reichskanzlers zu einigen. Neuer Kanzler wurde der parteilose Prinz Max von Baden. Am Tag zuvor wurde bereits ein Waffenstillstandsgesuch an Präsident Wilson geschickt. Doch die OHL hatte ohne Wissen des Kaisers und des Reichskanzlers das Heer aufgefordert, den Kampf fortzusetzen – eine Handlung an der Grenze zum Staatsstreich. Während eines Treffens mit Wilhelm II. erhielt Ludendorff seine Entlassung, sofort danach floh er nach Schweden. Am 28. Oktober wurde mit wenigen Federstrichen die Reichsverfassung geändert, Deutschland wurde zur parlamentarischen Monarchie.

„Kamerad, nicht schießen!" Dieses Foto einer Gefangennahme eines deutschen Soldaten wurde im Herbst 1918 südlich von Soissons aus einem alliierten Panzer heraus aufgenommen.

„Straßenbild aus den Tagen der Novemberrevolution 1918." *(Originalbildzeile)*

THRONVERZICHT DES KAISERS

Die Revolution bricht aus

Während der Waffenstillstandsverhandlungen erhielt die deutsche Hochseeflotte am 29. Oktober 1918 den Befehl, auszulaufen und die englische Flotte anzugreifen. Die Matrosen in Wilhelmshaven und Kiel meuterten gegen dieses zum Scheitern verurteilte Unterfangen. Anders als ein Jahr zuvor während der russischen Oktoberrevolution in Kronstadt und Petrograd wurde jedoch den Offizieren kein Haar gekrümmt. Am 4. November war lediglich Kiel in den Händen der rebellierenden Matrosen, denen sich Werftarbeiter angeschlossen hatten. Zwei Tage später hatten Arbeiter- und Soldatenräte bereits in fünf weiteren Küstenstädten die Macht übernommen. In Berlin herrschte noch Ruhe.

Am 7. November schlugen in Bayern Meuterei und Aufstand in eine Revolution um. Als erster deutscher Thron fiel der wittelsbachische. In München proklamierte der Unabhängige Sozialdemokrat Kurt Eisner Bayern als die erste Räterepublik Deutschlands. Der monarchistische Obrigkeitsstaat zerfiel ohne nennenswerte Gegenwehr innerhalb weniger Tage, nur selten machten revolutionäre Arbeiter und Soldaten von ihren Schußwaffen Gebrauch. Alle Bevölkerungsschichten des Reiches schienen sich nur drei Dinge zu wünschen: Frieden, Demokratie und Abdankung des Kaisers. Wilhelm II. war unentschlossen bis zuletzt, aber am 9. November gab Max von Baden eigenmächtig den Thronverzicht des Kaisers bekannt und übertrug dem SPD-Vorsitzenden Friedrich Ebert die Reichskanzlerschaft. Der Kaiser begab sich nach Holland ins Exil, was von vielen als Flucht aufgefaßt wurde. Kurz darauf dankten auch alle übrigen deutschen Fürsten ab. Die Revolution war ohne aktives Handeln der SPD vorangeschritten. Ebert und vielen seiner Parteigenossen galt Ruhe zunächst als oberste Bürgerpflicht – das übergeordnete Ziel der Mehrheits-Sozialdemokraten war, russische Verhältnisse und damit wirtschaftliches und politisches Chaos sowie den Ausbruch eines Bürgerkrieges zu vermeiden. Doch die gesellschaftlichen Utopien der SPD sollten künftig immer wieder mit ihrer parlamentarischen Rolle in Konflikt geraten.

Links: „Waffenstillstand in Compiègne am 11. November 1918. Der Zug der deutschen Delegation (rechts im Bild) erreicht den Zug des französischen Marschalls Foch im Wald von Compiègne." Unten: „Der französische Marschall Foch trägt sich in das goldene Buch des Waffenstillstandswagens im Walde von Compiègne ein." *(Originalbildzeilen)*

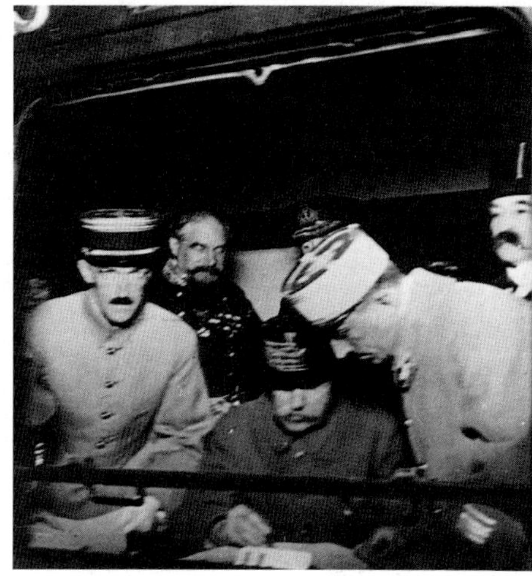

NOVEMBER 1918

Alle Macht den Räten!

Am 9. November 1918 rief der sozialdemokratische Parteivorsitzende Philipp Scheidemann vor einer riesigen Volksmenge, die sich um das Bismarckmonument versammelt hatte, von einem Fenster des Reichstagsgebäudes die „Deutsche Republik" aus. Er tat dies ohne Rücksprache mit Friedrich Ebert, aber Scheidemann erkannte, daß sich die Massen nicht mehr hinhalten ließen und nach einem symbolischen Bruch mit dem alten System verlangten.

Ein paar Stunden später proklamierte Karl Liebknecht vor einer jubelnden Menge von einem Balkon des Schlosses „die freie sozialistische Republik Deutschlands". Später am Tag bildete Ebert eine provisorische Regierung, den „Rat der Volksbeauftragten" mit drei Mehrheitssozialdemokraten und drei Unabhängigen Sozialdemokraten.

Am 10. November bestätigte der Arbeiter- und Soldatenrat von Berlin Eberts Regierung, trotz aller Proteste Liebknechts und seiner Parteigänger. Im Namen dieser Exekutive unterzeichnete am 11. November eine deutsche Delegation mit Matthias Erzberger an der Spitze in Compiègne den Waffenstillstand. Das deutsche Frontheer konnte den Rückzug antreten. Der Erste Weltkrieg war damit beendet. Und gleichzeitig hatte eine der unblutigsten Revolutionen der Geschichte ihren Lauf genommen. Das auslösende Moment der Novemberrevolution waren die meuternden Matrosen in Wilhelmshaven und Kiel sowie die Soldaten der örtlichen Garnisonen. Sie organisierten sich gemeinsam mit solidarischen Arbeitern in Räten, die plötzlich überall im Reich zahlreich ins Leben gerufen wurden. Aber der große Volksaufstand blieb aus. Während die Soldaten, Matrosen und die Räte die Revolution vorantrieben, widmete sich der übrige Teil der Deutschen ihren Alltagsgeschäften. Die Massen konnten für die Revolution nicht mobilisiert werden.

Nach dem 9. November 1918 empfanden sich die meisten Arbeiter- und Soldatenräte nicht als Alternative zu einem freigewählten Parlament. Sie identifizierten sich in großer Mehrheit nicht mit den russischen „Sowjets", sondern folgten hingegen dem vermittelnden Kurs der Mehrheitssozialdemokratie. Das Ziel dieser „Schwarz-Rot-Goldenen Revolution", die das Erbe der gescheiterten bürgerlichen Revolution von 1848 anzutreten versuchte, bestand in der Errichtung eines demokratischen Staats unter Beibehaltung der kapitalistischen Strukturen.

Die Anhänger der „Roten Revolution" lehnten dagegen unter Berufung auf die russische Oktoberrevolution und unterschiedliche Rätemodelle den Parlamentarismus grundsätzlich ab. Sie strebten einen radikalen Umsturz der politischen, wirtschaftlichen und gesellschaftlichen Verhältnisse an, notfalls auch mit Waffengewalt.

Des Kaisers letzte Reise? „Der Kaiser auf dem Weg ins Exil. Wilhelm II. (Bildmitte) an der holländischen Grenzstation Rijsden am 9. November 1918." *(Originalbildzeile)*

SPD verbündet sich mit Reichswehr

Alles in allem schien das schwarz-rot-goldene Lager in den ersten Novemberwochen die Oberhand gewonnen zu haben. Dennoch war die Ausgangslage der Republik labil. Die Agitation der „Roten Revolution", zum Beispiel durch den Spartakusbund, schürte in weiten Teilen der Bevölkerung Angst vor bolschewistischen Zuständen und Bürgerkrieg in Deutschland. Überraschenderweise hatte das Bürgertum die Revolution einfach geschehen lassen, ohne auch nur den Versuch zu unternehmen, die Überreste des Obrigkeitsstaats, Armee und Verwaltung, zu mobilisieren. Den alten Autoritäten wurde einfach die Loyalität verweigert.

Aber was würde passieren, wenn Arbeiter- und Soldatenräte tatsächlich die Macht im Staate übernähmen und eine sozialistische Parteiendiktatur errichten würden? Genau diese Fragen mögen den Reichskanzler umgetrieben haben, als ihn der Nachfolger Ludendorffs in der Obersten Heeresleitung am späten Abend des 10. November in der Reichskanzlei anrief. General Groener bot Ebert ein Bündnis an: Die Oberste Heeresleitung gewährleiste die Rückführung des Heeres und konsolidiere die Macht der neuen Reichsregierung. Ebert sicherte seinerseits zu, die Autorität des Offizierskorps von Regierungsseite aus zu stützen und die Macht der Soldatenräte soweit wie möglich zurückzudrängen. Dieses Bündnis auf Gegenseitigkeit war eine Schicksalsgemeinschaft zweier im Prinzip ungleicher Partner. Aus der Niederlage heraus bekam das Militär die Chance, sich ohne politische Kontrolle zu reorganisieren, und legte zugleich den Grundstein für den späteren „Staat im Staat". Der SPD ermöglichte die Absprache, ihren Machtanspruch in Berlin und im übrigen Reich mit Hilfe des alten Heeres und von Freiwilligeneinheiten durchzusetzen.

Erst am 6. Dezember nahm der „Rat der Volksbeauftragten" ein Gesetz zur Bildung einer freiwilligen Volkswehr an, doch das Gesetz blieb ein Stück Papier. Auch wenn die Regierung die Notwendigkeit einer republikanischen Schutztruppe erkannte, so verhinderten der tiefe ideologische Graben zwischen SPD und USPD sowie die pazifistische Grundstimmung ihrer beiden Anhängerschaften die Realisierung des Gesetzes. Am gleichen Tag zeigte jedoch eine Demonstration bewaffneter, unkontrollierter Truppenteile in Berlin, wie die Gegenrevolution aussehen könnte. Nach einer Kundgebung marodierender Heeressoldaten vor der Reichskanzlei und ihrer putschartigen Aktion gegen den Berliner Vollzugsrat, dem vorläufigen Gremium aller Räte, kam es zu Schießereien im Arbeiterstadtviertel Wedding. Doch Ebert setzte den eingeschlagenen Weg des Bündnisses mit der OHL fort. Am 10. Dezember zogen zehn Divisionen der heimkehrenden Gardetruppen in Berlin ein. Diese Machtdemonstration der Kriegsverlierer war mit Ebert vereinbart, und am nächsten Tag begrüßte er die Soldaten mit den Worten, die an Ludendorffs Dolchstoßlegende erinnern: „Kein Feind hat euch überwunden."

Einzug der Gardetruppen in Berlin am 10. Dezember 1918. Die Truppen ziehen durch die ungeheure Menschenmenge am Brandenburger Tor.

Koalition gescheitert

Die „Sicherheitspolitik" Eberts stieß auf heftige Proteste der revolutionären Räte. Diese verhinderten aber nicht den Erfolg der SPD auf dem Ersten Allgemeinen Kongreß der Arbeiter- und Soldatenräte vom 16. bis 21. Dezember in Berlin. Aufgrund der soliden sozialdemokratischen Mehrheit waren die wichtigsten Fragen bereits vor der Eröffnung entschieden: Die Wahl der verfassungsgebenden Nationalversammlung sollte zu einem frühen Zeitpunkt, am 19. Januar, erfolgen, um den Spielraum der revolutionären Kräfte einzuengen. Auch die Anhänger eines „reinen Rätesystems" hatten keine Chance sich durchzusetzen. Die SPD ging aus den meisten Abstimmungen als Siegerin hervor. Zu einer Niederlage für die USPD-Volksbeauftragten geriet die Wahl zum Zentralrat, der künftig die Regierungsmitglieder bestellen und kontrollieren sollte. Der radikale linke Flügel der Partei setzte den Boykott der Wahl durch und versagte damit ihren Vertretern in der Regierung die Arbeitsgrundlage.

Die innere Zerrissenheit der USPD belastete die Regierungskoalition mit der SPD vom 10. November außerordentlich. Den letzten Anstoß zur Aufkündigung der Zusammenarbeit gaben jedoch die „Berliner Weihnachtskämpfe". Auslöser des bewaffneten Konflikts war die „Volksmarinedivision", die in der zweiten Novemberhälfte als Schutztruppe für die Reichskanzlei bestellt worden war. Im Verlauf des Dezembers radikalisierte sich die Haltung der Truppe gegen die Regierung, und sie hielt über zwei Wochen das Berliner Stadtschloß besetzt. Der Rat der Volksbeauftragten verlangte die Räumung des Schlosses, die Soldaten bestanden weiterhin auf Bezahlung ihres ausstehenden Soldes. Am 23. Dezember setzten die revolutionären Soldaten die Regierung fest und nahmen den Berliner Stadtkommandanten, den Sozialdemokraten Otto Wels, als Geisel. Unbemerkt bat Ebert über eine nicht abgehörte Telefonleitung aus der besetzten Reichskanzlei das preußische Kriegsministerium um militärische Hilfe. Am Heiligabend ging das „Kommando Lequis" mit Artillerie gegen die Aufständischen im Schloß und im Marstall vor. Die Truppe versagte jedoch beim Befehl, das Schloß zu stürmen, den Gehorsam. Am gleichen Morgen strömte eine große Volksmenge auf dem Kampfplatz zusammen und stellte sich auf die Seite der Matrosen. Die Aktion endete mit einer Niederlage für das Militär und den Rat der Volksbeauftragten: Sie mußten der Volksmarinedivision das weitere Bestehen in unveränderter Stärke zugestehen. Die Unabhängigen Sozialdemokraten traten unter Protest gegen das militärische Vorgehen aus der Regierung aus. Darüber hinaus verfügte am 4. Januar der preußische Ministerpräsident, der Sozialdemokrat Paul Hirsch, die Entlassung des Berliner Polizeipräsidenten Emil Eichhorn, der dem linken Flügel der USPD zuzurechnen war. Eichhorn war der Volksmarinedivision mit der Berliner Sicherheitswehr zur Hilfe geeilt und hatte damit den Sieg der Aufständischen erst möglich gemacht. Die USPD-Führung beschloß noch am Abend des 4. Januars, gemeinsam mit den radikalen Kräften des Berliner Proletariats eine Protestdemonstration gegen die Entlassung Eichhorns durchzuführen. Der Aufruf wurde von der Ende Dezember gegründeten Kommunistischen Partei Deutschlands, in der der Spartakusbund federführend war, nur mitgetragen. Die Ereignisse der folgenden Tage gingen – zu Unrecht – unter dem Namen „Spartakusaufstand" in die Geschichte ein.

GEWALTSAME REVOLTE

Stürzt die Regierung Ebert-Scheidemann!

Eine riesige Volksmenge versammelte sich am 5. Dezember in der Siegesallee im Tiergarten und zog durch das Brandenburger Tor zum Alexanderplatz, wo Eichhorn vom Balkon des Polizeipräsidiums eine Rede hielt. Während die Streikführer noch weiter im Präsidium berieten, nahmen bewaffnete Demonstranten das Zeitungsviertel mit dem sozialdemokratischen Parteiorgan *Vorwärts* und den großen Verlagshäusern Mosse, Scherl und Ullstein ein. Als darüber hinaus der Anführer der Volksmarinedivision signalisierte, die in Berlin stationierten Truppen ständen hinter dem Aufstand – was sich wenig später als Falschmeldung herausstellte –, sprach sich die Mehrheit der Versammlung dafür aus, die Verlage weiter besetzt zu halten, zum Generalstreik aufzurufen und den Kampf gegen die Regierung Ebert-Scheidemann bis zu deren endgültigem Sturz aufzunehmen.

Am nächsten Tag versammelte sich eine noch größere Menschenmassen in der Siegesallee, aber es zeigte sich auch, daß die Mehrheit der Arbeiter nicht willens war, gegen Ebert und seine Regierung zu den Waffen zu greifen. Der militante Flügel der KPD und der USPD standen ziemlich verlassen da – der Putsch rekrutierte sich aus ein paar tausend Mann, die sich im Polizeigebäude und im Zeitungsviertel verschanzt hatten. Die Mehrheit der Berliner Arbeiter hielt sich von den Auseinandersetzungen fern, die meisten von ihnen waren „Mehrheits"-Sozialisten und sympathisierten mit der Regierung.

Ebert und die Kollegen seiner Regierung wurden von den dramatischen Ereignissen um das Polizeipräsidium überrascht. Gustav Noske – der frühere Marineexperte der SPD im Reichstag war zum Jahreswechsel in die Regierung berufen worden – übernahm die Verantwortung, als „Bluthund" den Aufstand niederzuschlagen. Er mobilisierte Truppen aus den städtischen Garnisonen, bewaffnete regierungstreue Arbeiter und holte Freikorps zur Unterstützung heran, die unter dem Befehl von Offizieren des alten Kaiserheers standen. Die Freikorps richteten, unterstützt von regulären Truppen, ein Blutbad unter den Aufständischen an. Die meisten ihrer Anführer konnten aus Berlin fliehen. Ausgerechnet Karl Liebknecht und Rosa Luxemburg, die bewaffneten Aktionen reserviert gegenüberstanden, blieben in der Stadt, wurden gefangengenommen und am 15. Januar von Freikorps-Offizieren ermordet.

Der Putsch verfehlte sein Ziel, die Wahlen zur verfassunggebenden Nationalversammlung zu verhindern und in Deutschland eine „Diktatur des Proletariats" zu errichten. Am 19. Januar 1919 wählten die Bürger der Republik die Konstituante. Wahlberechtigt waren alle, die mindestens 20 Jahre alt waren, zum ersten Mal waren auch Frauen stimmberechtigt. Die Wahl ergab eine überwältigende Dreiviertelmehrheit für die Koalition aus Sozialdemokraten, Zentrum und DDP – der Friedenskoalition von 1917.

„Nach den Kämpfen um das Zeitungsviertel. Das Gebäude der sozialdemokratischen Zeitung *Vorwärts* wurde von Kommunisten besetzt und im Gegenzug von der Artillerie der Regierung beschossen." *(Originalbildzeile)*

„Der Tag der Revolution ist gekommen [...] In dieser Stunde proklamieren wir die freie sozialistische Republik Deutschland [...] Wir müssen alle Kräfte anspannen, um die Regierung der Arbeiter und Soldaten aufzubauen und eine neue staatliche Ordnung des Proletariats zu schaffen, eine Ordnung des Friedens, des Glücks und der Freiheit unserer deutschen Brüder und unserer Brüder in der ganzen Welt. Wir reichen ihnen die Hände und rufen sie zur Vollendung der Weltrevolution auf."

Karl Liebknecht an die Menschenmenge vor dem Berliner Schloß am 9. November 1918

„Wenn der Kaiser nicht abdankt, dann ist die soziale Revolution unvermeidlich. Ich will sie aber nicht, ja, ich hasse sie wie die Sünde."

Friedrich Ebert an Max von Baden am 7. November 1918

Der Kaiser auf dem Müllhaufen der Geschichte. Foto aus Köln im November 1918

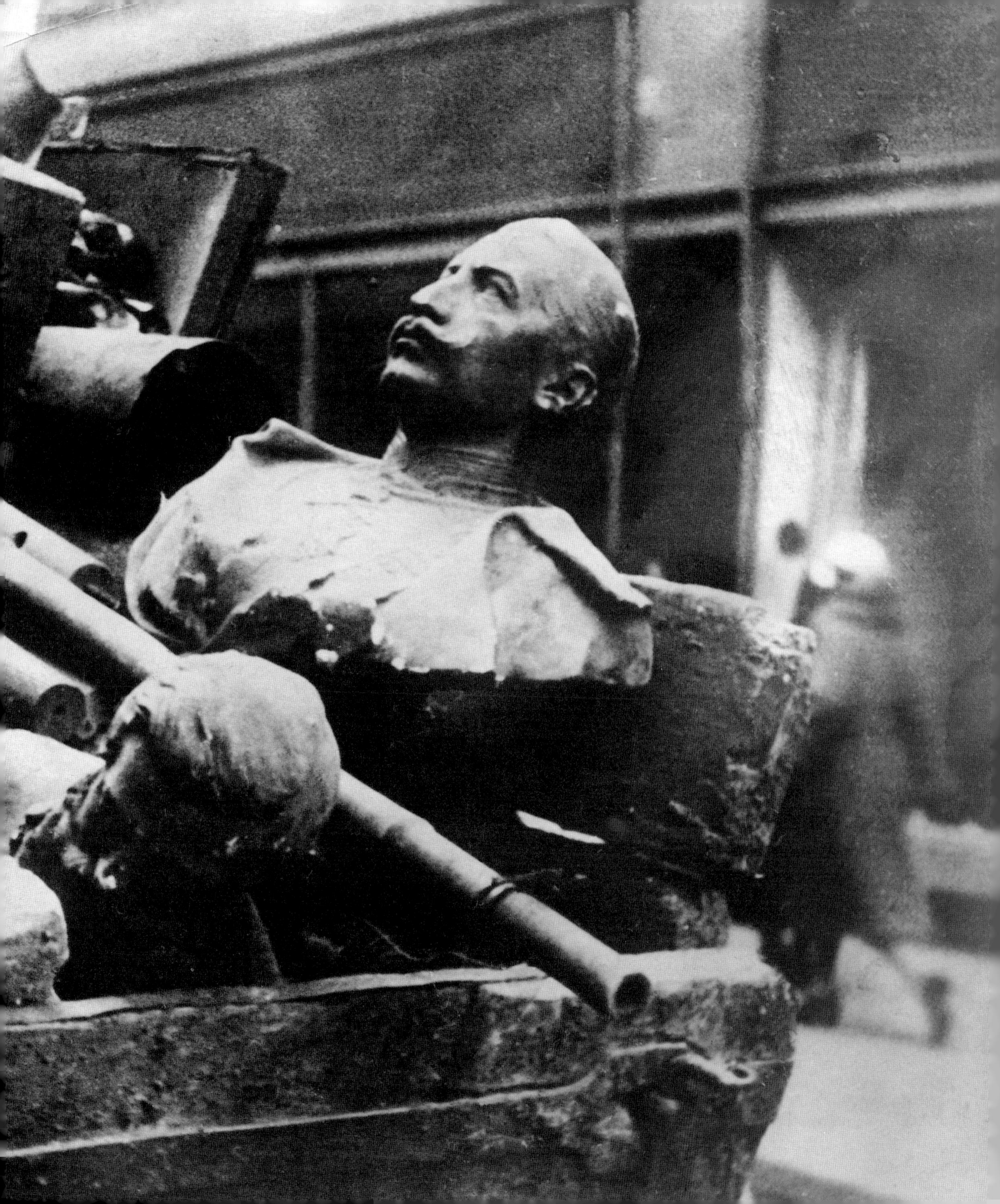

Links: „Der Volksbeauftragte Friedrich Ebert bringt am 10. Dezember 1918 ein Hoch auf die in Berlin einziehenden Fronttruppen am Brandenburger Tor aus."
Oben: „Revolutionäre Soldaten und Arbeiter marschieren am Marstall in Berlin vorbei. November 1918." *(Originalbildzeilen)*

In seiner Erklärung „An die deutschen Bürger" vom 9. November hatte der neue Reichskanzler Ebert appelliert: „Mitbürger! Ich bitte Euch alle dringend: Verlaßt die Straßen! Sorgt für Ruhe und Ordnung!" Revolutionäre Arbeiter und Soldaten ließen sich jedoch von diesen Worten wenig beeindrucken. Einen Ordnungsfaktor erblickte Ebert in den heimkehrenden Truppen, deren geordeneter Rückzug unter der wiedereingesetzten OHL organisiert wurde.

„Kameraden, willkommen in der Deutschen Republik, herzlich willkommen in der Heimat, die sich nach Euch gesehnt hat; deren bange Sorge Euch ständig umschwebte [...] Ihr findet unser Land nicht so vor, wie Ihr es verlassen habt. Neues ist geworden, die deutsche Freiheit ist erstanden. Die alte Herrschaft, die wie ein Fluch auf unseren Taten lag, hat das deutsche Volk abgeschüttelt. Es hat sich selbst zum Herrn über das eigene Geschick gemacht. Auf Euch vor allem ruht die Hoffnung der deutschen Freiheit. Ihr seid die stärksten Träger der deutschen Zukunft [...] Nicht mit reichen Gaben können wir Euch empfangen, nicht Behaglichkeit und Wohlstand Euch bieten; unser unglückliches Land ist arm geworden. Schwer lastet auf uns der Druck harter Gebote der Sieger. Aber aus dem Zusammenbruch wollen wir uns ein neues Deutschland zimmern [...] Kein Feind hat Euch überwunden."

Friedrich Ebert in einem Appell an die heimkehrenden Truppen am 10. Dezember 1918

Am 24. Dezember gingen Reichswehrsoldaten gegen die aufständische „Volksmarinedivision" vor. Aus Protest gegen diesen militärischen Übergriff traten die USPD-Mitglieder aus dem Rat der Volksbeauftragten aus, der nun vollständig in der Hand der SPD war.

Oben: „Von den Kämpfen zwischen Regierungstruppen und revolutionären Matrosen im Marstall und im Schloß während der Weihnachtstage 1918."
Rechts: „Der Rat der Volksbeauftragten um die Jahreswende 1918/1919. Von links: Otto Landsberg, Philipp Scheidemann, Gustav Noske, Friedrich Ebert, Rudolf Wissell." *(Originalbildzeilen)*

Oben: „Revolutionäre Matrosen im Marstall geben am 29. Dezember 1918 den sieben Kameraden ihr letztes Geleit, die am Weihnachtsabend in den Kämpfen mit den Regierungstruppen gestorben sind.“ *(Originalbildzeile)*

Linke Seite: „Wilhelm Pieck (KPD) bringt im Januar in der Siegesallee in Berlin ein Hoch auf die Revolution aus."
Oben: „Spartakisten hinter Barrikaden aus Zeitungsballen während der Kämpfe im Berliner Zeitungsviertel im Januar 1919." *(Originalbildzeilen)*

„Arbeiter, Parteigenossen!
Mit Hilfe der Bajonette will die Ebert-Regierung mit ihren Helfershelfern im preußischen Ministerium ihre Macht stützen und sich die Gunst des kapitalistischen Bürgertums sichern, dessen verkannte Interessenvertreter sie von Anfang waren [...] Parteigenossen! Das könnt, das dürft ihr nicht dulden! Heraus darum zu wuchtigen Massendemonstrationen! [...] Nieder mit der Gewaltherrschaft der Ebert, Scheidemann, Hirsch und Ernst. Es lebe der revolutionäre, internationale Sozialismus!"

Aufruf des KPD-Spartakusbundes und der USPD am 5. Januar 1919

„Der Spartakismus hatte nur leichte Einzelsiege errungen und beherrschte auch am nächsten Morgen [Montag, 6. Januar] nicht Berlin. In der Nacht wurden die Arbeitermassen alarmiert, die der Mehrheitssozialdemokratie treu geblieben waren, und in den Morgenstunden marschierten sie aus den Betrieben und von allen Himmelsrichtungen her in endlos langen Zügen zur Wilhelmstraße und verstopften mit ihren Leibern alle benachbarten Zugangsstraßen, die ganze Gegend rings um das Reichskanzlerpalais [...] Noske fuhr in der Stadt herum, warb Hilfstruppen an und bewies schon damals den außerordentlichen Mangel an Menschenkenntnis und Voraussicht, mit dem er später den Kapp-Putsch ermöglichte und die Republik ihren Feinden in die Hände gab."

Theodor Wolff, Der Marsch durch zwei Jahrzehnte, *1936*

Oben: „Zu den Berliner Straßenkämpfen im Januar 1919. Barrikade in der Blumenstraße. Eine Bewohnerin dieser Straße kehrt in die Wohnung zurück."
Rechts: „Mit Maschinengewehren bewaffneter Trupp während der Straßenkämpfe in Berlin, Januar 1919."
Rechte Seite: „Die Artillerie der Regierung in Stellung. Berlin im Januar 1919." *(Originalbildzeilen)*

„Arbeiter! Bürger!
Das Vaterland ist dem Untergang nahe.
Es wird nicht bedroht von außen, sondern von innen!
VON DER SPARTAKUSGRUPPE.
SCHLAGT IHRE FÜHRER TOT!
TÖTET LIEBKNECHT!
Dann werdet Ihr Frieden, Arbeit und Brot haben!

Die Frontsoldaten"

Appell in Berlin am 1. Januar 1919

„In ziemlicher Aufregung, denn die Zeit drängte, auf der Straße riefen unsere Leute nach Waffen, stand man im Arbeitszimmer Eberts umher. Ich forderte, daß ein Entschluß gefaßt werde. Darauf sagte jemand: ‚Dann mach' Du doch die Sache!' Worauf ich kurz entschlossen erwiderte: ‚Meinetwegen! Einer muß doch der Bluthund werden, ich scheue nicht die Verantwortung!' Reinhardt meinte, auf den Vorschlag habe er eigentlich immer gehofft. Ein Beschluß wurde mündlich so formuliert, daß Regierung und Zentralrat mir weitgehendste Vollmachten zum Zweck der Wiederherstellung geordneter Verhältnisse in Berlin übertrugen."

Gustav Noskes Bericht über seine Einsetzung als Oberbefehlshaber der Truppen in Berlin, 6. Januar 1919

„Euch Allen, die Ihr vier Jahre lang die deutsche Heimat heldenhaft geschützt habt, gilt in erster Linie dieser Mahnruf. Helft auch jetzt mit, die bitterste Not abzuwenden. Meldet Euch bei den Freiwilligen Verbänden, die die Regierung zum Schutze der Grenzen und zur Aufrechterhaltung von Sicherheit und Ordnung im Innern aufgestellt hat. [...] Der Zentralrat der deutschen sozialistischen Republik gez. Cohen. Der Oberbefehlshaber der Regierungstruppen in Berlin gez. Noske."

Regierungsaufruf zur Bildung von Freikorps, nach dem 6. Januar 1919

Oben: „Der Sozialistenführer Karl Liebknecht spricht in der Siegesallee in Berlin im Dezember 1918."
Rechts: „Aussicht vom Reichstag auf die Siegessäule. Januar 1919."
Folgende Seiten: „Ein Regierungssoldat in dem von den Spartakisten aufgegebenen Verlagshaus Mosse, das diese während der Januarkämpfe besetzt gehalten hatten." *(Originalbildzeilen)*

„Jawohl! Geschlagen wurden die revolutionären Arbeiter Berlins! Niedergemetzelt an die Hundert ihrer Besten! Aber es gibt Niederlagen, die Siege sind; und Siege, verhängnisvoller als Niederlagen. Die Besiegten der blutigen Januarwoche, sie haben ruhmvoll bestanden, sie haben um Großes gestritten, um edelste Ziele der leidenden Menschheit [...] Denn Spartakus – das heißt Feuer und Geist, das heißt Seele und Herz, das heißt Wille und Tat der Revolution des Proletariats [...] Denn Spartakus, das heißt Sozialismus und Weltrevolution [...] Und ob wir dann noch leben werden, wenn es erreicht wird – leben wird unser Programm; es wird die Welt der erlösten Menschheit beherrschen. Trotz alledem!"

„Trotz alledem!" – Karl Liebknechts letzte Veröffentlichung in der Roten Fahne *vom 15. Januar 1919*

„Plötzlich wurde es wieder laut im Gefängnis. Wir hörten Kolbenschläge und Fußtritte an den Zellentüren und Rufe. Dann kam ein Soldat auch an unsere Zellentür, klopfte einige Male mit dem Stiefel und schrie: ‚Liebknecht und Rosa gekillt!'"

Aus der Autobiographie des Spartakisten Karl Retzlaw, der am 11. Januar 1919 von Regierungstruppen in der besetzten Redaktion des Vorwärts *gefangengenommen wurde.*

Die Siegessäule wurde 1864 von Johann Heinrich Strack für den Platz vor dem Reichstag entworfen und 1873 mit der Figur der Viktoria von Friedrich Drake vollendet. Sie sollte an die Siege Preußens gegen Dänemark, Österreich und Frankreich erinnern. 1938/39 wurde die Siegessäule im Zusammenhang mit der „Umgestaltung zur Reichshauptstadt Germania" als Mittelpunkt des Großen Sterns in den Tiergarten versetzt. In der Weimarer Zeit stand die Säule aber noch auf dem Platz der Republik, wie auch auf dem Bild zu sehen.

Berliner
Volks-Zeitung

DEUTSCHLAND, DEUTSCHLAND...

In der Zeit zwischen dem Januaraufstand 1919 und dem Hitler-Putsch 1923 bildeten sich vollkommen entgegengesetzte politische Vorstellungen über „Deutschland" heraus. Umsturzversuche von links wechselten sich mit Putschversuchen von rechts ab. Die Republik drohte im Bürgerkrieg und im sozialen Elend zu versinken. Entgegen der außenpolitischen Isolation auf dem diplomatischen Parkett gab es während dieser Zeit immer wieder private Hilfsinitiativen aus dem Ausland. „Teestunde bei dem Reichspräsidenten Ebert (links) 1924 für amerikanische Quäker als Dank für ihre Hilfe an Deutschlands Kindern", so lautete denn auch die Originalbildzeile dieses Bildes. Eben dieser sozialdemokratische Reichspräsident galt innerhalb Deutschlands entweder als „Novemberverbrecher" oder als „Klassenverräter". Sein Versuch, 1919 den „Geist von Weimar" als demokratischen Kurs zu formulieren, mißlang. Auch die Wahl der Nationalhymne 1922 verfehlte ihre Wirkung: „Deutschland, Deutschland, über alles". Sieben Jahre später spottete Kurt Tucholsky: „... jene Zeile aus einem wirklich schlechten Gedicht, das eine von allen guten Geistern verlassene Republik zu ihrer Nationalhymne erkor".

3

Der Geist von Weimar

Deutschland stand 1919 weiterhin vor einer innenpolitischen Zerreißprobe. Mit der Niederwerfung des „Januaraufstandes" hatte die „schwarz-rot-goldene Revolution" einen zweifelhaften Sieg über die „rote Revolution" errungen. Der blutige Einsatz von Freikorps riß nicht nur tiefe Gräben in der Arbeiterschaft, sondern radikalisierte auch das politische Klima im Reich. Die zukünftige Truppe der „Gegenrevolution", durch die Sozialdemokraten Ebert und Noske aus Reichswehr und Freikorps rekrutiert, hatte nach der vernichtenden Niederlage im Weltkrieg ihren ersten Sieg an der Heimatfront errungen. Doch die innenpolitische Lage war längst nicht so stabil und eindeutig, wie es das überwältigende Wählervotum für die Weimarer Koalition vermuten lassen konnte. Mit einer Dreiviertelmehrheit ausgestattet, begannen SPD (37,9 %), Zentrum (19,7 %) und DDP (18,5 %) zwar damit, die Grundlagen der ersten deutschen Demokratie in der neuen Verfassung zu verankern. Die Vorstellungen der außerparlamentarischen und antidemokratischen Kräfte über die Zukunft Deutschlands wichen jedoch weit von den politischen Zielvorstellungen der Regierung ab. In der ersten Jahreshälfte 1919 eskalierte der Kampf um die Frage „Parlamentarische Republik oder Rätedemokratie". Doch auch die demokratisch gewählte Regierung beendete Streiks, bewaffnete Unruhen und räterepublikanische Experimente durch den Einsatz von Freikorps und stärkte auf diese Weise die Stellung der Republikgegner.

Auch außenpolitisch lastete auf der parlamentarischen Republik eine schwere Hypothek. Denn historisch einzigartig war die Härte der Friedensbedingungen, die die Alliierten im November 1918 stellten. Das Deutsche Reich schwebte Anfang 1919 immer noch im Kriegszustand. Bis weit in das Frühjahr hinein befand sich die Regierung Scheidemann noch in hoffnungsvoller Unsicherheit über den zu erwartenden Frieden. Doch das Ergebnis von Versailles sollte selbst die schlimmsten Befürchtungen neurotischer Skeptiker übertreffen.

Flucht in die Provinz

Die Konstituante war in ihren Entscheidungen alles andere als autonom, als sie am 6. Februar 1919 in Weimar tagte. Das kleine Fürstenidyll in Thüringen lag unter einer Schneedecke, als die Mitglieder der Nationalversammlung im Nationaltheater zusammentraten, um der neuen deutschen Republik eine Verfassung und damit innen- wie außenpolitisch Frieden zu geben. Mitten in Deutschland gelegen und weit entfernt vom unsicheren Berlin, bot sich Weimar als Tagungsstätte an. Ebert versprach sich durch diese Ortswahl eine Stärkung des deutschen Einheitsgedankens. Zudem berief er sich in seiner Eröffnungsrede auf die Tradition des klassischen Weimars, der Stadt der Dichter und Denker Goethe und Schiller. Eberts Worte waren aber nicht nur der Versuch, den Geist der neuen Republik mit humanistischem Gedankengut aufzuladen, indem er seine Rede mit Zitaten aus Goethes *Hermann und Dorothea* und Fichtes *Reden an die Deutsche Nation* schloß. Diese Reminiszenzen an den Liberalismus von 1848 waren auch ein Zeichen an die ehemaligen Kriegsgegner, daß das neue Deutsche Reich mit den Traditionen des alten Kaiserreiches brechen und dem Schauplatz der Novemberrevolution den Rücken kehren wollte. Viel profaner war ein weiterer Grund: Regierungsloyale Soldaten konnten hier die Sicherheit der Parlamentarier gewährleisten. Die Nationalversammlung verlief ohne Störungen, und am 11. Februar wählte sie Ebert zum vorläufigen Reichspräsidenten. Zwei Tage später berief das neue Staatsoberhaupt eine Koalitionsregierung aus SPD, DDP und Zentrum unter Philipp Scheidemann (SPD) als Reichsministerpräsident.

Ohne Glanz und Gloria

Die Weimarer Koalition war von Anfang an auf Kompromisse zwischen der Mehrheits-SPD und den bürgerlichen demokratischen Kräften Zentrum und DDP gebaut. Aus dieser Konstellation erwuchs keine eigenständige und selbstbewußte politische Kultur und schon gar keine euphorische Aufbruchsstimmung. Selbst liberale Parlamentarier trauerten dem zeremoniellen Pomp des Kaiserreiches in Anbetracht der Eröffnung der Nationalversammlung nach. Der Staatsakt erschien vielen als zu glanzlos. Er fand im Salon des Weimarer Nationaltheaters statt, „mit Blumen geschmückt wie zu einem bescheidenen bürgerlichen Hochzeitsfest", wie sich Theodor Wolff, der Chefredakteur der linksliberalen, international anerkannten Tageszeitung *Berliner Tageblatt* und Mitbegründer der DDP, in seinen Memoiren erinnert. Ein konservativer Monarchist wie der Gründungsvorsitzende der Deutschen Volkspartei, Gustav Stresemann, erlebte den Augenblick mit Wehmut. An seine Ehefrau schrieb er aus Weimar: „Heute war der feierliche Tag der Eröffnung der Deutschen Nationalversammlung oder vielmehr sollte es sein. Ich bin mit dem Herzen bei den alten Zeiten und es tut mir weh zu sehen, wie sich alles geändert hat." Stresemann sollte sich später zum Prototypen des „Vernunftrepublikaners" wandeln, der schließlich für sich mit der neuen Staatsform aus Ermangelung an durchsetzbaren Alternativen Frieden schloß und außenpolitisch die entscheidenden Zeichen für die Reintegration Deutschlands in die internationale Staatengemeinschaft setzte. Die antiparlamentarische Rechte hingegen sammelte im Verlauf des Jahres 1919 erneut Kräfte, um die Demokratie wieder abzuschaffen.

„Im verschneiten Weimar. Das Weimarer Nationaltheater mit dem Schiller-Goethe-Denkmal. Johann Wolfgang von Goethe war von 1791 bis 1817 Leiter des Weimarer Theaters."
(Originalbildzeile)

Das Diktat von Versailles

Die harten Friedensbedingungen der Siegermächte trafen die Deutschen wie ein Schlag – bis zum Schluß hatte man auf US-Präsident Wilsons „Vierzehn Punkte" gehofft, die einen Friedensschluß vorsahen, der auf dem Selbstbestimmungsrecht der Völker basieren sollte; doch der Brite Lloyd George und vor allem der Franzose Georges Clemenceau dominierten mit ihren unnachgiebigen und revanchistischen Vorstellungen die Vertragsgestaltung. Durch die gesamte deutsche Presse ging, ungeachtet der politischen Ausrichtung, ein Aufschrei der Empörung. Schlagwörter wie „Schandfrieden" und „Diktat von Versailles" wurden geprägt. Nicht nur der Regierungsführer Scheidemann, sondern auch der Koalitionspartner DDP weigerte sich, den Friedensvertrag anzunehmen. Daraufhin dankte die Regierung ab, der Konsens der Weimarer Koalition hatte sich bereits nach fünf Monaten unter diesem enormen außenpolitischen Druck verbraucht. Eine neue Koalition aus SPD und Zentrum mit dem Sozialdemokraten Gustav Bauer an der Spitze übernahm die Verantwortung. Bei Nichtunterzeichnung drohten die Alliierten mit der Wiederaufnahme militärischer Operationen. Die neue Reichsregierung sandte mit ausdrücklicher Billigung der Nationalversammlung den Außenminister Hermann Müller (SPD) nach Versailles, um dort am 28. Juni den Friedensvertrag zu unterzeichnen.

Deutschland verlor seine Kolonien sowie Elsaß-Lothringen, Nord-Schleswig, Posen, Westpreußen und Teile Pommerns. Französische und britische Truppen besetzten vorläufig das Rheinland. Die Nutzung der Kohlegruben an der Saar fiel an Frankreich. Die allgemeine Wehrpflicht in Deutschland wurde aufgehoben, eine höchstens 100 000 Mann starke Armee war gestattet, die weder über schwere Waffen und Panzer noch über Kriegsflotte oder Flugzeuge verfügen sollte.

Die Alliierten forderten Reparationen in Höhe von 25 Billionen Dollar, über die jedoch endgültig eine Reparationskommission entscheiden sollte. Ein Novum in der Geschichte der Friedensverträge war das im Vertrag festgeschriebene Verursacherprinzip. Um die Härte der Forderungen moralisch zu legitimieren, zwangen die Sieger Deutschland, sich zur alleinigen Schuld am Ausbruch des Weltkrieges zu bekennen. Vor allem der Kriegsschuld-Passus traf das gesamte deutsche Volk in seiner Ehre.

Am 6. Dezember 1918 marschierte die britische Armee in Köln ein. Zunächst wurden 30 000, Ende 1919 sogar 55 000 Soldaten stationiert. 1925 hatte die britische Regierung die Zahl auf 9100 reduziert, und erst am 31. Januar 1926 verließen die letzten britischen Soldaten die Stadt.

Ein Soldat der britischen Besatzungsarmee im Rheinland patroulliert am Rhein in Köln.

Deutschland wurde aber nicht nur politisch gedemütigt, sondern auch unter Sonderrecht gestellt, militärisch entmachtet und wirtschaftlich ruiniert. Im Parlament war vom Kampfgeist, der eben noch die hitzigen Debatten über den Friedensvertrag bestimmt hatte, nichts mehr zu spüren. Deutsche Politiker, von der äußersten Linken bis zur extremen Rechten, hatten nur noch ein Ziel – die Revision dieses Vertrags. Nur über den Weg, dieses Ziel zu erreichen, gab es vollkommen entgegengesetzte Auffassungen.

Der erste unumgängliche Schritt war die Annahme der demokratischen Verfassung. Vielen Abgeordneten erschien die Abstimmung über die demokratische Reichsverfassung am 11. August 1919 als Zwangsakt, als eine Verlängerung des oktroyierten Friedens. Die Verfassung wurde mit 262 Ja-Stimmen der staatstragenden Parteien gegen 75 Nein-Stimmen der deutschnationalen Parteien DNVP und DVP sowie der linken Unabhängigen angenommen. 67 Abgeordnete des Parlaments demonstrierten ihre Gleichgültigkeit gegenüber dem eigentlichen Staatsgründungsakt und blieben der Abstimmung fern.

Trotz Staatsumsturz und Revolution im Jahre 1918 war die Weimarer Verfassung stark vom bürgerlichen Liberalismus geprägt. Deutschland wurde ein Bundesstaat mit unitarischen Zügen, der seinen Bürgern weitreichende staatsbürgerliche Freiheiten und Grundrechte einräumte. Die SPD sorgte für eine weitsichtige Sozialgesetzgebung, das Zentrum hingegen setzte zahlreiche Gesetzesartikel durch, die Schulreformen, Ausbildung und die Kirche fördern sollten. Der Verfassung lag gesellschaftspolitisch kein Systemgedanke zugrunde. Auch politisch trug sie den Kompromißcharakter, den das Regierungsbündnis zwischen gemäßigter Arbeiterschaft und den demokratischen Teilen des Bürgertums widerspiegelte. Das Verhältniswahlrecht garantierte dem Bürger die größtmögliche Wahlfreiheit zwischen den Weimarer Weltanschauungsparteien, die jedoch ihre Ideologien so weit in den Vordergrund der politischen Entscheidungsfindung im Parlament stellten, daß selbst die staatstragenden Parteien immer wieder um einen demokratischen Konsens ringen mußten. Gleichzeitig begünstigte der Wahlmodus die Entstehung einer Vielzahl von Splitterparteien. Die Bildung langfristiger und mehrheitsfähiger Regierungskoalitionen wurde erschwert. Ein plebiszitäres Gegengewicht zum Parlament schufen die Verfassungsväter in einem demokratischen „Ersatzkaiser". Dem vom Volk für sieben Jahre gewählten Reichspräsidenten wurde durch den Artikel 48 der Verfassung eine machtvolle Stellung eingeräumt. Dieser gab ihm das Recht, im Falle „nationalen Notstands" staatsbürgerliche Freiheiten und Grundrechte außer Kraft zu setzen. Der Artikel 48 war die direkte Antwort der Weimarer Verfassung auf die Gefahren, denen die junge Demokratie bereits in ihren Anfängen ausgesetzt war.

Bürgerkrieg im Deutschen Reich

Ein Menetekel des „Bolschewismus" entwickelte sich in München. Nachdem der provisorische Ministerpräsident Kurt Eisner (USPD) im Februar 1919 auf offener Straße von einem monarchistischen Armeeleutnant ermordet worden war, erschütterten Generalstreiks und Massendemonstrationen Bayerns Hauptstadt. Schließlich konstituierten sich im April zwei kurz aufeinanderfolgende Räterepubliken. Auf die von Kommunisten, Anarchisten und Pazifisten ausgerufene „Kaffeehausrepublik" mit den Schriftstellern Ernst Toller, Gustav Landauer und Erich Mühsam in den Hauptrollen folgte eine sowjetorientierte bayerische Räterepublik, die die „Diktatur des Proletariats" errichten wollte. Zum Schutz der beiden Rätedemokratien gegen „reaktionäre Umsturzversuche" wurde gleich zu Beginn eine „Rote Armee" gebildet. Sie vermochte den ersten militärischen Versuch von Eisners Nachfolger, Johannes Hoffmann (SPD), die Revolutionäre zu entmachten, abzuwehren. Der zweite Angriff Ende April endete jedoch mit Schrecken. Am 30. April ermordeten zunächst Rotgardisten zehn Geiseln, die im Anmarsch auf München befindlichen Freikorps steigerten sich durch diese Nachricht in einen Blutrausch und übten ihrer rechtsradikalen Räson folgend Vergeltung. Als München am 3. Mai wieder „befreit" war, zählte man 606 Tote. 38 Soldaten fielen auf Seiten der Regierungstruppen; auf der anderen Seite traf es aber nicht nur „rote" Soldaten und deren Führer, sondern auch 335 Zivilisten.

Das Menetekel der „jüdisch-bolschewistischen Weltrevolution"

Auf große Teile der deutschen Bevölkerung und auf die Mehrheit der Nationalversammlung wirkte es wie ein Schock, daß es „Bolschewisten" gelungen war, eine Landeshauptstadt ihrer Herrschaft, der Diktatur einer kleinen Minderheit, zu unterwerfen. In München selbst begrüßten die Bürger die Freikorps freudig, und breite Schichten nahmen die Auswüchse ihres Gewaltexzesses teilnahmslos hin. Vor diesem Hintergrund entwickelte sich hier in den folgenden Jahren ein politisches Milieu, in dem sich wie in kaum einer anderen deutschen Großstadt der Haß gegen Marxismus und Bolschewismus in geschlossenen Reihen organisierte. Das Feindbild dieser „Welle von rechts", die der zeitgenössische Philosoph und Theologe Ernst Troeltsch 1919 als Stimmungsumschwung im Bildungsbürgertum des gesamten Reiches ausmachte, speiste sich zudem aus einem starken Antisemitismus der Vorkriegszeit. Wiederentfacht wurde diese latente antisemitische Haltung allein durch die Tatsache, daß die Führer der Räterepubliken zumeist jüdischen Familien entstammten.

Die Gegenrevolution schlägt zu

Die Monate nach dem Umsturz zeigten, daß die Revolution Leib und Leben der ehemaligen Machteliten des Kaiserreiches unangetastet gelassen hatte. Ihre anfänglichen Loyalitätsschwüre waren schnell vergessen. Im Gegenteil, ihr politisches Selbstbewußtsein wuchs mit der Unsicherheit, mit der sich vor allem regierende Sozialdemokraten auf dem politischen Parkett bewegten. Scheidemann und Ebert wurden gewissermaßen zu Zielscheiben der rechten Publizistik, die diese auf perfide Art und Weise als kulturlose und machtgierige Parvenüs darstellten.

Wer 1919 gegen die sogenannten „Novemberverbrecher", den „Schandfrieden von Versailles" und die „Kriegsschuldlüge" agitierte, handelte unter der verfassungsmäßigen Prämisse der Pressefreiheit und wollte nicht nur die neue europäische Friedensordnung beseitigen. Die Propagandisten der rechten „Gegenrevolution" steigerten sich in einen blinden nationalen Eifer und Haß und kämpften gleichzeitig auch immer gegen die Demokratie. Besonnene Demokraten wie Matthias Erzberger, die in der politischen Arena zur Mäßigung und zum Ausgleich mit den ehemaligen Kriegsgegner aufriefen, wurden als „Erfüllungspolitiker" und „Vaterlandsverräter" beschimpft. Diese Vorwürfe gingen Hand in Hand mit der Dolchstoßlegende. Sie sollte die Schuld an der militärischen Niederlage wider besseres Wissen auf die „Revolution" und „die Sozialisten und Pazifisten an der inneren Front" abwälzen, die der im Feld unbesiegten Armee in den Rücken gefallen seien.

Die Fußtruppen für diese Gegenrevolution setzte der Frieden von Versailles frei. Der Vertrag erlaubte ein Heer von lediglich 100 000 Mann, unter Waffen standen jedoch etwa 400 000 Soldaten. Alle Versprechungen der Regierung an ehemalige Reichswehrsoldaten, die sich in Freikorps gesammelt hatten und im Kampf gegen den „Bolschewismus" eingesetzt wurden, waren nun haltlos. Entgegen den Plänen, diese Truppen in die Reichswehr zu integrieren, standen diese nun auf der Straße.

Der monarchistische Offizier Graf Arco Valley. Er erschoß den bayerischen Ministerpräsidenten und unabhängigen Sozialisten Kurt Eisner auf offener Straße in München am 21. Feburar 1919.

Der Kapp-Lüttwitz-Putsch

Seit Oktober 1919 formierte sich die Gegenrevolution. Sie schmiedete unter der Federführung der „Nationalen Vereinigung", die von General Ludendorff gegründet worden war, Putschpläne. Am 13. März 1920 schlug sie zu. Unter schwarz-weiß-roten Kaiserfahnen ließ General Lüttwitz Freikorps aus dem Baltikum unter dem Kommando des Korvettenkapitäns Hermann Ehrhardt in Berlin einmarschieren. Sie besetzten zuerst die Regierungsgebäude. Die Putschregierung wurde angeführt von dem großdeutsch gesinnten Generallandschaftsdirektor Wolfgang Kapp aus Königsberg als Reichskanzler und von Lüttwitz als Verteidigungsminister. Die Regierung Bauer, die in letzter Sekunde nach Dresden, später dann nach Stuttgart floh, antwortete mit einem Aufruf an die Arbeiter zum Generalstreik: „Lahmlegung des Wirtschaftslebens, keine Hand darf sich mehr rühren, kein Proletarier darf der Militärdiktatur helfen. Generalstreik auf der ganzen Linie. Proletarier, vereinigt euch!"

Die Regierung griff damit zu einem politischen Kampfmittel, dessen sich bisher nur die linke Opposition bedient hatte. Der Generalstreik begann an einem Wochenende, an die zwölf Millionen Arbeiter traten in Streik, und das Land drohte in der kommenden Woche lahmgelegt zu werden. Die Erfolgschancen des Kapp-Lüttwitz-Putsches schwanden aber auch deshalb, weil in Berlin die Ministerialbürokratie jede Zusammenarbeit mit dem neuen Regime verweigerte. Eine unrühmliche Rolle spielte jedoch die Reichswehr. Die vielzitierte Antwort „Reichswehr schießt nicht auf Reichswehr", mit der der Chef des Truppenamts, General von Seeckt, die Loyalität fordernde Frage des Reichswehrministers Noske entgegnet haben soll, ist höchstwahrscheinlich nie so gefallen. Die Haltung der Generäle war, mit Ausnahme ihres Chefs General Reinhardt, jedoch eindeutig: Um die zukünftige Einheit des Heeres nicht zu gefährden und die Reichswehr als intaktes Element der Innenpolitik manövrierfähig zu halten, nahm man faktisch eine neutrale Position ein.

Nach zwei Tagen stand der Putsch bereits vor dem Zusammenbruch, am 17. März setzte sich Kapp nach Schweden ins Exil ab. Dieser rechte Spuk hatte zwar seine militärischen Möglichkeiten demonstriert, seine Köpfe waren jedoch plan- und ziellos vorgegangen. Mit der Kapitulation der Putschisten war aber der Generalstreik noch nicht beendet, denn nun forderten die Syndikalisten, USPD und KPD, alle am Putsch Beteiligten juristisch zu bestrafen, die Verwaltungen gründlich zu demokratisieren und weite Teile der Großindustrie zu sozialisieren. Unverhohlenes und vorrangiges Ziel war, das amtierende, von der SPD dominierte Kabinett durch eine „Arbeiterregierung" zu ersetzen.

Wolfgang Kapp. Der nach ihm benannte Putsch war ein Staatscoup verbitterter Militärs und konservativer Großagrarier.

Die Spaltung der Arbeiterbewegung

Ein ideologischer Riß ging durch die Arbeiterschaft. Der gemäßigte Flügel stützte sich auf besser ausgebildete und gutsituierte Arbeiter und war in der SPD organisiert. Dem radikalen Flügel gelang es, Massen zu rekrutieren, die überwiegend aus der ungelernten Arbeiterschaft stammten. Diese linke Opposition strebte immer noch eine vollständige politische und wirtschaftliche Umwälzung der Republik an. Der Reformkurs der ehemaligen Mutterpartei und deren Koalitionspartner war ihr zutiefst verhaßt. Besonders ausweglos wurde dieser Konflikt, da sich die regierenden Sozialdemokraten immer wieder der militärischen Knute des untergegangenen Kaiserreiches, der Reichswehr, bedienten, um Aufstände des Proletariats niederzuwerfen. Sie schielten seit November 1918 immer nur nach links, weil sie von dort bewaffnete Aufstände und Putschversuche befürchteten. Der Generalstreik von 1920 entfachte diesen seit 1917 schwelenden „sozialistischen Bruderkampf" wieder in vollem Maße und endete in einem wochenlangen Bürgerkrieg. In Sachsen und Thüringen griffen bewaffnete Arbeiterwehren Freikorps und Reichswehrtruppen an. Im Ruhrgebiet formierte sich eine „Rote Armee" aus sozialistischen Arbeitern unterschiedlicher politischer Ausrichtung. Sie besetzte Rathäuser und requirierte Fahrzeuge, Vieh und Lebensmittel.

Der Ruhrkampf

Um den „roten Terror" im Ruhrgebiet zu beenden, setzte die Regierung die Truppen ein, deren Generalität der parlamentarischen Exekutive während des Kapp-Lüttwitz-Putsches die kompromißlose Loyalität versagt hatte. Der Vormarsch der Militärs war von Gewalttaten und Grausamkeiten begleitet. Auf Seiten der Rotarmisten starben über 1000 Menschen. Die Reichswehr zählte 208 Tote und 123 Vermißte. Der „Ruhrkampf" war die letzte der Massenbewegungen, die mit den wilden Streiks im vorletzten Kriegsjahr begonnen hatten. Er endete wie alle linken Aufstände der Revolutionszeit, blutig und erfolglos. Alle Revolten der folgenden Jahre wie etwa die vom März 1921, als es in Mitteldeutschland und Hamburg erneut zu Arbeiteraufständen kam, die von bewaffneter Schutzpolizei niedergeschlagen wurden, waren lediglich kommunistische Putschversuche, die von kleinen Minderheiten getragen wurden.

Verlust der Mehrheit

Die Kabinette der Weimarer Koalition trauten seit dem Herbst 1919 ihrem Rückhalt in der Bevölkerung offenbar nicht mehr und verschoben die ausstehende Wahl zum Reichstag von Monat zu Monat. Der Kapp-Lüttwitz-Putsch und der Ruhrkampf zeigten jedoch, daß dieser Aufschub die innenpolitische Konsolidierung keineswegs gefördert hatte. Die Wahl am 6. Juni 1920 endete in einer voraussehbaren Katastrophe für SPD, Zentrum und DDP, denn sie erhielten nur noch 43 % der Sitze. Die Mehrheit der Regierungskoalition hatte die Gründungsphase der Republik unter dem Alpdruck von Versailles und den innenpolitischen Kämpfen nicht überstanden. Sie sollte die Majorität im Parlament bis zum Ende der Weimarer Republik auch nicht mehr wiedererlangen. Nun waren nur noch Koalitionen mit latent antidemokratischen Parteien oder Minderheitsregierungen möglich, die von der parlamentarischen Duldung politischer Gegner abhingen. Ohne eine Mehrheit im Volk und Parlament für die Demokratie waren die Ergebnisse der schwarz-rot-goldenen Revolution zumindest in Frage gestellt.

Zwischen 1919 und 1930 versuchten insgesamt 16 Reichsregierungen mit einer durchschnittlichen Lebensdauer von acht Monaten das Land zu lenken. 1920 hieß die einstweilige Lösung „Bürgerblock". Die DVP, im Kern noch zutiefst monarchistisch, bildete gemeinsam mit DDP und Zentrum ein Reichskabinett. Die SPD hingegen, die eigentliche Mutter der Republik, zog sich für Jahre aus der direkten nationalen Regierungsverantwortung zurück. Ihr politischer Einfluß im Reich blieb allerdings gewahrt – sie stellte bis 1925 mit Friedrich Ebert den Reichspräsidenten und regierte bis 1932 den Freistaat Preußen, der drei Fünftel des deutschen Staatsterritoriums einnahm und gewissermaßen als Bollwerk der Republik galt. Der politische Handlungsspielraum der SPD wurde jedoch 1922 durch die Vereinigung mit der Rest-USPD eingeengt, die sich 1920 über die Frage des Beitritts zur Kommunistischen Internationalen, der Moskauer Zentrale kommunistischer Weltpolitik, gespalten hatte. Die SPD rückte nun ein deutliches Stück nach links, was die Zusammenarbeit mit den gemäßigten bürgerlichen Parteien wesentlich erschwerte.

Zielscheibe „Erfüllungspolitiker“

Nach der Wahl 1920 beruhigte sich die innenpolitische Lage. Außenpolitisch hingegen blies dem Deutschen Reich wieder ein starker Wind entgegen. Die Ausführung des Friedensvertrags führte immer wieder zu scharfen Auseinandersetzungen mit den Siegermächten. Die Krise erreichte einen ersten Höhepunkt, als die Reparationskommission Anfang 1921 ihre Forderungen an Deutschland stellte: 132 Milliarden Goldmark, jährlich mit 6 % zu verzinsen und zu tilgen. Die deutsche Reaktion glich derjenigen vom Mai und Juni 1919 – Empörung an allen Fronten. Die Regierung lehnte daraufhin die Bedingungen unter großem Jubel der Bevölkerung und der Presse ab. Letztlich gab es aber zu der „Erfüllungspolitik“ keine Alternative. Nur auf diese Weise ließ sich der insbesondere vom „Erzfeind“ Frankreich erhobene Vorwurf entkräften, daß Deutschland sich der Folgeverpflichtungen des Versailler Vertrags entziehen wolle. Eine Revision der Reparationsforderungen war nur möglich, wenn man ihnen erst einmal nachzukommen versuchte und dabei den Nachweis erbrachte, daß dies zwangsläufig zur Zahlungsunfähigkeit der jungen Republik führt.

Die zerrissene deutsche Nation hatte jedoch keine Antennen für eine derart subtile und zugleich erniedrigende außenpolitische Diplomatie. Niederlage um Niederlage auf dem internationalen Parkett trafen immer wieder die nationale Ehre, die noch wehmütig in der früheren Größe des Kaiserreiches schwelgte. Die Regierungen kompromittierten sich von Konflikt zu Konflikt in der Öffentlichkeit als schwächlich und unterminierten auf diese Weise die Legitimität der Weimarer Republik. Diese gesellschaftliche Gemengelage ermutigte nationalistische Fanatiker zu einer Reihe politischer Attentate und Morde, denen 1921 auch Matthias Erzberger, der Unterzeichner des Waffenstillstandes und späterer Finanzminister, und 1922 Walther Rathenau, der zu dieser Zeit amtierende Außenminister aus den Reihen der DDP, zum Opfer fielen. Mit der Person Rathenaus trafen die Gewehrkugeln nicht nur einen der „Erfüllungspolitiker“, sondern auch einen Vertreter des linksliberalen Judentums.

Finanzminister Matthias Erzberger vor dem Nationaltheater in Weimar während der Nationalversammlung im Februar 1919.

Reichskanzler Joseph Wirth (Zentrum) verkündete im Reichstag: „Dieser Feind steht rechts.“

Dieser Feind steht rechts

Fassungslos nahmen die Parteigänger der Demokratie diese Morde zur Kenntnis. Über die Reaktionen auf Erzbergers Tod schrieb die evangelische Zeitung *Christliche Welt:* „Ungeheuerlich ist es, mit welchem Jubel ungezählte evangelische Christenleute diese Nachricht begrüßt haben. Ungeniert macht sich die Stimmung laut, auf den Straßen, in den Eisenbahnen, in den Familien.“ Als sich nach dem 24. Juni 1922 die Nachricht über den Mord Rathenaus verbreitete, verließen hunderttausende Arbeiter ihre Fabriken und sammelten sich unter roten und schwarz-rot-goldenen Fahnen zu Trauerdemonstrationen auf den Straßen Berlins. Die rechten Terroranschläge auf die Staatsordnung ließen die in der Bevölkerung weitverbreitete Frustration über das „Weimarer System“ in eine gewaltige republikanische Sympathiewelle umschlagen.

Im Reichstag schloß der Reichskanzler Joseph Wirth (Zentrum) seine flammende Rede nach dem Rathenau-Mord mit den Worten: „Da steht der Feind [nach rechts gewendet], der sein Gift in die Wunden eines Volkes träufelt. – Da steht der Feind – und darüber ist kein Zweifel: Dieser Feind steht rechts.“ Starke Worte und hartes Durchgreifen waren in dieser Situation im Parlament angesagt. Im Juli wurde das „Gesetz zum Schutze der Republik“ erlassen. Mit diesem Gesetz wurde der Justiz ein wirksames Mittel an die Hand gegeben, Fememorde hart zu bestrafen und extremistische Organisationen zu verbieten. Doch gerade der Justizapparat der Republik machte nie einen Hehl aus seiner Abneigung gegen die Demokratie und seinen Sympathien für die politische Rechte. In der Praxis blieb also alles beim Alten: Linke Straftäter wurden hart bestraft, die Republikgegner von rechts konnten weiterhin mit milden Urteilen rechnen. So lautet bis heute zu Recht ein historischer Allgemeinplatz für diese Zeit: „Die Justiz der Weimarer Republik war auf dem rechten Auge blind.“

Die „Rathenau-Eiche“ in der Königsallee in Berlin-Grunewald. Hier wurde Walther Rathenau ermordet.

Die Demokratie in der Zerreißprobe

Außenminister Rathenau hatte am Rande einer europäischen Konferenz in Genua im April 1922, auf der die Wirtschaftssituation der Nachkriegszeit diskutiert wurde, im benachbarten Rapallo einen gesonderten Vertrag mit der Sowjetunion geschlossen, in dem sich beide Staaten verpflichteten, auf Kriegsentschädigungszahlungen zu verzichten und die Handelsbeziehungen zu intensivieren. Dies war ein psychologischer Erfolg in einer Zeit nicht abreißender außenpolitischer Niederlagen. Die Alliierten, insbesondere Frankreich, betrachteten diese Annäherung aber mit Argusaugen.

Das Hauptproblem der deutschen Wirtschaft war der verlorene Weltkrieg. Die Vorkriegswirtschaft war gesund, und Deutschland zählte zu den führenden Industrienationen in Europa. Um den Krieg zu finanzieren, hatte der deutsche Staat öffentliche Anleihen aufgelegt. Für die Deckung dieser Anleihen sollte später der besiegte Feind sorgen. Nach der Niederlage brach dieses Kartenhaus mit den unübersehbaren Reparationsforderungen zusammen. Die Nachkriegsregierungen wagten es nicht, die Löcher in der Staatskasse über Steuererhöhungen zu stopfen und ihre Wählerschaft noch weiter zu belasten. Um die Schulden zurückzahlen zu können, druckte die Reichsbank ununterbrochen neue Banknoten, was eine galoppierende Inflation zur Folge hatte.

Passiver Widerstand an der Ruhr

Aus der Annahme heraus, daß sich Deutschland seinen Reparationsverpflichtungen entziehen wolle, besetzte Frankreich Anfang 1923 das Ruhrgebiet. Die Reichsregierung Joseph Wirth forderte im Gegenzug zum „passiven Widerstand“ auf. Das gesamte Wirtschaftsleben, einschließlich der Schwerindustrie und Kohleförderung, wurde für Monate lahmgelegt. Dies wiederum förderte die Hyperinflation, die astronomischen Zahlen entgegenraste.

Die noch junge Weimarer Republik stand vor ihrem Zusammenbruch. Am 13. August 1923 bildete sich eine „Große Koalition“ aus DVP, Zentrum, DDP und SPD. Ausgerechnet Gustav Stresemann, der Führer der prononciert nationalen Rechtspartei DVP, brach als Reichskanzler den passiven Widerstand im Ruhrgebiet ab, der Deutschland vollständig zu ruinieren drohte. Mit dieser Entscheidung vom 26. September, die nichts anderes war als die bedingungslose außenpolitische Kapitulation, beendete er den Konfrontationskurs und bereitete seinen an den europäischen Realitäten orientierten Weg vor. Die Währung wurde am 15. November 1923 durch die Einführung einer neuen „Rentenmark“ (=1 Billion Inflationsmark) mit Bürgschaft auf das gesamte Reichsvermögen stabilisiert.

Stresemann hatte mit der Beendigung des passiven Widerstands eine unpopuläre Entscheidung getroffen, für die er sogleich von der deutschnationalen bis hin zur Zentrums-nahen Presse als Sündenbock für die Niederlage im Ruhrkonflikt ausgemacht wurde. Am Tag der „Kapitulation“, dem 26. September 1923, hatte die Reichsregierung den Ausnahmezustand über das gesamte Reich verhängen lassen.

Deutscher Oktober

Die linke wie rechte Opposition machte gegen die Große Koalition gleichzeitig mehrere Fronten auf. Im Rheinland und in der Pfalz versuchten separatistische Gruppen, mit Hilfe der Besatzungsmacht Frankreich „autonome Republiken“ zu gründen. Diese Episode des rheinischen Separatismus scheiterte jedoch am Widerstand in der Bevölkerung. In Sachsen und in Thüringen bildeten sich Volksfrontregierungen aus SPD und KPD, die mit den „Proletarischen Hundertschaften“ eigene Bürgerkriegsarmeen aufstellten. Diese Versuche von KPD und Komintern, einen „Deutschen Oktober“ zu inszenieren, beendete das Kabinett Stresemann jedoch durch den Einmarsch der Reichswehr.

Zum ersten Schlag gegen das Reich holte noch am 26. September Bayern aus. Die Landesregierung verhängte einen „eigenen“ Ausnahmezustand nach Artikel 48 und erklärte Gustav Ritter von Kahr zum „Generalstaatskommissar“. Von Kahr beabsichtigte, von der „Ordnungszelle“ Bayern Ordnung in das gesamte Reich zu tragen, insbesondere in den „marxistischen Pfuhl“ Berlin. Im Freistaat drohte eine Diktatur, die sich auf die dort stationierten Reichswehrverbände stützen konnte. Der bayerische Oberbefehlshaber, General Otto von Lossow, verweigerte am 1. Oktober den Befehl aus Berlin, das Verbot gegen die NSDAP-Zeitung *Völkischer Beobachter* zu vollstrecken. Die Reichsregierung war angesichts dieser Befehlsverweigerung in Bayern faktisch nicht mehr handlungsfähig.

Kahrs Pläne waren eindeutig wittelsbachisch-monarchistisch und bayerisch-partikularistisch. Sein zeitweiliger Verbündeter Adolf Hitler zielte hingegen auf das große Ganze, die „nationale Revolution“. Dem Vorsitzenden der Nationalsozialistischen Deutschen Arbeiterpartei (NSDAP) war es gelungen, die zahlreichen völkischen Verbände Bayerns unter die Führung seiner Partei zu stellen. Darüber hinaus hatten sich die schwerbewaffneten paramilitärischen Truppen der „Vaterländischen Verbände“ seinem Kommando unterstellt. Nach dem Vorbild des italienischen Faschistenführers Benito Mussolini wollte Hitler einen „Marsch auf Berlin“ inszenieren und die Reichsregierung stürzen.

Der Marsch auf Berlin

Adolf Hitlers diktatorische Wunschträume zerrannen innerhalb von Stunden. Der „Hitler-Putsch“ begann am Abend des 8. November 1923 mit den Schüssen im Münchener „Bürgerbräukeller“, mit denen Hitler eine politische Versammlung der Anhänger Kahrs sprengte. Gewissermaßen mit vorgehaltener Waffe rief er „gemeinsam“ mit von Kahr und von Lossow die „Nationale Revolution“ aus. Über Nacht erklärten die beiden die Ungültigkeit der Proklamation. Die bayerische Reichswehrdivision unterstellte sich wieder dem Chef der Heeresleitung von Seeckt, der unterdessen im Namen der Reichsregierung die Exekutive in Deutschland übernommen hatte. Der erpresserische Coup endete am Mittag des nächsten Tages. Ein Demonstrationszug mit Hitler und Ludendorff, der auf allen Schauplätzen der „Gegenrevolution“ präsent war, zerstob unter den Kugeln der bayerischen Landespolizei an der Münchener Feldherrenhalle. Hitler und seine Anhänger wurden verhaftet. Mit dem Scheitern des Hitler-Putsches war der Höhepunkt der inneren Krise überschritten. Die NSDAP und andere rechtsextremistische Organisationen sowie die KPD wurden im gesamten Reichsgebiet verboten. Hitler wurde 1924 zu fünf Jahren Festungshaft verurteilt, aber bereits neun Monate später wieder freigelassen. Die Zeit in der Festungshaft nutzte er, um *Mein Kampf* zu schreiben, das spätere „Glaubensbekenntnis“ der nationalsozialistischen Bewegung.

„Das Deutsche Reich ist eine Republik. Die Staatsgewalt geht vom Volke aus.“ (Artikel 1)
„Der Reichspräsident kann, wenn im Deutschen Reiche die öffentliche Sicherheit und Ordnung erheblich gestört oder gefährdet wird, die zur Wiederherstellung der öffentlichen Sicherheit und Ordnung nötigen Maßnahmen treffen, erforderlichenfalls mit Hilfe der bewaffneten Macht einschreiten. Zu diesem Zwecke darf er vorübergehend die in den Artikeln 114, 115, 117, 118 [...] festgesetzten Grundrechte ganz oder zum Teil außer Kraft setzen.“ (Artikel 48)

Aus der Weimarer Verfassung von 1919

„Gewaltig waren unseres Volkes Leistungen während der vier Kriegsjahre; sie geben beredtes Zeugnis von den in uns wohnenden, heute von der Revolution verschütteten Kräfte. Ein Volk, das solches vollbracht, hat das Recht zum Leben [...] möge es die Männer finden, die verantwortungsfreudig wie die Führer im Felde mit starkem Wollen und hartem Willen es leiten und dem niedergetretenen Volksleben frischen und kräftigen Odem geben, Männer, die mit vertrauensvoller Gefolgschaft der Besten des Volks in schöpferischer Tat die nationalen, schaffenden Kräfte einen.“

Erich Ludendorff in Meine Kriegserinnerungen, *1914–1918*

„Letzte Aufnahme des Reichspräsidenten Ebert, fotografiert am 15. Februar 25, vor 14 Tagen, an seinem Schreibtisch.“
(Originalbildzeile des Nachrufs auf Friedrich Ebert)

In der ersten Phase der Revolution war es um politische Demokratisierung gegangen, eine Forderung, der sich weite Teile der Deutschen anschließen konnten. In der zweiten Phase ab Januar 1919 wollten sich viele Angehörige der Industriearbeiterschaft nicht mit dem begnügen, was ihnen der November gebracht hatte. Der Ruf nach Sozialisierung der Schlüsselindustrien und betrieblicher Mitbestimmung bestimmten die Rätebewegung im Ruhrgebiet und Mitteldeutschland. Die Regierung Scheidemann reagierte auf die entstehenden Unruhen und wilden Streiks mit dem Einsatz von Freikorps. Auf gleiche, blutige Weise wurde auch den beiden Münchner Räterepubliken ein Ende gesetzt. Das Debakel von München war jedoch nur ein vorläufiges Ende der Putschversuche von links, unter anderem folgten der „Ruhrkampf" 1920 und der „Deutsche Oktober" 1923 in Mitteldeutschland.

„Jede Person, die mit Waffen in der Hand gegen Regierungstruppen kämpfend angetroffen wird, ist sofort zu erschießen."

Befehl des sozialdemokratischen Oberbefehlshabers Gustav Noske während des Märzaufstands 1919 in Berlin, der vom 9.–16. März in Kraft war.

Oben: „Bürger kämpfen in Mitteldeutschland. Abtransport gefangener Rotgardisten mit ihrem verwundeten Führer in Mansfeld am 26. März 1921."
Rechte Seite: „März 1919. Ausnahmezustand in Hamburg. Verhaftung eines Rädelsführers am Drahtverhau."
(Originalbildzeilen)

Neben den umfangreichen Gebietsabtretungen legte der Friedensvertrag von Versailles dem Deutschen Reich durchgreifende Beschneidungen auf militärischem Gebiet auf: Der alte Generalstab stand zur Auflösung; die Reichswehr wurde auf 100 000 Berufssoldaten begrenzt, die Marine auf 15 000; sämtliches schweres Kriegsgerät wie Flugzeuge, U-Boote oder Panzer wurden verboten; die Hochseeflotte war fast vollständig auszuliefern. Letztere Bestimmung wurde jedoch von der Marine durch die Selbstversenkung der Flotte bei Scapa Flow am 21. Juni 1919 unterlaufen. Auch in der Folgezeit gab es immer wieder Versuche der Reichswehr, die Rüstungsbestimmungen von Versailles zu umgehen. Unter anderem gab es nach dem Rapallo-Vertrag mit der Sowjetunion 1922 ein Geheimabkommen mit der Roten Armee, das eine gemeinsame Waffenausbildung vorsah.

Oben: „Wie Deutschland abgerüstet wurde. Alle diese Flugzeuge harren noch der Verschrottung."
Links: „Eine seltene Aufnahme, hohe russische Offiziere bei den deutschen Herbstmanövern 1927. Der Chef der russischen Aufmarschabteilung und drei Sowjet-Divisions-Kommandeure als Teilnehmer bei den diesjährigen Herbstmanövern der 5. Reichswehrdivision."

(Originalbildzeilen)

Oben: „Das Massengrab der deutschen Kriegsflotte auf dem Schiffsfriedhof in Kiel. Aufgrund des Versailler Diktats wird hier der Rest der alten Flotte, soweit sie nicht schon bei Scapa Flow endete, verschrottet. Diesen trostlosen Anblick bietet jetzt die einst so stolze *Lothringen.*"
Rechts: „Die Manöver der Reichswehr bei Frankfurt/Oder. Reichspräsident Hindenburg besichtigte das Manövergelände. Angriff mit Attrappentanks."

(Originalbildzeilen)

„Hakenkreuz am Stahlhelm,
Schwarzweißrotes Band,
Die Brigade Erhardt
Werden wir genannt.

Arbeiter, Arbeiter,
Wie mag es dir ergehn,
Wenn die Brigade Erhardt
Wird einst in Waffen stehn.

Die Brigade Erhardt
Schlägt alles kurz und klein,
Wehe dir, wehe dir,
Du Arbeiterschwein!“

Soldatenlied der Freikorps-Brigade Erhardt

Nachdem am 10. Januar 1920 der Versailler Vertrag in Kraft getreten war, standen in der Reichswehr einschließlich aller Freikorps noch über 250 000 Mann unter Waffen. Der endgültige Termin für die Reduzierung auf die vorgesehene Heeresstärke war der 10. Juli 1920. Der Konflikt zwischen der Regierung Bauer und abzuwickelnden Teilen der Reichswehr wurde vor allem von dem Reichswehrminister Gustav Noske verkannt und gipfelte in dem Kapp-Lüttwitz-Putsch. Am 13. März 1920 marschierten Freikorps unter dem Kommando von General Lüttwitz in Berlin ein und Wolfgang Kapp erklärte sich zum Reichskanzler. Die Gegenrevolution schlug nach wenigen Tagen fehl. Der Generalstreik, den dieser Coup in allen Landesteilen auslöste, führte jedoch zum „Ruhrkampf“. Beendet wurde dieser Aufstand im Ruhrgebiet durch die neueingesetzte Regierung Müller wieder einmal mit eben jenen Kräften der Reichswehr und Freikorps, die wenige Wochen zuvor mit den Putschisten sympathisiert hatten.

Oben links: „Berlin im Zeichen des Kapp-Putsches. Kapitän Hermann Erhardt, dessen Truppen als erste in Berlin am 13. März 1920 einrückten.“
Unten: „Der Berliner Lustgarten während des Kapp-Putsches 1920.“ *(Originalbildzeilen)*

Links: „Deutschland feiert seinen Helden. Schlageter-Ehrung des Kartellvereines der katholischen Studentenverbindungen in Düsseldorf. Pfarrer Fassbender, ein Kartellbruder Schlageters, der ihn auf seinem letzten Wege zur Hinrichtung begleitete, hält die Gedächtnisrede." Unten: „Besetzung des Ruhrgebietes durch die Franzosen und Belgier. Belgische Panzerautos in den Straßen von Düsseldorf im März 1923." *(Originalbildzeilen)*

Nachdem die Alliierte Reparationskommission im Januar 1923 erklärte, daß Deutschland seine Reparationsverpflichtungen vorsätzlich nicht erfüllt hätte, nahmen am 10. Januar französische und belgische Soldaten im Auftrag ihrer Regierungen das Ruhrgebiet mit seinen Eisen-, Stahl- und Bergbaubetrieben als Faustpfand. Am Tag darauf rief die deutsche Regierung zum passiven Widerstand an der Ruhr auf. Im März und April gingen ehemalige Freikorpsmitglieder vom passiven zum aktiven Widerstand über und verübten Sprengstoffanschläge auf Bahnanlagen im besetzten Gebiet. Einer ihrer Führer, Leo Schlageter, wurde von der französischen Militärpolizei verhaftet und am 26. Mai hingerichtet, was in Deutschland einen allgemeinen Proteststurm auslöste. Selbst der Deutschlandexperte der Kommunistischen Internationale, Karl Radek, nannte den „Faschisten" Schlageter einen „Märtyrer des deutschen Nationalismus" und „mutigen Soldaten der Konterrevolution".

„Wir wollen alles tun, daß Männer wie Schlageter, die bereit waren für eine allgemeine Sache in den Tod zu gehen, nicht Wanderer ins Nichts, sondern Wanderer in eine bessere Zukunft der gesamten Menschheit werden."

Karl Radek in einer Rede vor dem erweiterten Exekutivkomitee der Komintern in Moskau am 20. Juni 1923

„Das Volk liebt ihn nicht, während die Intellektuellen für ihn sind [...] Die Wahrheit ist, das deutsche Volk will keinen Präsidenten im Zylinderhut [...] Er muß eine militärische Uniform und eine Menge Orden haben. Wenn man einen Mann vor sich hat, der einen Zylinderhut trägt und alltäglich aussieht, dann denkt jedermann im Publikum: das kann ich auch".

Gustav Stresemann an den britischen Botschafter Lord D'Abernon 1925

Links: „Reichspräsident Friedrich Ebert verläßt das Museum." Rechte Seite oben: „Reichsaußenminister Walther Rathenau in seinem Auto, in dem er am 24. Juni 1922 von den tödlichen Kugeln getroffen wurde." *(Originalbildzeilen)*

Rechte Seite unten: Matthias Erzberger

Die Morde an Matthias Erzberger 1921 und Walther Rathenau 1922 waren keine Einzeltaten. Gefährdet waren alle Politiker und Personen des öffentlichen Lebens, die sich offen zur Republik bekannten, die die „Erfüllungspolitik" der Regierung guthießen oder sie gar betrieben. Verantwortlich für die Gewalttaten war ein Milieu, das sich durch völkisches und antisemitisches Gedankengut aufheizte. Der Antisemitismus der Weimarer Zeit ging auf rassistische Geistesströmungen der zweiten Hälfte des 19. Jahrhunderts zurück, in der der Judenhaß zu einem Symbol gegen die Moderne avancierte. Je nach politischem Standort wurden die wilhelminischen Juden, denen gerade die volle staatsbürgerliche Gleichstellung garantiert worden war, mit dem Kapitalismus oder Liberalismus, Sozialismus oder Marxismus, der Freimaurerei oder dem Pazifismus gleichgesetzt. Nachdem im Ersten Weltkrieg viele deutsche Juden Seite an Seite mit ihren Landsleuten gekämpft hatten, setzte mit der Revolution 1918 die antisemitische Proganda der Rechten unvermindert wieder ein. Der Femeмord wurde nun ein politisch probates Mittel im Kampf gegen den „jüdisch-bolschewistischen Weltfeind". Arnold Zweig zählte in seiner „Bilanz der deutschen Judenheit" 1934 die prominenten jüdischen Opfer aus der Anfangszeit der Republik auf, deren Mörder alle aus dem gleichen völkisch-nationalistischen Milieu stammten: „– jener Ecke, die weniger Dichter als Mörder in die Öffentlichkeit entsandte, die Mörder des friedenschließenden Erzberger, des Rapallo-Mannes Rathenau (gegen Stresemann begnügte man sich mit Morddrohungen), die Wiedereroberer von München, denen Kurt Eisner, Gustav Landauer, Eugen Leviné zum Opfer fielen und alle diejenigen ‚aufbauwilligen Kräfte', die im Kapp- und Hitler-Putsch auszogen, um die Republik zu erschlagen."

Rechts: „Die Kleiderwoche der Berliner Nothilfe 1923. Durch die äußerst ungünstigen Verhältnisse in Deutschland ist es den armen Leuten nicht möglich, sich Kleiderstücke zu verschaffen. Aus diesem Grunde veranstaltete das Deutsche Rote Kreuz mit Unterstützung der Reichswehr eine Sammlung von alten Kleidern und Schuhen. Unser Bild zeigt einen Blick in den mit reichen Spenden angefüllten Raum einer Sammelstelle."
Unten: „Norwegische Liebesgaben für bedürftige Berliner Schulkinder werden augenblicklich durch den Präsidenten der norwegischen Hilfsaktion, Herrn Ellef Rignes, verteilt. 15 Waggons Lebensmittelspenden sind eingetroffen und jedes Kind erhält 5 Pfund Butter, 2 Pfund Kakao, 2 Pfund Zucker, 2 Büchsen Ölsardinen, 5 Büchsen Milch, 4 Heringe, 1 Pfund Wurst und 1 Stück Seife. Bild zeigt: Berliner Schulkinder werden durch die norwegische Hilfe reichlich beschenkt. Berlin 1924." *(Originalbildzeilen)*

Seit dem Kriegsende stieg die Inflation unaufhörlich. Der Staat demonstrierte seinen alliierten Schuldnern zwar auf diese Weise seine Zahlungsunfähigkeit, doch spätestens seit dem passiven Widerstand an der Ruhr, der im Januar 1923 begann und Unsummen an staatlichen Geldern verschlang, wurde die Geldentwertung unbeherrschbar. Die Notenpressen liefen ohne Unterbrechung, und das Massenelend wuchs von Tag zu Tag.

„Die Not erstickt allmählich jedes Gefühl für Ordnung, Sauberkeit und Sitte und läßt nur noch dem Gedanken an Kampf gegen Hunger und Kälte Raum."

Aus einer amtlichen Broschüre der Stadt Berlin, 1923

Rechts: „Inflationszeit in Berlin 1922. Andrang zum städtischen Butterverkauf."
Unten: „Die Kleiderwoche der Berliner Nothilfe 1923 [...] Durch Haussammlungen der Portiers werden entbehrliche Kleiderstücke der Deutschen Nothilfe zugeführt."
(Originalbildzeilen)

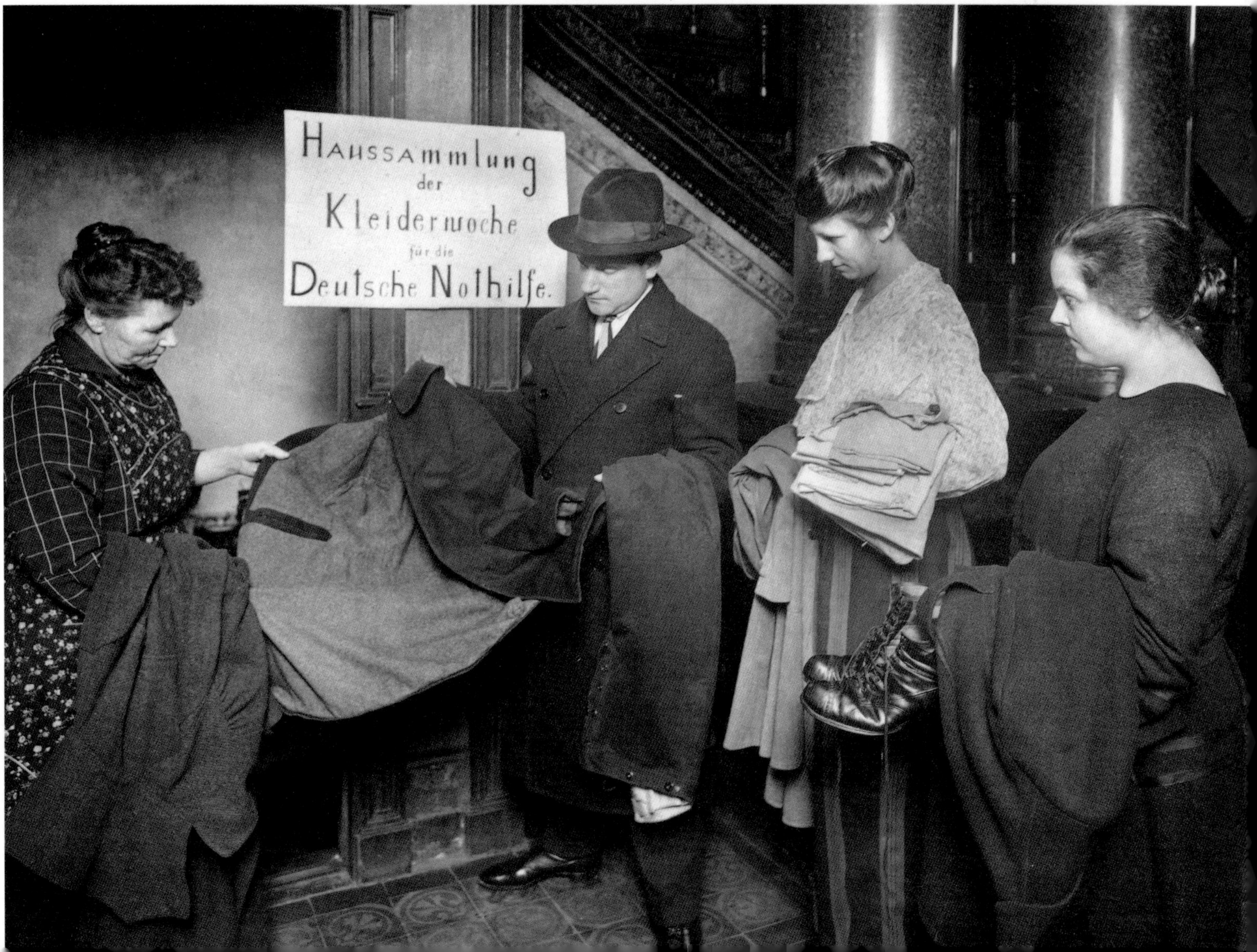

„Proklamation an das deutsche Volk. Die Regierung der Novemberverbrecher in Berlin ist heute für abgesetzt erklärt worden. Eine provisorische deutsche National-Regierung ist gebildet worden. Diese besteht aus General Ludendorff, Adolf Hitler, General von Lossow, Oberst von Seisser."

Proklamation vom 8. November 1923

Adolf Hitler erpreßte am Abend des 8. November 1919 im Münchener „Bürgerbräukeller" mit Waffengewalt die Beteiligung von Kahr, Lossow und Seisser an der von ihm geplanten „Nationalen Revolution". Diese widerriefen noch in der Nacht ihre Stellungnahme und bereiteten die Niederschlagung des Aufstandes vor. Der Hitler-Putsch brach am nächsten Tag nach nur wenigen Stunden in sich zusammen. Hitler und weitere Putschisten wurden am 1. April 1924 zu Haftstrafen auf der Festung Landsberg verurteilt, allerdings wurden die Urteile Ende des Jahres zur Bewährung ausgesetzt. Die Putschgefahr von rechts war damit zwar gebannt, die Agitation nationalistischer Parteien und Kampfverbände auf den Straßen der Republik ging jedoch ungehindert weiter.

Ganz oben: „Das Urteil im Hitler-Ludendorff-Prozeß. Der freigesprochene General Ludendorff (links) mit den Hauptangeklagten Hitler und Dr. Weber. Aufgenommen am Tage der Urteilsverkündigung in München am 1. April 1924."
Oben: „Jubelnd begrüßt durchfährt Ludendorffs Auto die Straßen Münchens."
Rechts: „Wahlpropaganda für ‚Deutschvölkische Freiheitspartei' am Brandenburger Tor in Berlin im Mai 1924."

(Originalbildzeilen)

Wählt Deutschvölkische Freiheitspartei
A 6517
Was ihr wählen sollt

Die Gesellschaft der Weimarer Republik war durch eine Militarisierung des politischen Lebens geprägt. Viele ehemalige Soldaten setzten nach Kriegsende in den Freikorps den bewaffneten Kampf fort – nun gegen den inneren Feind „Bolschewismus". Zudem bildeten sich paramiltärische Verbände wie der Ende 1918 gegründete Stahlhelm, die sich offen gegen die Republik und die Linke stellten.

Linke Seite: „Der ‚Deutsche Tag' in Halle am 11. Mai 1924. Blick über die Heerschau der nationalen Verbände auf dem Gelände der Rennbahn."
Rechts: „General Hans von Seeckt mit Gattin im Gespräch mit den Weihnachtsgästen der Reichswehr."
Unten: „Die Organisation ‚Jung- und Alt-Stahlhelm' mit ihren Fahnen zur Gedenkfeier der im Weltkrieg Gefallenen am 1. März 1925." *(Originalbildzeilen)*

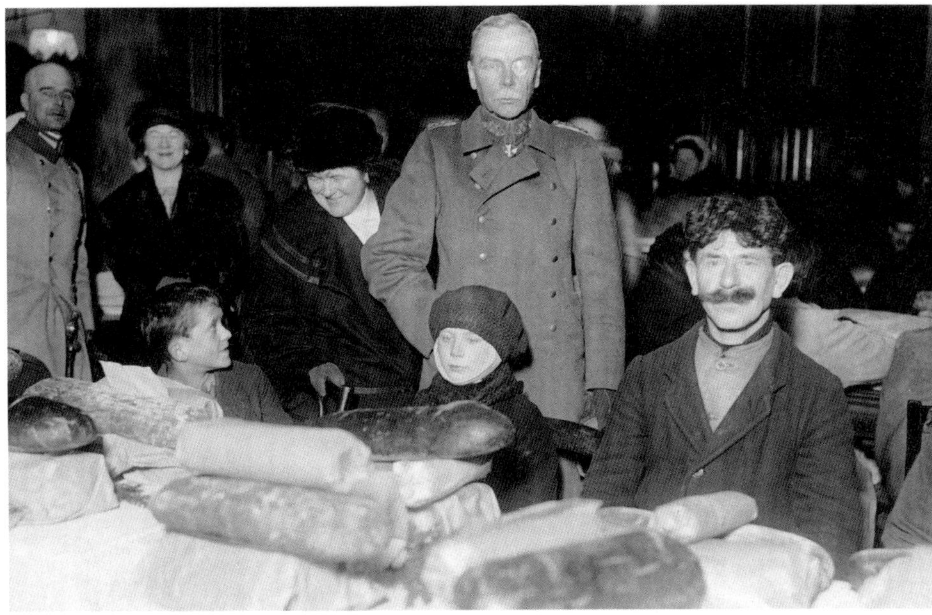

Die Arbeiterbewegung sah keine andere Möglichkeit, als durch Gründung des „Reichsbanners Schwarz-Rot-Gold“ und des „Rotfrontkämpferbundes“ der Militarisierung der Gesellschaft mit paramilitärischen Mitteln entgegenzutreten.

Oben: „Der Reichsbanner ‚Schwarz-Rot-Gold‘ veranstaltete am 22. Februar 1925 in seiner Gründungsstadt Magdeburg seinen ersten Bundestag. Heute vor einem Jahr wurde der Bund der republikanischen Kriegsteilnehmer gegründet und seine Mitgliederzahl beläuft sich in dem ersten Jahr auf 4 Millionen. Über 150 000 Reichsbanner-Leute nahmen mit ihren Fahnen unter großer Beteiligung der Magdeburger Bevölkerung an der Feier teil. Unser Bild zeigt Reichskanzler a. D. Hermann Müller während seiner Ansprache auf dem Domplatz.“
Rechte Seite: „Reichsbannertag ‚Schwarz-Rot-Gold‘ in Magdeburg. Die alten Kampfesfahnen von 1848 während der Versammlung auf dem Domplatz am 22. Februar 1925.“
(Originalbildzeilen)

Links: „Wenn die Nacht kommt! Aufnahme aus dem städtischen Obdach-Asyl. Blick in einen der Schlafsäle, welcher bis zu 100 Personen beherbergt."
Oben: „Hugo Stinnes." *(Originalbildzeilen)*

Besonders hart traf die Geldentwertung den Mittelstand, der während dieser Zeit den Großteil seiner Ersparnisse verlor, denn alle in festen Geldbeträgen angelegten Vermögenswerte verfielen. Industrie- und Bankmagnaten hingegen entledigten sich ihrer Schulden und nutzten die Inflationszeit erfolgreich zum Ankauf von Unternehmen und zur Bildung von Großkonzernen. Wie zum Beispiel der Industrielle und Reichstagsabgeordnete der DVP, Hugo Stinnes, der durch umfangreiche Unternehmenskäufe verschiedenster Branchen einen gigantischen vertikalen Konzern aufbaute, der jedoch nach seinem Tod 1924 wieder zerfiel.

Die Notenpresse, die seit Jahren ununterbrochen Fluten an Papiergeld produzierte, wurde durch die Gründung der Rentenbank am 15. Oktober 1923 zum Stillstand gebracht. Mit Einführung der Rentenmark, die auf den Wert einer Billion Papiermark bei einer Parität von 4,20 Mark zum Dollar festgelegt wurde, erließ der Reichstag zugleich ein Gesetz, das von allen Parteien des Parlamentes angenommen wurde. Es untersagte dem Staat, neue Geldmengen auf den Markt zu werfen. Durch diese beiden Maßnahmen gelang es, neues Vertrauen in die deutsche Währung und Wirtschaft zu schaffen.

„Die Vernichtungsmaschine, rechts der Spalt, wo durch Wasserdampf und Messer das Papiergeld vollständig zermahlen wird." *(Originalbildzeile)*

einschalten
ausschalten

DAMALS WAR DIE SCHÖNE ZEIT

4

Die Aussöhnung mit den Siegermächten des Ersten Weltkriegs wurde dem deutschen Außenminister Gustav Stresemann innenpolitisch nicht gedankt. Vielmehr erkor ihn die nationalistische Rechte zum Haßobjekt und schreckte selbst vor Morddrohungen gegen ihn nicht zurück. Über diese Anfeindungen konnte auch die öffentlich präsentierte häusliche Idylle nicht hinwegtäuschen: „Der Reichsaußenminister Dr. Stresemann feiert mit seiner Gattin in Wiesbaden das Fest der Silbernen Hochzeit. Unser Bild zeigt Dr. Stresemann und seine Gattin im Garten ihres Heims.“ Doch welcher Zeitgenosse des goldenen Jahrfünfts von 1924–29 nahm das Trügerische an der Stabilität dieser Zeit schon wahr? Den Scheinfrieden beschrieb auch Leonhard Frank in seiner autobiographischen Skizze: „Damals war die schöne Zeit. Von den Nachwirkungen des verlorenen Krieges war nichts mehr zu spüren [...] Michael und seine Freunde waren der trächtigen schönen Gegenwart Tag für Tag bewußt, sie sagten zueinander: Uns geht's gut!“

Deutschlands Weg aus der Isolation

Die „goldenen 20er" sind als Synonym für die Blütezeit der Kunst und Kultur zwischen 1924 und 1929 in die Geschichte der Weimarer Republik eingegangen. Im Laufe des Jahres 1924 mehrten sich die Anzeichen, daß sich die parlamentarische Demokratie gegen die Herausforderungen von rechts und links behauptet und innenpolitisch konsolidiert hatte. Adolf Hitler mußte aus seiner Festungshaft heraus beobachten, wie die von ihm aufgebaute NSDAP verboten wurde und die auf ihn als Führer zugeschnittene Parteistruktur zerfiel. Der gescheiterte „Hitler-Putsch" disqualifizierte nicht nur die vom Parteiführer ausgerufene „Nationale Revolution", sondern kompromittierte auch auf Jahre die tragenden Kräfte der rechten Bewegung in der breiten Öffentlichkeit. Diese Tatsache konnte jedoch nicht darüber hinwegtäuschen, daß auch weiterhin sowohl in einzelnen Bevölkerungsschichten wie auch in den Funktionseliten der Beamtenschaft und Wirtschaft ein massives antirepublikanisches und antidemokratisches Potential existierte. Die äußerste Linke hingegen wurde durch die Auseinandersetzungen des Jahres 1923 nachhaltig geschwächt. Nach dem Scheitern des „deutschen Oktobers" konnte die Gefahr eines kommunistischen Umsturzversuches als vorerst gebannt betrachtet werden.

Nachdem die Republik vier Jahre lang um ihren politischen und wirtschaftlichen Bestand gerungen hatte, gab es unzählige soziale Verlierer. Die Inflation vernichtete die Ersparnisse der Bürger, besonders betroffen war der Mittelstand. Diese „Kriegsverlierer" bauten niemals ein grundlegendes Vertrauen zur Republik auf. Daran änderte auch der wirtschaftliche Aufschwung nach der Währungsreform 1923 nicht viel. Erst 1927 erreichte das Lohnniveau wieder den Stand von 1923, Vollbeschäftigung allerdings gab es zu keiner Zeit. Mit Hilfe ausländischer Kredite erlebten die Deutschen eine ökonomische Scheinblüte.

Aus heutiger Sicht sind die außenpolitischen Erfolge Gustav Stresemanns unübersehbar. Der Vorsitzende der Deutschen Volkspartei hatte von November 1923 bis zu seinem Tod im Oktober 1929 in allen Koalitionsregierungen das Amt des Außenministers inne. In seinem langfristigen außenpolitischen Plan zeigte er sich als die politische Lichtgestalt der Republik und ging als einer der europäischen Staatsmänner in die Geschichte ein. Er sah in der Fortführung von Rathenaus „Erfüllungspolitik", der Revision des Versailler Vertrages mit friedlichen Mitteln, den einzig gangbaren Weg, um Deutschland wieder im internationalen Konzert der Großmächte zu etablieren. Die Lösung des Reparationsproblems, die Aussöhnung mit Frankreich, die Suche nach Unterstützung von Seiten Großbritanniens und der USA, die Revision der polnischen Ostgrenzen und die Zusammenarbeit mit der Sowjetunion – das waren die grundlegenden Ziele von Stresemanns Politik, dessen Grundgedanke nach dem Bismarckschen Vorbild die außenpolitische Balance zwischen Ost und West war.

Entspannung in Europa

Bei der Verwirklichung seiner Ziele kam Stresemann ein politischer Stimmungswandel in Westeuropa zugute. In Großbritannien wurde 1924 eine Labour-Regierung gewählt, die mehr als ihre konservative Vorgängerin am gesamteuropäischen Gleichgewicht interessiert war und das französische Hegemoniestreben in Mitteleuropa zunehmend kritisierte. In Frankreich verlor noch im gleichen Jahr der „Nationale Block", der das aggressive Vorgehen an Rhein und Ruhr zu verantworten hatte, die Parlamentsmehrheit an eine linke Parteien-Koalition. Stresemann erblickte in dieser Konstellation „zum erstenmal einen Silberstreifen am sonst düsteren Horizont".

Eine grundlegende Voraussetzung für die Entspannung in Europa schufen die Vorschläge einer unabhängigen Expertenkommission unter dem Vorsitz des US-Bankiers Charles G. Dawes zur Lösung der Reparationsfrage. Die Dawes-Kommission folgte dem Grundsatz, die ausstehenden Entschädigungssummen nach dem Prinzip des wirtschaftlich Machbaren zu bemessen. Die Sanierung der deutschen Wirtschaft Ende 1923 begünstigte diesen neuen Weg. Im Sommer 1924 wurde der Plan auf der Londoner Konferenz von den Alliierten und den Deutschen angenommen. Nach dieser ersten Annäherung folgte der nächste Schritt.

Die Locarno-Verträge

Der Schweizer Kurort Locarno am Lago Maggiore wurde im Spätsommer und Herbst 1925 zum Zentrum europäischer Großmachtpolitik. Gustav Stresemann traf dort mit seinen Kollegen Aristide Briand aus Frankreich und Austen Chamberlain aus Großbritannien zusammen, um mit ihnen gemeinsam ein europäisches Sicherheitsabkommen auszuhandeln. Am 12. Oktober unterzeichneten Deutschland, Frankreich, Belgien, Großbritannien, Italien, Polen und die Tschechoslowakei die Verträge von Locarno. In diesem Pakt wurden die im Versailler Vertrag festgelegten Grenzen im Westen bestätigt; das immer noch französisch besetzte Rheinland sollte zu einem noch unbestimmten Zeitpunkt entmilitarisiert werden; und die beteiligten Länder verpflichteten sich, gegenseitige Konflikte in Zukunft schiedsgerichtlich zu regeln. Als Garanten für die Abmachung fungierten Großbritannien und Italien. Der Vertrag sollte die Westgrenze festschreiben und das Verhältnis zu Frankreich sichern, während die Frage der deutschen Ostgrenze mit Polen offenblieb.

Die Locarno-Verträge waren in erster Linie das Werk von Aristide Briand und Gustav Stresemann; am 10. Dezember 1926 wurden sie für ihr gemeinsames Werk mit dem Friedensnobelpreis ausgezeichnet. Mit diesen Verträgen schien endlich ein neues Europa und das Ende von Versailles in Sicht. Briand entwickelte seine kühne Zukunftsvision eines vereinten Europas erst Jahre später, Stresemann

Außenminister Gustav Stresemann verläßt am 6. August 1929 die Konferenz über die Reparationsverhandlungen in Den Haag.

Die Außenminister Sir Austen Chamberlain (Großbritannien), Gustav Stresemann (Deutschland) und Aristide Briand (Frankreich) in Debatte am Kaffee im Hotel Splendide in Lugano am 17. Dezember 1929. Foto Erich Salomon.

hingegen blieb in der nur noch kurzen Zeit seines Lebens ein europäischer Realpolitiker und Verfechter des souveränen Nationalstaats. Darüber konnte auch das Pathos seiner Rede anläßlich der Unterzeichnung des Locarno-Pakts 1925 nicht hinwegtäuschen:

„Wir haben ein Recht, von einer europäischen Idee zu sprechen [...] Zusammen mit den Erschütterungen des Weltkrieges ergibt sich daraus die eine Tatsache, daß uns eine Schicksalsgemeinschaft aneinanderkettet. Wenn wir untergehen, gehen wir gemeinschaftlich unter; wenn wir in die Höhe kommen wollen, können wir es nicht im Kampfe gegeneinander, sondern nur im Zusammenwirken miteinander".

Das Ende der Isolation

Es lag in der Konsequenz dieser neuen Europaordnung, daß Deutschland im September des Jahres 1926 einen ständigen Sitz im Völkerbundrat erhielt, um das Ende der außenpolitischen Isolation des Kriegsverlierers zu unterstreichen – aber auch um dessen weitere Entwicklung kontrollieren zu können. Die Weimarer Republik wurde fortan in das internationale Mächtesystem integriert und war auch den Verpflichtungen der Völkerbundsatzung verpflichtet. Stresemann erlebte die erste Sitzung im Genfer Reformationssaal als persönlichen Triumph, als Briand der Versammlung zu verstehen gab: „Das Zeichen des heutigen Tages ist der Friede für Deutschland und für Frankreich."

Die Öffnung nach Osten

Um Moskau von seinem schweren Alpdruck zu erlösen, ein mit den Westmächten verbündetes Deutschland könnte sein Territorium für einen anglo-französischen Aufmarsch gegen die Sowjetunion öffnen, schloß Stresemann bereits im April 1926 den Berliner Vertrag ab. Über diesen unverbindlichen Neutralitäts- und Freundschaftspakt im Falle eines Krieges mit einem dritten Staat hinaus existierten geheime Beistandsabkommen zwischen Reichswehr und Roter Armee. Die Russen waren auf deutsche Sachkenntnis angewiesen, um eine moderne Armee aufbauen zu können. Man produzierte nicht nur gemeinsam Waffen, die der Versailler Friedensvertrag in Deutschland verboten hatte, sondern kooperierte auch in der Generalstabsausbildung. Diese illegale Zusammenarbeit blieb auf die Dauer nicht verborgen und belastete nicht nur das Verhältnis zwischen Deutschland und Frankreich, sondern auch die innenpolitischen Auseinandersetzungen. 1926 wartete der ehemalige Reichsministerpräsident Philipp Scheidemann vor dem Reichstag mit sensationellen Enthüllungen über diese militärische Liaison auf, die Reichsregierung, Reichswehr und KPD gleichermaßen in Argumentationsnot brachte.

Stresemanns außenpolitischer Balanceakt war ein Kunststück an sich. Seine offensichtlichen Erfolge wurden jedoch von vielen Deutschen nicht erkannt und als solche gewürdigt. Der deutsche Außenminister stieß, wie auch sein französischer Kollege Briand, in der Vermittlung der neuen europäischen Strategie auf heftige innenpolitische Widerstände. Der Dawes-Plan und der Locarno-Pakt riefen in konservativen und deutschnationalen Kreisen einen Sturm des Hasses und der Verbitterung gegen Stresemann hervor. Besonders provozierend war für diese Kreise der Gedanke, daß Elsaß-Lothringen in den Händen des „Erzfeindes" verbleiben sollte. Stresemann wurde in den deutschnationalen Presseorganen des finanzstarken und ultrakonservativen Zeitungszaren Alfred Hugenberg, der 1928 die Parteiführung der DNVP übernahm, als „Raubmörder", „Landesverräter" oder „Verräterhund" tituliert sowie der Trunksucht und Bestechlichkeit bezichtigt. Im Zuge dieser Verleumdungskampagne wurden auch Attentatspläne gegen Stresemann aufgedeckt. Überall im Reich marschierten nationale Verbände zu dem Kampflied *Siegreich wollen wir Frankreich schlagen.* Unter dem Druck der Straße verließ die DNVP 1925 die Regierung.

Ohne Rücksicht auf Verluste

Der deutsche Außenminister Stresemann befand sich seit Amtsantritt in einem ständigen, für ihn persönlich zermürbenden Grabenkrieg, den er selbst in der eigenen Partei DVP zu führen hatte, um seine außenpolitischen Ideen auch innenpolitisch durchsetzen zu können. Der Dawes-Plan des Jahres 1924 garantierte Stresemann ein ökonomisches Fundament, auf dem weitere Schritte für eine wirtschaftliche Erholung Deutschlands gemacht werden konnten. Das Abkommen führte zu der ersten großen Wall-Street-Anleihe an die Deutschen, die in der Folgezeit noch weiteres ausländisches Kapital ins Land zog: Es entstand damit ein finanzieller Kreislauf, der sich schließlich zum Schwungrad der gesamten transatlantischen Wirtschaft entwickelte. Deutschland war nun auch in der Lage, seine Reparationsschulden an die Ententestaaten zurückzuzahlen. Diese beglichen ihre Kriegsschulden an die USA, und von dort finanzierten Banken mit Krediten wiederum die deutsche Wirtschaft.

Vom Dawes- zum Young-Plan

Dennoch war allen Beteiligten klar, daß der Dawes-Plan ein wirtschaftspolitisches Provisorium darstellte. Auf Dauer waren die jährlichen Höchstsätze der Reparationszahlungen nicht zu leisten; ab 1928 sollten jährlich 2,5 Milliarden Reichsmark entrichtet werden. Außerdem lag dem Plan ein konjunkturhemmendes Kontrollsystem zugrunde. Die deutschen Eisenbahnen und die Reichsbank unterstanden nicht länger der deutschen Reichsregierung, sondern ausländischer Aufsicht. Die Hauptverantwortung für die Einhaltung des Plans lag bei dem in Berlin ansässigen alliierten Reparationsagenten Parker Gilbert, der seinerseits die Verschwendungssucht von Kommunen und Ländern im Deutschen Reich kritisierte. Stresemann teilte in Anbetracht der ungehemmten Investitionen der öffentlichen Hand diese Kritik: „Daß der preußische Staat für den Umbau des Berliner Opernhauses 14 Millionen Mark gegeben hat, und vielleicht über 20 Millionen Mark geben wird, bringt die ganze Welt zu der Auffassung, daß wir im Goldüberfluß leben. Kein Siegerstaat hat sich etwas derartiges geleistet. Daß Herr Adenauer [Oberbürgermeister von Köln] ein wunderbares Messehaus baut und sich rühmt, die größte Orgel der Welt eingebaut zu haben, hat denselben Effekt [...] Haben Sie bitte die Güte, mir zu sagen, was ich den Vertretern fremder Mächte antworten soll, wenn sie mir sagen, daß alle diese Dinge den Eindruck machen, als wenn Deutschland den Krieg nicht verloren, sondern den Krieg gewonnen hätte“. (Brief an den Duisburger Oberbürgermeister Karl Jarres, 24. 11. 1927)

Es war daher ein weiterer außenpolitischer Erfolg, daß die Deutschen nach langen und schwierigen Verhandlungen im Verlauf des Jahres 1929 eine erneute Revision der Reparationsregelung erreichten. Der Young-Plan, der von dem amerikanischen Wirtschaftsexperten Owen D. Young entworfen und 1930 ratifiziert wurde, gab der Weimarer Republik ihre finanz- und wirtschaftspolitische Souveränität zurück. Der modifizierte Zahlungsplan erstreckte sich zwar über einen fast unvorstellbar langen Zeitraum bis zum Jahr 1988, verringerte aber die jährlichen Belastungen für die deutsche Wirtschaft und das Reich erheblich.

„Unter großer Anteilnahme der Berliner Bevölkerung wurde Gustav Stresemann am 6. Oktober 1929 beigesetzt.“ *(Originalbildzeile)*

Das Ende einer Ära

Während der Verhandlungen über den Young-Plan verschlechterte sich der Gesundheitszustand Stresemanns, am 3. Oktober 1929 erlag er einem Herzanfall. Ähnlich dem Rathenau-Begräbnis wurde das letzte Geleit für den Außenminister zu einem republikanischen Staatsakt, in dem die Republik für einen Moment zu sich selbst fand. Entgegen aller Kritik zu Lebzeiten wurde Stresemann nach seinem Ableben zu einem Mythos stilisiert, auch wenn er sein großes Ziel verfehlt hatte: Europa fiel nach einer Periode des scheinbaren friedlichen Ausgleichs Ende der 20er Jahre wieder in eine Phase nationalistischer Antagonismen, in der sich die Nationen mißtrauisch beäugten.

„Ich kann's nicht mehr tragen!"

Mit diesen Worten appellierte der 54jährige Friedrich Ebert 1924 an seinen Parteifreund Otto Braun, ihn nicht zur Wiederwahl zum Reichspräsidenten zu nominieren. Nur wenige Wochen später, am 28. Februar 1925, starb der erste Reichspräsident der Weimarer Republik nach sechs turbulenten Amtsjahren.

Oben: „Frau Reichspräsident Luise Ebert mit dem Reichswehrminister Groener in der Ehrenloge auf dem Berliner Presseball 1931."
Rechts: „Die Geburtsstätte des verstorbenen Reichstagspräsidenten im Zeichen der Trauer. Die mit Fahnen und Tannengrün reich geschmückte Pfarrgasse mit dem Geburtshaus Eberts in Heidelberg." *(Originalbildzeilen)*

1918/19 hatte Ebert als provisorischer Ministerpräsident die sich überschlagenden Revolutionsereignisse mit Hilfe von Reichswehrtruppen in das ruhige Fahrwasser der parlamentarischen Demokratie gelenkt. Er einte 1919 die Parteien der Weimarer Koalition über die Gründung der Republik hinaus, da er erkannt hatte, daß nur der „Klassenkompromiß" die Lebensgrundlage der Republik sein konnte. Die radikale Linke nannte seine Politik die eines „Klassenverräters" und verdammte ihn bis über seinen Tod hinaus. In der Folgezeit, in der die Republik in den Auseinandersetzungen zwischen rechts und links zerrieben zu werden drohte, formte der Präsident hinter den Kulissen ohne Rücksicht auf seine eigene Parteizugehörigkeit parlamentarische Mehrheiten und koalitionsfähige Regierungen. Er scheute auch nicht davor zurück, die Koalitionsmüdigkeit der SPD zu kritisieren. In Gefahrenmomenten wie im Herbst des Jahres 1923 machte er Gebrauch vom Artikel 48 der Reichsverfassung, um rasch wirksame Maßnahmen ergreifen zu können. Allerdings regierte er unter dem Einfluß militärischer und bürokratischer Berater zwischen 1920 und 1925 zweieinhalb Jahre lang mit Sondervollmachten und brach damit möglicherweise einer politischen Haltung im Parlament Bahn, die unter den Präsidialregierungen nach 1930 alltäglich werden sollte.

Ebert wird nicht zu den großen deutschen Staatsmännern gezählt, aber er war ein überzeugter Demokrat und deutscher Patriot, dessen große Leistung in der Bündelung der demokratischen Kräfte und der Formulierung eines demokratischen Konsenses bestand. Nicht nur die Kommunisten haßten ihn dafür. Das konservative Establishment verachtete den ehemaligen Sattler über seinen Tod hinaus, weil er die neue politische Oberschicht der Republik verkörperte. Ebert und seine Frau, die als First Lady im Reich all die Jahre wegen ihrer mangelnden Anpassung an die Etikette der höheren Gesellschaftsschichten ständig Zielscheibe der Boulevardpresse war, wurden häufig zu Opfern von Verleumdungen. Um die Wiederherstellung seiner persönlichen Ehre führte der Präsident in seiner Amtszeit 173 Gerichtsprozesse. Besonders infam und verletzend war der Vorwurf des Landesverrats, gegen den sich Ebert während seiner letzten Lebenstage mit einem von rechts initiierten Verleumdungsprozeß in Magdeburg verteidigen mußte. Wegen dieses Prozesses verschob er eine dringend nötige Blinddarm-Operation, was fatalerweise zu seinem Tod führte. Die Richter konstatierten, daß er sich während des Metallarbeiterstreiks in Berlin im letzten Kriegsjahr des Landesverrats schuldig gemacht hätte. Der Reichspräsident – ein Verbrecher? Das Vorurteil, das die Sozialdemokraten zu „vaterlandslosen Gesellen" stempelte, wurde mit diesem Urteilsspruch aktenkundig. Der Richterspruch war ein weiterer Beweis dafür, daß die Justiz überwiegend antirepublikanisch gesinnt war.

Hindenburg von Thälmanns Gnaden!

Welch ein Verlust der frühe Tod Eberts, den der Historiker Hagen Schulze „einen Mord mit Worten und Paragraphen" genannt hat, für die Weimarer Republik darstellte, zeigte sich bereits wenige Wochen später bei den Wahlgängen der Reichspräsidentenwahl im März und April 1925. An die Stelle des Republikaners als erster Mann im Staat trat nun das monarchistische Urgestein Hindenburg, der vermeintliche „Sieger von Tannenberg" und das selbstbekundete Opfer des „republikanischen Dolchstoßes". Das schwarz-weiß-rote Lager votierte letztendlich mit der Entscheidung pro Hindenburg für die Entwicklung eines starken Staates, der Parlament und Parteien in die Schranken verwies, wie es im Kaiserreich üblich gewesen war.

Die Menschenmenge singt das „Deutschland-Lied", als der neugewählte Reichspräsident von Hindenburg bei der Reichskanzlei in Berlin eintrifft.

Schwarz-weiß-rot gegen schwarz-rot-gold

Diese Wahl erschien als ein Plebiszit für oder gegen die Weimarer Republik. Der Ausgang war allerdings bis in den zweiten Wahlgang hinein offen. Nach der ersten Stimmenabgabe am 29. März 1925 erhielt der Kandidat der Rechten, Karl Jarres (DVP), zwar eine relative, aber keine absolute Mehrheit, gefolgt von dem Sozialdemokraten Otto Braun. Auf beiden Seiten der Hauptkonkurrenten – schwarz-weiß-rot gegen schwarz-rot-gold – setzte sich nun ein Kandidatenkarussell in Gang. Im zweiten Wahlgang am 26. April stellte der konservative Block (DVP, BVP, DNVP, Deutschvölkische Freiheitspartei) den inzwischen 77jährigen Generalfeldmarschall als gemeinsamen Kandidaten auf. Hindenburg gewann mit 14,7 gegen 13,8 Millionen Stimmen des ehemaligen Reichskanzlers Wilhelm Marx (Zentrum), der für die Parteien der Weimarer Koalition angetreten war. Marx fehlten zu einem Sieg vor allem die Stimmen der BVP-Anhänger, der bayerischen Schwesterpartei des Zentrums. Die 1,9 Millionen Stimmen des KPD-Vorsitzenden Ernst Thälmann dienten den Republikanern aber nur zu einem Zahlenspiel. Sie konnten zwar mit Recht darauf verweisen, daß es Hindenburg nicht gelungen war, die Mehrheit der Wähler auf sich zu vereinen. Doch die KPD ließ in ihrer Propaganda im Vorfeld der Wahl keinen Zweifel an ihrer antirepublikanischen Haltung: „Es ist nicht die Aufgabe des Proletariats, den geschicktesten Vertreter der Bourgeoisinteressen auszusuchen, zwischen dem Zivildiktator Marx und dem Militärdiktator Hindenburg das kleinere Übel zu wählen." Die sozialdemokratische Tageszeitung *Vorwärts* vom 27. April 1925 antwortete mit der Schlagzeile „Hindenburg von Thälmanns Gnaden!" So bleibt nur die Feststellung, daß die knappe Mehrheit gegen den neuen Präsidenten in sich gespalten und nicht handlungsfähig war.

Eine Niederlage für die Demokratie

Die republikanische Öffentlichkeit reagierte geschockt auf diesen schweren Schlag gegen die Demokratie. Theodor Wolff kommentierte dies einen Tag nach der Wahl im liberalen *Berliner Tageblatt:*

„Die Republikaner haben eine Schlacht verloren, der bisher monarchistische Feldmarschall von Hindenburg wird Präsident der deutschen Republik. Landbündler und Offiziersbündler lassen heute Sektpfropfen knallen wie nach der Ermordung Rathenaus [...] Was soll man mit einem Volk anfangen, das aus seinem Unglück nichts lernt und sich immer wieder, auch zum zehnten und zwölften Male, von den gleichen Leuten am Halfterbande führen läßt?"

Außenminister Gustav Stresemann hatte gegen die von seiner Partei mitgetragene Kandidatur Hindenburgs opponiert, da er befürchtete, daß vor allem Frankreich diese Wahl als Affront auffassen würde. In seinem Tagebuch notierte Stresemann am 9. Juni 1925:

„Es ist außerordentlich schwierig, die komplizierten Fragen der Außenpolitik mit dem Reichspräsidenten zu diskutieren, weil er ganz bestimmten und natürlich auch einseitigen Vorstellungen verhaftet ist. Da scheinen eifrig Kräfte am Werke zu sein, den Reichspräsidenten zu lenken."

Hindenburg – der Hoffnungsträger der Rechten

Die „Kräfte", die Wolff und Stresemann hier nur nebulös andeuteten, waren wohlbekannt und in Hindenburgs nächster Umgebung zu suchen – die alte Generalstabskamarilla, preußische Großgrundbesitzer aus Ostelbien und nicht zuletzt der im Spott des Volksmunds „in der Verfassung nicht vorgesehene Sohn" Oskar von Hindenburg. Reichswehr und Großgrundbesitz hatten von Stund an einen unmittelbaren Draht zum ersten Mann im Staate, um parlamentarische Entscheidungen, die ihnen mißfielen, auf direktem Wege zu revidieren.

Hindenburg erfüllte keinen der kühnen Träume seiner glühendsten Verehrer, ließ aber auch keine der Schreckensszenarien wahr werden, die seine entschiedensten Gegner malten. Denn die innen- wie außenpolitischen Verhältnisse gaben ihm und seinen „Beratern" nur wenig Anlaß zum Eingreifen. Daß er sich in altpreußischer Manier gegenüber der republikanischen Verfassung loyal verhielt, mochte zunächst einige seiner politischen Freunde überraschen und ausgesprochene Republikgegner milde stimmen. Vor allem aber befriedigte der neue Präsident die Wünsche seiner Wähler – nach nationaler Größe und einem starken Führer. Das Ergebnis des Plebiszits hatte gezeigt, daß diese politischen Sentiments breite Bevölkerungsschichten in ihrer Entscheidung beeinflußt hatten.

Der mangelnde Wille zur Macht

Außenpolitisch verfolgte die Weimarer Republik eine klare Strategie, innenpolitisch gab es aber Spannungen und strukturelle Probleme. Die Suche nach Koalitionspartnern blieb langwierig aufgrund der mangelnden Bereitschaft zum politischen Kompromiß und des fehlenden Mutes zu notwendigen Entscheidungen. Nachdem die SPD Reichskanzler Stresemann 1923 gestürzt hatte, verspürten die bürgerlichen Parteien, insbesondere die DVP, nur noch wenig Neigung, mit den Sozialdemokraten zusammenzuarbeiten. Daneben gab es interne Konflikte zwischen den katholischen Parteien BVP in Bayern und dem Zentrum im Restreich. Die linksliberale DDP hingegen war nach dem Scheitern der „Bürgerblockregierung" 1925 in keinem Fall mehr koalitionsfähig mit der erstarkenden DNVP, deren übersteigerter antirepublikanischer Chauvinismus in der Folgezeit auch für die anderen bürgerlichen Parteien nicht mehr tolerierbar war.

Die Last mit dem Kompromiß

Eine Sonderrolle spielte die SPD. Nach eigenem Bekunden stellte sie „die eigentliche Staatspartei" dar, ohne deren Initiative die Weimarer Republik zweifelsohne nicht in dieser Weise entstanden wäre. Bis auf wenige Ausnahmen bildeten ihre Abgeordneten im Reichstag bis Mitte 1932 die stärkste Fraktion. Von den insgesamt 16 Reichsregierungen der Republik in der Zeit zwischen Februar 1919 und März 1930 standen vier unter der Führung sozialdemokratischer Kanzler, in vier weiteren Kabinetten waren SPD-Minister vertreten. In der Zeit von 1923 bis 1928 zog sich die SPD jedoch in die Opposition zurück, nachdem sie ihren Mitgliedern in den vier Jahren zuvor die dauernde Schere zwischen ideologischem Anspruch und politischer Wirklichkeit zugemutet hatte: den bürgerlich-liberalen Verfassungsstaat unter Verzicht auf durchgreifende gesellschaftliche Veränderungen. Der mangelnde Wille zur Macht hatte aber auch parteiinterne Gründe, denn seit der Wiedervereinigung mit der Rest-USPD sank die Koalitionsbereitschaft mit den bürgerlichen Parteien auf Reichsebene. Weiterhin hoffte man, sich auf den Oppositionsbänken von den politischen Nackenschlägen der Gegner von rechts und links zu erholen, denn die öffentliche Kritik prügelte bei allen politischen Fehlschlägen und Krisen unbarmherzig und oft haßerfüllt in erster Linie auf die SPD ein.

Die SPD – eine staatstragende Partei

Auch wenn die Sozialdemokraten über große Zeiträume hinweg nicht direkt an den Reichsregierungen beteiligt waren, waren sie de facto staatstragend. Sie vertraten einen Großteil der Arbeiterschaft, die fast 50 % der Reichsbevölkerung ausmachte. Bis 1925 stellten sie den Reichspräsidenten. In etlichen Bundesländern nahmen Sozialdemokraten Schlüsselpositionen in der Verwaltung, zum Beispiel als Bürgermeister oder Polizeichef, ein. Preußen, das größte Bundesland mit drei Fünfteln der Reichsfläche, entwickelte sich gar zur politischen und administrativen Bastion der Republik. Hier fanden sie einen besonders treuen politischen Wegbegleiter in der katholischen Partei des Zentrums. Auf den ersten Blick mag das Bündnis der Sozialdemokraten mit einer konfessionell gebundenen Partei überraschen, doch sie vertraten beide Volksgruppen, die im Bismarck-Reich staatlich unterdrückt worden waren. Während sich die Zentrums-Partei auf Reichsebene immer stärker zum konservativen Lager hin orientierte und mit den bürgerlichen Rechtsparteien zusammenarbeitete, hielt sie im preußischen Landtag an der „Weimarer Koalition" von 1919 mit dem Seniorpartner SPD fest. Aus Rücksicht auf die zahlreichen katholischen Wähler in den Rheinprovinzen wollte man die Macht in Preußen – dem größten Land – nicht der Deutschen Volkspartei und den Deutschnationalen mit ihrer überwiegend protestantischen Wählerschaft überlassen. Die „Weimarer Koalition" regierte Preußen bis zum Staatsstreich Franz von Papens am 20. Juli 1932 und war somit ein Garant für die Existenz der Weimarer Republik.

Der schwache Parlamentarismus

Auch als Oppositionspartei spielte die SPD häufig eine tragende Rolle. In der Phase der scheinbaren innenpolitischen Stabilität von 1924 bis 1928 regierten die Parteien innerhalb des Spektrums von DDP bis DNVP unter den Kanzlern Wilhelm Marx und Hans Luther in wechselnden Koalitionen. Auf permanente Mehrheiten im Reichstag konnte die Regierungspolitik nicht bauen. Die SPD unterstützte alle Schritte der Stresemannschen Außenpolitik, um seine Strategie nicht am Widerstand der DNVP scheitern zu lassen. Innenpolitisch brachte sie aber mit ihren Stimmen die Flaggenverordnung 1926 und den Gesetzesentwurf zur Bekenntnisschule des Zentrums 1927 zum Scheitern. Im gleichen Jahr hatten die sozialdemokratischen Reichstagsmitglieder tatkräftig an der Umwandlung der Erwerbslosenfürsorge in eine Arbeitslosenversicherung mitgewirkt.

In der Legislaturperiode von 1924 bis 1928 wurde das Parlament mit fünf verschiedenen Regierungen in kaum veränderter personeller Zusammensetzung konfrontiert. Unter diesen Umständen konnte es zu keiner wirklichen Stabilisierung des Parlamentarismus der Weimarer Republik kommen. Vielmehr arbeiteten die republikanischen Abgeordneten auf diese Weise der Propanda der Antirepublikaner zu, die das Geschehen im Reichtstag mit dem geringschätzigen Attribut „Quasselbude" belegten.

„Zu den bevorstehenden Reichstagswahlen. Blick auf den Platz der Republik in Berlin. Bismarckdenkmal und Reichstagsgebäude." *(Originalbildzeile)*

„Nach Tisch im Büro der Demokratischen Partei die Wahlergebnisse abgewartet. Bald nach eins steht das Ergebnis fest: Hindenburg ist gewählt. Was folgen wird, dürfte eins der dunkelsten Kapitel der deutschen Geschichte sein."

Harry Graf Kessler,
Tagebucheintrag vom 26. April 1925

„Nicht Klassen und Stände, nicht Parteien und Gruppen in gegenseitiger Abschließung und Befehdung, sondern Gemeinschaftsgefühl und der Geist dienender und opfernder Vaterlandsliebe sind der Boden, auf dem allein wir eine bessere Zukunft aufbauen können."

Reichspräsident von Hindenburg in einer Rede anläßlich seines Besuches in Stuttgart am 11. November 1925

„Die ersten offiziellen Aufnahmen des Reichspräsidenten von Hindenburg nach seinem Amtsantritt. Der Herr Reichspräsident unter dem Kreuzfeuer der Fotografen. Berlin 1925." *(Originalbildzeile)*

Der erste Präsident der Republik, Friedrich Ebert, hatte die politische Wirklichkeit in den wesentlichen Punkten geformt und repräsentiert. Sein Tod am 25. Februar 1925 war ein ungeheurer Rückschlag für die Republik. Nach zwei Wahlgängen fiel das Bürgervotum auf Generalfeldmarschall Paul von Hindenburg, der es trotz der Kriegsniederlage und dem gewandelten politischen System verstanden hatte, den Nimbus eines Volkskaisers zu bewahren und weiter auszubauen.

Rechts: „Berliner Droschkenkutscher lesen die Nachricht von Friedrich Eberts Tod am 28. Februar 1925 in der sozialdemokratischen Parteizeitung *Vorwärts.*"
Unten: „Die Trauerfeierlichkeiten für den Reichspräsidenten Friedrich Ebert fanden am 4. März 1925 unter reger Beteiligung der Bevölkerung statt. Der Sarg wird auf den vor dem Potsdamer Bahnhof errichteten und reich geschmückten Katafalk gehoben." *(Originalbildzeilen)*

Ganz oben: „Der Besuch des Reichspräsidenten auf der Leipziger Messe. Unser Bild zeigt: Der Reichspräsident Hindenburg begrüßt nach seiner Ankunft die ihm zujubelnde Menge vor dem Reichsgericht in Leipzig 1925."
Links: „Hindenburg erkrankt. Besorgnis um das Befinden des Reichspräsidenten. Unser Bild zeigt: Reichspräsident von Hindenburg wird bei seinem Spaziergang in dem Garten des Reichspräsidentenpalais von seinen Enkelkindern stürmisch begrüßt."
Oben: „Reichspräsident von Hindenburg besichtigt die Manöver der Reichswehr bei Frankfurt an der Oder 1932. Der Reichspräsident mit seinem Sohn Major Oskar von Hindenburg (rechts). Der Chef der Heeresleitung, General von Hammerstein (links), erstattet Bericht." *(Originalbildzeilen)*

Links: „Gustav Stresemann im Gespräch mit dem rumänischen Außenminister Titulesco auf der Konferenz von Lugano, Dezember 1928. Sitzend am Tisch (rechts) der französische Außenminister Aristide Briand."
Unten: „Eine gewaltige Kundgebung der Deutschnationalen gegen den Vertrag von Locarno fand unter großer Beteiligung am 15. November 1925 im Berliner Lustgarten statt. Die nationalen Verbände senken beim Absingen des Deutschlandsliedes ihre Fahnen."
Rechte Seite: „Der Aufmarsch der vaterländischen Verbände. Demonstration gegen den Vertrag von Locarno im Lustgarten zu Berlin am 15. November 1925."
(Originalbildzeilen)

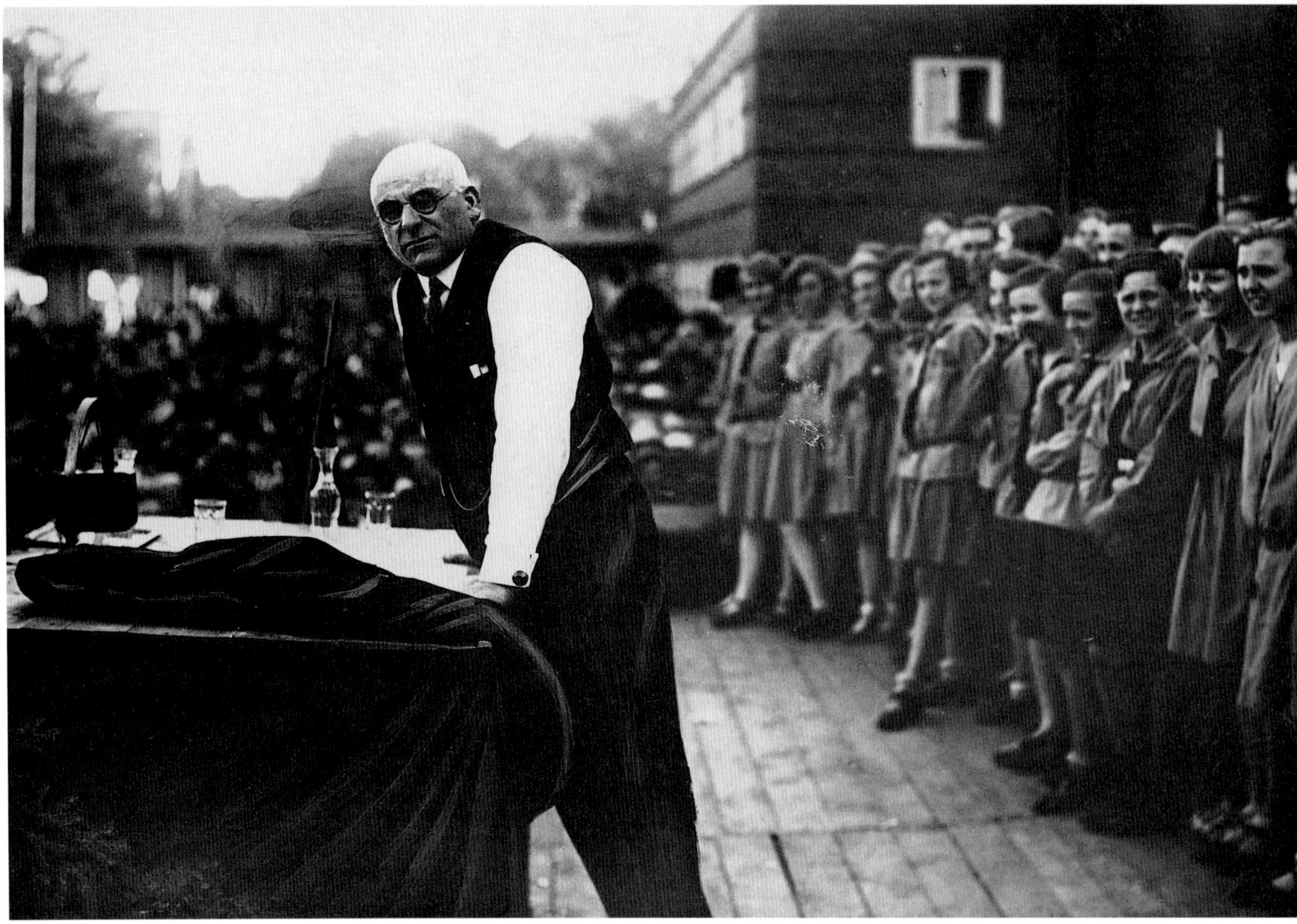

Obwohl die SPD bis 1932 die stärkste Reichstagsfraktion stellte, erlangte sie nach der Wahlniederlage 1920 nie wieder die politische Bedeutung, die sie während der Gründungsphase der Republik innehatte. In der Mittelperiode der Republik trug sie alle wichtigen außenpolitischen Entscheidungen der bürgerlichen Koalitionsregierungen mit. Innenpolitisch kungelte sie von Zeit zu Zeit mit der KPD, wie zum Beispiel bei der geplanten Volksabstimmung über die Fürstenenteignung, um die antibürgerlichen Zielvorstellungen ihrer Wähler zu bedienen. Dieser Schlingerkurs auf Reichsebene verhinderte das 1921 gesetzte Ziel, zu einer linken Volkspartei zu wachsen. Erfolgreiche Regierungspolitik betrieb die SPD nur in Preußen. Dort koalierte sie in einem klar definierten und konsequent durchgehaltenen Rahmen mit dem Zentrum und der DDP. Diese Koalition im größten Land des Reiches bildete bis 1932 gewissermaßen ein Bollwerk gegen den aufkeimenden Faschismus.

Oben: „Der Sozialdemokratische Parteitag in Magdeburg. Am Sonntag Nachmittag wurde der diesjährige Sozialdemokratische Parteitag in Magdeburg mit der üblichen Festsitzung eröffnet. Den Auftakt bildete ein Festzug, dessen Vorbeimarsch drei Stunden dauerte. Unser Bild zeigt: Der preußische Ministerpräsident Otto Braun spricht im Ehrenhof des Ausstellungsgeländes zu einer Massenversammlung. Wegen der ungewöhnlich starken Hitze legte der Ministerpräsident während der Rede den Rock ab und sprach in Hemdsärmeln.“ *(Originalbildzeile)*

Oben: „Mai-Feier der Sozialdemokraten in Berlin. Die Sozialdemokratische Partei veranstaltete am 1. Mai ihren traditionellen Aufmarsch im Lustgarten, bei der Abgeordnete Künstler die Ansprache hielt."
Links: „Propagandaumzug von Möbelwagen mit Plakaten, die der Fürstenenteignung Freunde werben sollen. Eine von Sozialdemokraten und Kommunisten beantragte Volksabstimmung für den 20. Juni 1926 sollte über die Enteignung der deutschen Fürstenhäuser entscheiden. Die Abstimmung blieb ohne Erfolg, da die erforderliche Majorität von mindestens 20 Millionen Stimmen nicht erreicht wurde." *(Originalbildzeilen)*

Ganz oben: „Der deutschnationale Parteiführer Dr. Hugenberg während seiner Ansprache von der Ehrenloge des deutschen Stadions aus."
Oben: „Der große Stahlhelm-Aufmarsch in München im Juni 1929. Proviantverteilung im Lager der Stahlhelmleute."
(Originalbildzeilen)

„Der Stahlhelm fordert die Wiederanerkennung der Farben Schwarz-Weiß-Rot. Unter dieser Flagge hat das Deutsche Reich die Zeit seiner höchsten Ehre erlebt, unter dieser Flagge hat das deutsche Volk seinen unvergleichlichen Heldenkampf gegen die Welt von Feinden geführt. [...] Der Stahlhelm will nicht, daß das durch seine Not zur Verzweiflung getriebene deutsche Volk Beute und Brandherd des Bolschewismus wird."

Kundgebung der paramilitärischen Vereinigung Stahlhelm am 8. Mai 1927

Die Deutschnationalen beteiligten sich 1924 und 1927 an bürgerlichen Regierungen. Nachdem Alfred Hugenberg als Exponent des radikalen Parteiflügels 1928 den Parteivorsitz der DNVP übernommen hatte, führte er die Partei auf einen strikten, antiparlamentarischen Oppositonskurs mit dem Ziel, die rechten Weimar-Gegner unter seiner Führung zu vereinen.

Oben: „Deutsche Brüder in Not! Nationalsozialistische Studentenkundgebung vor der Berliner Universität. Parallel mit der Protestkundgebung der Allgemeinen Deutschen Studentenschaft hielten die nationalsozialistischen Studierenden eine besondere Versammlung vor dem Universitätsgebäude ab: Der Führer der nationalsozialistischen Jugend bei seiner Ansprache an die Studierenden." *(Originalbildzeile)*

Oben: „Die Befreiung der II. Zone. Die Befreiungsfeiern im Rheinland 1929. Nach dem Abzuge des 151. französischen Infanterieregiments und der Niederholung der französischen Trikolore von Ehrenbreitstein wurde die Feste von der deutschen Schutzpolizei besetzt. Blick vom Ehrenbreitstein auf das flaggengeschmückte Deutsche Eck, wo Rhein und Mosel sich vereinen."
Linke Seite: „Die aufwendige britische Evakuierung des Rheinlandes begann am Samstag, dem 15. September 1929. Für fast 11 Jahre hatte die Britische Armee das Gebiet entlang des Rheins besetzt gehalten, wobei sich das Hauptquartier erst in Köln und später dann in Wiesbaden befand. General William Thwaites nahm seine letzte Inspektion der Truppen am letzten verbliebenen Freitag ab. Die abziehenden Truppen wurden stürmisch von der Bevölkerung Wiesbadens und den zurückbleibenden Kameraden verabschiedet, die ihnen in einigen Wochen folgen werden. Das Foto hier zeigt einen rührseligen Abschied eines englischen Soldaten von seiner Frau."
(Originalbildzeilen)

„Deutschlands Belastung ist durch den Young-Plan vermindert worden. Alle Möglichkeiten für die Zukunft bleiben gewahrt. Die Überwachung unserer Wirtschaft und unserer Finanzen verschwindet. Wir sind wieder Herr im eigenen Haus. In einigen Monaten wird das Rheinland frei sein, es bleibt auch keine Kontrolle zurück."
Gustav Stresemann im Gespräch mit Theodor Wolff, 1929

„Beim Friseur gegen Mittag Gespräche überhört: ‚Stresemann est mort.' Ich saß wie auf Kohlen. Dann in *Paris-Midi* die offizielle Nachricht. Er ist heute früh um fünfeinhalb einem Schlaganfall erlegen. Es ist ein unersetzlicher Verlust, dessen Folgen nicht abzusehen sind. So empfindet man ihn auch hier. Alles spricht davon, die Friseure, die Kellner im Restaurant, die Chauffeure, die Zeitungsfrauen".

Harry Graf Kesslers Tagebucheintrag während eines Parisaufenthaltes am 3. Oktober 1929

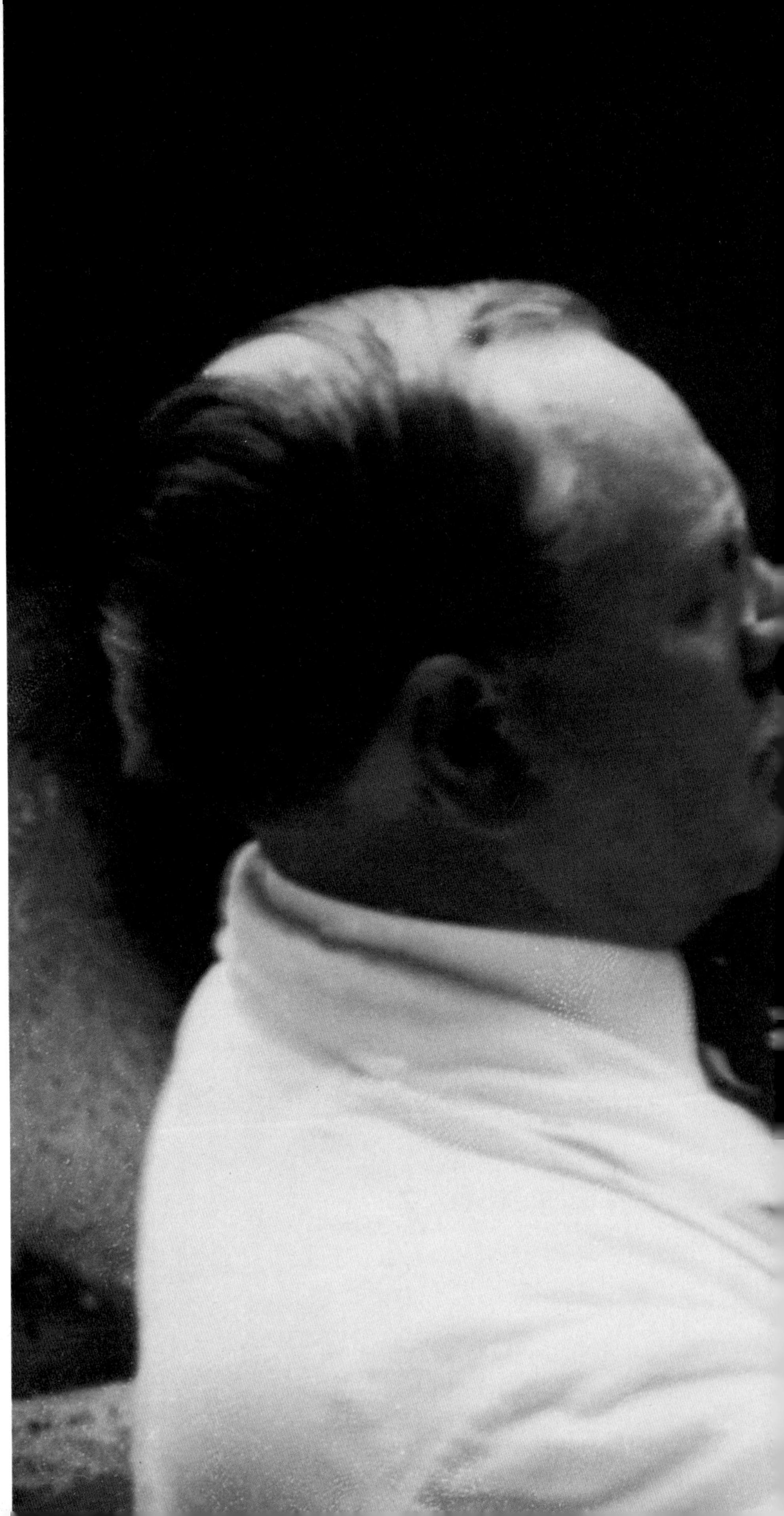

„Die Totenmaske des Reichsaußenministers Dr. Gustav Stresemann. Unser Bild zeigt: Prof. Dr. Lederer bei der Arbeit an der Totenmaske." *(Originalbildzeile)*

WIR SIND EIN ARMES LAND!

Unter größter Aufmerksamkeit der deutschen Öffentlichkeit gewann der Schnelldampfer *Bremen* das Blaue Band für die schnellste Atlantiküberquerung, raste Fritz von Opels Raketenwagen über die Berliner AVUS und landete das weltgrößte Flugboot DO-X in New York. Das deutsche Selbstbewußtsein triumphierte besonders, wenn sich technische Innovation mit Luxus verband, so verkündete die Originalbildzeile zum nebenstehenden Foto stolz: „Die Schlafräume in der DO-X. Eine Koje bietet zwei Personen Platz."
Kurt Tucholsky warnte 1929 das Publikum jedoch davor, derartige Erfolge der Technik und Wirtschaft mit allgemeinem Wohlstand gleichzusetzen: „Wir sind ein armes Land! Wir haben 28 807 988 Mark allein in Preußen für die Pferdezucht übrig [...] und 2 164 000 Mark für die Umzüge unserer Botschafter und Gesandten [...] Und ich, der Buchhalter, beziehe ein Jahresgehalt von 3600 Mark, und meine Frau gibt wöchentlich 40 Mark aus. Und 433 Wochen müßte ich arbeiten, um so viel zu erarbeiten, wie der Herr Tirpitz, der die deutsche Flotte danebenorganisiert hat, als Pension bekommt."

5

Die deutsche Wirtschaft hebt ab

Die Währungsreform, der Dawes-Plan und ausländische Kredite, insbesondere amerikanischer Provenienz, initiierten den Aufschwung der deutschen Wirtschaft ab 1923/24. Produktion, Konsum und Volkseinkommen wuchsen in der Phase zwischen 1924 und 1929 ständig. Rasante Zuwächse wurden in der elektrotechnischen, chemischen und optischen Industrie erzielt. In gleichem Maße expandierten neue Industriezweige wie Automobil- und Flugzeugbau, Messing-, Aluminium- und Kunstseideherstellung. Film und Rundfunk wurden nicht nur zu den neuen Massenmedien, sondern schufen unzählige Arbeitsplätze. Härter umkämpft waren die Märkte für den Bergbau sowie die Eisen- und Stahlerzeugung, die ohne staatliche Subventionen nicht konkurrenzfähig waren; aber auch hier wurden Produktionszuwächse erzielt. Gleiches gilt für den Maschinenbau und die Textilindustrie. Die Agrarwirtschaft hingegen arbeitete überwiegend uneffizient, geriet ab 1927 in eine Dauerkrise und war ohne Subventionen nicht lebensfähig. Das allgemeine Investitionsklima war optimistisch und wurde durch technische Großprojekte gestützt, die in der breiten Öffentlichkeit viel beachtet wurden.

Das Luftschiff *Graf Zeppelin*, das Langstreckenverkehrsflugzeug Dornier DO-X und auch das Passagierschiff *Bremen* wurden zu internationalen Symbolen für die Leistungsfähigkeit der deutschen Wirtschaft. Die Anlageinvestitionen verdoppelten sich, und die Gewinne kamen nicht nur den Arbeitgebern, sondern auch Arbeitern, Angestellten und Beamten zugute. War der Aufschwung auch unverkennbar, so erreichten die gesamte Industrieproduktion und die Löhne erst um 1928/29 wieder das Vorkriegsniveau, mit dem Unterschied, daß sich die Wochenarbeitszeit deutlich verringert hatte. Deutlich schneller expandierte die Exportindustrie, sie erlangte bereits 1926 wieder den Stand von 1913. Auch bei den Reichsfinanzen gab es eine positive Bilanz für das Jahrfünft von 1924 bis 1929, der Haushalt war trotz der enormen Belastungen durch die zu leistenden Reparationszahlungen beinahe ausgeglichen.

Der transatlantische Wirtschaftskreislauf

Die Weltwirtschaft in der ersten Hälfte des 20. Jahrhunderts wurde von den USA, England, Frankreich und Deutschland bestimmt. Die Vereinigten Staaten begannen aber bereits vor dem Ersten Weltkrieg, die europäische Konkurrenz weit hinter sich zu lassen. In den 20er Jahren wurde die kontinentaleuropäische Wirtschaft vollständig von den drei großen Volkswirtschaften bestimmt, gestützt von amerikanischem Kapital. England, Frankreich und Deutschland stellten demographisch über die Hälfte der Bewohner Europas; sie produzierten gemeinsam etwa drei Viertel sämtlicher europäischer Industriegüter. Deutschland nahm unter seinen europäischen Konkurrenten seit Beginn des 20. Jahrhunderts eine ökonomisch führende Stellung ein und konnte diese nach der überstandenen Krise 1919–23 auch wiedereinnehmen – wenn auch unter den Argusaugen seiner direkten Konkurrenten England und Frankreich, die an einem wirtschaftlichen wie politischen Wiedererstarken des Deutschen Reiches wenig Interesse hatten.

Mit dem Dawes-Plan setzte jedoch ein transatlantischer Wirtschaftskreislauf ein, der allen vier führenden Volkswirtschaften der Welt zugute kam. Amerikanische Investoren gebärdeten sich nach dem Weltkrieg alles andere als isolationistisch, sie suchten geradezu nach geeigneten Investitionsobjekten im Ausland. Deutschland, eine hochverschuldete und politisch isolierte Großmacht mit kolossalen industriellen Kapazitäten, bot dafür den idealen Markt. Amerikanische Banken und Finanzmagnaten investierten enorme Summen in den deutschen Markt. Die Gelder flossen entweder direkt in einzelne Unternehmen und Großkonzerne oder wurden durch die öffentliche Hand an Städte und Kommunen vergeben. Deutschland erschien einigen wie „eine Kolonie der New Yorker Börse".

Schräglage

Um auf dem Weltmarkt konkurrenzfähig zu bleiben, war die deutsche Industrie zu einer Umstrukturierung gezwungen. Andere Anbieter hatten sich seit Kriegsbeginn auf dem internationalen Markt für die klassischen deutschen Ausfuhrprodukte, namentlich Stahl und Halbfabrikate, etabliert. Die Schwerindustrie verlor ihre Schlüsselstellung, die sie im Kaiserreich nicht zuletzt vor allem wegen ihrer Bedeutung für die Rüstung innegehabt hatte. Die Rüstungsbeschränkungen des Versailler Vertrags beendeten schließlich diese Marktführerschaft, stattdessen florierten nun Maschinenbau, Chemieindustrie, Feinmechanik, Optik und Elektroindustrie.

Der Konkurs unzähliger kleiner und mittlerer Unternehmen in der Inflationszeit führte zu einer bisher unbekannten Wirtschaftskonzentration. Beispielsweise legte der Schwerindustrielle Hugo Stinnes Kredite in beständigen Sachwerten wie Banken, Hotels, Fabriken und Zeitungen an, während sich seine Kreditschulden nach der Währungsreform in kürzester Zeit wie von selbst erledigten. Stinnes wurde in der linken Presse zur Symbolfigur eines kranken, von der Not profitierenden Manchester-Kapitalisten. Den Zusammenbruch seines babylonischen Firmenimperiums erlebte Stinnes nicht mehr, er starb 1924. Andere Konzerne agierten langfristig erfolgreicher als der Industrielle von der Ruhr. Mit Dollarkrediten entwickelte sich eine vitale Exportindustrie, zu der neugegründete Großkonzerne wie die I. G. Farbenindustrie AG von 1925 und Europas größter Montankonzern Vereinigte Stahlwerke von 1926 gehörten. Aber auch alteingesessene Elektro-Unternehmen wie AEG, Siemens & Halske und Bosch etablierten sich als weltweite Marktführer.

Linke Seite: „Luftschiff *Graf Zeppelin* wieder in der Heimat. Begeisterter Empfang durch das Publikum."
Oben: „Die umfangreichen Haldenbestände an Koks auf dem Gelände der Zeche ‚Robert-Mülser' in Bochum-Werne. Hier lagern ungefähr 100 000 Tonnen Koks, der nicht abgesetzt werden kann." *(Originalbildzeilen)*

Konzentration und Rationalisierung der Wirtschaft

Ungeachtet der verhältnismäßig hohen Löhne waren die Konzerne gezwungen, Produktionsmethoden zu rationalisieren, um international wettbewerbsfähig zu bleiben. Die 20er Jahre sind die Zeit des Fließbandes und des Taylorismus, der den neuen Arbeitstakt am Produktionsband der rationalisierten Fabriken bestimmte. Die Arbeit wurde zwar leichter, aber auch eintöniger. Mochten große Teile der Industrie auch florieren, die Arbeitnehmer konnten sich ihrer Arbeitsplätze nicht mehr sicher sein. 1926/27 setzte die sogenannte „Rationalisierungskrise" unzählige Arbeitskräfte frei und vergrößerte die Zahl der Arbeitslosen auf über 2 Millionen.

Auch im Handel gab es zunehmend Konzerne. Große Warenhausketten wie Tietz, Wertheim und Karstadt wandten neuartige Werbe- und Verkaufsmethoden an. Obwohl sie kaum in die traditionellen Märkte des Einzelhandels einbrachen, wurden die Kaufhauskonzerne für niedrige Gewinnspannen verantwortlich gemacht. Unzufriedenheit herrschte auch beim Handwerk, das in der industriellen Modernisierung den Schuldigen für seine Misere ausmachte. Unruhe machte sich auch in der Landwirtschaft breit: Nach 1924 überschwemmten landwirtschaftliche Erzeugnisse aus den USA, Südamerika und Australien den deutschen Markt und drückten die Preise.

Eine politische Schieflage?

Die Hochkonjunktur der „goldenen 20er Jahre" stand insgesamt auf wackligen Beinen. Die Exportindustrie erlebte zwar einen schnellen Aufschwung, doch die Binnenmarktkonjunktur machte nur bescheidene Fortschritte und stagnierte sogar in vielen Bereichen. Unzufriedenheit und Unsicherheit machte sich in allen wirtschaftlichen Bereichen auf Arbeitnehmer- wie auf Arbeitgeberseite breit. Es ist immer noch umstritten, inwieweit eine verfehlte Wirtschafts- und Sozialpolitik für den Untergang der Weimarer Republik verantwortlich zu machen ist. Die These, daß das Großkapital als „Steigbügelhalter" für den Aufstieg Hitlers und des Nationalsozialismus verantwortlich sei, ist heute nicht mehr zu halten, auch wenn die deutschnationale, antirepublikanische und „antibolschewistische" Grundhaltung großer Teile der Industrie und Arbeitgeber nicht zu leugnen ist.

„Das Charakteristikum der neudeutschen Zeitungskorruption, eben der Korrumpierung durch die Industriemagnaten, ist [...], daß diese das Verlagsgeschäft nicht als Selbstzweck, nach kaufmännischen Methoden, betreiben, sondern, ohne Rücksicht auf die Rentabilität, als Nebenbetrieb ihrer anderen Unternehmungen. Die Zeitung gehört nicht mehr zu den Einnahmequellen, sondern zu den Reklamekosten: Sie ist die wirtschaftspolitische Propagandamaschine, das letzte Glied des vertikalen Trusts."

Fritz Wolter in Die Weltbühne, *24. Mai 1923*

„Wer den unergründlichen Schlund des Ausbeuters Kapitalismus in seiner ganzen Brutalität sehen will, muß auf die Fördersohle eines Schachtes hinuntersteigen [...] Knochenbrüche, zerquetschte Glieder, abgerissene Finger sind keine Argumente, seine Gier nach Profit auch nur für eine Minute in ein anderes Gefühl zu verwandeln. Weiter, weiter, alle fünfundvierzig Sekunden saust der Förderkorb den Schacht herauf und herunter. Hier gibt es keine Unterbrechung [...] Irgendwo in einem glänzenden Hotel haben gutgekleidete, beleibte Männer, Besitzer goldener Uhren, eleganter Autos, mondäner Frauen, dieses Tempo bestimmt."

Ludwig Turek, Ein Prolet erzählt, *1930*

„Bochumer Verein" – Fotoreportage
Eine fotojournalistische Ode auf die im Niedergang befindliche Schwerindustrie ist diese Reportage. Die Lichtspiele um die Hochöfen der Stahlwerke herum zogen die Fotografen seit jeher an. Die Originalbildzeile lautete: „Die Silhouette des Stahlwerks."

„Bochumer Verein" – Fotoreportage (Fortsetzung)
Oben links: „Im Stahlwerk."
Oben rechts: „Kampf des Lichtes mit dem Dunkel."
Rechte Seite: „Die Stahlprobe." *(Originalbildzeilen)*

„Drei Faktoren sind es, die vor allem die Leistung pro Stunde so heruntergetrieben haben: Erstens die jämmerliche Ernährung, die nun schon sieben Jahre die Arbeiter erschöpfte. Zweitens der schlimme Zustand zahlreicher Maschinen. Drittens die Verwendung schlechten Rohmaterials sowie der Mangel an Rohmaterialien."

Aus dem Kommentar zu der Produktivitätsstatistik eines Hochofen- und Stahlwerksbetriebs 1922

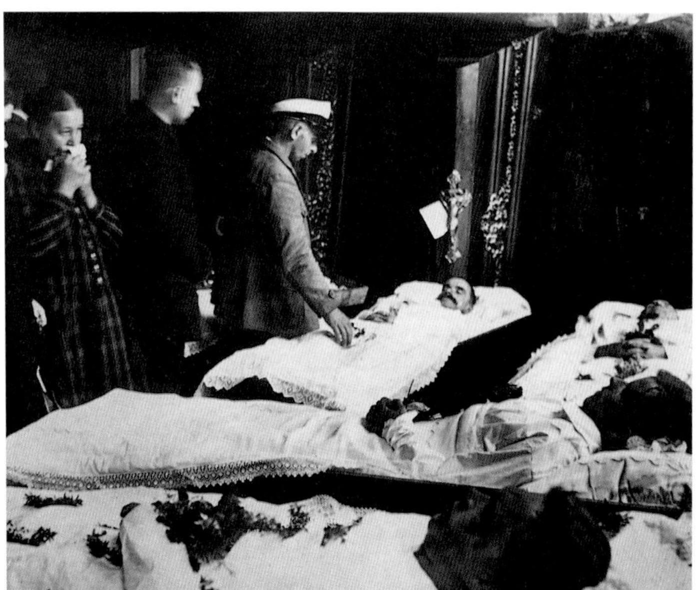

Linke Seite oben: „Furchtbare Bergwerks-Katastrophe in Hausdorf bei Neurode (Schlesien). Die ersten Rettungsarbeiten."
Linke Seite, unten links: „Abschied von den Opfern. Bei den feierlich aufgebahrten Toten kurz vor der Beisetzung auf dem Friedhof in Hausdorf."
Linke Seite, unten rechts: „151 Särge. Am Wege zum Knappschafts-Lazarett, wo die Einsargung erfolgt."
Oben: „Bergung eines Schwerverletzten."
Rechts: „Drei von den wenigen Bergleuten, die die entsetzliche Katastrophe überlebt haben." *(Originalbildzeilen)*

„Auf dem Kurt-Schacht in Hausdorf bei Neurode, der den Neuroder Kohlen- und Tonwerken gehört, ereignete sich am 9. Juli 1930 nachmittags ein schweres Grubenunglück, das 152 Tote gefordert hat. 60 Bergleute befinden sich noch unter Tage, man hofft, noch einige von ihnen retten zu können, jedoch muß das Schlimmste befürchtet werden."

The New York Times, *11. Juli 1930*

Linke Seite: „Ein sogenannter D-Zug, der die in den entferntest gelegenen Stollen arbeitenden Bergleute in fast dreiviertelstündiger Fahrt unter Tage in eine Tiefe von 250 Metern befördert."
Oben: „Auch heute gibt es immer noch einige an der Tradition hängende Bergleute, die vor jedesmaliger Einfahrt ihre Andacht vor dem Bild der Schutzpatronin der Bergleute, der heiligen Barbara, verrichten. Dieses Bild ist besonders interessant, weil auf seinem Hintergrund die Ansicht der ganz modernen Grubengebäude gemalt ist."
Rechts: „Mit modernen Leuchttransparenten übt man den besten Sicherheitsdienst: ‚Denk an Frau und Kinder!' liest jeder, der einfährt." *(Originalbildzeilen)*

„Die Grube Bleicharley" – Fotoreportage
Die traditionellen Bergbaureviere an der Ruhr und in Oberschlesien geraten nach dem Weltkrieg in eine tiefe Depression, nicht zuletzt auch durch die Repressionen, die aus dem Versailler Vertrag resultieren. Der Originaltext dieser Fotoreportage aus Oberschlesien betont: „Die Grube Bleicharley in Beuthen ist das einzige Bleibergwerk, das Deutschland nach dem Vertrag von Versailles noch übriggeblieben ist."

„Karosserien vom laufenden Band" – Fotoreportage
Die deutsche Industrie führte in den 20er Jahren moderne, durchrationalisierte Fertigungstechniken ein, um sich mit preiswerten Produkten auf dem Weltmarkt behaupten zu können. Im Rüsselsheimer Werk der Adam Opel AG beherrschen seit 1924 Fließband und Zeittakt die Werkshallen. Die Fotoreportage berichtet von dieser Innovation, denn Opel war der erste europäische Automobilhersteller, der seine Produktion derartig rationalisierte. Der Originaltext räsoniert: „Die modernen Methoden in der Automobilindustrie sind vielfach auch in Deutschland von Amerika übernommen." Wie sehr der Weltmarkt in Bewegung war, zeigte sich, als sich 1929 der amerikanische Hersteller General Motors in die Adam Opel AG einkaufte.

Links: „Blick in den Montageraum. Man sieht die fertiggeprägten Stahlteile zusammengeschichtet, sie werden hier nachgearbeitet und dann zur Karosserie zusammenmontiert."
Unten: „Die Karosserie wird hier noch einmal überprüft, nachkontrolliert und genau abgenommen, ehe sie zum Versand zugelassen wird."
Rechte Seite: „Die Karosserie gelangt auf dem laufenden Band in den Spritzraum, um hier die beabsichtigte Farbtönung zu erhalten. Quecksilber-Lampen von großer Leuchtkraft werden bei dieser Arbeit benutzt, bei der es auf große Gleichmäßigkeit und exakte Durchführung ankommt." *(Originalbildzeilen)*

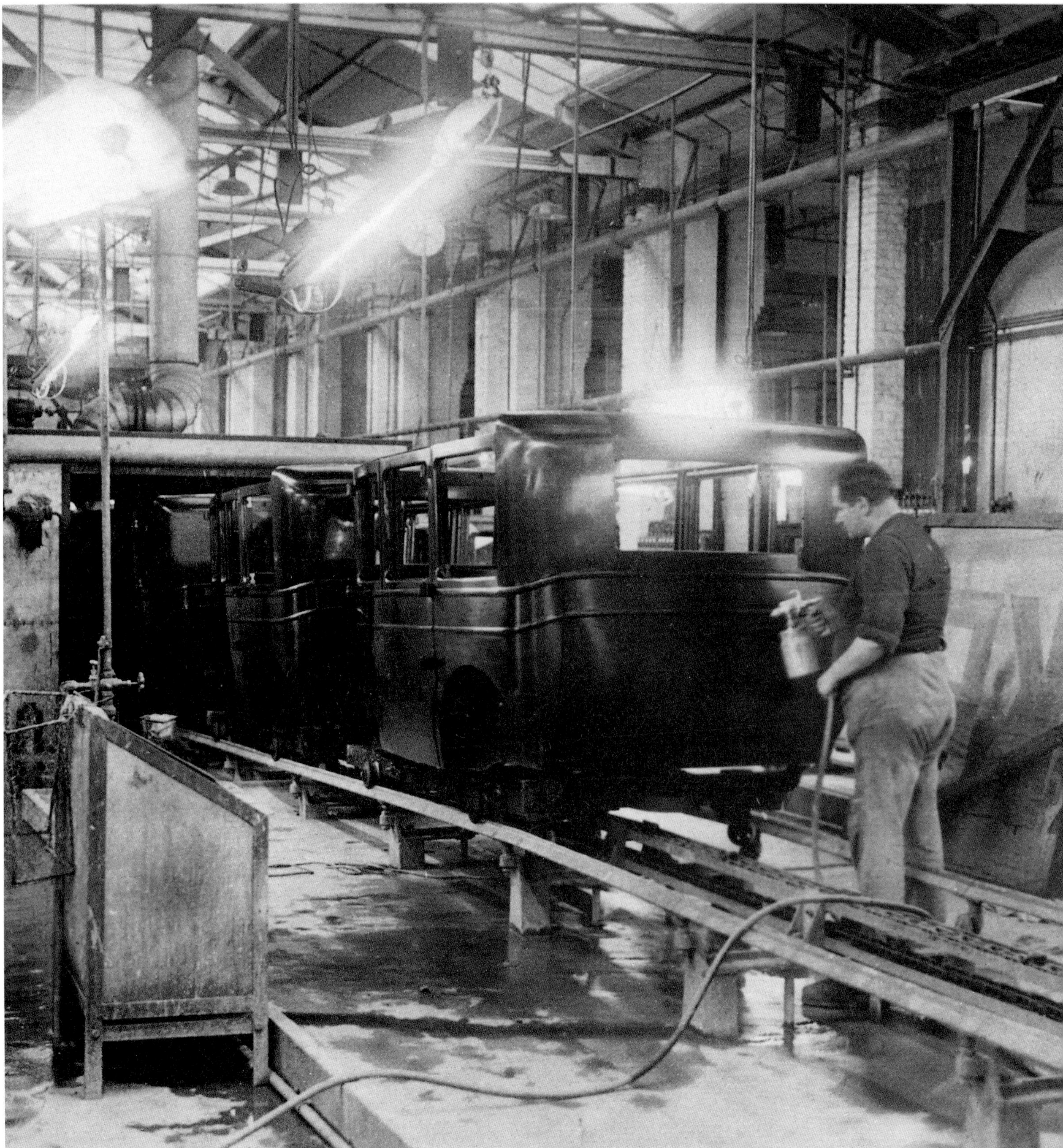

Linke Seite oben: „‚Pack' an, Kamerad!' Dieser Balken will gehoben werden."
Linke Seite unten: „Die Rüstarbeiter tragen ein ganzes Arsenal von Werkzeugen um den Leib geschnallt."
Linke Seite rechts: „Das heißt schwindelfrei! Hoch über dem Wasser balancieren die Arbeiter auf zwei Leitersprossen, ohne angeseilt zu sein."
Oben: „Schon der Weg zur Arbeitsstätte ist eine Kletterpartie." *(Originalbildzeilen)*

„Eine Brücke bekommt ein neues Kleid" – Fotoreportage
Ein Verdienst des Fotojournalismus ist es, den Normalbürgern Arbeitswelten anschaulich zu machen, zu denen ihnen der Zutritt in der Regel versperrt ist. Walter Süssmann begleitete in dieser Reportage eine Kolonne Berliner Brückenarbeiter:
„Hoch über dem Fluß spannt sich der Bogen der eisernen Brücke. Sie muß ein neues Kleid erhalten, ihr altes ist rostig geworden und bedroht ihre Sicherheit. Ein schwieriges ‚Maßnehmen' beginnt: Sie wird ringsum mit einer Hängerüstung bekleidet, von der aus ihr das neue Kleid direkt auf den Leib gemalt wird."

In nur vier Tagen, 12 Stunden und 17 Minuten überquerte der deutsche Schnelldampfer *Bremen* den atlantischen Ozean auf der Route Cherbourg-New York und gewann das „Blaue Band" für die schnellste Ozeanüberquerung. Diese Trophäe wurde in Deutschland als eine Art nationaler Sieg gefeiert und symbolisierte in der Presse und den Wochenschauen den scheinbar unaufhaltsamen wirtschaftlichen Wiederaufstieg. Zwei Jahre später ging die Auszeichnung an das Schwesterschiff *Europa*.

Oben: „Der Kampf ums Blaue Band! Die erste Fahrt des Riesendampfers *Bremen* am 25. Juni 1929. Der Lloyddampfer *Bremen* verließ heute den Werfthafen von Bremen um nach Bremerhaven zu fahren. Dort wird er den letzten Schliff erhalten. Von Bremerhaven wird er seine erste Fahrt antreten."
Rechte Seite: „Stapellauf des Norddeutschen Lloyddampfers *Bremen*. In Anwesenheit des Reichspräsidenten von Hindenburg und vieler prominenter Persönlichkeiten fand am 16. August 1928 in Bremen die Taufe und der Stapellauf des auf der deutschen Schiffs- und Maschinenbau A. G. ‚Weser' in Bremen erbauten 46 000-Tonnen-Dampfers statt. Unser Bild zeigt: Die Riesen-Bremsketten des Ozeanriesen." *(Originalbildzeilen)*

Die neue Riesenbrücke Köln-Mülheim, die größte Hängebrücke Europas und 32. Brücke über den Rheinstrom, wurde am 13. Oktober 1929 feierlich eingeweiht.

Links: „Erster überwältigender Blick von der neuen Brücke auf den Rhein, an dessen Ufern Hunderttausende dem Festakt beiwohnten."
Oben: „Zwei Meisterwerke deutscher Technik: das Luftschiff *Graf Zeppelin*, auf seiner Rheinfahrt begriffen, entbietet der neuen Brücke und der zur Weihe versammelten Menge seinen Gruß." *(Originalbildzeilen)*

Kritiker im In- und Ausland prangerten immer wieder die Verschwendungssucht deutscher Kommunen an: unter anderem das Prestigeobjekt des Kölner Oberbürgermeisters Konrad Adenauer – die Mülheimer Kabelhängebrücke über den Rhein. Nachdem die Ausschreibungsjury 1927 einen kostengünstigeren Vorschlag favorisiert hatte, setzte Adenauer alles daran, dieses Prestigeobjekt zu verwirklichen.

„Die Hängebrücke ist da, weil der Oberbürgermeister von Köln sie haben wollte; und heute freuen wir uns darüber, daß sie da ist."

Der preußische Wohlfahrtsminister Hiertsiefer anläßlich des Festaktes am 13. Oktober 1929

Die 20er Jahre des 20. Jahrhunderts waren das Jahrzehnt der Luftschiffe; Marktführer hier die deutschen Zeppelinwerke in Friedrichshafen am Bodensee. Die weltweiten Zeppelinfahrten des Firmeninhabers, Dr. Hugo Eckener – die erste führte 1924 nach New York –, erlebten ihren Höhepunkt mit der Weltumrundung des *Grafen Zeppelin* vom 15. August bis 5. September 1929. Dieses Luftschiff wurde zu einer Art Nationalsymbol. Mehrere schwere Brandunfälle beendeten die Ära der Zeppeline in den 30er Jahren, und die kommerzielle Luftfahrt konzentrierte sich ausschließlich auf den Aufbau von Flugzeugflotten, die die Passagiere preisgünstiger, schneller und vor allem sicherer transportierten.

Rechts: „*Graf Zeppelin* zur ersten Probefahrt gestartet. Das neue Luftschiff *Graf Zeppelin,* das aus den Mitteln der Zeppelin-Eckener-Spende erbaut wurde, ist gestern nachmittag zu seiner ersten Probefahrt aufgestiegen. Unser Bild zeigt: *Graf Zeppelin* in der Halle kurz vor dem Herausbringen."
Unten: „Der Bau des größten Luftschiffes der Welt in Deutschland. Der Bau des neuen Transatlantik-Zeppelinkreuzers, des L. Z. 127, des größten Luftschiffes der Welt, macht große Fortschritte. Fieberhafte Arbeit herrscht in der Riesenhalle der Luftschiffwerft Zeppelin in Friedrichshafen am Bodensee. Unser Bild zeigt: Der Laufgang im unteren Kiel des Schiffes."
Rechte Seite: „Anmontieren einer seitlichen Maschinengondel am Gerippe."
(Originalbildzeilen)

Linke Seite: „Der *Graf Zeppelin* startete am 15. August 1929 zu seiner ersten Weltfahrt und überflog die Reichshauptstadt Berlin in den Vormittagsstunden im hellsten Sonnenglanz unter den jubelnden Zurufen der auf Straßen und auf den Dächern angesammelten Volksmenge. Begrüßung vor dem Brandenburger Tor."
Oben: „*Graf Zeppelins* Besuch in England. Der berühmte deutsche *Graf Zeppelin* erreichte Hanworth Aerodrome am Abend des 18. Augusts 1931 als ersten Halt auf seiner Vergnügungsfahrt durch England. Unser Bild zeigt: Eine Rückenansicht des Luftschiffs bei der großartigen Landung in Hanworth."
Rechts: „In Friedrichshafen wurden kürzlich über dem Bodensee neue Peilversuche vom Luftschiff *Graf Zeppelin* aus gemacht. Unser Bild zeigt deutlich die neue Art der Peilringe, die vom Zeppelin verwendet wird. Friedrichshafen 30. November 1928." *(Originalbildzeilen)*

„Die 2. Amerikafahrt des *Graf Zeppelin.* Bilder unseres Sonderfotografen an Bord des Luftschiffes."
Oben links: „Eine stimmungsvolle Aufnahme aus dem Fenster der Passagiergondel: Sonnenaufgang über dem Atlantik!"
Oben rechts: „Blick aus dem Fenster."
Links: „Arbeit und Unterhaltung während der Fahrt. Im Vordergrund zwei Passagiere im Gesellschaftsraum beim Frühstück. Im Hintergrund ein Journalist, der auf der Schreibmaschine seine Berichte schreibt. Ein Bild, wie man es täglich während der Weltfahrt des *Graf Zeppelin* im Gesellschaftsraum sehen konnte." *(Originalbildzeilen)*

„Der Weltflug des *Graf Zeppelin* –
Exklusive Schnappschüsse vom Leben am Bord“
Welchen Stellenwert die Flüge des Luftschiffes *Graf Zeppelin* in der deutschen Öffentlichkeit hatten, verdeutlicht der Streit um die Exklusivrechte an den Fotos vom ersten Flug dieses Zeppelins in die USA im Jahr 1928. Zwei Berliner Großverlage hatten sich die ausschließlichen deutschen Nutzungsrechte an diesem als Nationalereignis gefeierten Transatlantikflug gesichert, woraufhin der Verein der Deutschen Zeitungsverleger Protest erhob. Diese Note verhinderte jedoch nicht, daß auch weiterhin im Kampf um die Leser der Zeitungen und Illustrierten exklusive Nutzungsrechte an Fotos verkauft wurden. Auch während des Fluges 1929 waren Sonderberichterstatter an Bord.

„Wir sind der Meinung, daß das deutsche Volk ein Anrecht darauf hat, so gut als irgend möglich über eine Tat unterrichtet zu werden, bei der es nicht nur mit dem Herzen und dem Verstande, sondern auch mit seinem Geldbeutel beteiligt ist.“

Protestnote des Vereins Deutscher Zeitungsverleger vom 3. November 1928

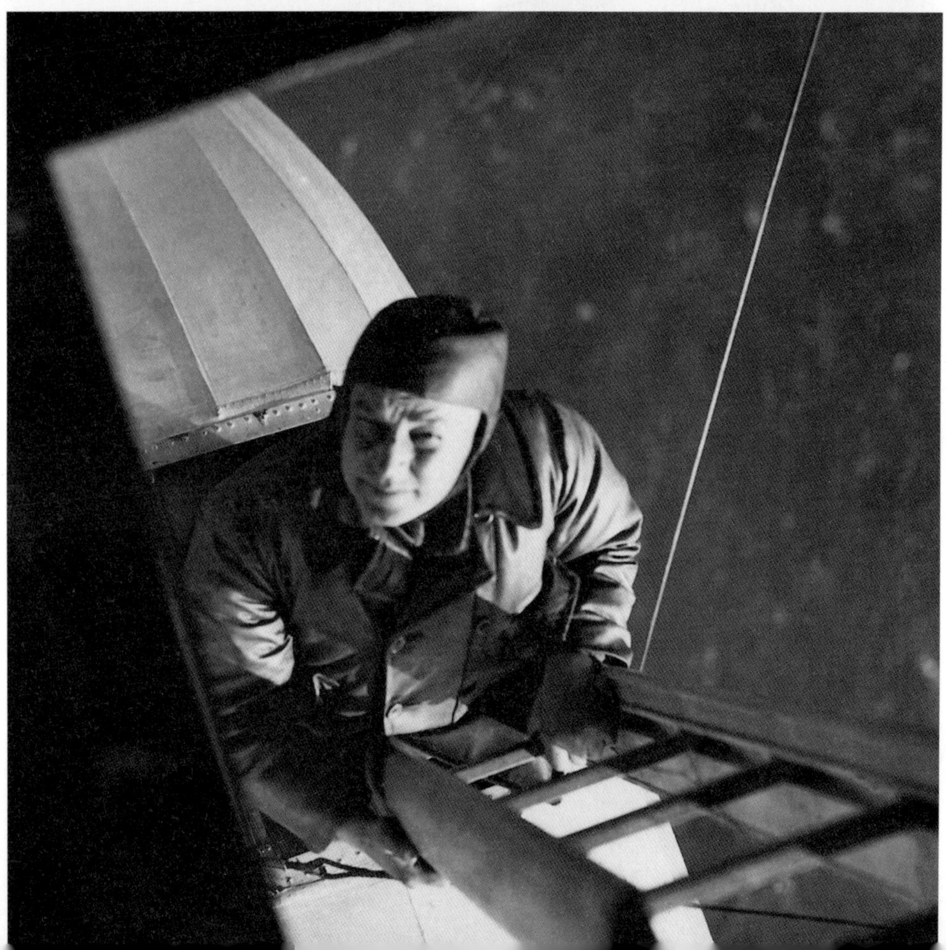

Oben links: „Am Steuer des *Graf Zeppelin.*“
Oben rechts: „Im Kommandoraum des *Graf Zeppelin:* Dr. Eckener, der auf dieser Fahrt eine neue, hervorragende Leistung vollbracht hat.“
Rechts: „Abstieg von der Motorgondel.“
(Originalbildzeilen)

Ganz oben: „Das riesige deutsche Luftschiff Dornier DO-X erreichte New York am 6. September 1931 mit 60 Passagieren. Es setzte auf dem Wasser auf, nahe der Battery im New Yorker Hafen, nachdem es eine Runde über der Stadt gedreht hatte. Die Maschine verließ den Bodensee in Deutschland fast ein Jahr zuvor."
Oben: „Ein Triumph der deutschen Technik. Das Riesenflugzeug DO-X, welches gestern vom Stapel lief und bereits die ersten Probeflüge zur vollsten Zufriedenheit der Sachverständigen ausführte, ist ein Triumph der deutschen Technik und von größter wirtschaftlicher Bedeutung auf dem Gebiete der Aeronautik. Unser Bild zeigt den großen Augenblick – den Stapellauf am 13. Juli 1929."
Rechts: „Ein Größenkontrast: dieses Foto zeigt das Heck des Luftschiffs neben den Ruderbooten der Schaulustigen."
(Originalbildzeilen)

Das Flugboot DO-X, konstruiert in den Dornier-Werken in Friedrichshafen am Bodensee, unternahm 1929 seinen ersten Flug. Mit seinen 12 Motoren und 50 Tonnen Fluggewicht, 12 Mann Besatzung und 100 Passagierplätzen, war es das größte Flugzeug seiner Zeit. Es besaß drei übereinanderliegende Decks und gesonderte Schlafräume für Fluggäste. Das Flugboot hatte eine Spannweite von 48 Metern und konnte eine Geschwindigkeit von 240 km/h erreichen. Zweieinhalb Jahre wurde an dem Prototypen gearbeitet.

D-1929

„Hundert Zentner im Schlepptau" – Fotoreportage
In diesen Bildern spiegelt sich der Arbeitsalltag friesischer Heringsfischer wider. In den Krisenzeiten der Weimarer Republik kam dem Fischfang eine besondere Bedeutung für die Volksernährung zu.

„Das einzige Massenkonsummittel, das 1922 und 1923 keine Senkung gegenüber der Vorkriegszeit aufweist und zugleich wirklich Bedeutung hat, ist der Zucker. Alle anderen Nahrungs- und Genußmittel zeigen ganz erschreckende Senkungen im Konsum (mit Ausnahme von Heringen den Jahren 1920 und 1923 – Heringe, die bekanntlich das ‚Fleisch der Hungernden' sind – und Reis in den Monaten Mai bis Dezember 1921)."

Kommentar zu einer Nahrungs- und Genußmittelkonsumstatistik der Jahre 1920–23

Oben: „Netzflickarbeit an Bord."
Oben rechts: „Deckreinigen nach dem Fang."
Rechts: „Bereit, den Fang an Bord zu ziehen."
(Originalbildzeilen)

Oben links: „Das Waschen der Fische in Bottichen an Bord."
Links: „Das Sortieren des Fangs."
Oben: „Die Frau eines 80jährigen Fischers – selbst eine typische Vertreterin des deutschen friesischen Fischergeschlechtes." *(Originalbildzeilen)*

„Dampfende Erde. Der Landsmann pflügt mit seinem Fünferzug die fruchtbare Scholle.“ *(Originalbildzeile)*

„Das Höchstmaß an Arbeitszeit, das bei einer Bäuerin festgestellt wurde, beträgt 4396 Stunden oder bei 300 Arbeitstagen beinahe 15 Stunden täglich. Die höchste Arbeitszeit des Bauern beträgt 3961 Stunden oder bei 300 Arbeitstagen im Jahr mehr als 13 Stunden täglich. In Wirklichkeit ist die stundenmäßige Arbeitsinanspruchnahme viel ungünstiger, weil in den arbeitsarmen Perioden keine 13 Stunden gearbeitet werden, so daß in den arbeitsreichen nicht 13, sondern 15 Stunden und mehr täglicher Arbeit nötig sind.“

Adolf Münzinger, Der Arbeitsertrag der bäuerlichen Familienwirtschaft, *1929*

REICH WILLST DU WERDEN?

Die Errungenschaften des Weimarer Sozialstaates wie der Achtstundentag waren der Versuch, sich das politische Wohlwollen der sozial schwachen Bevölkerung zu sichern. Dies schloß auch die Fürsorge schwererziehbarer Jugendlicher mit ein, die oft durch die existentiellen Nöte ihrer Eltern kriminalisiert wurden: „‚Erziehung ohne Strafe' ist der Geist, unter dem im Ulmenhof gearbeitet wird. Heitere braungebrannte Kinder zeigen das Gesunde dieses im Hause herrschenden Wortes." Diese Bildunterschrift zum Foto eines Heims für schwersterziehbare Kinder verweist auf die Tendenz der Illustrierten, die sozialen Verhältnisse zu idyllisieren. Diese Haltung der bürgerlichen Presse konnte jedoch nicht darüber hinwegtäuschen, daß tiefe soziale Gräben durch die Gesellschaft der Republik verliefen. Nicht zuletzt während der Weltwirtschaftskrise brachen die sozialen Konflikte offen aus, und viele Bürger fühlten sich in ihrem Elend allein gelassen: ein weitverbreitetes Gefühl, das Ringelnatz mit seinem ihn auszeichnenden Sinn für schwarzen Humor in die Zeilen faßte: „Komm, sage mir, was du für Sorgen hast/Reich willst du werden? – Warum bist du's nicht?"

6

Die gespaltene Gesellschaft

Das wilhelminische Deutschland hatte der Demokratie eine stark ausdifferenzierte und hierarchisch geordnete Klassengesellschaft vererbt. Die Parteien der Weimarer Koalition hatten versucht, die eminenten sozialen Unterschiede des Kaiserreichs auszugleichen. Doch vielen Deutschen rechts der politischen Mitte ging diese Sozial- und Umverteilungspolitik zu weit, vielen der Unterprivilegierten hingegen reichten die sozialen Veränderungsprozesse nicht aus. Mitte der „Goldenen 20er Jahre" bestimmte nicht nur ein tiefer Graben zwischen Arm und Reich die soziale Topografie der Republik, jenseits und diesseits bildeten sich auch scharf gegeneinander abgegrenzte Milieus, von denen einige nur ein Ziel hatten: das „Weimarer System" zu beenden und ihre politischen Wunschtäume und Utopien zu verwirklichen.

Sein oder Bewußtsein

Ein wesentliches Merkmal der Sozialstruktur in der Weimarer Republik war die konfessionelle Trennlinie im politischen und sozialen Leben. Im Bismarck-Reich stempelten im Kulturkampf die evangelischen Christen die Katholiken zu Deutschen zweiter Klasse. Nach der Revolution verhielten sich die Katholiken eher staatstragend, Protestanten dagegen neigten den Parteien zu, die den neuen Staat am heftigsten bekämpften. Mit der zunehmenden Säkularisierung der Gesellschaft erodierte aber auch das politisch zunächst sehr homogen auftretende katholische Milieu, das sich in der Volkspartei des Zentrums repräsentiert sah.

Die markanteste ideologische Trennlinie in der Gesellschaft verlief zwischen der klassenbewußten Arbeiterschaft und dem nichtmarxistischen Deutschland. Statistiken zufolge waren 45 % der berufstätigen Bevölkerung Arbeiter, von denen etwa ein Drittel bei den Wahlen für die beiden marxistischen Parteien stimmte. Trotz der kompromißlosen Spaltung der „Klasse" in ein sozialdemokratisches und ein kommunistisches Milieu stiftete die Kultur der Arbeiterbewegung nach außen eine Identität, die die Trennungslinie zwischen „Sozialismus" und „bürgerlicher Welt" zementierte. Jedoch war die breite Masse der Arbeiterschaft in Ideologie und Werthaltungen längst nicht so gefestigt, wie es sich Parteifunktionäre gewünscht hätten und ihre politischen Gegner vermuteten. Eine ganzheitliche sozialistische Lebensführung wurde vor allem von den Eliten in SPD und KPD praktiziert.

„Rennfieber. Mit der Kamera auf der Rennbahn. Vier Herren schildern hier durch Gesichtsausdruck und Haltung den Verlauf eines Rennens. Die Entscheidung ist gefallen ... Erraten Sie, wer richtig gewettet und wer verloren hat?" *(Originalbildzeile)*

Neuer und alter Mittelstand

Während die Zahl der Arbeiter in den 20er Jahren stagnierte, entwickelte sich in der modernen dynamischen Dienstleistungsgesellschaft der Weimarer Zeit ein großes Heer von Angestellten. Ihre alles in allem heterogene politische Mentalität basierte auf dem Abgrenzungsbedürfnis der „weißen Kragen" gegenüber den „Blaumännern". Keine der sozialen Gruppen fühlte sich aber so unsicher wie die Angestellten. Dies erklärt vielleicht auch den ungewöhnlichen Ideologiebedarf der Gruppe: Während sich linke Angestellte häufig als Avantgarde des Proletariats gebärdeten, setzten sich die rechten durch eine betont nationale und antisemitische Haltung von der Arbeiterbewegung ab. Die breite Schicht der Angestellten sah sich selbst als „neuen Mittelstand" und dynamischer Exponent eines gesellschaftlichen Umbruchs.

Der „alte Mittelstand" unterschied sich von dieser neuen Gruppe durch seine, zumindest formale, ökonomische Selbständigkeit. Ihr Kern, Handwerker und kleine Kaufleute, bezogen wie schon im Kaiserreich überwiegend konservative und eindeutig antisozialdemokratische Positionen, da sie sich zwischen den Interessen der großen Konzerne und denen der Arbeiterschaft zerrieben fühlten. Nach der Inflation wandten sich viele von den liberalen Parteien den Deutschnationalen zu. Ähnliche Tendenzen gab es unter den Kleinbauern im Westen des Reichs, während die ostelbischen Großgrundbesitzer seit jeher monarchistisch und deutschnational gesinnt waren. In einem wesentlichen Punkt waren sich die Bauern Mitte der 20er Jahre jedoch einig: Deutschland müsse mit Zöllen vor agrarischen Billigimporten aus Übersee geschützt und vor einer weiteren Industrialisierung bewahrt werden.

Landwirte und Industrielle

Der protektionistischen Haltung der Landwirtschaft stand traditionell die Montanindustrie am nächsten. Das Kaiserreich hatte diese mit Rüstungsaufträgen verwöhnt, die nach dem Versailler Vertrag zwangsläufig ausbleiben mußten. Für Schwerindustrielle wie Hugo Stinnes bedeutete „Nationale Größe“ auch immer eine wiederaufgerüstete deutsche Nation. Wen verwundert es, daß dieses Milieu nach der überstandenen Gefahr der Sozialisierung seiner Industrie eine Sozialpartnerschaft mit den Arbeitnehmern strikt ablehnte und von Zeit zu Zeit immer wieder mit dem Gedanken einer „Nationalen Diktatur“ spielte.

Liberaler, sprich weniger gewerkschaftsfeindlich und obrigkeitsfixiert, zeigte sich die Exportindustrie. Die dynamischen Wachstumsbranchen wie die Chemie- und Elektrotechnik-Industrie benötigten qualifizierte und motivierte Arbeiter und schufen ein entsprechend kooperatives Klima. Auf diese Weise vermittelten sie auch den Gewerkschaften, daß eine forcierte Rationalisierung von gesamtgesellschaftlichem Interesse war. Außerdem waren sie als internationale Konzerne an einem hohen Ansehen deutscher Regierungen im Ausland interessiert. Der Außenminister Gustav Stresemann und seine DVP genossen in diesen Unternehmerkreisen zumindest Respekt.

„Arbeiterdemonstration gegen die Fürstenabfindung. Im Berliner Lustgarten fand eine große Arbeiterdemonstration gegen die Fürstenabfindung statt. Eine Gruppe der zahlreich mitgeführten Plakate und Figuren.“ *(Originalbildzeile)*

Beamte und Akademiker

Sehr viel größer blieb die Distanz zu Republik und Demokratie bei einem Großteil der Beamten und Akademiker. Das Gros der Beamten übernahm die Weimarer Republik gezwungenermaßen aus dem Kaiserreich. Sie speisten auch weiterhin ihr Klassenbewußtsein aus den Zeiten des Wilhelminismus. Ihren „neuen Herren“ dienten sie zumeist mit preußischer Pflichterfüllung. Niedrige Gehälter und Entlassungen in der Frühphase der Stabilisierung radikalisierten jedoch große Teile dieser Klasse von „Vernunftrepublikanern“.

Besonders verbeamtete Akademiker, aber auch freie Berufe wie Anwälte und Ärzte schienen die neue Gesellschaftsordnung als soziale Degradierung zu erleben: „Der typische Akademiker blieb völkisch und antisemitisch, ein Feind der Republik, der Beteiligung an einer demokratischen Regierung und jeder Erfüllungs- und Kompromißpolitik nach außen“, konstatierte der sozialistische Historiker Arthur Rosenberg. Mit dem sozialen Aufstieg der Juden wurde der Antisemitismus gesellschaftsfähig. Seit 1920 war es nichts Ungewöhnliches mehr, daß Juden die Mitgliedschaft in studentischen Verbindungen untersagt wurde, und nach dem Mord an Rathenau drückten viele Studenten ihre Symphatie für die „Mörder der Judensau“ aus. In diesem Milieu des chauvinistisch und antisemitisch gefärbten Konservatismus bildeten die Nationalsozialisten während der 20er Jahre nur eine kleine Gruppe radikaler Akademiker unter anderen – erst infolge der Depression zu Beginn der 20er Jahre sammelten sich immer mehr Gegner aus dieser Schicht unter dem Hakenkreuz.

„Die Prominenten des Berliner Presseballs. Rechts sitzend Lilian Deyers und Liane Haid. Links sitzend Konrad Veidt und Gertrud Molo.“ *(Originalbildzeile)*

Die politische wie soziale Stellung der Reichswehr verdeutlichte die Maxime des Generals Hans von Seeckt: „Das Heer dient dem Staat, nur dem Staat; denn es ist der Staat.“ Nach seiner Ernennung zum Chef der Heeresleitung führt er nach 1920 die Reduzierung der Reichwehr auf eine 100 000-Mann-Armee durch. Es blieb ein weit überproportionaler Anteil an Generalstäblern und Berufsoffizieren, die aus der alten preußischen Vorkriegsarmee hervorgegangen waren – nur wer dem alten Offiziersadel entstammte oder monarchistischen Stallgeruch mitbrachte, fand die Gnade von Seeckts. Die Reichswehr lebte von jetzt an isoliert als konservative Elite neben der Republik her.

Das soziale Erbe des Kaiserreichs

Die restaurative Roßkur, welche der Reichswehr nach 1920 verordnet wurde, verweist auf einen wichtigen Aspekt in der Sozialstruktur der Weimarer Jahre. Die Milieus der Kaiserzeit festigten sich, splitterten sich innerhalb der alten Grenzen weiter auf, radikalisierten sich – aber die Biographien dieser Generation bewegten sich weiter in den Bahnen, die politisch, wirtschaftlich und sozial im wilhelminischen Reich geebnet worden waren. Die Alterspyramide des Volkszählungsjahres 1925 wies vor allem in der Generation zwischen 30 und 40 einen starken Frauenüberschuß auf, während die jüngere und ältere Generation der Männer entsprechend überrepräsentiert waren. Auf die soziale Nachkriegsrealität projiziert, bedeutete dies: Die alten Kämpen kehrten nach dem verlorenen Krieg an ihre angestammten Plätze zurück und verdrängten die Frauen, die die Kriegswirtschaft aufrechterhalten hatten, wieder vom Arbeitsmarkt; für die junge Generation war aus unterschiedlichsten Gründen kein Platz.

Die Generäle der Reichswehr beispielsweise konnten auf den Versailler Vertrag verweisen und setzten junge Kriegsfreiwillige und Frontoffiziere, viele von ihnen traumatisierte Grabenkämpfer, auf die Straße. Das Kriegserlebnis, aber auch die wirtschaftlichen Verhältnisse versperrten ihnen die Rückkehr in die Normalität, woraufhin Tausende verbitterter Weltkriegsteilnehmer den Kampf gegen den inneren Feind fortsetzten: in den Freikorps und deren völkisch-nationalistischen Nachfolgeverbänden und bald darauf in den nationalsozialistischen „Sturmabteilungen", kurz „SA" genannt.

Um der militanten Rechten mit paramilitärischen Mitteln begegnen zu können, schlossen sich ihre politischen Gegner, vor allem Arbeiter, dem „Reichsbanner Schwarz-Rot-Gold" oder dem kommunistischen „Rotfrontkämpferbund" an. Die Militarisierung des politischen Lebens war Mitte der 20er Jahre relativ weit fortgeschritten und führte letztendlich auch zu einer Verrohung der sozialen Kultur in den politisch extremen Milieus.

„Oh, wandern, welche Lust! Mit den ersten warmen Frühlingstagen beginnt der Wonnemonat der Wandervögel, die mit Sang und Klang ins Freie ziehen. Wandervögel studieren die Wanderkarte." *(Originalbildzeile)*

Genauso schwerwiegend für die Sozialisierung der jungen Generation war die Tatsache, in einer Zeit aufzuwachsen, in der die galoppierende Inflation ihnen das Geld zwischen den Fingern zerrinnen ließ. Außerdem reichten die Arbeitsplätze auch in der Zeit des wirtschaftlichen Aufschwungs bei weitem nicht aus, um allen von ihnen einen Ausbildungsplatz oder eine Chance zum Broterwerb zu geben. Diese materielle Unsicherheit vermittelte gerade Proletarierkindern oftmals das Gefühl, zu einer verlorenen und vergessenen Generation zu gehören. Ihr Protest zeigte sich in Großstädten wie Berlin in der Bildung „wilder Cliquen", die die Bescheidenheit der Arbeiterbewegung mit einem krassen Materialismus und Hedonismus konterkarierten und ihr Endzeitgefühl nicht selten jenseits der Legalität auslebten.

Nicht weniger existentiell stellten sich die Probleme für die bürgerliche Jugend dar, denn auch sie stürzte 1919 in eine tiefe Verunsicherung. Mit dem Zusammenbruch der monarchischen Gesellschaftsordnung schwand die Autorität der großbürgerlichen Elternhäuser, die die wilhelminische Epoche getragen hatten, während das „Neue" sich politisch nur diffus und materiell unsicher entwickelte. Viele Jugendliche flüchteten in die Arme der bündischen Jugend. Diese romantische Form der bürgerlichen Jugendbewegung war nicht neu, aber erlebte in den 20er Jahren ihre Hochzeit. Sie war Rebellion gegen die hohlen elterlichen Rituale der Bürgerlichkeit und die „Amerikanisierung" der Gesellschaft zugleich. Aber nicht nur bürgerliche „Wandervögel" predigten das Zurück zur Natur und den Kult der Gemeinschaft, sondern auch sozialdemokratische Jugendliche gingen „auf Fahrt" und sangen zur „Klampfe" Lieder aus dem *Zupfgeigenhansel.*

Schon vor Beginn der Weltwirtschaftskrise 1929 war die Jugendarbeitslosigkeit ein großes gesellschaftliches Problem, für das man keine Lösung fand. Aber dies war nicht der einzige Grund, warum die Jugendlichen den radikalen Parteien in großem Maße zusprachen. Dies hatte auch mit der relativen Überalterung der herkömmlichen Parteien zu tun.

Die Gesellschaft in der Krise

Es gab viele weitere kulturelle wie politische Trennungslinien in der Gesellschaft der Weimarer Republik: Die Ausgrenzung der Juden, der Konflikt der nationalistischen „Hauptstadt der Bewegung“ München mit dem kulturellen „Sündenbabel“ Berlin oder der rechtsintellektuelle Kulturpessimismus gegen den ungehemmten Fortschrittsglauben der linken Boheme offenbarten dies. Die wilhelminische Klassengesellschaft befand sich in steter Auflösung. Radikalisierten sich zunächst nur die politischen Randmilieus, erodierten die traditionellen sozialen Mileus im Verlauf der 20er Jahre immer weiter fort.

Doch zunächst ruhte seit der Revolution 1919 die Republik auf den Schultern der gemäßigten Kräfte in Bürgertum und Arbeiterschaft. Diese bauten einen Sozialstaat, der im Vergleich zu den Konkurrenzländern für außerordentliche Sozialleistungen und vor allem für ein hohes Lohnniveau sorgte. Unter dem Eindruck der Revolutionsereignisse des Jahres 1918 bildete sich eine „Zentralarbeitsgemeinschaft“ zwischen Arbeitgebern und Gewerkschaften, die teilweise lange gehegte Ziele der Arbeiterbewegung verwirklichte, etwa die Einführung des Achtstundentags, Einführung von Tarifverträgen in allen Berufen und die Anerkennung der Gewerkschaften.

Vor diesem Hintergrund entwickelte sich ein Subventions- und Umverteilungsstaat, der eine höchst aktive Arbeitszeit- und Lohnpolitik betrieb, das Sozialversicherungswesen weiter ausbaute und den sozialen Wohnungsbau forcierte. Kritiker wie der alliierte Reparationsagent Parker Gilbert warnten jedoch bereits 1927 vor den Folgen einer Finanz- und Sozialpolitik, die in allen Bereichen zu leichtfertig mit staatlichen Krediten umging. Die Investitionen der öffentlichen Hand in den Bau moderner Wohngebiete, Schulen, Krankenhäuser, Theater und Sporteinrichtungen waren sozialpolitisch sicherlich sinnvoll und wünschenswert, doch nicht nur die städtebaulichen Extravanganzen einiger Städte lassen heute die Frage aufkommen, ob ein Staat dieser Art auch finanzierbar war.

Die Intentionen des deutschen Sozialstaats lagen auf der Hand. Er versuchte, sich die Loyalität der gesellschaftlichen und wirtschaftlichen Gruppen durch Subventionen und eine großzügige Sozialpolitik zu erkaufen. Doch bereits während des „deutschen Wunders“ der Jahre zwischen 1924 und 1928 brachen die traditionellen Antagonismen zwischen der Wirtschaft und dem Sozialstaat wieder auf. Die sozialen Errungenschaften wie der Achtstundentag gerieten in die Kritik und wurden Stück für Stück revidiert, da die hohe soziale Absicherung angeblich die internationale Wettbewerbsfähigkeit der deutschen Wirtschaft gefährdete. Monopolisierung und Sozialabbau verstärkten in der zweiten Hälfte der 20er Jahre von Jahr zu Jahr die Unzufriedenheit und Unsicherheit breiter Bevölkerungsschichten. Nicht zu unterschätzen ist aber auch ein psychologischer Aspekt: Sieht man die zu Anfang der Republik gesetzten hohen sozialen Standards in direktem Zusammenhang mit dem grenzenlosen wirtschaftlichen Optimismus, der sowohl von Wirtschaftswissenschaftlern als auch von Politikern bis 1929 verbreitet wurde, dann überrascht auch nicht das Anspruchsdenken weiter Kreise der Bevölkerung.

Nachdem die Auswirkungen des „Schwarzen Freitags“, dem Kurssturz an der New Yorker Börse am 25. Oktober 1929, in vollem Maße auch die Wirtschaft der Weimarer Republik getroffen hatten, wurden dem Sozialstaat Rechnungen präsentiert, die er zu bezahlen nicht mehr imstande war. Die Weltwirtschaftskrise traf neben den USA die Weimarer Republik am nachhaltigsten. Die deutsche Wirtschaft war aus den bereits genannten Gründen indisponiert: die Schräglage der Konjunktur, eine hohe Arbeitslosigkeit bereits vor Ausbruch der Krise, die Verschuldung von Staat, Industrie und Landwirtschaft, die Folgen der Inflation und die psychologischen wie politischen Folgen der Reparationen.

Oben: „Große Kleidersammlung der Berliner Winterhilfe 1931. Die empfangenen Sachen werden durch die Reichswehrsoldaten auf die Wagen verladen.“ Unten: „50 arme Kinder essen sich satt. Im Dienst der Winterhilfe werden täglich in der neuen Markthalle als Gäste der Standinhaber arme Berliner Kinder gespeist.“ *(Originalbildzeilen)*

„Wir kommen in den inneren Ring und sehen endlich den Teich, die Mitte, um die sich in Hufeisenform die ansteigenden Ufer mit einem Häuserring fügen. In schönem Gleichmaß haben die Häuser eine Reihe Dachluken, kleine und große Fenster und farbig vertiefte Balkone. [...] Das ist eine der vielen Siedlungen, die den stärksten Vorstoß in das Chaos der Zwischenwelt, die Stadt und Land trennt, bedeuten. Wohnungsnot, Schönheitssehnsucht, die Richtung der Zeit auf das Gemeinsame und der Eifer der jungen Architektengeneration waren hier wie in Lichtenberg, Zehlendorf und anderen Enden der Stadt am Werke, menschenwürdige Wohnstätten zu schaffen. Ein Werk, das dauernd fortgesetzt wird und wohl das Wichtigste ist, was zur Zeit mit Berlin geschieht. Dieses neue, werdende Berlin vermag ich nicht zu schildern, ich kann es nur preisen."

Franz Hessel über die „Siedlung Britz"
in Spazieren in Berlin, *1929*

„Wenn von den hamburgischen Wohnungssuchenden 34 Prozent eine Zwei-Zimmer-Wohnung, 50 Prozent eine Drei-Zimmer-Wohnung haben wollen, 68 Prozent aber angeben, nur bis zu 50 Mark Miete zahlen zu können, so ergibt sich eine starke Differenz zwischen Wünschen und Können, daß einmal offen ausgesprochen werden muß: Die Wünsche haben sich nach dem Können zu richten und sind dementsprechend einzurichten."

Der Leiter des Hamburger Wohnungsamtes 1927

„Kleinstwohnung ist Trumpf. Neue Wege im Wohnungsbau sind zu betreten seit wohnungswirtschaftliche Notverordnungen die Kleinstwohnung als Aufgabe unserer Zeit gekennzeichnet haben. 35 bis höchstens 60 Quadratmeter sind Problem einer geschickten und sparsamen Grundrißlösung. Die ‚Hufeisensiedlung' in Berlin-Britz von den Architekten Bruno Taut und Martin Wagner. Foto 11. November 1927." *(Originalbildzeile)*

Die Architektengeneration der Weimarer Republik war von dem Gedanken „Bauen für eine bessere Welt" beseelt; sie wollten die reformerischen Gedanken aus der Zeit vor 1914 nun auch zum Wohl der sozial schwachen Bevölkerung umsetzen. Durch die staatliche Unterstützung von Reich, Ländern und Kommunen entwickelte sich die erste Phase des sozialen Wohnungsbaus. Auch wenn in den Jahren zwischen 1927 und 1930 bis zu 300 000 neue Wohnungen jährlich durch Neubau oder Umbau entstanden, deckte das Angebot bei weitem nicht die Nachfrage. Meist waren es besserverdienende Facharbeiter, Angestellte und Beamte, die sich das Wohnen in den Reformbauten leisten konnten. Unter den Auswirkungen der Weltwirtschaftskrise und der Massenarbeitslosigkeit wurde die Wohnungssituation noch prekärer: nun schwebte die Zwangsräumung wie ein Damoklesschwert über zahlreichen, auch besserverdienenden Familien.

Linke Seite oben: „Ein neues Bauverfahren: Ein 7-Zimmer-Wohnhaus für 16 000 Mark. Der Berliner Architekt Emanuel Joseph Margold hat einen höchst bemerkenswerten Beitrag zur Lösung des Zeitproblems, billig und gut zu bauen, geliefert. Nach einem Bauverfahren hat er ein Haus mit sieben Zimmern, Küche, Bad, eingebauten Möbeln, fließendem Wasser und Zentralluftheizung errichtet, das fertig zum Bezug nur 16 000 Mark kostet. 13. 4. 1931."
Linke Seite unten: „Eine Mustersiedlung in der Bruchfeldstraße in Frankfurt am Main, nach einem Entwurf von Stadtbaurat Ernst May um 1928. Ein Dachgartenidyll auf den Siedlungshäusern."
Oben: „Wie sollen oder werden wir wohnen? Deutsche Werkbund-Wohnungsausstellung in Berlin 1931. Blick in das Zimmer, das Eß- und Wohnzimmer kombiniert, die Schlafchaiselongue vorn rechts ersetzt auch ein Schlafzimmer (Zweiraum-Wohnung Bauhaus-Dessau von Ludwig Mies van der Rohe)."
Links: „Ein Berliner Jungesellenhaus. Der Berliner Sexualarzt Lewy-Lenz und der Architekt Franz Salomon haben in der Soorstraße 6 ein vorbildliches Junggesellenhaus für ungefähr 20 unverheiratete Schriftsteller und Schauspieler gebaut. Zu jeder Wohnung gehören zwei Zimmer (Wohnzimmer und Kabinett) eine Diele mit Kochgelegenheit, ein sehr komfortables Badezimmer und eine Loggia. Unser Bild zeigt einen Blick durchs Wohnzimmer zur Loggia hinaus."

(Originalbildzeilen)

„Gehungert hat in Wahlhausen keiner, aber gegessen wurde sehr einfach. Mit militärischer Pünktlichkeit hatten wir Kinder Schlag 12 Uhr hinter unseren Stühlen zu stehen und auf die Eltern und das Tischgebet zu harren. [...] Politik und große Welt waren weit weg, selbst die Inflation konnte man als Landwirt leicht überstehen. Der Stand der Gerste, der Preis der Buchen, die Zwillinge des Schweizers (so hieß der Betreuer des Kuhstalls) und das Fohlen das man erwartete, waren unendlich wichtiger als alles, was draußen im Lande geschah."

Fritz Huschke von Hanstein, Eine Jugend auf dem Lande

Linke Seite: „Dorffrieden. Alte holsteinische Fischerhäuser."
Links: „Der Schwarzwald und seine Bewohner. Eine Herbstwanderung durch eine der schönsten Gaue im Südwesten Deutschlands. Unser Bild zeigt eine Schwarzwälder Bauernstube."
Unten: „Schleusenwärterfamilie beim Mittagsgebet."
(Originalbildzeilen)

Oben: „Große Wäsche. Trotz ärmlichster Behausung findet man bei den Höhlendörflern denkbarste Sauberkeit."
Links: „Erst aus kürzester Entfernung erkennt man die eigenartige Siedlung."
Rechte Seite: „Blick auf eine Höhlenwohnung. Fast dem Erdboden gleich, gegen Wind und Wetter geschützt."
(Originalbildzeilen)

„Das Dorf unter der Erde“ – Fotoreportage
Fast in allen Randbereichen der größeren Städte im Europa der Arbeitslosigkeit und in Amerika stieß man auf sie – die Notunterkünfte und Barackensiedlungen für Tausende und Abertausende aus der Bahn geworfener Familien, die ihre Mieten nicht mehr aufbringen konnten. In Amerika hießen sie Hoovertowns, benannt nach dem US-amerikanischen Präsidenten Herbert Clark Hoover. In Deutschland widmete Bertolt Brecht seinen umstrittenen Film *Kuhle Wampe* von 1931/32 einer riesigen Notunterkunft außerhalb von Berlin. Auf einem Stück Grund hatten obdachlose Familien eine eigene Wohnform mit Erdlöchern als Wohnstätten eingerichtet.

In einer Reportage des Fotografen Willi Ruge wird dieses „unterirdische Dorf“ folgendermaßen vorgestellt:
„50 Km von Berlin entfernt, von der Hauptstadt des Reiches, von der Stadt des Weltbetriebes – und von der Stadt der leerstehenden Wohnungen, befindet sich diese traurige Siedlung [...] In diesem Dorf, welches in der Nähe des herrlichen Werbellinsees liegt, herrscht aller Not zum Trotz, das beste Einvernehmen zwischen allen dort Ansässigen. Sie alle hat die Not zusammengeschmiedet und Kraft gegeben weiter zu leben. Immer wieder kann man nur den Kopf schütteln über diese verrückte Zeit, die kräftige gesunde Menschen zur Untätigkeit verdammt und Familien in Erdlöcher treibt.“

„Das Dorf unter der Erde" – Fotoreportage (Fortsetzung)
Linke Seite oben: „Kleine Höhlenbewohner. Sie begreifen noch nicht den Jammer unserer Zeit. Für sie ist eine Scheibe Brot höchstes Glück."
Linke Seite, unten links: „Mutterliebe überwindet alles."
Linke Seite, unten rechts: „Die Ältesten des Dorfes."
Oben: „Schlafenszeit."
Links: „Ein Zeitdokument – Muttersorge wohnt in dieser Hütte." *(Originalbildzeilen)*

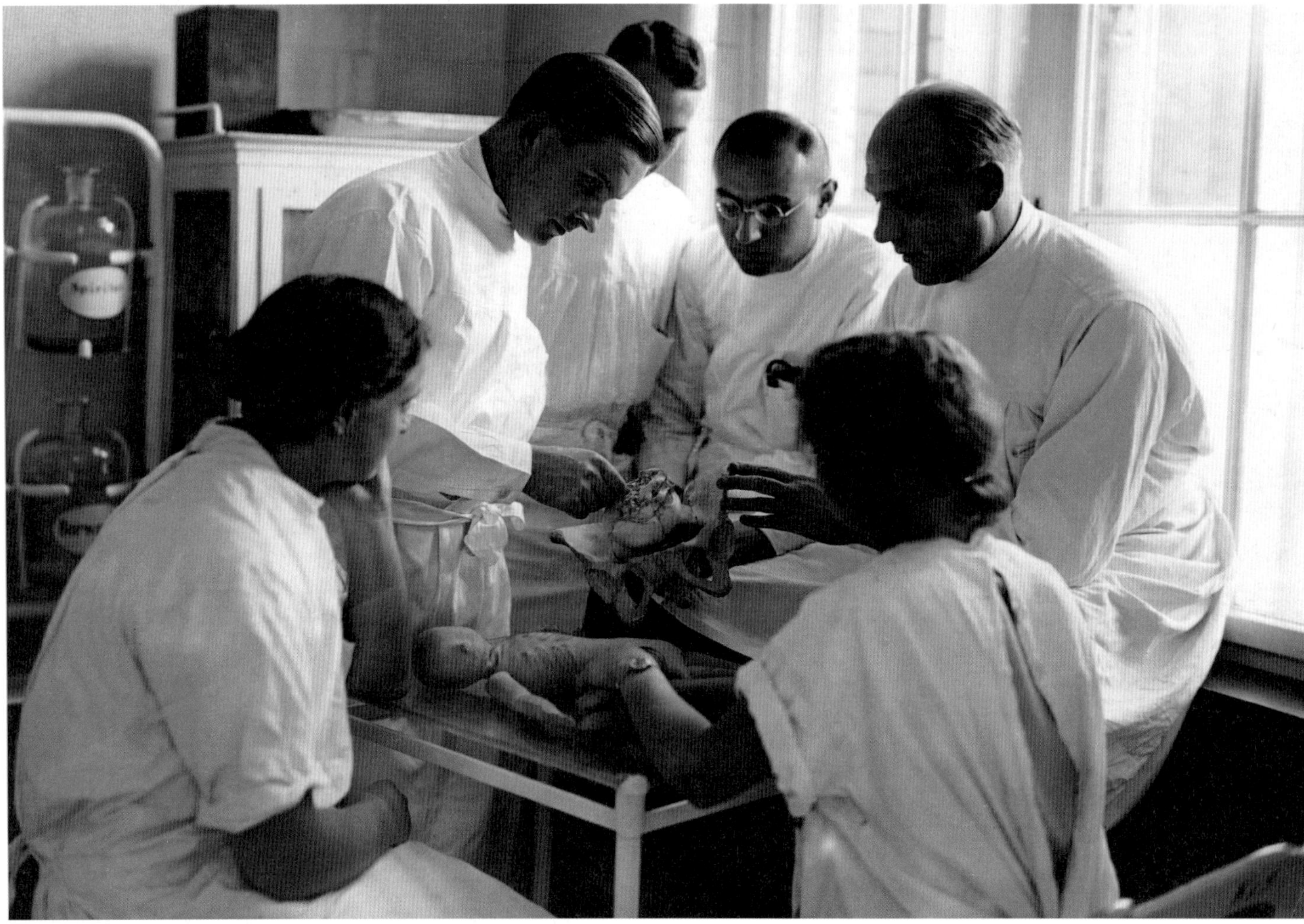

Oben: „Hebammenkursus für Studenten. In der Frauenklinik der Berliner Universität haben Studenten und Studentinnen Gelegenheit, sich mit allen Fragen der Geburtshilfe vertraut zu machen. Zunächst dient die Puppe als Modell, später assistieren sie bereits bei den Patientinnen der Frauen-Klinik. Unser Bild zeigt: Geburtshilfeunterricht mit Modell und Puppe.“
Links: „Neue Mütter werden gesucht. In der Adoptionsstelle des Landes-, Wohlfahrts- und Jugendamtes Berlin. Die Adoptionsstelle eines Kinderheims: Wartung der Kinder.“
Rechte Seite: „Modernes Kinderkrankenhaus in Berlin-Lichterfelde. Das Kindersanatorium des Deutschen Roten Kreuzes ist vom hygienischen und medizinisch-pädagogischen Standpunkte aus das modernste seiner Art in ganz Europa. Besonders zu beobachten ist, daß die Betten der Rekonvaleszenten in freier Luft auf der Veranda stehen, um so den Heilungsprozeß zu beschleunigen. Unser Bild zeigt eine Szene von der Veranda des Sanatoriums. Berlin 1. April 1931.“ *(Originalbildzeilen)*

„Die augenblicklichen schlechten sozialen Verhältnisse der Berliner Bevölkerung finden ihren Ausdruck: 1. In der hohen Zahl der Erwerbslosigkeit und Kurzarbeit der Eltern der Patienten [...] Diese Tatsache erklärt sich dadurch, daß die erwerbslosen Eltern vielfach nicht in der Lage sind, ihren Kindern, insbesondere Säuglingen, die nicht gestillt werden, ausreichend Nahrung und Kleidung zu verschaffen. Sie sträuben sich daher auch vielfach, die geheilten Säuglinge aus dem Krankenhaus herauszunehmen.“

Dr. S. Buttenwieser in einem Bericht über die Situation der Inneren Kinderstationen des Krankenhauses am Friedrichshain 1930

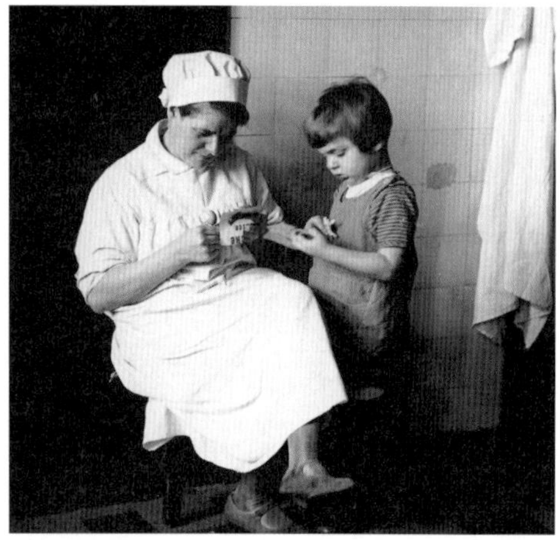

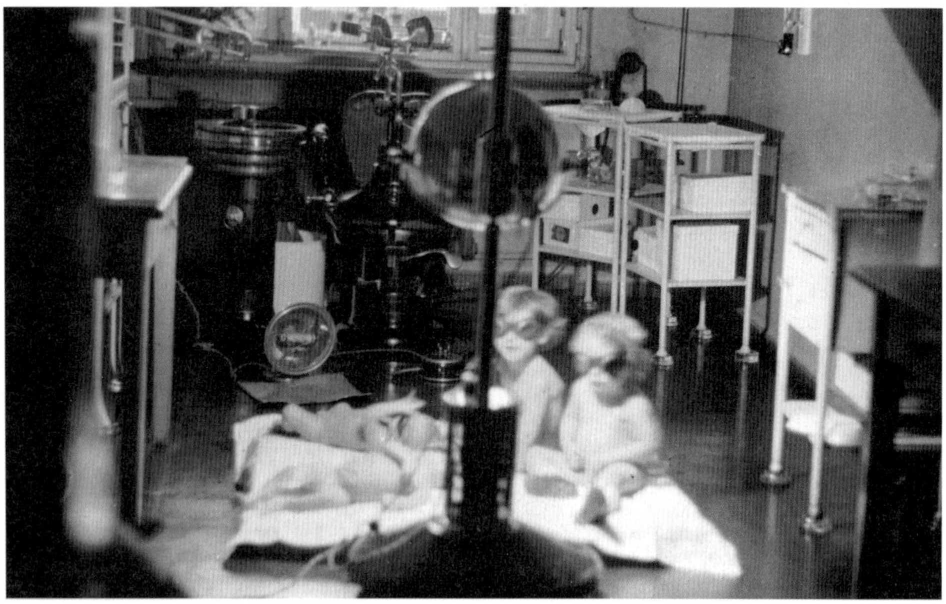

Links oben: „Ein kleines Pflegekind der Stadt Berlin mit einer der Pflegemamas."
Links Mitte: „Unter der Höhensonne."
Links unten: „In der Baby-Box. Hier können auch die Kleinsten ungefährdet herumtollen, bis sie müde oder hungrig sind."
Oben: „Infizierende Einflüsse können nicht stattfinden. Jedes Kind hat einen eigenen Mundspülbecher und eigene Waschlappen und Handtuch." *(Originalbildzeilen)*

„Pflegemama Berlin. Ein Paradies der Elternlosen." – Fotoreportage
Die Errungenschaften des Weimarer Sozialstaates waren wie ein Tropfen auf den heißen Stein: Soziales Elend bestimmte besonders bis 1923 und ab 1929 den Alltag weiter Kreise der deutschen Bevölkerung. In dem folgenden Text zu der Fotoreportage über ein Berliner Waisenhaus Ende der 20er Jahre kommt die karitative und patriarchalische Haltung der bürgerlichen Illustrierten zum Ausdruck: „Das soziale Elend findet seinen Niederschlag naturgemäß in den Aufnahmebüros der Waisenhäuser. Viele Tausende kleiner Erdenbürger liegen da unter der Obhut von Ärzten und Schwestern. Nicht nur Säuglinge, auch Kinder im schulpflichtigen Alter werden zur Mama Berlin gebracht, denn wie viele Eltern gibt es, die einfach ihre Kinder nicht mehr ernähren können. Jahr für Jahr überschreiten Tausende von Kindern die Schwelle des Waisenhauses."

„Familie M. 2 Dachzimmer und Küche, 10 Personen. Die Wohnung eng und feucht, doch sauber gehalten. Ein Mädchen von 15 Jahren und ein Knabe von 11 Jahren teilen ein Bett. Je zwei Mädchen und zwei Buben gleichfalls. Säugling und Kleinkind haben eigene Schlafgelegenheit. Mehrere Kinder sind wegen Tuberkulose in Behandlung bzw. vom Schulbesuch ausgeschlossen. Familie A. 1 Zimmer und Küche, 9 Personen: Eltern und 7 Kinder im Alter von 12 bis 1 Jahr. 2 Betten, 1 Kinderbett und 1 Säuglingskorb."

Soziale Praxis, *Berlin, 1923*

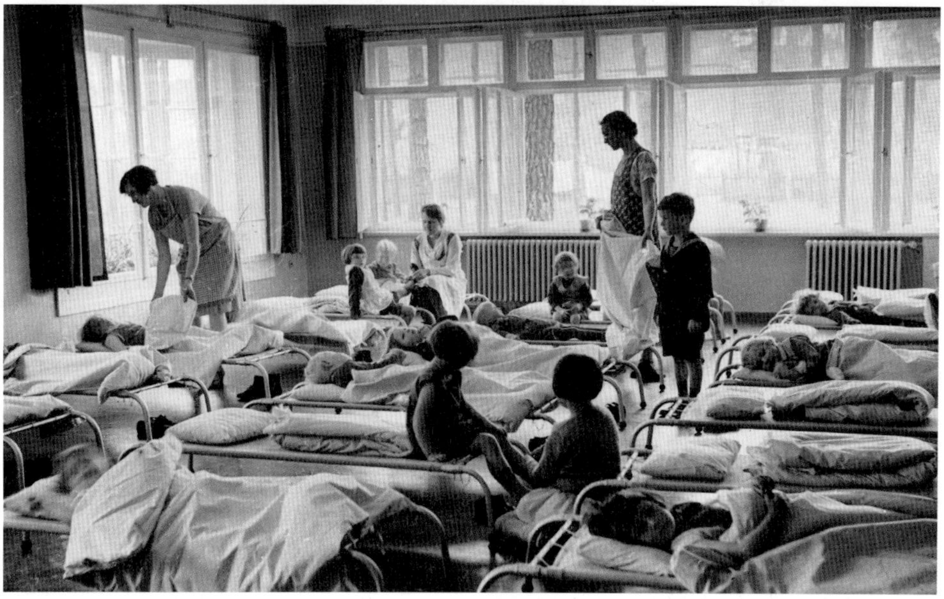

„Licht, Luft und Sonne" – Fotoreportage
Am 9. Juli 1922 wurde das „Reichsgesetz für Jugendwohlfahrt" verabschiedet, im Februar 1924 trat es in Kraft. Die finanzielle Situation des Reichs, der Länder und Kommunen verhinderte jedoch, daß die Jugendwohlfahrt die in sie gesetzten Erwartungen erfüllte. Vielerorts mußten berufstätige Mütter ihre Kinder in die Obhut sogenannter „wilder Kindergärten" geben. Der Fotograf Robert Sennecke berichtet in seiner Reportage aus dem Jahr 1930 aus einem Vorzeigekindergarten im Berliner Vorort Köpenick, „gelegen in der idyllischen Siedlung Mittelheide".

„Das neue Kinderheim der Stadt Berlin in Köpenick. Eingeweiht Ende April. Das Heim ist nach den modernsten Grundsätzen gebaut und umfaßt einen Kindergarten (noch nicht schulpflichtige Schulkinder) und einen Kinderhort (für Kinder von sechs Jahren ab). Es bietet Platz für 70 bis 90 Kinder. Die Bilder zeigen: [linke Seite] das Spielzimmer, [ganz oben] den Garten des Heims, [oben] Erholung im Ruheraum." *(Originaltext der Fotoreportage)*

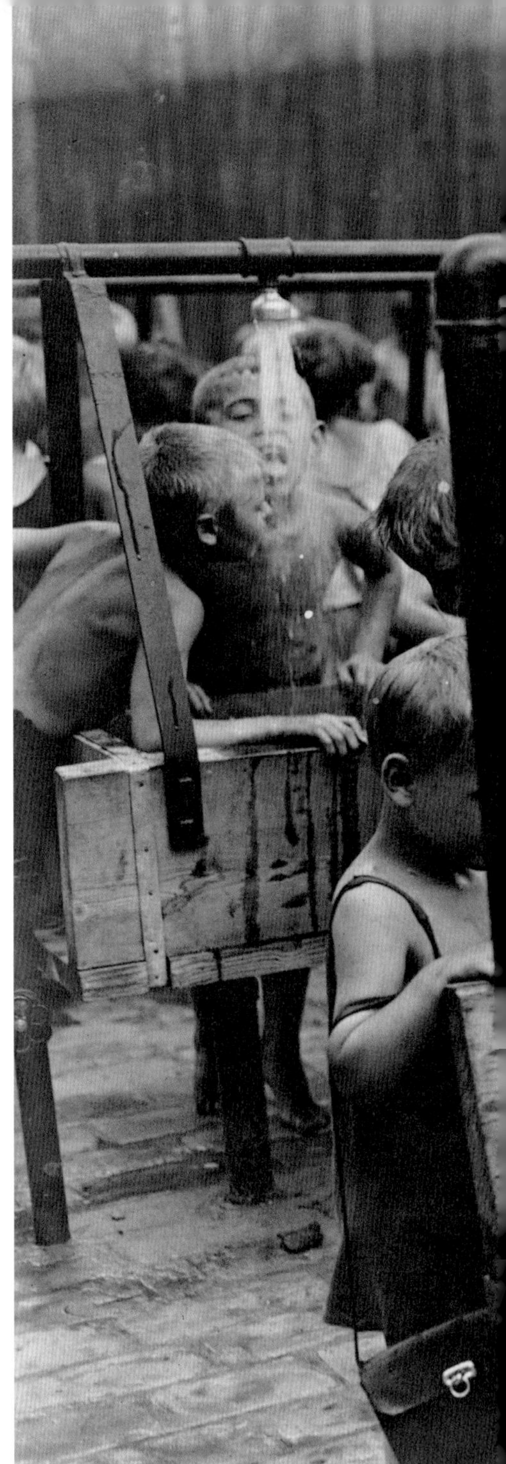

Oben links: „Die Rutschbahn."
Links: „Mahlzeit!"
Oben: „Der Gänsewein ist in diesen Tagen sehr begehrt."
(Originalbildzeilen)

„Was Berlin für seine heranwachsende Jugend tut" – Fotoreportage
„Schon vor Jahren haben es öffentliche und private Korporationen unternommen, die Schulkinder während der Hauptferien in Ferienheime zu senden, doch gab es noch eine große Anzahl von Zurückbleibenden, die aus finanziellen Gründen dieser Wohltat nicht teilhaftig werden konnten. Das Bezirksjugendamt Wilmersdorf hat nun eine Tageserholungsstätte im Grunewald errichtet, wo die Berliner Schuljugend, die ihre Ferien in der Stadt verbringen müssen, Gelegenheit zu fröhlichem Aufenhalt im Freien geboten wird. Täglich fahren ca. 700 Kinder teils mit der Untergrundbahn, teils mit der Straßenbahn in den Grunewald, wo sie die heißen Sommertage in frischer Waldesluft unter Aufsicht verbringen und verspielen. Es handelt sich durchwegs um Schulkinder von 6 bis 15 Jahren beiderlei Geschlechts. Sowohl Mädchen als Knaben werden in je vier nach dem Alter abgestufte Gruppen eingeteilt. Diese Gruppen werden von Lehrpersonen geführt, denen wieder jugendliche Helfer und Helferinnen zur Seite stehen."
(Originaltext der Fotoreportage)

Linke Seite, oben links: „Der erste Schulgang. Nachher ist es weniger vergnüglich!“
Linke Seite, oben rechts: „Zum bevorstehenden Schulanfang. Punkt, Strich, Komma.“
Linke Seite unten: „Das Ende der Schulfibel? Der Lesekasten der Zukunft. Die Kleinen beim Zusammensetzen der Klötzchen.“
Rechts: „Hurra Osterferien! – aber auch Zensuren. Das Zeugnis wird begutachtet.“ *(Originalbildzeilen)*

„Im Frühjahr 1922 ging die Schulzeit mit dem Abitur zu Ende. Direktor Bottermann hielt in Gegenwart der Eltern, auch der meinigen, eine flammende Abschiedsrede, die er auch hätte während der Kaiserzeit halten können; das neue republikanisch-demokratische Deutschland fand darin keine Erwähnung. Aus heutiger Sicht kann ich nur wiederholen – die sogenannte Novemberrevolution hatte zwar zur Ausrufung der Republik wie zu einer fast zu weit gehenden demokratischen Verfassung geführt, aber der Lehrer- und Beamtenapparat, eine der tragenden Säulen des Bürgertums, hatte sich in seiner Grundauffassung kaum geändert. Die meisten Jugendlichen, vor allem die Studenten, zeigten alles andere als revolutionäre Begeisterung.“
Wolfgang Stresemann, Sohn des Außenministers

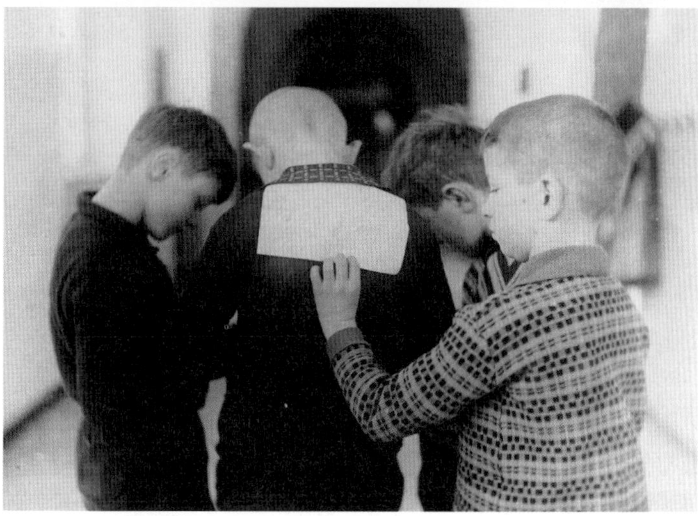

„Hurra, die große Pause!“ – Fotoreportage
Die Weimarer Verfassung versuchte dem wilhelminischen Schulsystem einen neuen liberalen Geist einzuhauchen. Unter den Bedingungen der „Massenerziehung“ in den Volksschulen gelang es jedoch nur ansatzweise, die autoritären Erziehungs- und Unterrichtsstrukturen zu reformieren. Die Prügelstrafe wurde allerdings nur in den Schulen des Landes Sachsen verboten. Neben dem dreigeteilten staatlichen Schulsystem mit Volks-, Mittel- und Oberschule gab es zahlreiche konfessionelle und private Schulen. Die allgemeine Schulpflicht endete nach 8 Jahren.

„In allen Schulen ist sittliche Bildung, staatsbürgerliche Gesinnung, persönliche und berufliche Tüchtigkeit im Geiste des deutschen Volkstums und der Völkerversöhnung zu erstreben. Beim Unterricht in öffentlichen Schulen ist Bedacht zu nehmen, daß die Empfindungen Andersdenkenden nicht verletzt werden. Staatsbürgerkunde und Arbeitsunterricht sind Lehrfächer der Schulen. Jeder Schüler erhält bei Beendigung der Schulpflicht einen Abdruck der Verfassung.“
Die Verfassung des Deutschen Reichs 1919 (Artikel 148)

Linke Seite, oben links: „Mutters Stulle ist ein Gedicht.“
Linke Seite, oben rechts: „Spielende Gruppen in der großen Pause auf dem Schulhof.“
Linke Seite unten: „A-B-C-Schützen am Wasserbecken.“
Ganz oben: „Elli hat etwas Aufregendes zu erzählen.“
Links: „Einer der vielen kleinen Streiche. Papier mit einer witzigen Aufschrift wird dem Klassennachbarn unter den Rockkragen geschoben.“
Oben: „Die schwarze Tafel und die weiße Kreide reizt zu Scherzen und zu Mitteilungen an den Lehrer, die man mündlich schwer auszusprechen wagt.“ *(Originalbildzeilen)*

Wählt!
als Nebenricht

„Schülergericht in einer modernen Berliner Lehranstalt" – Fotoreportage
Die Reformpädagogik Anfang des 20. Jahrhunderts baute auf der Selbständigkeit und Eigenverantwortung der Schüler auf. Realisiert wurde sie jedoch weitgehend nur in Privatschulen, deren Unterrichtsmethoden das allgemeine Schulsystem zum Teil radikal in Frage stellten. Dies macht auch der Originaltext dieser Fotoreportage deutlich:
„In der Berthold-Otto-Schule, der radikalsten unter den Reformschulen, ist das Selbstbestimmungsrecht der Schüler bis zur letzten Konsequenz ausgebildet. Der Lehrer steht vollkommen im Hintergrund. Den Lehrplan bestimmen die Kinder, und daß ein Ziel erreicht wird, setzt besondere menschliche und pädagogische Fähigkeiten des Lehrers voraus. Zur letzten Konsequenz des Selbstbestimmungsrechts gehört natürlich vor allem die Aufrechthaltung der Disziplin, der Unterordnung unter die Gemeinschaft, und dazu die Ahndung von Verstößen gegen die Gemeinschaft. Die Kinder haben eine eigene Gerichtsbarkeit, der Lehrer hat nicht das geringste damit zu schaffen, höchstens wird sein Rat in schwierigen und komplizierten Fällen eingeholt. Die Entscheidung und die Strafe werden von einem gewählten Gerichtshof bestimmt. Unsere Bilder geben einen unbefangenen und unkonstruierten Einblick in das Gerichtsverfahren der Kinder, die leidenschaftliche Wahl, eine Anklageschrift, die Verhandlung und einzelne Typen aus der Schulgemeinde. Daß Klatsch und Denunziantentum durch diese Offenheit und Geradlinigkeit des Verkehrs untereinander auf ein Minimum reduziert sind, leuchtet ohne weiteres ein."

Linke Seite oben: „‚Wählt Hans als Nebenrichter! Er ist gerecht!' Wahlpropaganda zum Schülergerichtshof mit Lärm und Krach im Freien."
Linke Seite unten links und rechts: „Momentaufnahmen von einer Gerichtverhandlung."
Rechts: „Die neue Unterrichtsmethode der Versuchsvolksschule Hellerau bei Dresden.
Die Kinder dieser Schule werden nicht nach dem üblichen System, sondern mit Hilfe bildlicher und figürlicher Darstellungen unterrichtet und Anregung der kindlichen Kräfte bei lebensnotwendigen Gelegenheiten ist da Hauptmittel dieses neuen Unterrichts. Unser Bild zeigt: Die Kinder üben sich selbständig in der Handhabung des Mikroskops. Foto 1928." *(Originalbildzeilen)*

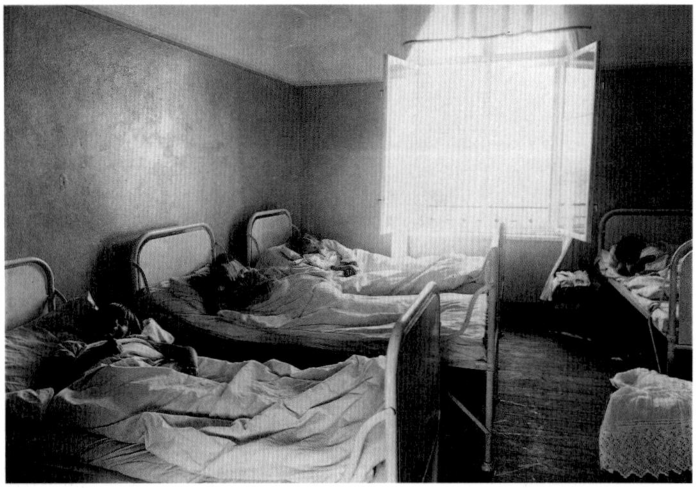

„Berliner Ferienkinder am Nordseestrand" – Fotoreportage
Den meisten Arbeiterhaushalten blieb der Familienurlaub verwährt. Nur Angehörige der „Arbeiteraristokratie" konnten sich zum Beispiel Angebote des SPD-Bildungswerks leisten: Eine 14tägige Mittelmeerfahrt kostete pro Tag 22,85 Reichsmark, laut Statistischem Reichsamt lagen 1927/28 im Durchschnitt die jährlichen Ausgaben eines Arbeiters jedoch bei 12 Reichsmark für eine „Vollperson", bei 32 Reichsmark pro Arbeiterhaushalt. Dennoch wunderte sich die sozialdemokratische Tageszeitung *Vorwärts* am 14. Juli 1929: „Komischerweise glauben die meisten Menschen noch immer, so ein Reisebureau sei nur eine Angelegenheit für die Leute mit großem Geldsack." Allerdings gab es für Arbeiterfamilien und ihre Kinder eine Alternative zu dem Urlaub bürgerlichen Zuschnitts: Sie unternahmen Wanderungen oder Tagesausflüge, veranstalteten Zeltlager oder reisten in die vielerorts entstehenden Ferienheime.

Oben: „Erholungsstunden am Meer."
Links: „Schlafraum für Mädchen, durch das geöffnete Fenster Blick auf das Meer."
(Originalbildzeilen)

„Die deutsche Nordseeinsel Helgoland als Ferienkolonie! Alljährlich werden Tausende deutscher Kinder aus allen Teilen des Reiches auf längere Zeit zur Erholung auf Staats- und Gemeindekosten nach Helgoland geschickt. Die Kleinen werden dort in den ehemaligen Marine-Arsenalen, welche vollständig als Erholungsheime umgebaut sind, untergebracht. Die Kleinen erfreuen sich dort bei guter Kost und stetigen Spaziergängen ungebändigter Lebensfreude." *(Originaltext der Fotoreportage)*

Oben: „Ferienkinder erwarten im Kai von Cuxhaven die Abfahrt nach Helgoland."
Links: „Glückliche Ferienzeit an der Nordsee. Vorderansicht des Nordseeheims ‚Wittdün'. Blick auf das Meer."
(Originalbildzeilen)

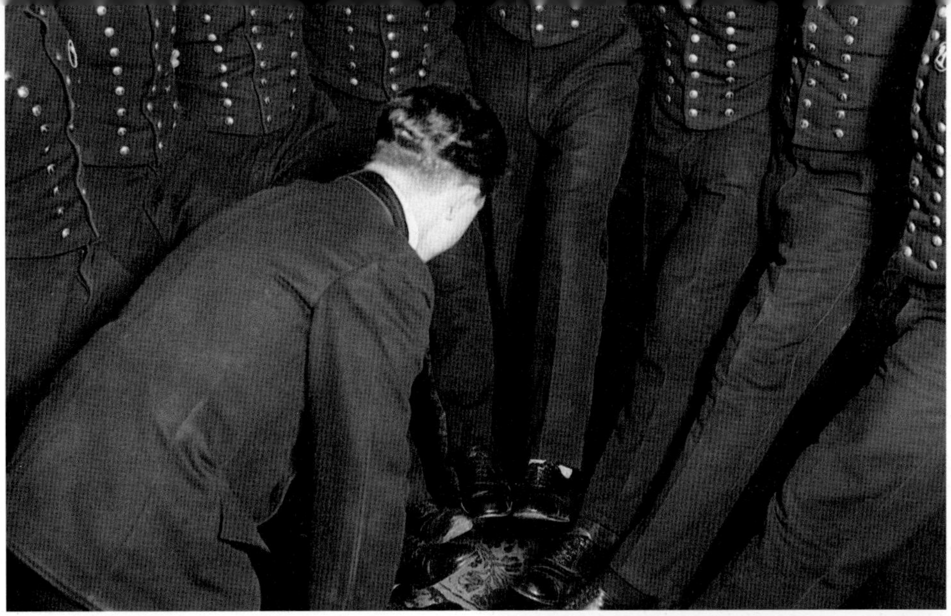

„Der Knigge des Hotelpagen" – Fotoreportage
Die großen Berliner Hotels beherbergten die Stars und den Geldadel der Weimarer Republik. Diese Fotoreportage gibt Einblicke in den Drill der Pagen im Hotel Excelsior.

Linke Seite: „Wenn die Schuhe nicht als sauber befunden werden, wird der Page zurückgeschickt und muß sie nachputzen."
Oben: „Zeige mir deine Schuhe – und ich weiß wer du bist. Wie die Hände, so werden auch die Schuhe einer Prüfung unterzogen."
Rechts: „Hände und Nägel müssen gut gereinigt sein."
Unten: „Ein heikles Thema sind immer die Knöpfe."
(Originalbildzeilen)

„Wenn man so einen jungen Pagen sieht, lächelt man unwillkürlich: wie nett! [...] Aber wer ein bißchen hinter die Kulissen sieht, wird bemerken, daß in dieser engsitzenden Livrée ein streng diszipliniertes Leben steckt. Diese kleinen Pagen, kaum von der Schulbank weg, haben ein hartes Leben. Sie werden in ihrem Beruf zu Höflichkeit, Pünktlichkeit und vor allem zu unbedingtem Gehorsam erzogen. Wer sie nur in der Hotelhalle zwischen drei und vier Uhr bei der Ablösung beobachtet, wird kaum annehmen, daß diese halben Kinder eine Dienstzeit haben, die auch einen Erwachsenen voll in Anspruch nehmen würde. Acht Stunden stehen sie auf ihrem Posten oder laufen mit den Aufträgen von Tisch zu Tisch, von Stockwerk zu Stockwerk. Eine Schicht von früh morgens bis nach mittags, die andere von nachmittags bis nach Mitternacht."
(Originaltext der Fotoreportage)

„Die erste Pflicht eines solchen Pagen ist Sauberkeit. Er muß sowohl an sich selbst wie mit allen Sachen, mit denen er zu tun hat, Ordnung halten. Täglich, beim Antreten zum Dienst, wird von seinem Vorgesetzten geprüft, ob seine Hände sauber sind, ob er gut gewaschen und gekämmt ist, ob die Schuhe glänzen und die Ohren sauber sind. [...] Jeder Page muß dafür sorgen, daß seine Uniform in Ordnung ist und abgerissene Knöpfe sofort wieder angenäht werden. Die kleinen Jungens verfallen dabei sehr oft auf Tricks. Wenn einer keine Lust hat, extra in die Schneiderei zu laufen, steckt er hinter den lose hängenden Knopf ein Streichholz durch die Öse, und der Schaden ist notdürftig behoben." *(Originaltext der Fotoreportage)*

„Die Volkshochschule soll die geistigen Voraussetzungen der Demokratie schaffen, das Nationalgefühl wecken, den geistigen Hunger des Arbeiters befriedigen, den deutschen Idealismus erneuern, der evangelischen Kirche Boden im Volk gewinnen, Arbeitslose vom Wirtshaus fernhalten, aber auch der Säuglingspflege dienen, die Kultur der Vergangenheit erhalten und die Fundamente legen zu einer Kultur der Zukunft."

Ironischer Kommentar von Werner Picht zur Überforderung des Volkshochschulgedankens, 1919

„Der sechzigjährige Gymnasiast" – Fotoreportage
Vor allem die Arbeiterbewegung, die eigene Bildungseinrichtungen betrieb, kritisierte den Volkshochschulboom, der nach 1918 einsetzte. Als zutiefst bürgerliche Institution vermittele die Volkshochschule nicht Klassenbewußtsein, sondern sei von dem Bildungsbegriff „eines solidarischen, einfachen, arbeitstüchtigen Volkes" beseelt. Diese Fotoreportage hingegen beschreibt den Unterricht für Berufstätige an einem Berliner Abendgymnasium anekdotenhaft: „Nicht selten sieht man unter den Schülern solche im reifen Alter und nicht wenige sind darunter, die das sechste Jahrzehnt bereits überschritten haben [...] Im Hinblick auf die soziale Lage der Schüler ist der Unterricht entweder kostenlos oder mit dem geringen Honorar von 10 Mark pro Semester angesetzt."

Linke Seite oben: „Alt und Jung nebeneinander auf der Schulbank."
Linke Seite, unten links: „Die Jüngste der Klasse."
Linke Seite, unten rechts: „Ein Sekundaner."
Oben: „Während der englischen Stunde in der Obersekunda. Der Lehrer erklärt die Aussprache."
Rechts: „Abendbrot während der Pause."
(Originalbildzeilen)

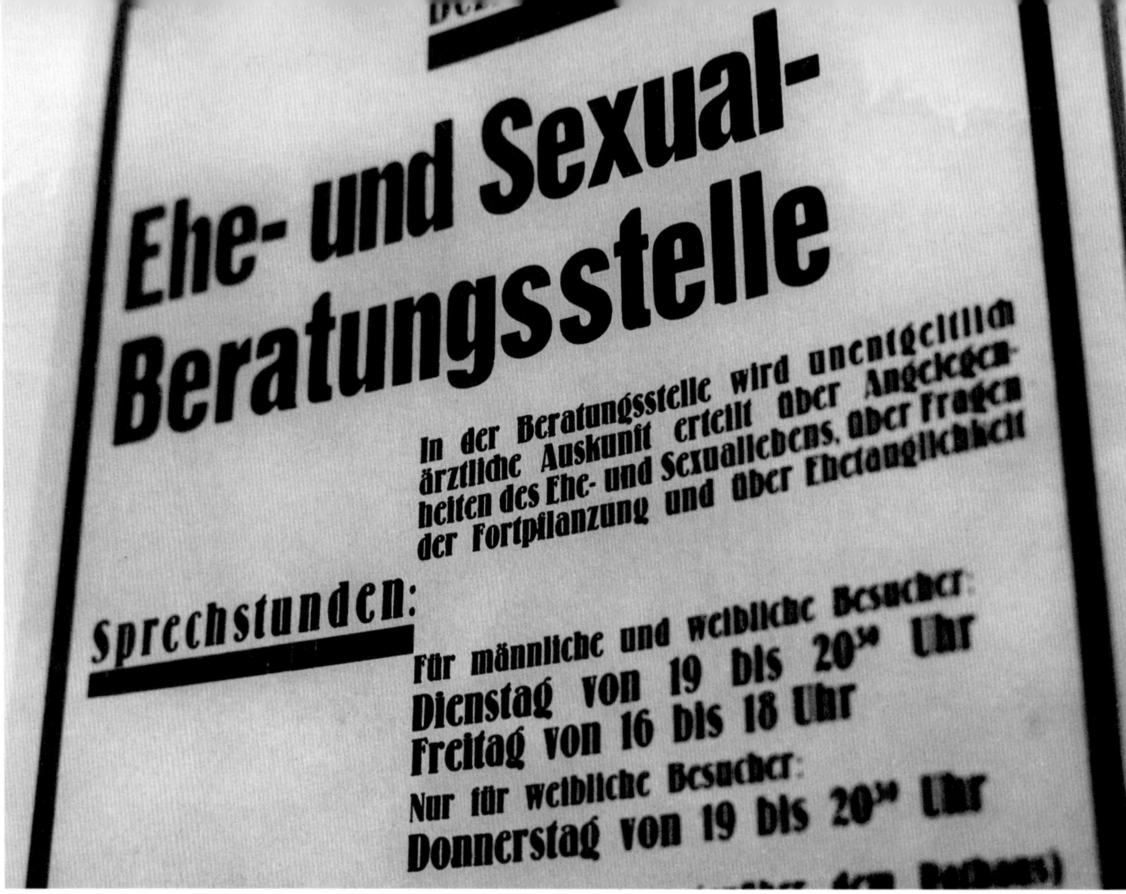

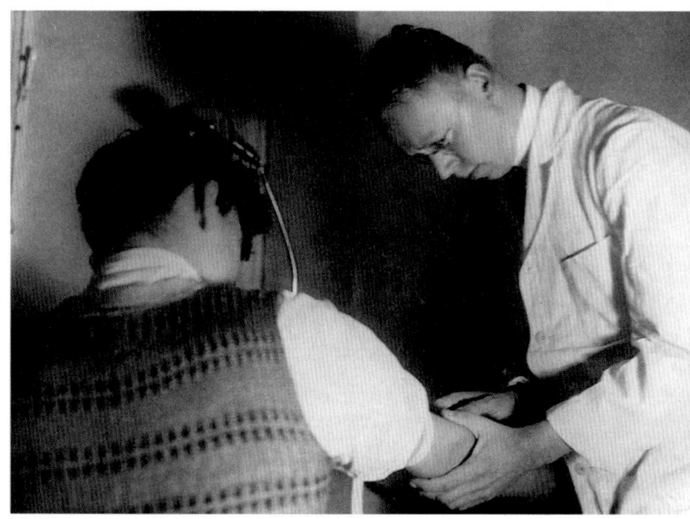

„Der Staat sorgt für das Eheglück" – Fotoreportage
Am 6. Juni 1919 eröffnete Magnus Hirschfeld das „Institut für Sexualwissenschaft", das auch eine Sexualberatungsstelle anbot – die erste Einrichtung dieser Art in der Weimarer Republik. Sie verzeichnete im ersten Jahr ihres Bestehens 3000 Ratsuchende. In den nächsten 14 Jahren entstehen fast 400 solcher Beratungsstellen, zumeist werden sie jedoch von freien Trägern wie dem Mutterschutzbund oder der Internationale Arbeiterhilfe (IAH) unterhalten. Diese Fotoreportage hebt aber vor allem die Arbeit der staatlichen Stellen hervor: „Eine der für die Volkswohlfahrt wichtigsten Errungenschaften der Neuzeit ist die öffentliche Beratung der Heiratslustigen. Diese zunächst auf privater Initiative beruhende Einrichtung hat die Aufgabe, alle die Fragen zu klären, die vom volksgesundheitlichen Standpunkt vor Eintritt in die Ehe zu beraten notwendig sind. Demgemäß erstreckt sich die Beratung nicht auf die wirtschaftlichen Voraussetzungen des Ehestandes, sondern auf die Beratung des Gesundheitszustandes und die Besprechung psychologischer Voraussetzungen, aus denen sich bei Nichtbeachtung für die Ehe Komplizierungen ergeben können. Das Wichtigste ist und bleibt die Frage der Erhaltung und Förderung der Volksgesundheit. Die Einrichtung hat demgemäß in erster Linie den Hauptzweck in der Großstadt und unterliegt der Kontrolle der Gesundheitsbehörden."
(Originaltext der Fotoreportage)

Ganz oben: „Das Plakat der Eheberatungsstelle."
Oben links: „Ein junges Paar im Warteraum der Eheberatungsstelle."
Oben rechts: „Der Arzt entnimmt eine Blutprobe zwecks Prüfung des Gesundheitszustandes."
Rechte Seite, oben links: „Ausfüllen eines Fragebogens."
Rechte Seite, oben rechts: „Der leitende Arzt bei der Behandlung."
Rechte Seite unten: „Aus der äußeren Erscheinung der Besucher erkennt man, daß alle Bevölkerungsschichten die Eheberatungsstelle in Anspruch nehmen."
(Originalbildzeilen)

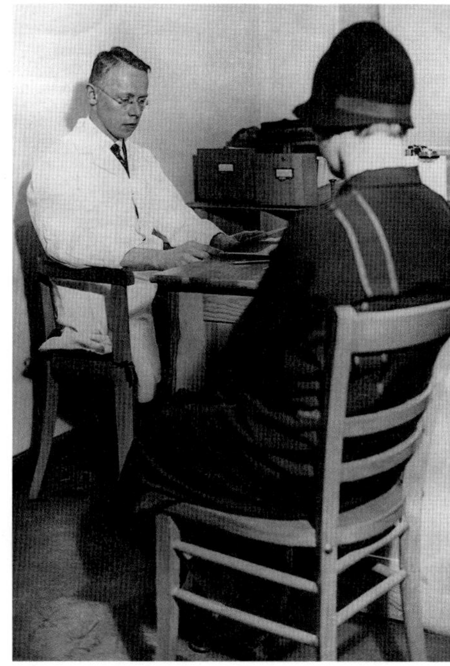

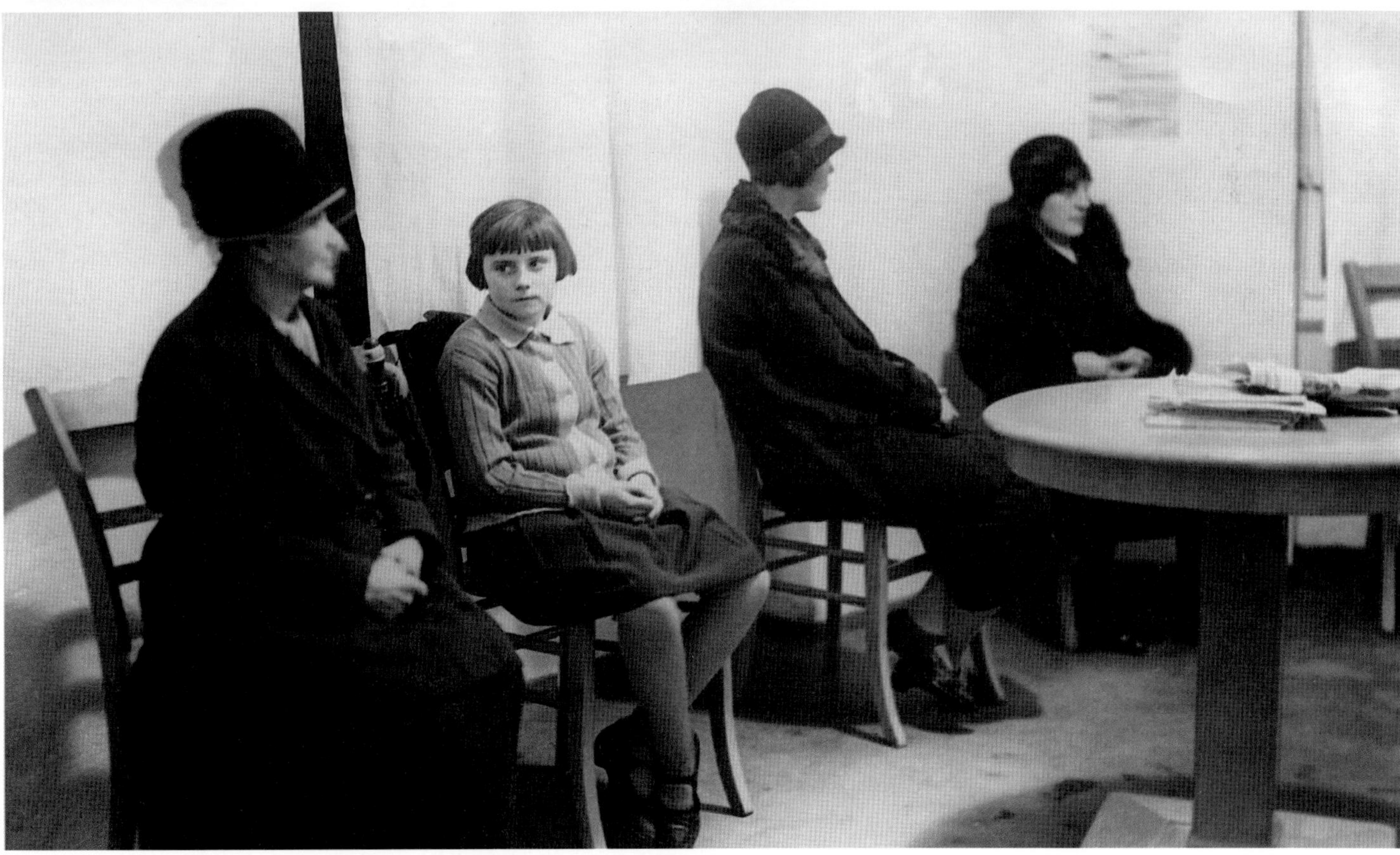

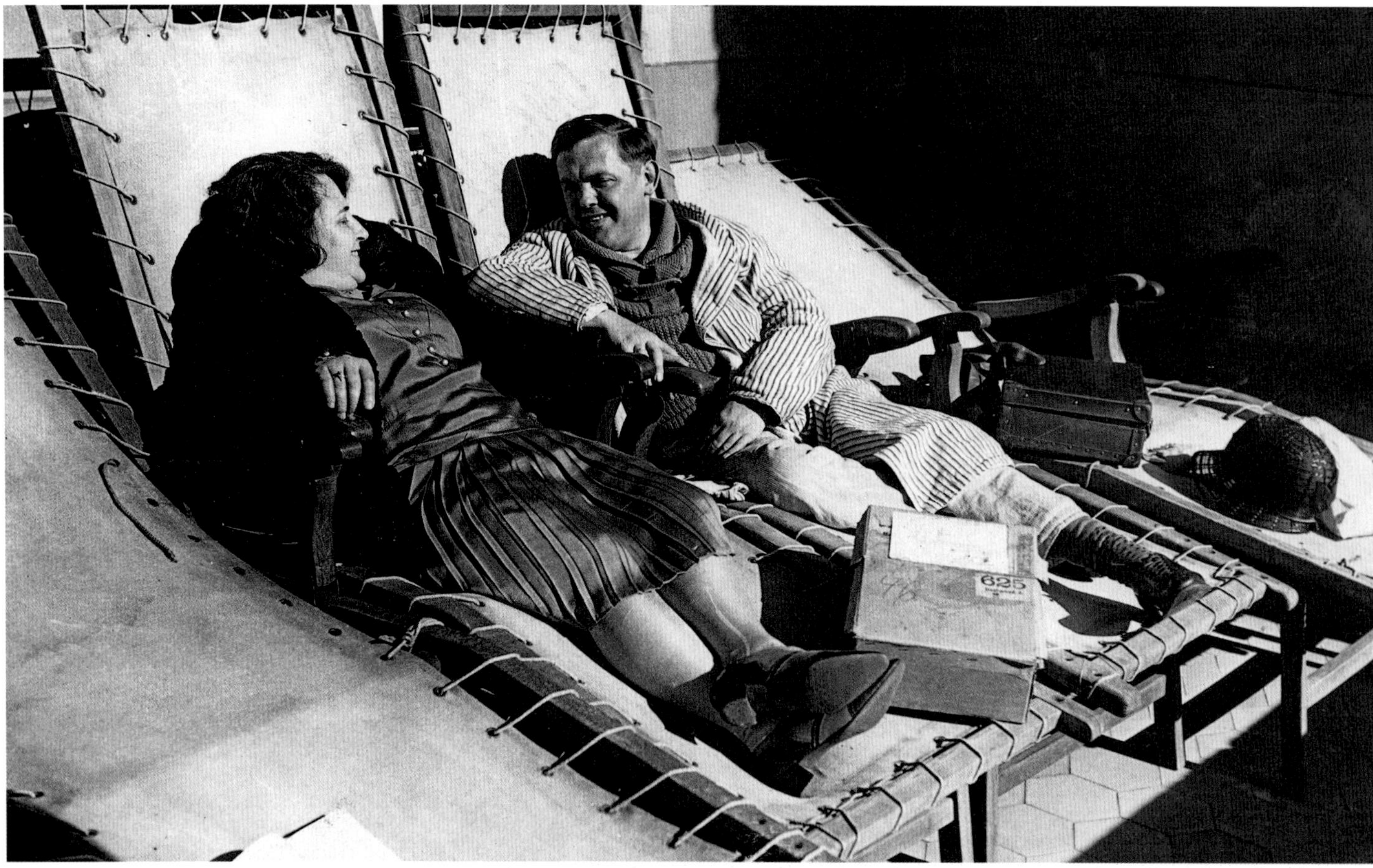

„Besuchstag im Krankenhaus" – Fotoreportage
Die allgemeine medizinische Versorgung hatte sich rein statistisch gegenüber der wilhelminischen Zeit verbessert: 1930 kamen auf 10 000 Einwohner 7,4 Ärzte, die Vergleichszahl aus dem Jahr 1910 lautet 4,8; wiederum für 10 000 Einwohner gab es 90,9 Krankenhausplätze gegenüber 68,1 vor dem Krieg. Während die Zahl der Lungenerkrankungen rückläufig war, war die Kindersterblichkeit weiterhin hoch, und die Zahl der Krebs- und Gefäßkrankheiten stieg an. Die Volksgesundheit verhielt sich insgesamt zyklisch zu der wirtschaftlichen Lage. Die Fotoreportage aus dem Jahr 1930 folgt den Besuchern ihrer kranken Angehörigen ins Krankenhaus: „Dreimal wöchentlich, Mittwoch, Sonnabend nachmittags und hauptsächlich sonntags öffnen sich die Tore des Krankenhauses den Scharen der Besucher."

Oben: „Die Ehegattin beim kranken Mann."
Rechts: „Großpapa wird dem lieben Besuch entgegen geführt." *(Originalbildzeilen)*

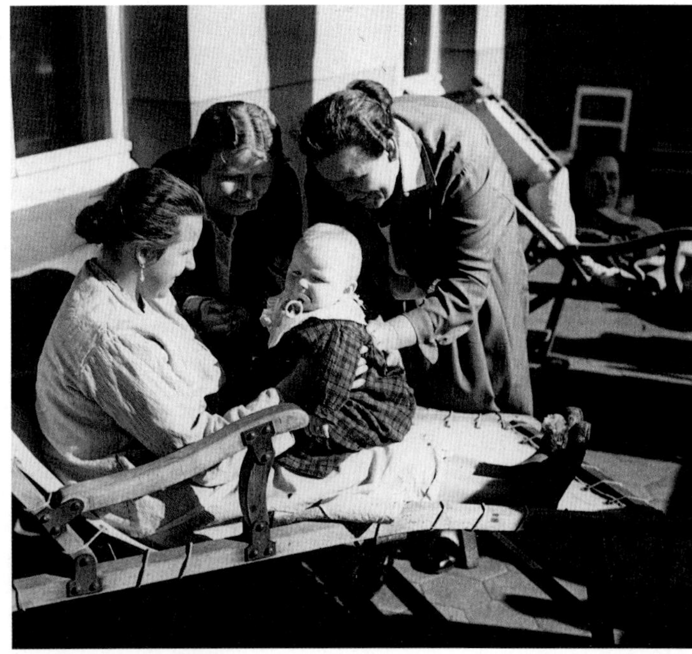

Oben links: „Erste Ausfahrt in den Frühling in Begleitung des Besuchs."
Oben: „Das Kind besucht die kranke Mutter."
Links: „„Nehmen Sie noch ein Paar Blumen mit!'"

(Originalbildzeilen)

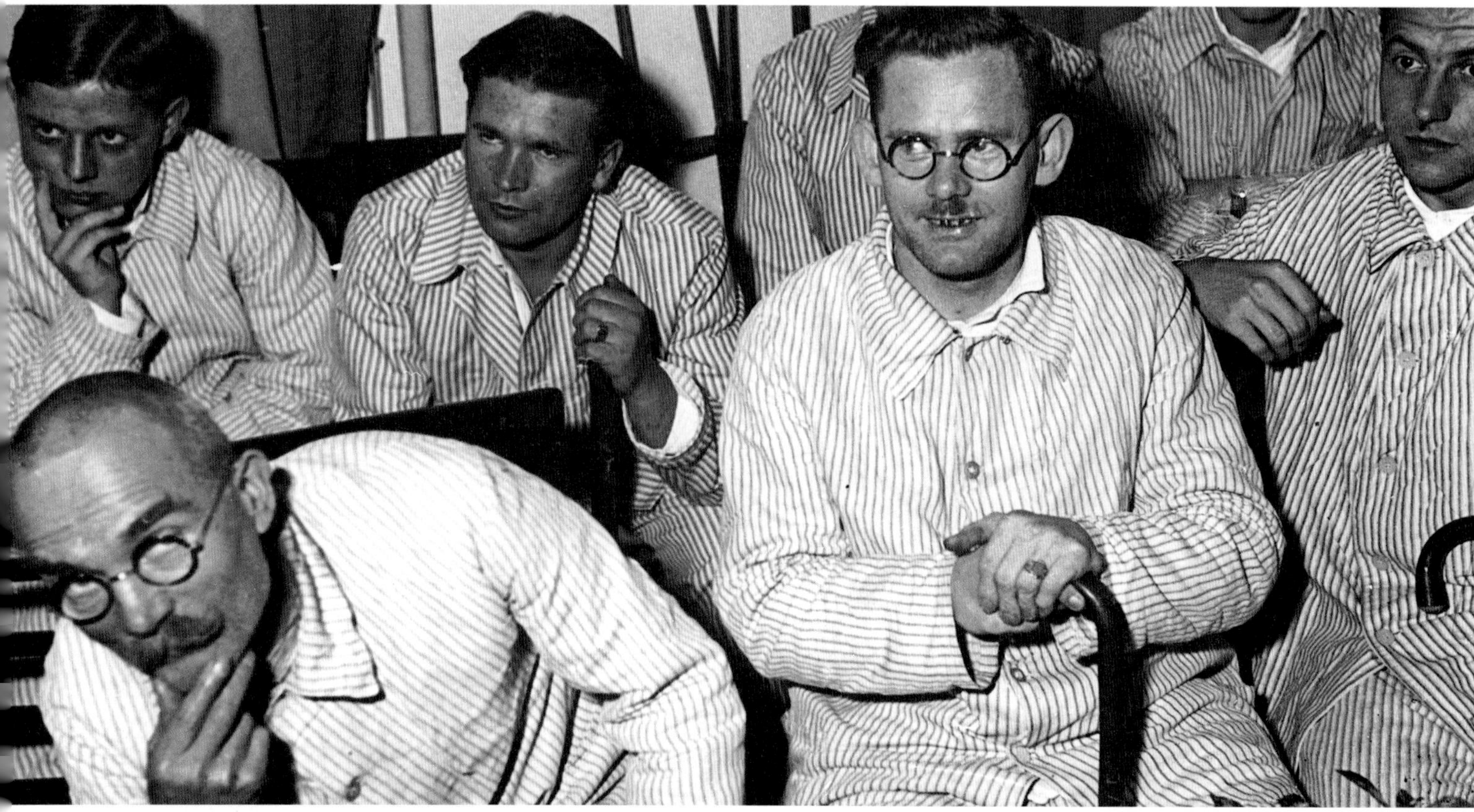

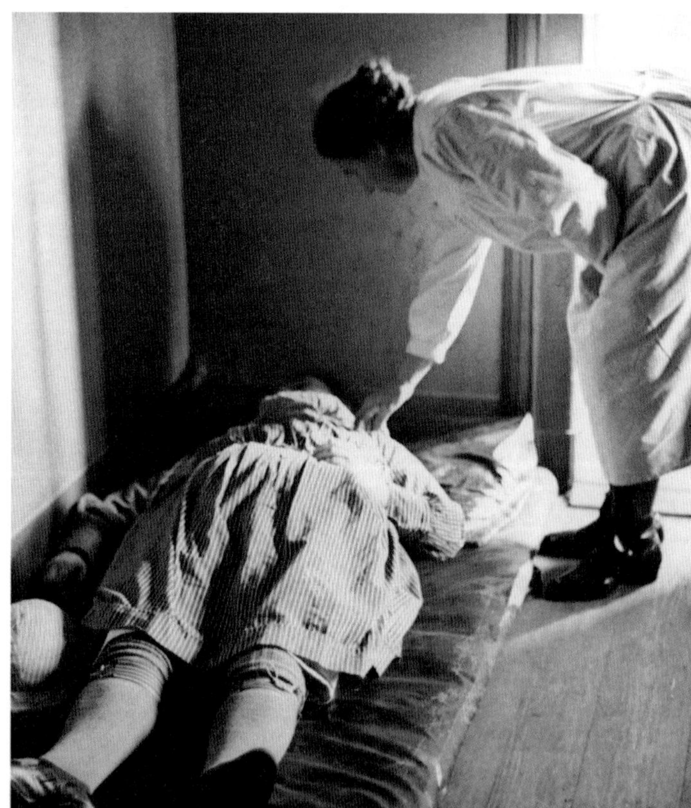

„Thalia besucht Aeskulap" – Fotoreportage
Diese Fotoreportage zeigt ein typisches Beispiel privater karitativer Initiative. Der Fotograf begleitete eine Theatergruppe auf ihrer „Tournee" durch Berliner Krankenhäuser:
„Mit dem Thespiskarren bei den Mühseligen und Beladenen. Die Schauspielgruppe Homann hat sich zur Aufgabe gemacht, ihre Kunst ausschließlich den Krankenhäusern, Siechenheimen und Besserungsanstalten vorzuführen."

Ganz oben: „Krankenhaus Spandau. Eine Gruppe invalider Kranker folgt gebannt der Aufführung."
Oben: „Gesellschaftsszene aus der Theateraufführung im Blindenheim Rehbrücke."
Rechts: „Heilanstalt Wuhlgarten (Irrenanstalt). Eine Insassin der Anstalt hat einen plötzlichen Kollaps erlitten und wurde auf eine der für diesen Fall bereitliegenden Matratzen gebettet. Die Kopfschutzhaube liegt neben ihr. Unbeobachtete Aufnahme mit der Ermanox."
Rechte Seite: „Heilanstalt Wuhlgarten (Irrenanstalt). Die Leichtkranken werden von Landhäusern, in denen sie untergebracht sind, zur Theateraufführung geführt." *(Originalbildzeilen)*

„Mehr als 280 000 Menschen waren im Rechnungsjahre 1927 in den preußischen Strafanstalten und Gefängnissen untergebracht. Im Tagesdurchschnitt saßen über 36 000 Gefangene in den 20 Zuchthäusern und 935 Gefängnissen ein. Rund 6 300 hauptamtliche und 920 nebenamtliche Beamte und Angestellte stehen im Dienst der Strafanstaltsverwaltung."

Dr. Schmidt, preußischer Staats- und Justizminister, Berlin, den 5. September 1928

„Der moderne Vollzugsbeamte muß es verstehen, mit den schwer zu behandelnden Psychopathen umzugehen; er muß bereit und fähig sein, die Gefangenen individuell zu behandeln, die letzte Ursache der Straftat (Arbeitsscheu, Habsucht, Trunksucht, Jähzorn, Sinnlichkeit usw.) zu erkennen, sie dem Gefangenen klarzumachen, damit er einen Rückfall vermeidet."

Staatssekretär Hölscher, Strafzweck und Strafvollzug, *1928*

Ganz links: „Moderner Strafvollzug in der Hamburger Strafanstalt Fühlsbüttel. Wie für die Bildung der Gefangenen gesorgt wird: während einer Unterrichtsstunde auf dem Gefängnishof."
Oben: „Die Gefangenenbank, in der die Verrechnung des Arbeitsverdienstes, erlaubte Ausgaben für Lebens- und Genußmittel, der Sparbetrieb und die Auszahlung der Anteile am Entlassungstage durch Gefangenenschreiber bearbeitet wird. Jeder Gefangene hat sein eigenes Konto."
Links: „,Zwei Jahre Arbeitshaus'. Unser Bild zeigt einen alten Straßenfeger." *(Originalbildzeilen)*

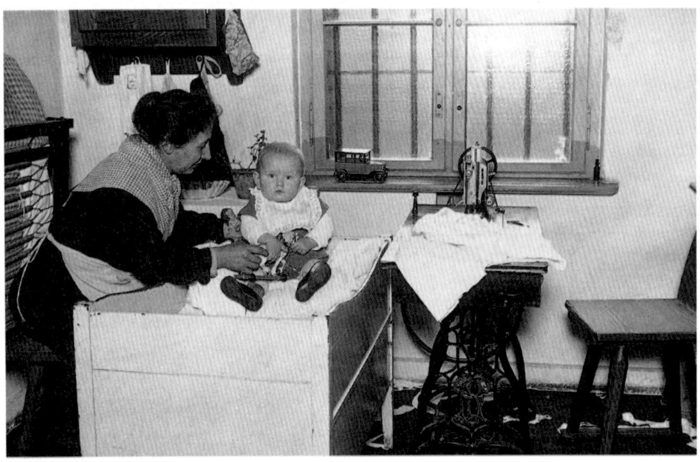

„Die Frau im Gefängnis" – Fotoreportage
Nach der preußischen Statistik für das Jahr 1927/28 betrug der Prozentsatz der weiblichen Strafgefangenen ungefähr 7 %. In der Hälfte der Fälle handelte es sich dabei um Eigentumsdelikte: „Erschütternd wird die Tatsache, daß die nächstfolgende Zahl das Verbrechen des Mordes betrifft, zum großen Teil vollführt am eigenen Mann. Und wie viel Not und Verzweiflung birgt sich hinter der Zahl der Kindesmörderinnen," stellte die Reichstagsabgeordnete Agnes Neuhaus 1928 fest. Die Fotoreportage aus dem Jahr 1930 zeigt die Haftbedingungen in dem Berliner Frauengefängnis in der Barnimstraße, dem einzigen preußischen Gefängnis, das auch von Frauen geleitet wurde, und kommentiert: „Das Gefängnis zeigt in seinem ganzen Aufbau und seiner Organisation die moderne Richtung des Strafvollzuges, die weniger auf die Bestrafung als vielmehr auf die Besserung hinwirken will."

Ganz oben: „Alles ändert sich mit der Zeit, auch das Gefängniswesen. [...] Dank dem Fortschreiten humaneren Denkens wird auf diesem Gebiet Tag für Tag einiges verbessert und gemildert. Dieses Bild [...] stellt Gefangene bei gymnastischen Übungen dar. Seit Januar 1919 gehört Gymnastik zu den Unterrichtsfächern im Frauengefängnis. Alle Gesunden unter 30 Jahren müssen daran teilnehmen."
Oben rechts: „Wäschebleichen auf dem herbstlichen Rasen."
Oben: „Moderner Strafvollzug in Deutschland. Das Frauengefängnis Barnimstraße. Das größte und modernste Frauengefängnis befindet sich in der Barnimstraße in Berlin. Unser Bild zeigt: Mutter und Kind in einer Einzelzelle."
Rechts: „Die Gefängnisschule. Auf Wunsch wird auch Unterricht in modernen Sprachen erteilt."
Rechte Seite: „Rückkehr vom Spaziergang." *(Originalbildzeilen)*

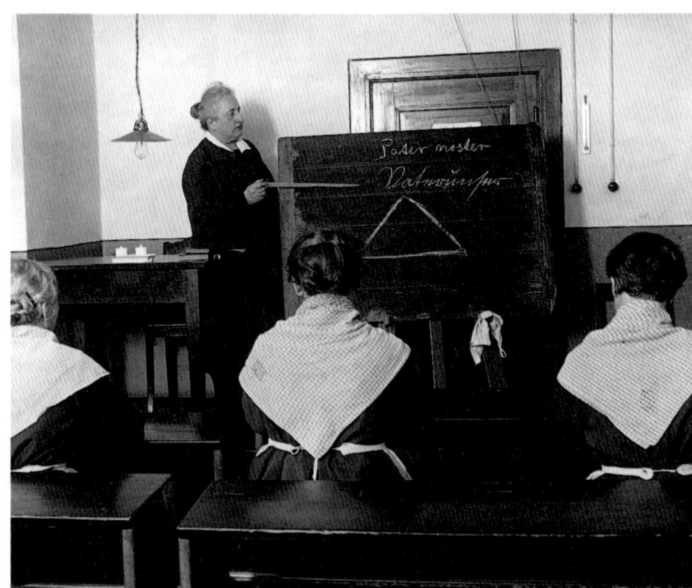

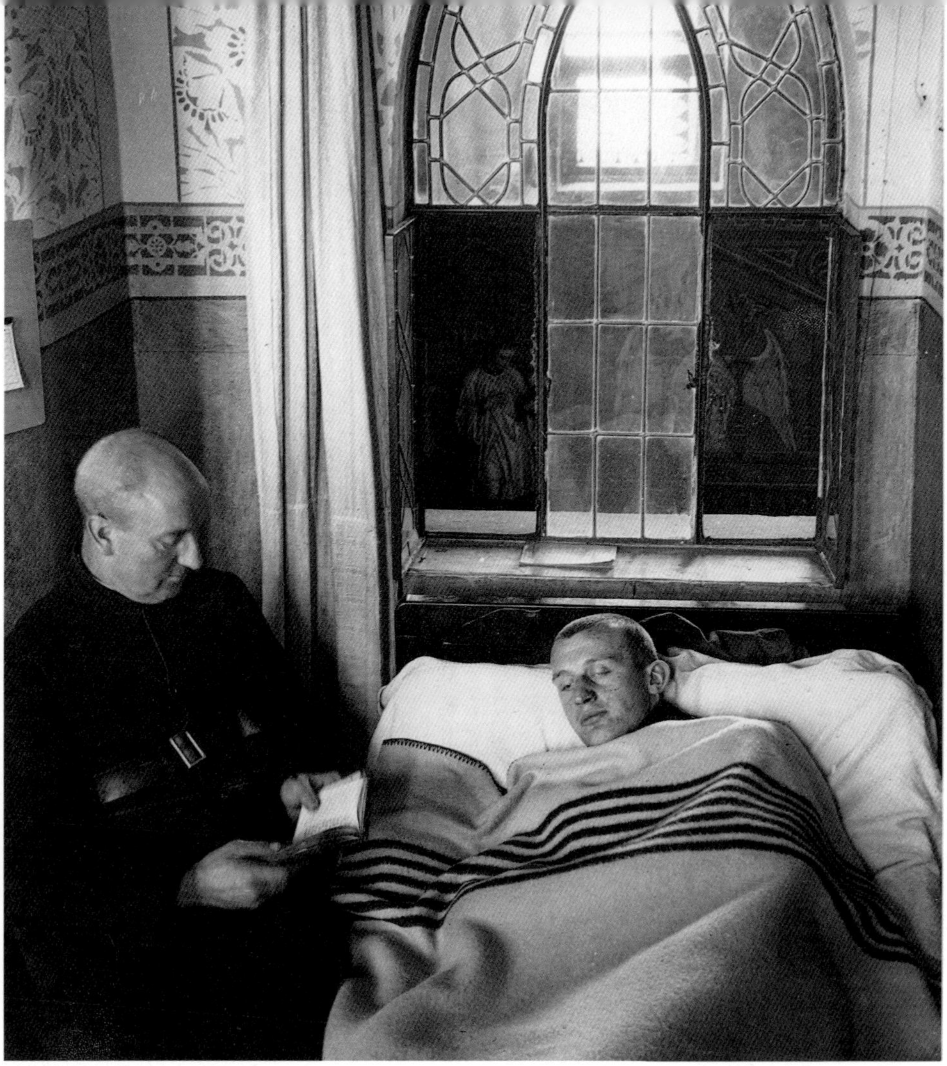

„Hinter den Klostermauern der Heilanstalt für Rauschgiftsüchtige" – Fotoreportage
Zeitgenossen nannten Berlin in den 20er Jahren auch die Welthauptstadt des Kokain. Carl Zuckmayer berichtete in seiner Autobiographie: „Das ‚Koksen' war damals in Schwabing, auch in manchen Berliner Kreisen am Rande der Künstlerwelt große Mode, man hielt das Laster für interessant oder geniehaft." Der Dichter selbst widerstand dem Stoff, versuchte sich aber während der Inflation 1922 wenig erfolgreich als Dealer. Sigmund Freud hingegen unternahm „Selbstversuche", auch Johannes R. Becher, Gottfried Benn und Ernst Jünger waren dem Kokain nicht abgeneigt. Ein Opfer ihrer Kokainsucht wurde die „Nackttänzerin" Anita Berber, die 1928 im Alter von 29 Jahren an den Folgen ihres exzessiven Lebenswandels verstarb. Die Berliner Kripo bearbeitete Mitte der 20er Jahre täglich drei bis vier Fälle an „Betäubungsmittel-vergehen". Diese Fotoreportage verfolgt die Spuren derer, die straffällig wurden:
„Draußen vor den Toren Berlins, wo sich der Weißensee breitet, liegt die St. Josephs Heilanstalt, ein Kloster, hinter dessen Mauern Nervenkranke und Süchtige Heilung finden [...] Es sind Alexianer, Jünger des Heiligen Alexius, die vom Mutterhaus in Neuss kommend, hier in Weißensee eine Stätte der Heilung und des Friedens schufen [...] Man wendet hier die langsame Entziehungskuren an, welche die Kranken nach und nach entwöhnen soll. Durch Monate währt eine solche Kur und es ist nur ein geringer Prozentsatz, der stark bleibt und fürs Leben von seiner Sucht geheilt ist."

Linke Seite: „Wie im ganzen Haus so sind auch beim Spaziergang, in Begleitung mehrerer Brüder, die Schwerkranken von den Leichtkranken getrennt."
Oben: „Das Selbstmordzimmer: Wer hier liegt, hat schon irgendwann einmal einen Selbstmordversuch gemacht. Darum ist stets ein Pater zur Bewachung anwesend."
Rechts: „Der Pater Doktor bei der Bestrahlung eines Patienten." *(Originalbildzeilen)*

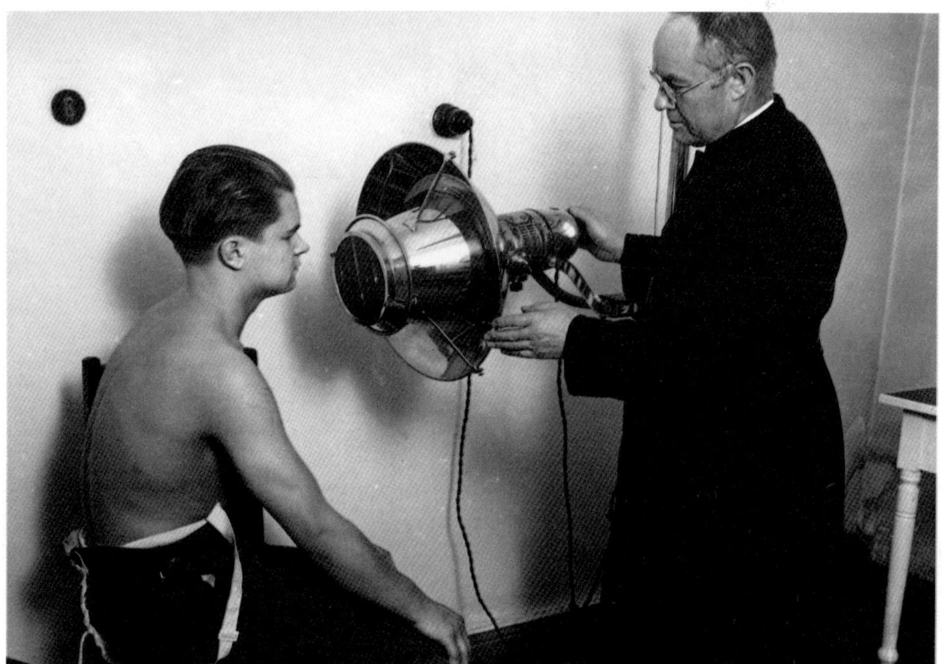

„Hinter den Klostermauern der Heilanstalt für Rauschgiftsüchtige" – Fotoreportage (Fortsetzung)

Oben: „Zur Unterhaltung der Kranken dienen Billard und andere Spiele, jedoch ist stets und überall unauffällig ein Pater anwesend."
Unten: „Arbeitstherapie: bei der landwirtschaftlichen Arbeit ziehen die Mönche ihre Patienten nach Möglichkeit mit heran."
Rechts: „Einer der ältesten Insassen hat sich selbst einen primitiven Radioapparat zusammengebaut."
(Originalbildzeilen)

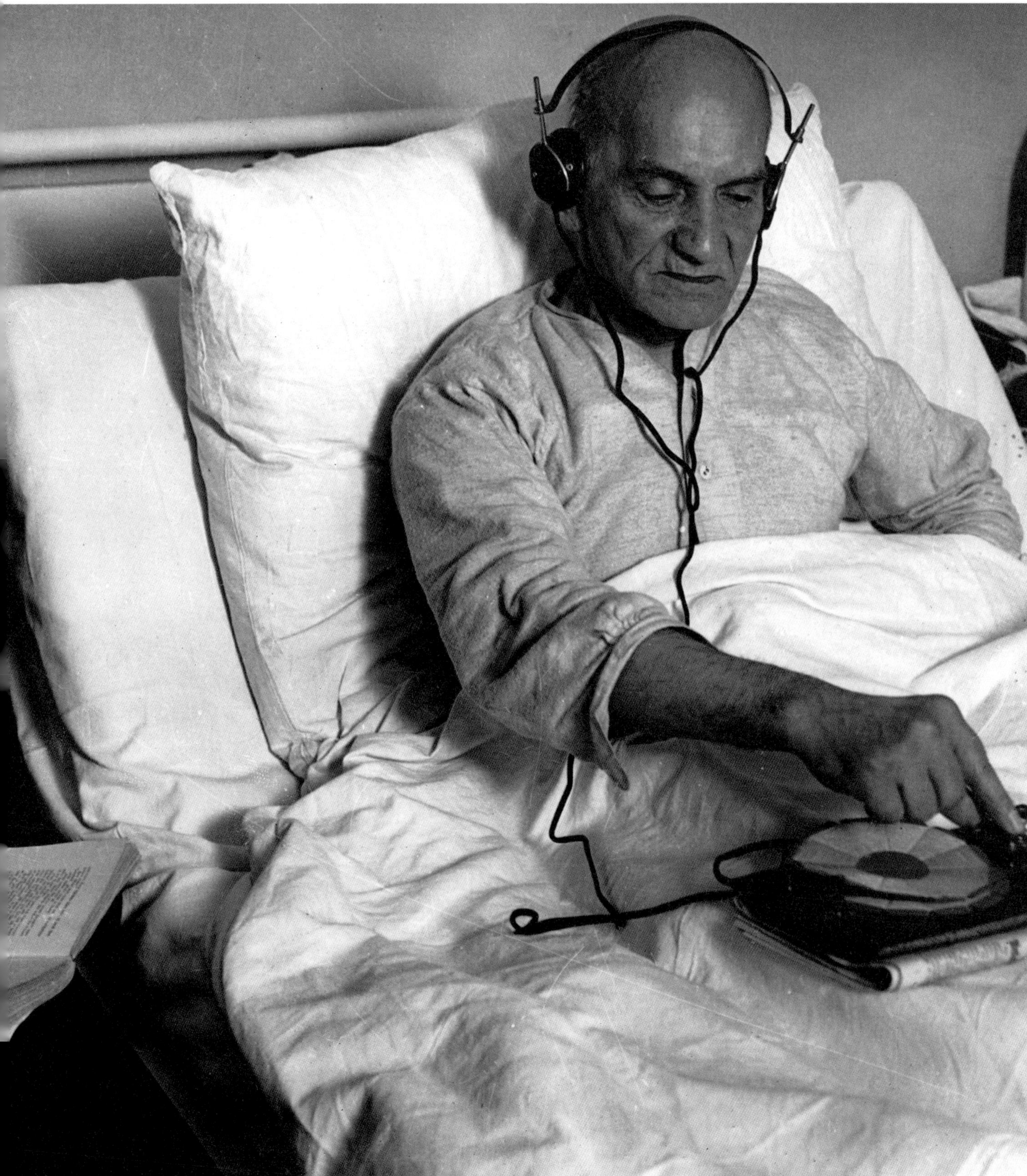

„Fünf Mark für einen Anzug" – Fotoreportage
Mit der Einsetzung der Präsidialregierung Brüning 1930 und deren Deflationspolitik geriet das Gebäude der Sozialversicherung immer mehr ins Wanken. Mit dem Abbau der staatlichen Sozialleistungen und der gleichzeitigen Massenarbeitslosigkeit setzte ein Massenelend ein, das nur geringfügig von den Aktivitäten privater und kirchlicher Wohlfahrtsverbände, der sozialdemokratischen Arbeiterwohlfahrt oder der kommunistischen Internationalen Arbeiterhilfe aufgefangen werden konnte. Der Reportagetext hebt denn auch das private Engagement der unentgeltlich tätigen Frauen in dieser Berliner Kleiderkammer hervor:
„Wenn man in den Außenbezirken Berlins sich die Bewohner ansieht, dann fällt es auf, wie herabgekommen und zerfetzt die Menschen sind. Die große Arbeitslosigkeit trägt die Schuld an dieser Armut, und eine Anschaffung, sogar bei dem Althändler, ist für den größten Teil der Erwerbslosen unerschwinglich. Daher sorgt die Stadt Hand in Hand mit der Wohlfahrt für ihre Armen, damit sie nicht zerlumpt gehen sollen. Für billiges Geld, ja sogar auch gratis gegen eine Quittung von der Wohlfahrt, geben die sogenannten Kleidekammern Möglichkeit, sich menschenwürdig zu kleiden. Die Schöneberger Kleiderkammer ist notgedrungen in der alten Badeanstalt einquartiert. Eine Garde barmherziger Frauen schloß sich zusammen und scheute sich nicht, ihre Zeit zu opfern, im ganzen Bezirk alte abgetragene Kleider, Wäsche, Schuhe usw. zu sammeln, die nach vorhergehender Desinfizierung neu aufgearbeitet werden. Einige Beispiele aus der Preisliste: ein Hut 60 Pfennig, leichte Damenkleider 50 Pfennig, ein Paar Schuhe 1 Mark, ein Frack mit weißer Weste 8,50 Mark usw."

Linke Seite: „In der Brausekabine wird jetzt elektrisch gebügelt."
Oben: „Ein Blick in eine Reparaturwerkstätte des Wohlfahrtsamtes."
(Originalbildzeilen)

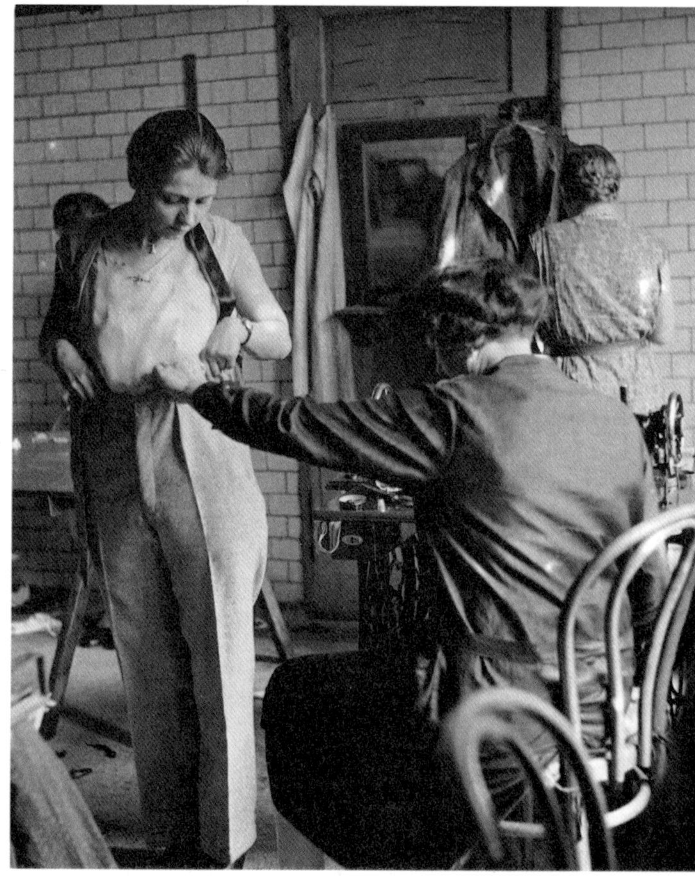

„Fünf Mark für einen Anzug" – Fotoreportage (Fortsetzung)
Ganz oben: „Unter Brausen und neben Badewannen werden die alten Kleider repariert."
Oben rechts: „Die letzte Anprobe."
Oben: „Nur 5 Mark kostet der neue Anzug."
Rechts: „Kinderkleidchen sind schon von 50 Pfg. an zu haben."
Rechte Seite: „Das Lager."
(Originalbildzeilen)

Oben: „Große Kleidersammlung der Berliner Winterhilfe 1931. Freiwillige Helfer und Helferinnen eilen von Wohnung zu Wohnung, um Kleidungsstücke von den einzelnen Hausbewohnern in Empfang zu nehmen."
Rechts: „Frühstück in einer Berliner Versuchsschule. Der Magistrat der Stadt Berlin hat aus der in Baracken untergebrachten Volksschule 308 eine Versuchsschule errichtet. Der Grund hierzu war das Mißtrauen der Arbeiterjugend gegenüber der Schule. Dies versucht man zu überwinden, indem man den Kindern, die zu 90 % ohne Frühstück in die Schule kommen, um 10 Uhr unentgeltlich Milch oder Kakao verabreicht, dessen Zubereitung und Verteilung von den Müttern der Kinder übernommen wird. Unser Bild zeigt die Austeilung des Frühstücks an die Schulkinder." *(Originalbildzeilen)*

„Die eingeleitete Winterhilfskampagne ist besonders kennzeichnend für die gegenwärtige Rolle der privaten Wohlfahrt. Weitere direkte soziale Belastungen der Arbeiterschaft und des Mittelstandes hält die Regierung für schwer durchführbar, deshalb der Appell an die werktätige Bevölkerung zu ‚freiwilligen' Opfern, um die öffentliche Fürsorge zu entlasten."
Berliner Tageblatt *vom 4. 10. 1931*

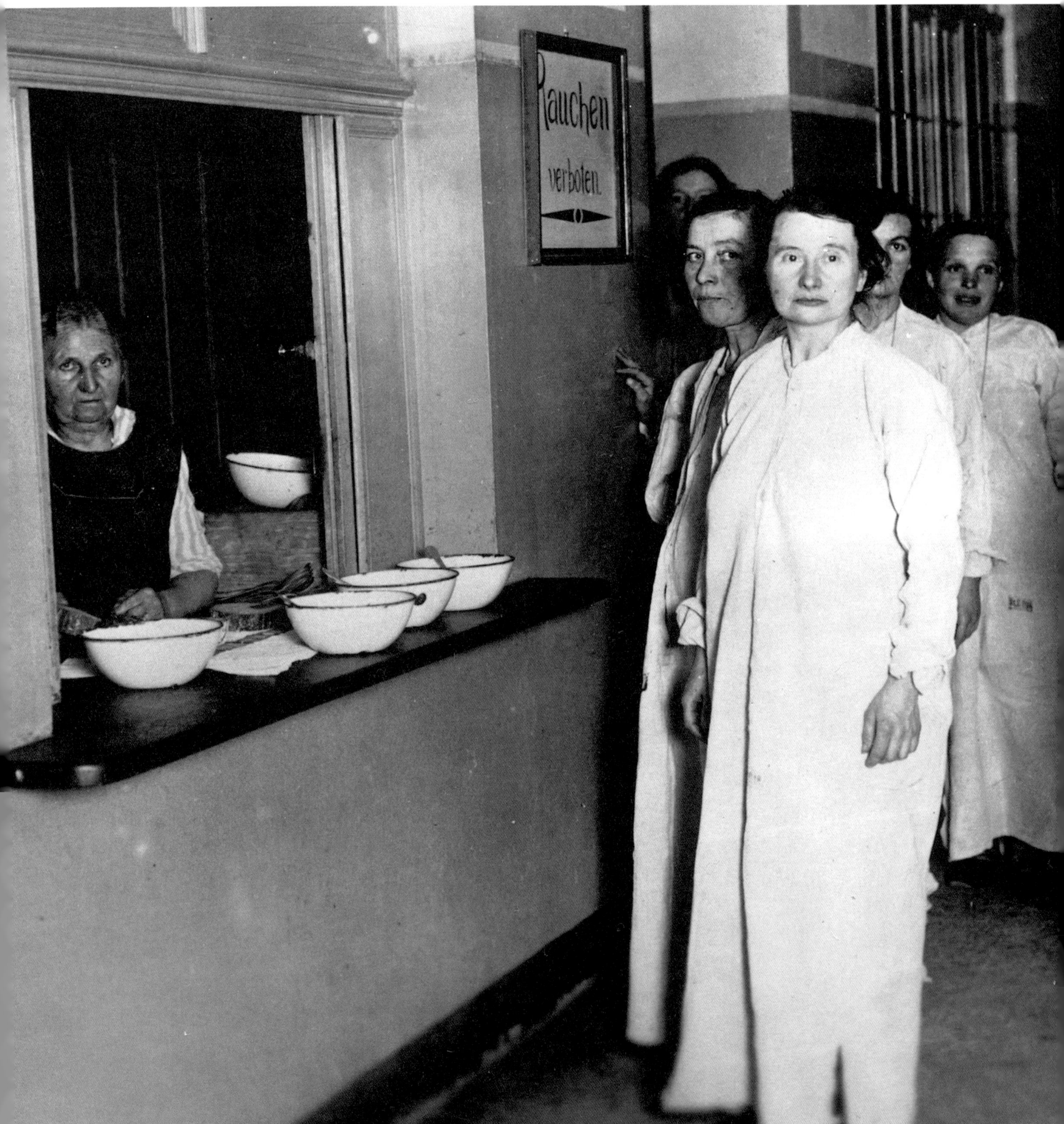
Rauchen
verboten.

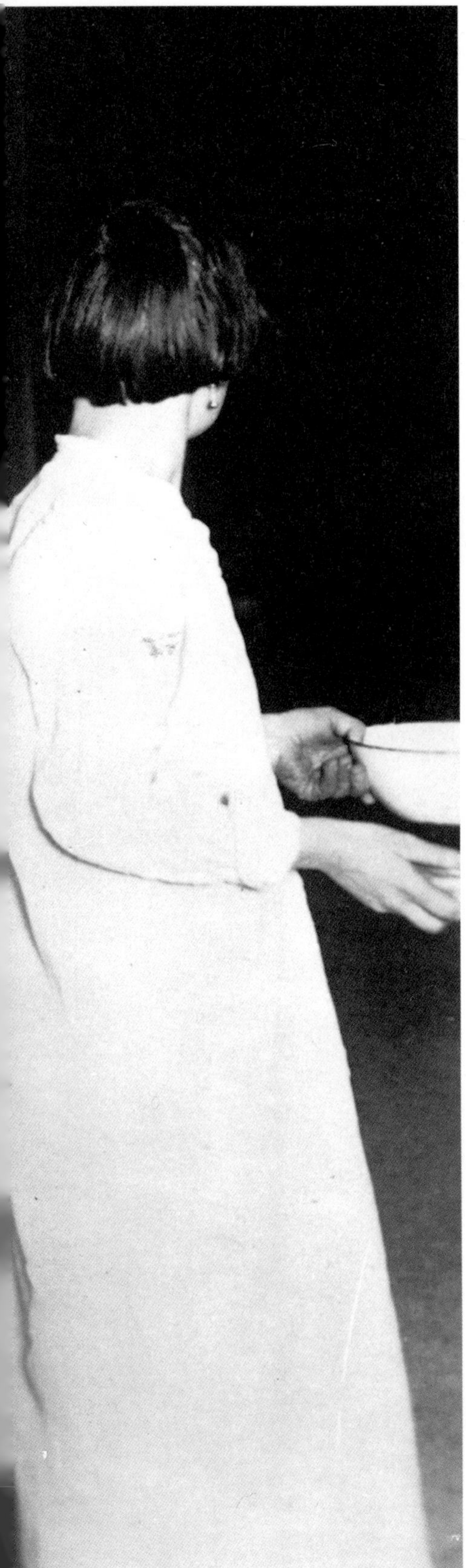

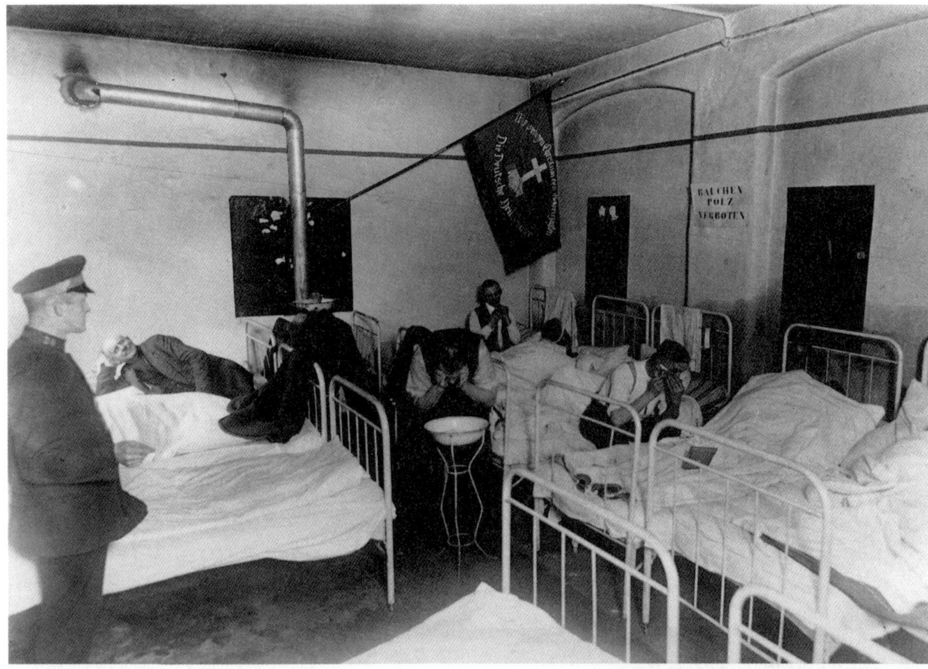

Links: „Im Asyl für obdachlose Frauen. Nachdem die Frauen lange Gewänder, Einheitskleidung des Asyls, erhalten haben, bekommen sie zum Abendessen Suppe und Brot zuerteilt."
Ganz oben: „Eine deutsche Heilsarmee. Aus technischen und finanziellen Gründen hat sich die deutsche Heilsarmee von der bisher bestehenden Heilsarmee getrennt, um den Armen in Deutschland alle gesammelten Gelder zufließen zu lassen und nicht wie ursprünglich nur 30 %. In einem alten Fabriksgebäude in Berlin, Müllerstraße 138 c, haben sie ein Quartier aufgeschlagen und helfen unter der aufopfernden Leitung ihres Kommandeurs Harfensteller jedem, der an ihre Türe pocht. Unser Bild zeigt einen Blick in den Schlafraum der deutschen Heilsarmee."
Oben: „Das ‚Kaufhaus des Elends' in Berlin. Tagesarbeiter werden neben dem Entgelt an Waren für ihre Arbeit auch gespeist."

(Originalbildzeilen)

„Das Geld auf der Straße. Seit Krieg und Inflation die Existenz vieler Berliner Kaufleute vernichtet hat, gibt es einen neuen Berufszweig: den Straßenhandel. Buden und Wagen, die man sonst nur an Markttagen gesehen hat, gibt es jetzt an allen Straßenecken. Miete und Steuern für ein Ladengeschäft sind zu hoch, und so muß man versuchen, durch den Handel auf der Straße ein Paar Groschen zu verdienen, um notdürftig das Leben zu fristen. Mit lauter Stimme lockt der Verkäufer die Kunden an und preist seine Waren in den höchsten Tönen. Es ist erstaunlich, was man alles auf der Straße kaufen kann: Gummikragen, Zigaretten, Schokolade, Hosenträger, die ‚ewig' halten, Broschen und Halsketten ‚echt' vergoldet, Bücher und Handtaschen, alles ‚spottbillig' und nie wiederkehrende Gelegenheit. Das Geschäft des Straßenhändlers ist nicht so einfach und oft muß er am Abend seine Waren zusammenpacken, ohne auch nur einen Groschen verdient zu haben. Wiederum versteht es mancher, durch geschickte Anpreisungen einen schönen Umsatz zu erzielen. Leicht ist das Geschäft jedenfalls nicht, und reich kann man auch nicht dabei werden." *(Originalbildzeile)*

BOYAR
TSCHERKE
PILSATOR

SIEHST DU, SO IST DIE WELT...

„Das Ensemble des Kabaretts ‚Katakombe' auf dem Kurfürstendamm in Berlin", so lautete die Bildzeile des nebenstehenden Fotos, das die Künstler noch in voller Eintracht zeigt. An der Frage: „Wie politisch soll und kann die Kunst sein?" zerstritt sich in den „goldenen 20er Jahren" nicht nur das Ensemble des Kabaretts „Katakombe", das sich 1929 gründete. Mit Ernst Busch und Hanns Eisler verließen im Dezember 1930 die stärksten politisch-aggressiven Kräfte die Truppe, die sich abseits vom Lichterglanz des Kurfürstendamm-Kabaretts in der Bellevuestraße etablieren konnte. Wie Busch und Eisler vertrat auch Bertolt Brecht die Meinung, daß jede Art von Kunst die bestehenden Verhältnisse zu krititsieren habe. In der Oper *Aufstieg und Fall der Stadt Mahagonny* sprach Brechts Protagonist, der Holzfäller Paul, seinem Autor gewissermaßen aus der Seele: „Siehst du, so ist die Welt: Ruhe und Eintracht, das gibt es nicht/ Aber Hurrikane, die gibt es/Und Taifune, wo sie nicht auslangen./ Und gerade so ist der Mensch:/Er muß zerstören, was da ist."

7

Schock und Schöpfung

Geradezu emphatisch werden die „goldenen 20er Jahre“ in zahlreichen Retrospektiven beschworen. Der allumfassende Begriff meint aber eigentlich nur, daß Kunst und Kultur der Weimarer Zeit dem irdischen Jammertal entschwebten – der von politischen und wirtschaftlichen Krisen geplagten Gesellschaft. Es taten sich gesellschaftliche Freiräume auf, in denen nirgendwo leidenschaftlicher und kontroverser diskutiert wurde als in den Künstlerzirkeln und den Literatencafés der Reichshauptstadt. Aber nicht nur dort, die ganze Republik erlebte eine Art Kulturschock – die Revolution 1918/19 wirkte auf die bildenden und darstellenden Künstler der Zwischenkriegszeit wie ein Befreiungsschlag von der Offizialkultur des Wilhelminismus. Diese hatte wie ein Alpdruck auf der kulturellen Avantgarde gelastet. Nun aber erschütterten die Erfahrungen des Ersten Weltkriegs die Grundfesten des gesellschaftlichen Zusammenlebens. Das kulturelle Leben und Denken schien von einer enervierenden Unsicherheit geprägt. Diese Situation entfaltete geistigen Sprengstoff. Nicht nur auf der politischen „Bühne“ prallten proletarisch-revolutionäre Ideen auf völkisch-nationale Vorstellungen.

Die Eliten, die die „Weimarer Kultur“ nun vorantrieben, waren von ihrer sozialen und ideologischen Herkunft durchaus unterschiedlich. Eins war vielen Intellektuellen dieser Zeit, links wie rechts, jedoch gemeinsam: Sie strebten alle nach geistigen Fixpunkten und ideologischen Heimaten; kompromißlos und unerbittlich trachteten sie nach absoluten Wahrheiten und achteten bei ihrer radikalen Suche die Leistungen der Verfassungsväter wenig bis gar nicht. Kulturelle Szene und politische Kultur verhielten sich in den „goldenen 20er Jahren“ wie Feuer und Wasser: hier die überbordenden Ideen, dort die triste und graue Wirklichkeit. Ein wesentlicher Charakterzug der „Weimarer Kultur“ war die heftige Kritik an den bestehenden Verhältnissen, auf die die Behörden zunehmend mit Zensurbestimmungen antworteten, vor allem wenn diese Kritik von links geäußert wurde. „Vernunftrepublikaner“ wie Gerhart Hauptmann und Thomas Mann hingegen gab es nur wenige, doch ihr Bekenntnis zur Republik resultierte eher aus der Reflexion, nicht aus ihrem Gefühl. Auch wenn man die Kunst nicht nur als Spielwiese der Emotionen betrachtet, stellt sich heute die Frage: War es wirklich die Aufgabe der Kultur, die schnöde Wirklichkeit der Republik nach den repressiven Jahrzehnten des Kaiserreichs rückhaltlos zu unterstützen? Viel zu verlockend war das freie Spiel des Geistes auf dem neuen Feld der Republik; wenig überzeugend waren die Leistungen der Vertreter des Parlamentarismus. Nie zuvor in der deutschen Geschichte waren die Künste und Wissenschaften so frei wie im Zeitalter der „Ismen“ – und dies galt vor allem für ihre Beziehung zum Staat. Unter den Spielregeln der Demokratie wurden die eigenen Ideen und Überzeugungen bis zum äußersten ausgereizt: ein Wesenszug, der auch an anderer zentraler Stelle der Meinungsbildung, im Reichstag, beobachtet werden konnte. Mit dem fatalen Unterschied, daß es nicht der Auftrag des Künstlers, sondern der des Parlamentariers war und ist, demokratischen Konsens herzustellen.

Die „Kultur von Weimar“ steht in unserem Geschichtsbewußtsein für die „klassische Moderne“. Diese damalige elitäre Szene charakterisiert Stephen Spender in seiner Autobiographie: „Nahezu alle deutschen Intellektuellen, die wir kannten, akzeptierten und praktizierten eine Art linksbetonter Rechtsgläubigkeit. Diese Einstellung beeinflußte das Theater, den Roman, den Film und sogar die Musik und die Malerei“. Tatsächlich waren es neben vielen anderen Erich Maria Remarque, Fritz Lang, Paul Hindemith oder George Grosz, von denen die wesentlichen Impulse ausgingen und deren Werke die Diskussionen in den Feuilletons bestimmten; die Arbeiten der „Moderne“ genossen internationale Anerkennung und wirken teilweise bis heute nach, dennoch waren sie bei den Zeitgenossen weder populär noch allgemein akzeptiert.

Kulturkonservativismus

Neben den „klassischen Weimaranern“ und dem Aufkommen einer neuen Massenkultur wirkten traditionelle Kunstrichtungen und Denkmuster weiter. Auf diesem Boden entwickelte sich eine mächtige kulturpessimistische und zivilisationskritische Strömung, die sich in Werken wie Oswald Spenglers auflagenstarkem *Untergang des Abendlandes* manifestierte. In das gleiche Horn stieß der Lyriker Gottfried Benn: „Die ganze deutsche Literatur seit 1918 arbeitet mit dem Schlagwort Tempo, Jazz, Kino, Übersee, technische Aktivität, bei betonter Ablehnung aller seelischen Probleme [...] Ich persönlich bin gegen Amerikanismus. Ich bin der Meinung, daß die Philosophie des rein utilitaristischen Denkens [...] dem abendländischen Menschen und seiner Geschichte nicht gemäß ist“. Kritiker wie Spengler oder Benn prangerten die Kunst der Moderne entweder als „Amerikanismus“ oder „Kulturbolschewismus“ an. Diese starke kulturpessimistische Stimmung ging zudem Hand in Hand mit einer starken antisemitischen Haltung, die sich gegen die vermeintliche kulturelle Vorherrschaft des Judentums richtete – gegen die ohne Zweifel tragende Rolle, die Juden als Jour-

„Tanzgruppe Veidt: Alfred Döblins *Ehe* in der Volksbühne in Berlin.“ *(Originalbildzeile)*

Dieses Drama geht auf Anregungen zurück, die Döblin einer Arbeitsgruppe verdankt, der unter anderem Brecht, Piscator und Fritz von Sternberg angehörten. Am 25. November 1930 kam *Die Ehe* bei den Münchner Kammerspielen zur Uraufführung. Nach zwei Wochen wurde diese Inszenierung wegen angeblich kommunistischer Propaganda verboten.

„Neues Mitglied der Dichterakademie: Der Schriftsteller Alfred Döblin" *(Originalbildzeile)*

Der Autor, im Hauptberuf Arzt, war von einem immensen Schaffensdrang besessen. Er reflektierte in unzähligen Essays und Theaterstücken, in dramatischen und prosaischen Werken das Leben in der Großstadt. Sein Roman *Berlin Alexanderplatz* zählt zu den Hauptwerken des modernen Romans.

nalisten, im Verlagswesen, Theater und Film spielten. Hier schlug eine Geisteshaltung durch, die zwar keine exzeptionellen Kunstwerke hervorbrachte, sich aber auf einen Rückhalt in breiten Bevölkerungsschichten berufen konnte.

Das Zeitalter der Ismen

Expressionismus, Dadaismus, Surrealismus, Verismus, Konstruktivismus ... Die Wurzeln der Weimarer Kultur reichen zurück bis in das Kaiserreich. Im ersten Jahrzehnt des 20. Jahrhunderts wandten sich zuerst die Expressionisten in der bildenden Kunst gegen die akademische Kultur des Wilhelminismus. Dieser antibürgerliche Impuls zog weite Kreise in der Malerei, Lyrik und im Drama. Der Impuls wirkte auch auf andere Kulturschaffende, die nicht den Expressionisten zuzurechnen sind: Arnold Schönbergs atonale Musik, Max Reinhardts Bühneninszenierungen, Walter Gropius' Funktionalismus, Albert Einsteins und Max Plancks Theorien, Gerhart Hauptmanns Dramen und bedeutende Romane der Gebrüder Mann wie Heinrichs *Professor Unrat* oder Thomas' *Buddenbrooks* waren Kinder der Zeit vor 1914. Das literarische Kabarett, der Brennpunkt der intellektuellen Weimarer Kultur, erlebte seine Blütezeit bereits im Berlin Wilhelms II., mit Texten von Franz Wedekind und Walter Mehring.

In den ersten Jahren der Republik gab der Expressionismus immer noch den Grundton an. Die radikale Opposition zur Bürgerwelt, die revolutionäre Unruhe und die Freude am Experiment inspirierten und generierten weitere avantgardistische Stilrichtungen. Der Dadaismus steigerte diese Grundhaltungen in der fundamentalen Ablehnung aller bisherigen Kunstkonzepte. Um 1922/23 endeten jedoch die wesentlichen Avantgarde-Bewegungen, worauf auch eine Kehrtwendung vom utopischen Anspruch des Expressionismus folgte.

Die „Weimarer Kultur" entwickelte einen ausgesprochenen Realitätssinn. Die moderne Gesellschaft und ihre Rahmenbedingungen wie die Technik wurden nicht mehr dämonisiert, sondern als neue Herausforderung, die es zu verändern galt, interpretiert. Die „Neue Sachlichkeit" wurde nun zu der eigentlichen Kunstdoktrin der Republik. Auch sie hatte ihre Wurzeln in der Zeit vor 1914. Der Terminus entstand allerdings erst 1923 und wurde zum Sammelbegriff für eine Reihe von unterschiedlichen Kunstgattungen, denen gemeinsam war, daß sie sich künstlerisch distanziert mit der modernen Industriegesellschaft auseinandersetzten. Zur „Neuen Sachlichkeit" zählten so unterschiedliche Werke wie die Romane Alfred Döblins, Hans Falladas und Erich Maria Remarques, Erich Kästners Gedichte und Egon Erwin Kischs Reportagen, Filme von G.W. Pabst und Walter Ruttmann, August Sanders Fotografien, Gropius' und Mies van der Rohes „Neues Bauen", das Bauhaus mit seiner experimentellen Werkstattideologie und gesellschaftssatirische Künstler wie Otto Dix und George Grosz.

Kulturkampf

Nach 1929/30 erlahmte die künstlerische Kreativität, zugleich polarisierten sich die ideologischen Positionen. Immer mehr Künstler wandten sich von der „Neuen Sachlichkeit" ab. Die äußerste Linke betrachtete Kunst nur noch als politische Waffe. Gleichzeitig intensivierten die rechten Kräfte ihre Angriffe auf die „Moderne". Dies führte zu einem unüberwindbaren tiefen Graben mitten durch die deutsche Gesellschaft. Die Nation war nicht nur politisch gespalten, auch kulturell standen sich die verfeindeten Lager unversöhnlich gegenüber. Somit findet sich die Periodisierung der politischen Geschichte auch in der „Weimarer Kultur" wieder. Die Anfangsjahre der Republik standen noch ganz im Zeichen des Expressionismus, der in utopischer Opposition mit der Realität der neuen Verhältnisse haderte, in der Phase der Stabilisierung 1924–29 dominierte die wirklichkeitsorientierte „Neue Sachlichkeit". Im Gleichtakt entwickelten sich Politik und Kultur auch zum Ende der Republik: Schließlich fanden ab 1930 die politische Polarisierung und die immer autoritäreren Regierungsformen ihre Entsprechung in der proletarisch-revolutionären Kunst sowie in nationalistischen und in immer stärkerem Maße auch nationalsozialistischen Inhalten. Der Radikalität des Denkens waren dabei in der Weimarer Republik kaum Grenzen gesetzt. Allerdings verurteilte die Justiz überwiegend linke Dichter und Denker wie beispielsweise Carl von Ossietzky wegen republikfeindlicher Äußerungen zu Gefängnisstrafen.

Die „Weimarer Kultur" war kein Mythos, der von den Protagonisten im Exil nach 1933 gesponnen wurde. Gewiß, sie war elitär. Die Avantgarde dieser Zeit übte keine Anziehungskraft auf die Massen aus, dennoch stehen Namen wie das Bauhaus oder Epochenbegriffe wie „Roman der 20er Jahre" für eine ungehemmte Experimentierfreudigkeit und den radikalen Bruch mit der Tradition. Ihr Einfluß reichte in den 20er Jahren über die Grenzen der Republik hinaus und ist selbst am Ende des 20. Jahrhunderts noch wirksam. Modern und damit ungewohnt für das breite Publikum war diese Kultur auch, weil die linke Avantgarde in ihren Werken die modernen Produktions- und Medientechniken integrierte – mitunter mit dem Anspruch, das anonyme breite Publikum der Massengesellschaft mit ihren Botschaften zu erreichen. Bertolt Brecht und Erwin Piscator inszenierten ihr agitatorisches Theater in den Arbeitervierteln und vor den Werkstoren der Fabriken, ebenso wie die „Agitgruppen" mit ihren Straßenveranstaltungen. Von der liberalen wie sozialistischen Kritik vielfach bejubelt, stießen sie in der Weimarer Klassengesellschaft mit ihrer künstlerischen Strategie jedoch schnell an die Grenzen der Aufnahmefähigkeit ihres Publikums. Ausnahmen bestätigen nur die Regel: Alfred Döblin verkaufte bis 1933 von seinem experimentellen Großstadt-Roman *Berlin Alexanderplatz* respektable 50 000 Exemplare und wurde in unzählige Sprachen übersetzt.

Ab 1933 wurde jede kritische Stimme von Stiefeln der SA zermalmt. Ausschließlich völkisches Gedankengut, umspielt von banaler Unterhaltung, besetzte die Bücherregale, Kunsthallen und Filmspielhäuser Deutschlands. Die Nationalsozialisten ließen Döblin und seinen Kollegen keine Wahl, sie verließen das Land in Scharen.

GEWERBLI HE BERU SCH

„das ziel des bauhauses ist eben kein ‚stil'. kein system, dogma oder kanon, kein rezept und keine mode! es wird lebendig sein, so lange es nicht an der form hängt, sondern hinter der wandelbaren form das fluidum des lebens selbst sucht!"

Walter Gropius, Bauhausbauten Dessau, *1930*

„Jeder Deutsche hat das Recht, innerhalb der Schranken der allgemeinen Gesetze durch Wort, Schrift, Druck, Bild oder in sonstiger Weise seine Meinung frei zu äußern. [...] Eine Zensur findet nicht statt."

Artikel 118 der Weimarer Verfassung

„Bauhaus Dessau – die modernste Kunstschule der Welt!" – Fotoreportage
Am 4. Dezember 1926 wurde das Bauhaus-Gebäude in Dessau von Walter Gropius mit einem Festakt eingeweiht.

„Das ‚Bauhaus', Hochschule für Gestaltung, wurde 1919 von dem deutschen Architekten Walter Gropius gegründet. Es befindet sich jetzt in Dessau, wo es unter Leitung von Johannes Meyer [Direktor von 1928–30] steht. Seine einzelnen Werkstätten und Unterrichtsklassen umfassen alle Fächer, die mit dem Bau und der Ausgestaltung eines Hauses im künstlerischen Sinne im näheren oder weiteren Zusammenhang stehen: also neben der praktischen Werkarbeit auch Malerei, Plastik, Bühne, Wandmalerei, Weberei, Metallwerkstatt und vieles andere. Gelehrt wird nach modernsten Grundsätzen, als Lehrer wirken zum großen Teil bekannte Künstler. Unser Bild zeigt: Blick in die Kantine. Das Bild zeigt die charakteristische Durchbrechung der Wandflächen durch große, gleichmäßig verteilte Fenster." *(Originalbildzeile)*

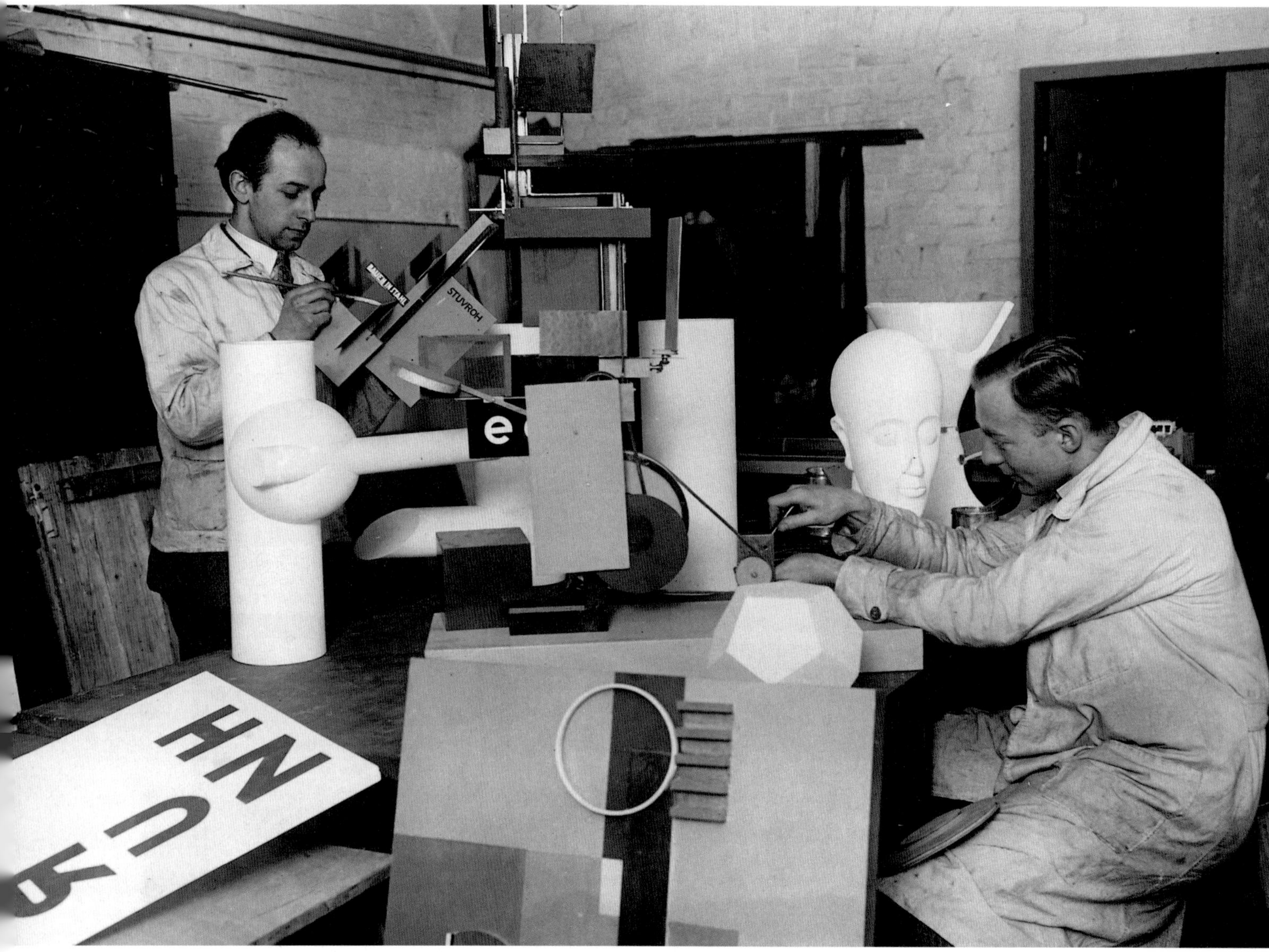

Oben: „Bauhäusler" an der Arbeit in der plastischen Werkstatt im „Bauhaus. Hochschule für Gestaltung" in Dessau am 4. Dezember 1929.

Rechts: „Professor Walter Gropius hat die künstlerische Leitung der Deutschen Werkbund-Ausstellung, welche in diesem Jahre in Paris stattfindet, übernommen."
(Originalbildzeile)

Die Entwicklung des Bauhauses vollzog sich im wesentlichen parallel zur Geschichte der ersten deutschen Republik: Walter Gropius gründete mit Unterstützung der SPD-dominierten thüringischen Landesregierung 1919 die erste reformpädagogische Kunsthochschule in Weimar, wo die verfassungsgebende Nationalversammlung tagte. Ludwig Mies van der Rohe, der letzte Direktor, löste die Schule 1933 in Berlin auf, wenige Monate nach der „Machtergreifung" durch die Nationalsozialisten und unter deren massivem Druck. Zwischen diesen historischen Eckdaten lagen viele Richtungsdebatten und wirtschaftliche Probleme innerhalb des Bauhauses. Existentiell bedrohlich wurde die Situation 1924 nach dem Sieg der Rechtsparteien im thüringischen Landtag: Die neue Landesregierung kündigte dem Direktor Gropius und kürzte drastisch die Haushaltsmittel. „So wurde das Bauhaus langsam aber sicher zu Tode gedrosselt", konstatierte der frühere SPD-Volksbildungsminister Max Greil, der das Bauhaus bis dahin stets gefördert hatte. Moderne Kunst und Gestaltung, deren Entwicklung in Deutschland wesentlich vom Bauhaus beeinflußt wurden, galten den konservativen Parteien von Anfang an als „bolschewistisch" und „links". Gropius bestritt zwar immer wieder, daß der Bauhausstil einen politischen Charakter habe, unterdessen war die „Neue Sachlichkeit" längst politisch vereinnahmt worden und zum Symbol der Moderne und des Aufbruchs geworden. In Dessau fand das Bauhaus 1925 eine neue Heimat.

„Bauhaus Dessau – die modernste Kunstschule der Welt!" – Fotoreportage (Fortsetzung)
Rechts: „Unser Bild zeigt das von Gropius eingerichtete Bauhaus in Dessau. Es ist ganz aus Beton, Glas und Eisen ausgeführt. Hier darf sich jeder anmelden, um gegen geringes Studiengeld Ausbildung und Anleitung zu erhalten in den verschiedensten Kunstarten, wie Architektur, Malerei, Reklamezeichnen und Buchdruck."
Unten: „Bauhausschülerinnen an den Webstühlen bei der Herstellung kunstgewerblicher Stoffe im ‚Bauhaus. Hochschule für Gestaltung' in Dessau."

(Originalbildzeilen)

„Die unterm Dach – Künstlerleben“ – Fotoreportage
Der Franzose Murger kreierte den Typus des Bohemien in seinen Erzählungen Mitte des 19. Jahrhunderts, seitdem geistern seine realen Wahlverwandten durch die Künstlerkreise der Weltmetropolen. Gemeinsam ist ihnen allen das antibürgerliche Element, alles weitere ist Auslegungssache des einzelnen, wie auch diese Fotoreportage aus einer Berliner Dachwohnung Ende der 20er Jahre zeigt.

Ganz oben: „Das Glück im Winkel. Eine vernachlässigte Fensterecke in Atelier.“
Oben: „Das Hemd in der Wäsche.“
Rechts: „Kartoffel à la Michelangelo.“ *(Originalbildzeilen)*

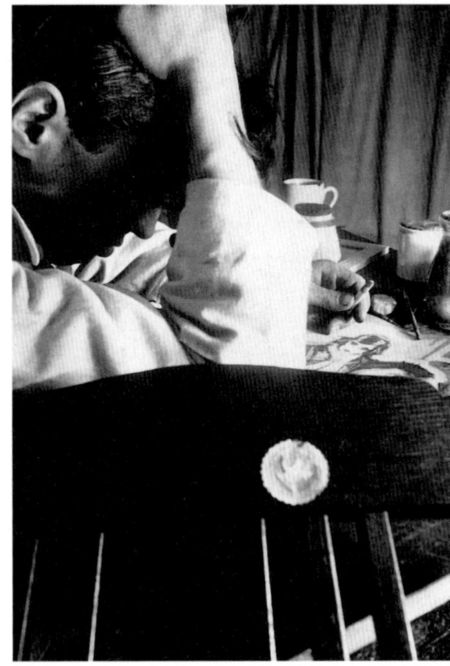

„Die unterm Dach – Künstlerleben" – Fotoreportage (Fortsetzung)
Links: „Vor der Einladung bei Bourgeois."
Oben: „Kommt ein Vogel geflogen."
Rechte Seite: „Sie, seine Muse." *(Originalbildzeilen)*

„‚Ach', sagte Carola, Sie sehen nicht richtig. Ich tauge nicht zur Kommunistin. Eine ewige Revolutionärin bin und bleibe ich, auch jeder Partei und Revolution gegenüber. Ich kämpfe gegen die Moral von Gut und Böse, ich verabscheue die Wege der Konvention, ich wehre mich gegen mein eigenes Ich, das im Althergebrachten wurzelt und gleichwohl rettungslos dem Tier in mir verfallen ist. Es gibt Augenblicke, in denen ich mich am liebsten austilgen möchte, um mich von mir selbst zu befreien.'"

Tilla Durieux, Eine Tür fällt ins Schloß, *1927*

„Die unterm Dach – Künstlerleben" – Fotoreportage (Fortsetzung)
Linke Seite: „Das Glück in der Morgenstunde? In ewiger Erwartung des Geldbriefträgers."
Rechts: „Der Stammgast mit den ‚Kuckucks'."
(Originalbildzeilen)

Erich Mühsam trieb es angesichts der Gestalten im Münchner und Berliner Nachtleben geradezu die Schamesröte ins Gesicht, seinen Namen immer wieder im Zusammenhang mit dem Ausdruck „Boheme" zu lesen:

„Wohlriechende Jünglinge, die verdeckt von gewaltigen Cravatten und öltriefenden Napoleonlocken mit ihren Kastratenstimmen die literarischen Nachtcafés durchzirpen, bilden sich größenwahnsinnig ein, ihre durch geistige Impotenz gebotene, absolute Untätigkeit stempele sie zu Vertretern der Boheme. Beschäftigungslose Künstler, die mit ihrem Mädel ein dürftiges Atelier bevölkern, die einmal Murger gelesen haben, und sich daher, wenn sie mal einen Taler flüssig haben, eine Flasche Mosel leisten, wo doch all ihr Sehnen und Trachten dahin geht, einmal von Aufträgen überhäuft, im Kreise einer liebenden Familie eine elegante Villa mit Park zu bewohnen, schmeicheln sich in demselben Wahn."

Erich Mühsam, Unpolitische Erinnerungen

Der Spießbürger wurde zur Zielscheibe des Dada. Provokation und Skandal waren Prinzip der dadaistischen Bewegung, die sich 1916 im Züricher Exil konstituierte und nach Kriegsende auch in Deutschland ihr Publikum davon zu überzeugen suchte, daß einer aus den Fugen geratenen Welt nicht mehr mit den traditionellen Mitteln der bildenden Kunst beizukommen ist. Im Juni 1920 fand in der Berliner Galerie Burchard die Erste Internationale Dada-Messe statt. Neben den Berliner Dadaisten George Grosz, Raoul Hausmann, John Heartfield, Hannah Höch, Wieland Herzfelde und Johannes Baader stellten sich Francis Picabia, Hans Arp, Max Ernst und andere der Öffentlichkeit. Die Bewegung hatte aber zu diesem Zeitpunkt bereits ihren Zenit überschritten.

„Wir begrüßen mit Freude, daß die Kugeln in Galerien und Paläste, in die Meisterwerke eines Rubens sausen."

Die Dadaisten John Heartfield und George Grosz in Der Gegner, *1920*

„Der Arbeiter selbst, die neue Menschheit, wird einmal zu entscheiden haben, was von der gesammelten Historie sie auch weiterhin aufbewahren will. Haben ein Rembrandt, ein Rubens, ein Michelangelo, ein Beethoven, ein van Gogh Schuld, daß ihre Werke dem Bürger nichts als Spekulationsobjekt sind? [...] Wollen Sie, Herr Heartfield und Grosz, das Vertrauen der Arbeiterklasse gewinnen, indem Sie die ‚Bourgeois-Kultur' in Bausch und Bogen verdammen und Schätze vernichten, die, vergessen Sie es nicht, mit den Schweißtropfen der Arbeitenden, der Proletarier, erkauft sind? Sollen deren Söhne nicht wenigstens sie genießen dürfen, endlich?"

Die Rote Fahne *antwortet am 9.6.1920 auf den Artikel der Dadaisten Heartfield und Grosz in* Der Gegner

„Piscator, hier soll es uneingeschränkt festgestellt werden, hat dennoch und trotzdem etwas Außerordentliches, etwas Ungewöhnliches geschaffen. Abermals! Er hat sich George Grosz herangeholt mit grandioser, bissiger Satire, im Hintergrund, Trickzeichnungen von unheimlicher Wirkung. Piscator hat sich etwas neues ausgedacht in der Regie, und alle jene Lügen gestraft, die seiner schöpferischen Phantasie eine Sackgasse prophezeiten: das laufende Band auf der Bühne!"

Der brave Soldat Schwejk *bei Piscator, Artikel in der* Roten Fahne *vom 25.1.1928*

Links: Der Maler George Grosz in seinem Berliner Atelier mit dem Gemälde *Der Aufwiegler* an der Staffelei, das auf Adolf Hitler anspielt. Das Foto entstand am 17. September 1928, erhalten ist folgende Originalbildzeile: „Anklage gegen George Grosz wegen ‚Gotteslästerung': Die Berliner Staatsanwaltschaft hat mehrere Entwürfe des bekannten Malers Georg Grosz *Dekorationen zum braven Soldaten Schwejk* beschlagnahmt und jetzt Klage wegen Gotteslästerung gegen Grosz erhoben."

Oben: „Modernes Theater in Deutschland. Am Sonnabend den 13. April 1929 fand die Uraufführung der Oper *Maschinist Hopkins* von dem Wiener Komponisten Max Brand im Duisburger Stadttheater statt, welche einen ungewöhnlich starken Erfolg hatte. Diese ‚Oper der Maschine' verkörpert absolut das moderne Theater sowohl in der Inszenierung als auch in der Spielweise. Unser Bild zeigt ‚Der Maschinensaal', Szene aus der Oper *Maschinist Hopkins* in der Aufführung in Duisburg."

(Originalbildzeile)

„Daß Technik in der ursprünglichen Wortbedeutung Kunst ist, haben ihre reifen Schöpfungen mit ihren strengen, aber aufrichtigen Formen bewiesen. Den Zusammenhang dieser Kunst mit der Bühnenkunst zu finden, erfordert Künstler, die ihren Blick an der modernen Maschinenromantik ebenso geschult haben, wie an der Pracht mittelalterlicher Architektonik. Natürlichkeit und richtige Symbolik sind Bedingung, um Form und Ziel sinngemäß darzustellen."

Karl Deutsch, Die Maschine als Bühnenelement

„Und es gibt Menschen, die sehen das nicht. Und es gibt Menschen, die haben das vergessen. Im Krieg haben sie gelitten und haben ihre Herrn gehaßt und haben gehorcht und haben gemordet! Alles vergessen [...] Sie werden wieder leiden und werden wieder ihre Herrn hassen und werden wieder [...] gehorchen und werden wieder [...] morden. So sind die Menschen [...] Und könnten anders sein, wenn sie wollten. Aber sie wollten es nicht. Sie steinigen den Geist, sie höhnen ihn, sie schänden das Leben, sie kreuzigen es [...] immer und wieder immer."

Ernst Toller im Antikriegsschauspiel Ein deutscher Hinkemann, *1923*

Linke Seite: „Kommunistische Demonstration gegen den Krieg. Anläßlich des 15. Jahrestages des Ausbruches des Weltkrieges fanden in Berlin große Demonstrationen der Kommunisten im Lustgarten gegen den Krieg statt. Unser Bild zeigt eine Demonstrationsgruppe gegen den Gaskrieg."
Links: „*Hinkemann.* Ernst Tollers Kriegskrüppel-Tragödie. Der Hauptdarsteller Heinrich George als Hinkemann (letzte Szene)."
Oben: „Der Schriftsteller Ernst Toller"

(Originalbildzeilen)

„Ich denke an meine frühe Jugend, an den Schmerz des Knaben, den die anderen Buben ‚Jude' schimpfen, an mein kindliches Zwiegespräch mit dem Bild des Heilands, an die schreckliche Freude, die ich empfand, wenn ich nicht als Jude erkannt wurde, an die Tage des Kriegsbeginns, an meinen leidenschaftlichen Wunsch, durch den Einsatz meines Lebens zu beweisen, daß ich Deutscher sei, nichts als Deutscher [...] Die deutsche Sprache, ist sie nicht meine Sprache, in der ich fühle und denke, spreche und handle, Teil meines Wesens, Heimat, die mich nährte, in der ich wuchs? Aber bin ich nicht auch Jude?"

Ernst Toller, Eine Jugend in Deutschland, *1933*

„Grundgedanke war: das Theaterspiel sollte wieder ein Fest werden, wie es in der Antike und im Mittelalter unter Führung der Kirche gewesen war, während es in den Großstädten meistens mehr Unterhaltung und Belustigung ist [...] Das erste aktive Wagnis unter diesen Vorzeichen war die Aufführung von *Jedermann* mit Zustimmung des Erzbischofs auf dem Domplatz und mit den besten Schauspielern Deutschlands und Österreichs. Eine Bretterbühne vor den Türen des Doms. Herolde, die das Spiel ankündigten. Auftritt der Schauspieler von den benachbarten Plätzen aus. Die Glocken aller Kirchen läuten. Geheimisvolle Rufe von den Kirchtürmen, herab von der Festung und aus größerer Entfernung, die den Jedermann zum Tode rufen. Der Teufel, der aus den Zuschauerreihen auf das Podium springt. Der Glaube und der Engel, die am Ende aus dem Dom heraustreten. Die breiten Plätze der Stadt angefüllt mit einer dichten Zuschauermenge. An den Fenstern des benachbarten Kloster Mönche und Priester, in der ersten Reihe der Erzbischof und das Domkapitel. Der Verkehr ruht völlig, die gesamte Stadt lauscht und schaut atemlos zu. Ein wunderbares Lichterspiel: zunächst Tageslicht, dann Sonnenuntergang, schließlich Fackeln."

Max Reinhardt,
Auf der Suche nach dem lebendigen Theater, *1924*

„JEDERMANN. Das Spiel vom Sterben des reichen Mannes."

Motto des Dramas Jedermann *von Hugo von Hofmannsthal. Uraufgeführt unter der Regie von Max Reinhardt 1911 in Berlin (Zirkus Schumann). Mit der ersten Aufführung bei den Salzburger Festspielen am 22. August 1920, wiederum inszeniert von Reinhardt, wurde es zu einem festen Bestandteil der Festspiele.*

Drei Größen der Theaterwelt der Weimarer Zeit: Der Regisseur Max Reinhardt begründete sein Berliner Theaterimperium und die Salzburger Festspiele, die Politisierung des Theaters lehnte er ab und verlegte sich noch mehr als vor 1914 auf Klassikerinszenierungen. Der Dramatiker Carl Zuckmayer verfaßte zeitkritische Komödien und verewigte sich insbesondere mit dem Angriff auf den preußischen Militarismus, *Der Hauptmann von Köpenick* (1931), in der deutschen Theaterliteratur. Maria Orska war zu ihrer Zeit eine der prominentesten deutschen Schauspielerinnen, zu ihrem festen Repertoire gehörten unter anderem Grillparzer, Ibsen und Strindberg. Sie nahm sich 1930 das Leben.

Oben: „Die jährlich in der pittoresken Stadt stattfindenden Salzburger Festspiele wurden am Sonntag, dem 31. Juli unter der Leitung des weltbekannten Theaterdirektors Max Reinhardt in Anwesenheit von prominenten Theaterkritikern und Liebhabern aus aller Welt eröffnet. Das Eröffnungsstück: Hugo von Hofmannsthals *Jedermann*. Musikalische Bearbeitung von Einar Nilson. Unser Bild zeigt Helene Thimig als der Glaube."

(Originalbildzeile)

Oben: „Der Dichter des *Fröhlichen Weinbergs* und des *Schinderhannes* Carl Zuckmayer behandelt in seinem neuen Werk *Katharina Knie*, dessen Uraufführung dieser Tage in Berlin stattfand, die Geschichte einer Zirkusfamilie. Szenenbild aus der Berliner Aufführung mit von links Hedwig Wangel, Frau Lennartz, Albert Bassermann und Karl Ettlinger. Berlin 1929."
Links: Fotostudie mit Rollenporträts von Maria Orska.
Rechts: „Die Schauspielerin Maria Orska, die erst vorgestern aus dem Sanatorium, in dem sie sich seit längerer Zeit befand, in ihre Wohnung zurückgekehrt war, wurde gestern nachmittag dort mit einer schweren Veronalvergiftung aufgefunden. Es liegt offenbar ein Selbstmordversuch vor. Frau Orska wurde in ein Krankenhaus gebracht, wo sie noch in den Nachtstunden trotz aller Bemühungen der Ärzte nicht das Bewußtsein wiedererlangt hatte. Berlin 15. Mai 1930."
(Originalbildzeilen)

UNWAHRSCHEINLICHE BEGEBENHEIT

1921 wurden die Arbeiter Nicola Sacco und Bartolomeo Vanzetti, zwei italienische Einwanderer, von einem amerikanischen Schwurgericht des Raubmords für schuldig befunden und zum Tode verurteilt. Am 23. August 1927 wurde das Urteil vollstreckt. In den Monaten vor der Hinrichtung entstand eine weltweite Solidaritätsbewegung. „Sacco und Vanzetti" zierten monatelang die internationalen Titelblätter. Es mehrte sich der Verdacht, daß die amerikanische Justiz ohne stichhaltige Beweise ein Exempel an zwei Italienern, die zugleich Anarchisten waren und für bessere Lohnbedingungen gekämpft hatten, statuieren wolle. Im Deutschen Reich protestierten Ende August Hunderttausende mit Spruchbändern wie „Rache für Sacco und Vanzetti". Erich Mühsam nahm sich des Falles in einer dramatischen Bearbeitung an, die 1929 im „Theater in der Stadt" unter der Regie von Leopold Lindtberg uraufgeführt wurde. Mühsams *Sacco und Vanzetti* reihte sich in das Genre der „Zeitstücke" ein, die vor allem in der Zeit von 1928 bis 1930 die Justiz und ihre Normen anklagten. Als getreuer Spiegel der „ungeliebten Republik" thematisierten Stücke wie *Das Urteil, Die Verbrecher* oder *Die Nacht vor dem Beil* zwar die Mißstände, Lösungsmöglichkeiten hatten sie jedoch nicht anzubieten.

Linke Seite: „Dekorative Ausstattungen. Stammgäste des Romanischen Cafés haben die Wände dekorativ ausgestattet."
Oben: „Sacco und Vanzetti auf der Bühne. Die Handlung des Stückes ist ohne jede Änderung genau nach den Zeitungsberichten und Protokolls geschrieben, wie es sich in Amerika abgespielt hat. Unser Bild zeigt eine Szene aus *Sacco und Vanzetti*. Von links nach rechts Sacco (Friedrich Gnas), der Gouverneur Fuller (Hans Leibelt) und Vanzetti (Ernst Busch). Berlin 26. April 1929."
Unten: „Maximilian Harden gestorben. Der weltberühmte deutsche Schriftsteller und Publizist und Herausgeber der Zeitschrift *Zukunft* starb gestern 30. Oktober 1927, 66 Jahre alt." *(Originalbildzeilen)*

Berlin war nicht zuletzt die Hauptstadt der Schauspieler und Künstler, der Literaten und Publizisten. Maximilian Harden gehörte bereits um die Jahrhundertwende zu den einflußreichsten konservativen Publizisten. Unter dem Eindruck des Weltkriegs wandelte er sich zum Pazifisten und entschiedenen Gegner des Nationalsozialismus. Nach schweren körperlichen Verletzungen durch Rechtsradikale 1922 wandte er seiner Heimatstadt den Rücken und zog in die Schweiz. Ein anderer Ur-Berliner, Alfred Döblin, beschrieb den „Moloch Großstadt" wie kein anderer in seinem Roman *Berlin Alexanderplatz* (1929), nunmehr ein Klassiker der Literatur des 20. Jahrhunderts. Um jedoch in der „Kurfürstendammgesellschaft" Berlins aufzusteigen, war für einheimische wie zugereiste Intellektuelle und Künstler der Besuch des „Romanischen Cafés" in der Nähe der Gedächtniskirche unerläßlich. Elias Canetti beschreibt im zweiten Band seiner Autobiographie *Fackel im Ohr* den damaligen Gruppendruck: „Die Besuche im Romanischen Café [...], die gewiß auch ein Vergnügen waren, galten nicht diesem allein. Sie entsprangen auch einer Notwendigkeit zu einer Selbstmanifestation, der sich niemand entzog. Wer nicht vergessen werden wollte, mußte sich sehen lassen."

„Die Großstädte sind ein merkwürdiger und kraftvoller Apparat. In ihren Straßen ist fast körperlich zu fühlen der Wirbel von Antrieben und Spannungen, den diese Menschen tragen, den sie ausströmen und der sich ihrer bemächtigt. Nach Beobachtungen an Vögeln sollen diese Tiere gemeinsames Fliegen darum bevorzugen, weil das gleichsinnige Bewegen der Flügel die Nachbarvögel untereinander stützt und ihnen das Fliegen erleichtert. Man hat aus dieser Beobachtung ein bestimmtes Maschinenprinzip gewonnen. Diese Beobachtung gibt die Erklärung für anderes: sie weist an der Nachahmung einen ökonomischen Zweck, die Kraftersparnis; sie erklärt die menschliche Neigung nachzuahmen und die Neigung von Massen sich gleichsinnig zu bewegen. Auf diese Weise werden die Menschen in der Großstadt nun veranlaßt, gleichmäßig das großstädtische Tempo anzunehmen."

Alfred Döblin, Der Geist des naturalistischen Zeitalters, *Dezember 1924*

Rechts: „Aus Einsteins Rede wird eine Grammophonplatte gemacht! Am 10. November 1930 hielt Professor Albert Einstein in Berlin eine Abhandlung über seine Theorie vor dem Mikrophon im Schwechtesaal. Diese Rede wurde auf eine Grammophonplatte übertragen."
Unten: „Heinrich Mann spricht vor den Kriminalbeamten. Im Rheingold in Berlin fand am 22. Januar eine Kriminalpolizei-Tagung des Verbandes preußischer Polizeibeamten statt, auf der Heinrich Mann über ‚Die Forderungen des Publikums an die Kriminalpolizei' sprach. Unser Bild zeigt Heinrich Mann bei seinem Vortrag."
Rechte Seite: „Der sprechende deutsche Film. Thomas Mann spricht im deutschen Tonfilm rechts am Mikrophon."
(Originalbildzeilen)

„Die politische Apathie der Menschen in ruhigen Zeiten bewirkt, daß man sie so leicht zur Schlachtbank führen kann. Weil sie heute zu faul sind, um durch ihre bloße Unterschrift ihren Willen zur Abrüstung zu bekunden, werden sie morgen bluten müssen."

Albert Einstein in der Zeitschrift Menschenrechte *in der Ausgabe vom 11. November 1928, anläßlich des zehnten Jahrestages des Waffenstillstands.*

„Wir wollen, daß unsere Republik, bis jetzt noch ein Zufallsgeschenk der Niederlage, nun auch Republikaner erhalte. Und wir sehen in Republikanern weder Bürgerliche noch Sozialisten. Dies sind hinfällige Unterscheidungen, wo es Höheres gilt. Republikaner nennen wir Menschen, denen die Idee über den Nutzen, der Mensch über die Macht geht."

Heinrich Mann, Sinn und Idee der Revolution, *Ansprache im Politischen Rat geistiger Arbeiter im November 1918*

„Die Republik, die Demokratie sind heute solche inneren Tatsachen, sind es für uns alle, jeden einzelnen, und sie leugnen heißt lügen. Mächte geweiht von Historie, ausgestattet mit so zwingender Autorität ererbten Ruhmeszaubers, daß es menschlich war, sie bestehen und gewähren zu lassen, auch als ihre Entartung ins banal Theatralische längst jede Pietät in Verlegenheit setzte, thronten über uns bis vor kurzem [...] Aber es ist vorbei. Jene Mächte sind nicht mehr. Das Schicksal hat sie – wir wollen nicht triumphierend rufen: ‚hinweggefegt', wir wollen sachlich aussprechen: es hat sie beseitigt, sie sind nicht mehr über uns, werden es nach allem, was geschehen, auch nie wieder sein, und der Staat, ob wir wollten oder nicht, – er ist uns zugefallen, in unsere Hände gelegt, in die jedes einzelnen; er ist unsere Sache geworden, die wir gut zu machen haben, und das ist eben die Republik, – etwas anderes ist sie nicht."

Thomas Mann, Von deutscher Republik, *Vortrag am 13. Oktober 1922 zur Feier von Gerhart Hauptmanns 60. Geburtstag in der Berliner Beethovenhalle.*

„Thomas Mann hatte sich nach dem Sturz des Kaiserreiches zu einer im höheren Sinne, nicht im Parteisinne, konservativen Weltanschauung bekannt und schien der Demokratie und der Republik kühl gegenüber zu stehen [...] Da Thomas Mann selbst unbestreitbar zu den geistigen Spitzen der Nation gehört, ist es außerordentlich erfreulich, ihn unter denen zu sehen, die dem neuen Staat Verständnis, Liebe und ehrliche Mitarbeit werben wollen".

Das Berliner Tageblatt *kommentierte am 17. Oktober 1922 die Rede Thomas Manns.*

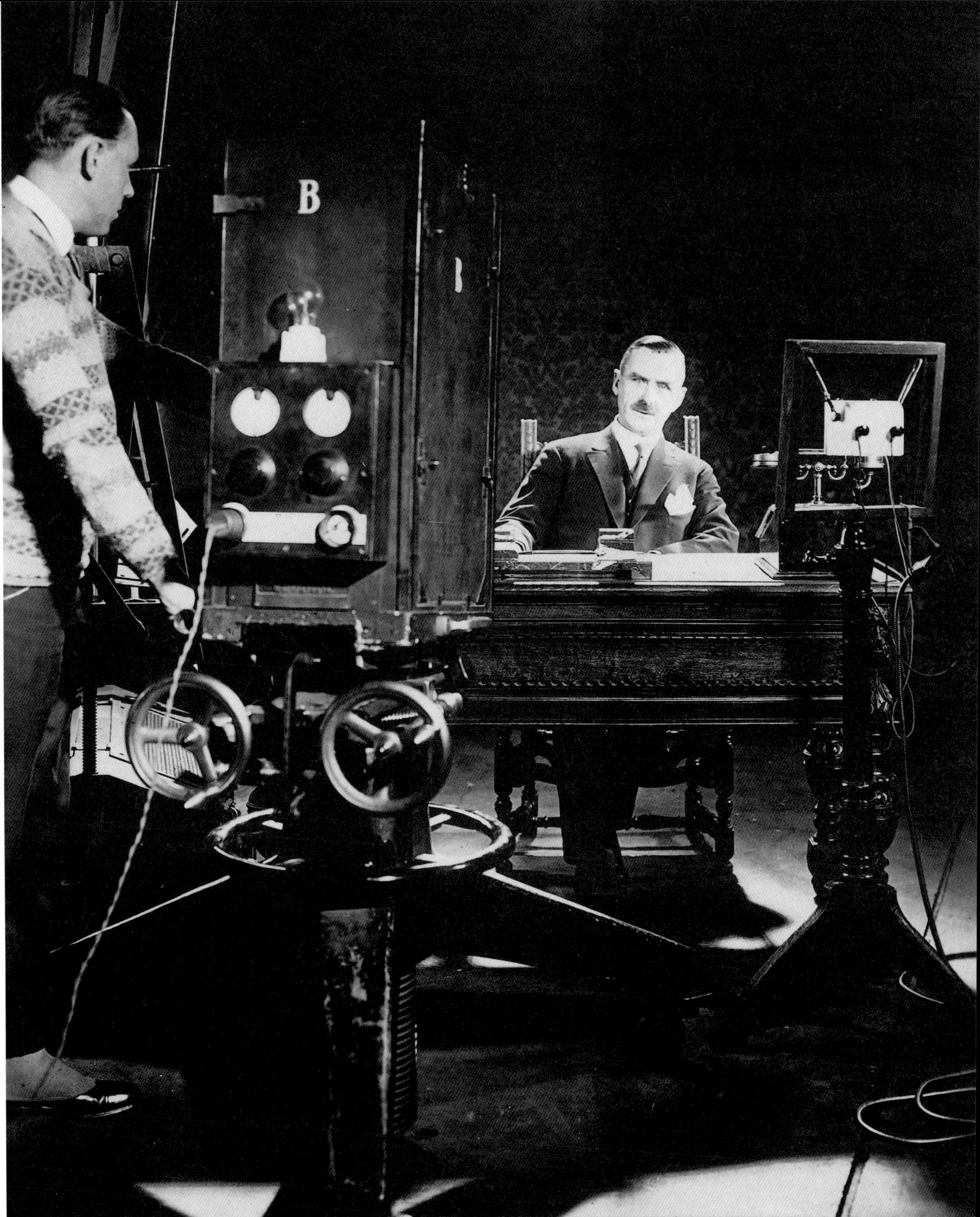
B

„Ich glaube an die Unsterblichkeit des Theaters [...] Die Schauspielkunst ist zugleich die Befreiung von der konventionellen Schauspielerei des Lebens, denn: nicht Verstellung ist die Aufgabe des Schauspielers, sondern Enthüllung. Wir können heute über den Ozean fliegen, hören und sehen. Aber der Weg zu uns selbst und unseren Nächsten ist sternenweit. Der Schauspieler ist auf diesem Weg. Mit dem Licht des Dichters steigt er in die noch unerforschten Abgründe der menschlichen Seele, seiner eigenen Seele, um sich dort geheimnisvoll zu verwandeln, und Hände, Augen und Mund voll von Wundern, wiederaufzutauchen."

Max Reinhardt,
Rede an der Columbia-Universität New York, 1928

Links: „Neueste Aufnahme von Gerhart Hauptmann, der am 15. November 1927 seinen 65. Geburtstag feiert."
Unten: „Am 16. Februar 1932 gelangt im ‚Deutschen Theater' in Berlin unter der Regie von Max Reinhardt Gerhart Hauptmanns neueste Stück *Vor Sonnenuntergang* zur Uraufführung. Die besten Schauspieler, unter anderem Werner Krauss, Helene Thimig, werden die Hauptrollen übernehmen. Unser Bild zeigt Gerhart Hauptmann (Mitte) und Max Reinhardt, umgeben von Zeichnern, während einer Regiebesprechung." *(Originalbildzeilen)*

Oben: „Gerhart Hauptmann 70 Jahre alt. Eine Reminiszenz aus der Riviera 1909. Von links Gerhart Hauptmann, Frau Eva Chamberlain, Frau Gerhart Hauptmann, Frau Küchler und Siegfried Wagner." *(Originalbildzeile)*

„Angesichts der Hauptmann-Feiern, die in diesen Monaten überall in Deutschland veranstaltet werden, fragt sich vielleicht mancher, ob wir denn in den Tagen wie den heutigen überhaupt das innere Recht zu solchen Feiern haben; ob in diesen Tagen furchtbarster wirtschaftlicher Bedrängnisse, Tagen, in denen das allgemeine Chaos über uns hereinzubrechen droht [...]. Man darf auch heute, man darf, man soll sogar, ihn gerade heute feiern! Denn der Mensch lebt nicht vom Brot allein, und hätten alle die Mühen und Sorgen dieser bangen Stunden keinen anderen Sinn als den, uns nur das elende Bißchen unserer nackten materiellen Existenz zu sichern, dann hätten sie im Grunde genommen überhaupt keinen Sinn, und das Leben wäre nicht mehr wert, gelebt zu werden. Gerade in den Tagen wie den heutigen müssen wir die Augen erheben zu denen, die uns Führer und Wegweiser sind ins Land des Geistes und der Seele. Man hat die Hauptmann-Feiern dieses Jahres einen Personenkultus genannt, der eines Volksstaates und der insbesondere der sozialistischen Arbeiterschaft unwürdig sei. Nun ganz gewiß ist die Kultur eines Volkes oder gar die Kultur der Menschheit nun und nimmermehr das Werk einzelner, und stünden sie noch so hoch. Sie ist das Ergebnis des Zusammenwirkens von ungezählten und ungenannten Millionen fleißiger Arbeiter des Hirns und der Hand, und niemand hat die Abhängigkeit des Genies von der Gesamtheit des Volkes stets freudiger und dankbarer anerkannt, als gerade Gerhart Hauptmann."

Konrad Haenisch, sozialdemokratischer Politiker und Redakteur, „Warum feiern wir Gerhart Hauptmann", in Die Volksbühne, *1922.*

„Der Altmeister der modernen Malerei" – Fotoreportage
Im Kaiserreich wurde der Name Liebermann durch Adaption des französischen Impressionismus groß, auch wenn er seinerzeit dafür angegriffen wurde. Der jüdische Künstler war eine Ausnahmeerscheinung, wie auch Arnold Zweig in seiner *Bilanz der deutschen Judenheit* betonte: „Hier handelt es sich um Kennzeichnung der merkwürdigen Tatsache, daß die deutschen Juden das Vorurteil zu bestätigen schienen, nach welchem den Juden überhaupt das Vermögen zur bildenden Kunst nur verkümmert zu Gebote stände. In der Tat: verglichen mit der Fülle wichtiger literarischer und musikalischer Talente spielten sie in der Malerei und Plastik Deutschlands, ja Europas eine Rolle zweiten Ranges." Die Weimarer Republik machte den Altmeister 1920 zum Präsidenten der Preußischen Akademie der Künste. Bis ins hohe Alter strotzte er vor Tatendrang und Schaffensfreude, 1932 malte er noch das unvergessene Porträt von Ferdinand Sauerbruch. Im gleichen Jahr feierte er seinen 85jährigen Geburtstag. Anlaß genug für die Illustrierten, ihm mit dieser Fotoreportage zu huldigen. 1933 wurde er von den Nationalsozialisten von allen Ämtern enthoben; er starb zwei Jahre später in Berlin. Der Originaltext der Fotoreportage über den Künstler berichtet:
„Wir besuchen den großen Maler auf seinem idyllisch gelegenden Landsitz am Wannsee bei Berlin. Zu unser Freude konnten wir feststellen, daß Herr Professor Liebermann uns volles Verständnis für unsere Reportage entgegenbrachte und sich bereitwillig zur Verfügung stellte. Mit großem Stolz zeigte er seinen Besitz, stellte uns seinen Dackel vor, erklärte seine im Garten stehende Sonnenuhr, führte uns zu einer herrlich gelegenen Angelstelle am Wannsee – (vor der er aber keinen Gebrauch macht, da er, wie er behauptet, dazu gottseidank noch nicht alt genug wäre) [...] Zum Abschluß unserer Reportage fragten wir Herrn Professor Liebermann, ob er einen besonderen Geburtstagswunsch hätte. Es entspann sich folgender Dialog: ‚Ja, hören Sie mal, mein Lieber, wenn Sie mir einen Geburtstagsfreude machen wollen, dann versuchen Sie mal meine Frau zu fotografieren – det tut se nämlich nich!!' setzte er in unverfälschtem Berliner Dialekt hinzu. Mit schußbereiter Kamera standen wir auf der Lauer, als Professor Liebermann seiner Frau seinen Wunsch vortrug. ‚Nein, ich lasse mich nicht fotografieren' sprang sie auf – da war es aber schon passiert."

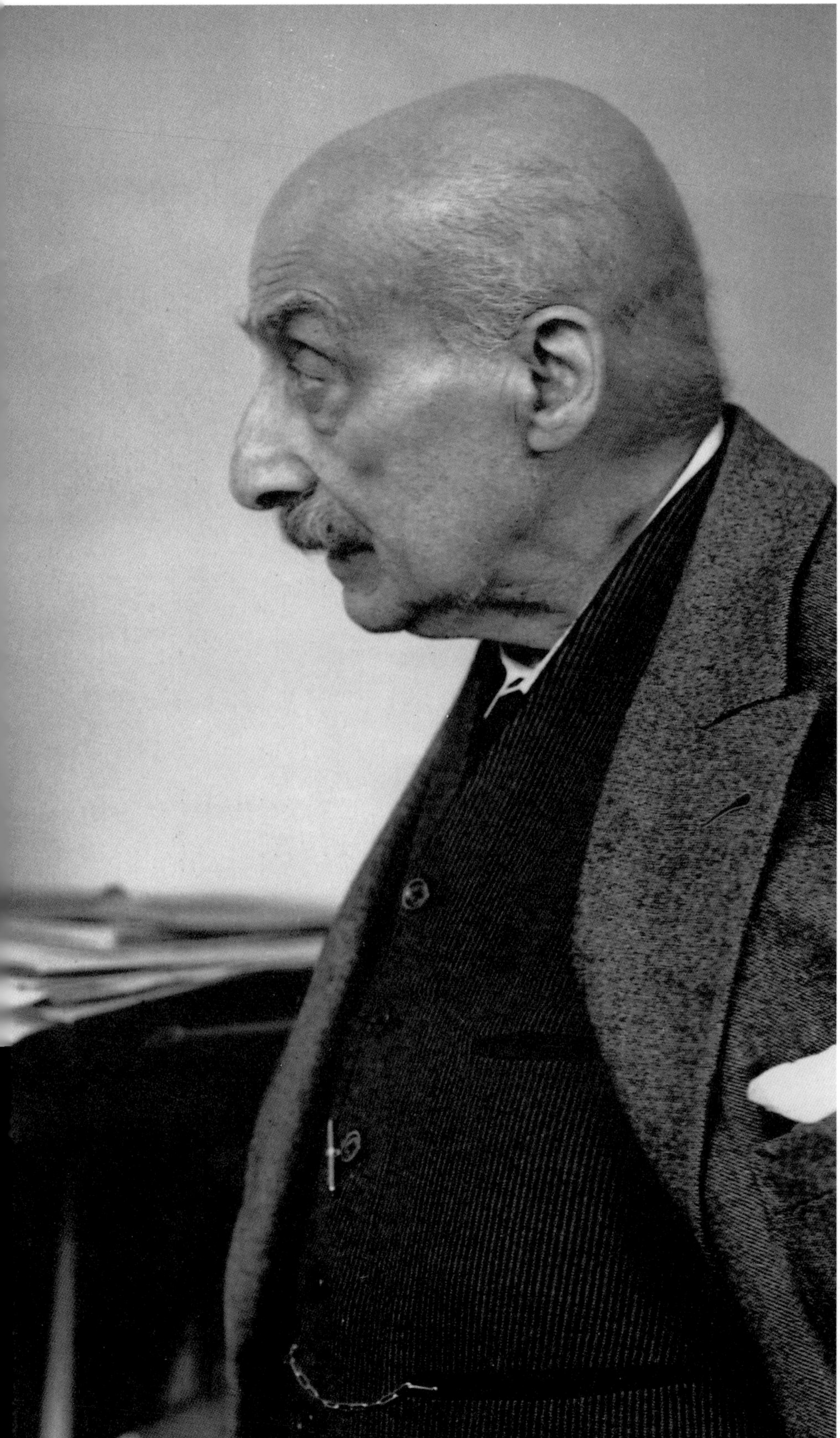

Linke Seite: „Die erste Frau als Leiterin einer akademischen Männerklasse: Frau Käthe Kollwitz, die berühmte Berliner Zeichnerin, wurde zur Leiterin des Meisterateliers für Grafik an der Preußischen Akademie für Künste ernannt. Sie ist die erste Frau, die eine akademische Meisterklasse leitet. Unser Bild zeigt Käthe Kollwitz in ihrem Berliner Heim. 1927."
Oben: „Der weltberühmte Pianist Arthur Schnabel auf dem Weg nach Leningrad [heute St. Petersburg], um an der Jahrhundertfeier im Gedenken an Beethoven teilzunehmen. Berlin 1927." *(Originalbildzeilen)*

„13. Februar 1927
Wieder ein Schnabel-Konzert. Ruhevoll und weihevoll das Largo aus der Es-Dur-Sonate Opus 7. Dann wurde ich müde und konnte nicht folgen. Nach der Pause spielte er die B-Dur-Sonate Opus 106, also eine ganz späte Sonate. Ich war wach und konnte zuhören und war nach langer Zeit wieder mal durch und durch gerüttelt. Ich kann mir kaum denken, daß eine andere Kunst außer der Musik so ins Innere dringt. Die bildende Kunst ist konkret, man steht vor Konkreten. Aber hier im Adagio ist die Seele bloß. Das, was mir immer vorschwebte, wenn ich eine Frau machen wollte, ‚die das Lied der Welt sieht'. Schaut. Keine Worte. Goethe, der konnte Worte finden. Das ‚Labyrinth der Brust' oder ‚die selige Sehnsucht'. Oder vieles andere. Der hatte Worte, die neben den Beethovenschen Tönen stehen [...]
26. Februar 1927
Heute letztes Schnabel-Konzert. Als letztes spielte er die Beethoven-Sonate C-Moll Opus 111. Wie bei Opus 106 konnte ich wieder folgen. Die seltsamen Flimmertöne ergaben Flammen – eine Entrückung in Sphären, fast wie in der Neunten eröffnete sich der Himmel. Dann ein Zurückfinden. Aber ein Zurückfinden, nachdem man des Himmels sicher ist. Klar – getrost – gut sind die Töne. Danke, Schnabel!"

Käthe Kollwitz, Tagebuchblätter und Briefe

Ganz oben: „Vaterfreuden bei Erich Kleiber. Unser Bild zeigt Generalmusikdirektor Erich Kleiber mit seinem Töchterchen Veronika, das am 28. März geboren wurde, auf dem Balkon seiner Berliner Wohnung. Die Gattin Kleibers, eine geborene Miss Goodrich, stammt aus Kalifornien."
Oben: „Generalmusikdirektor Bruno Walter."

Oben rechts: „Uraufführung von Karol Rathaus' Oper *Fremde Erde* in Berlin. In der Staatsoper ‚Unter den Linden' wird am 10. Dezember 1930 die Uraufführung von Karol Rathaus' vieraktiger Oper *Fremde Erde* stattfinden. Diese ganz moderne Oper hat ein amerikanisches Milieu: New York, Wolkenkratzer und zwanzigstes Jahrhundert. Erich Kleiber, der gerade von einer Konzertreise aus Amerika zurückgekehrt ist, wird dirigieren. Für die Inszenierung ist Hörth verantwortlich, die Ausstattung liegt in den Händen von Emil Pirchau. Unser Bild zeigt eine Szene aus dem dritten Akt. New York, 8. 12. 1930." *(Originalbildzeilen)*

„Was die Musik angeht, war Berlin noch immer eine Bastion des Traditionalismus", entsinnt sich Yehudi Menuhin an die 20er Jahre. Das zeitgenössische Feuilleton der Hauptstadt schwärmte von Wilhelm Furtwänglers mitreißender Beethoven-Interpretation mit den Berliner Symphonikern, von Bruno Walters sinnenfrohem Mozart in der Deutschen Oper oder von Inszenierungen wie Otto Klemperers *Fliegendem Holländer* in der Kroll-Oper, in der die Sänger in modernen Kostümen auftraten, was Wagners Sohn Siegfried veranlaßte, die Aufführung als „Kulturbolschewismus" zu beschimpfen. Die Berliner Konzertpodien und Opernbühnen waren aber durchaus offen für neue Töne. Seit 1925 lehrte und wirkte Arnold Schönberg, der Schöpfer der Zwölftonmusik, an der Preußischen Akademie der Künste. Einer seiner Schüler, Alban Berg, konnte den jungen Direktor der Staatsoper, Erich Kleiber, für sein Libretto *Wozzeck* erwärmen, das er nach der dramatischen Vorlage von Büchner erarbeitet hatte. Kleiber wiederum war es auch, der die „neusachliche" Oper *Fremde Erde* in seinem Haus 1930 uraufführte.

Karol Rathaus' Operndebüt war eine fortschrittsverliebte Hommage an das Leben in amerikanischen Großstädten. Die Kritiker Berlins rieben sich an den neuen Tönen und Sujets im Musiktheater, dies waren jedoch nur „revolutionäre" Nachspiele. Den Urknall hatte die Kleiber-Inszenierung von Bergs *Wozzeck* hervorgerufen: „Als die große, vornehme Gestalt des Komponisten vor den Vorhang trat, schwollen sowohl Bravo- wie Buhrufe an, und die Wogen enthusiastischer Erregung und heftiger Feindseligkeit gingen hoch."

Oben: „Die Zoppoter Waldoper. Mitwirkende Künstler am Badestrand von Zoppot. Von links: Kammersänger Karl Jöken mit seiner Frau Käte König (Berliner Staatsoper), Hermann Karowski (Stadttheater Hamburg), Kammersänger Eric Enderlein, Genia Guszalewicz, Herbert Janssen (sämtliche Berliner Staatsoper), Kammersängerin Elly Glawitsch."
Ganz links: „Otto Klemperer wird Dirigent des Philharmonischen Chors."
Links: „Unser Bild zeigt Paul Hindemith auf dem Höhepunkt seines Ruhms als Bratschen-Solist."
Rechte Seite: „Heute vormittag ist Arturo Toscanini auf dem Anhalter Bahnhof in Berlin eingetroffen, um morgen im Rahmen der Berliner Kunstwochen in der Philharmonie ein Konzert des New Yorker Philharmonischen Orchesters zu leiten. Berlin 27. Mai 1930." *(Originalbildzeilen)*

Der Ungar Rudolf Laban war während des Ersten Weltkriegs als Choreograph in der Schweiz tätig und stellte in dieser Zeit seine ersten tanztheoretischen Thesen auf. Seine Theorie betrachtete „den inneren Drang nach Bewegung“ und das „Körpergeschehen“ in einem fast mathematischen Verhältnis. Der Tänzer, in vollkommener Harmonie von Körper, Seele und Geist, steht dem dreidimensionalen Raum gegenüber; er bewegt sich in einem System von zwölf Bewegungsrichtungen, das er in einer eigenen Zeichensprache, der „Labanotation“, festhielt. Laban war der Vordenker einer neuen deutschen Tanzkunst, die ihre Wurzeln sowohl in der Rhythmik- und Gymnastikbewegung wie auch in der expressionistischen Kunst hatte; der Ausdruckstanz suchte den „neuen Menschen“ auf dem Weg „Zurück zur Natur“ tänzerisch zu antizipieren. Zeit seines Lebens betrachtete Laban es als Ziel, „die Freiheit und Spontaneität der sich bewegenden Person zu fördern.“

Linke Seite: „Rudolf von Laban wurde vom Generalintendanten der Staatstheater mit der choreographischen Oberleitung bei den Staatstheatern betraut. Herr von Laban tritt seinen Posten nach den Bayreuther Festspielen, bei denen er die Tanzregie hat, an. Unser Bild zeigt Herrn Rudolf von Laban mit einer von ihm erfundenen Tanzschrift, nach welcher die Tanzschritte vorgeschrieben sind.“
Oben: „Choreographisches Institut Laban in Berlin-Grunewald. ‚Gleichstrebend‘.“
Rechts: „Das Staatsopernballett probt. Rudolf von Laban im Kreise der jungen Tanzgruppe.“ *(Originalbildzeilen)*

1920 gründete Mary Wigman die gleichnamige Schule in Dresden. Die Laban-Schülerin erlangte bald Weltruf durch Gastspiele auf nationalen und internationalen Bühnen. Als Solistin und Lehrerin verkörperte sie den deutschen Ausdruckstanz der 20er Jahre. Zu ihren Schülern zählten unter anderem Hayna Holm, Yvette Georgi und Gret Palucca. Darüber hinaus formierte sie 1921 die Mary-Wigman-Tanzgruppe, mit der sie Gastspiele im In- und Ausland gab. Die Fotoreportage mit ihren dynamischen Bildern gibt einen eindrucksvollen Einblick in das Studium mit ihren Schülerinnen.

„Die Mary-Wigman-Schule" – Fotoreportage
Oben links: „Gruppentanz im Freien."
Oben rechts: „Sprungimprovisationen."
Unten: „Mary Wigman, eine der bekanntesten klassischen Tänzerinnen. Sie etablierte einen neuen modernen Stil des klassischen Tanzes. Sie wird von einer rhythmischen Truppe begleitet. Unser Bild zeigt: Die Tänzerin und Choreographin Mary Wigman in einer ihrer Posen."
Rechte Seite: „Drehtanz im Freien." *(Originalbildzeilen)*

Die Schweizerin Berthe Trümpy war von 1920 bis 1924 Assistentin an der Mary-Wigman-Schule in Dresden. 1926 gründete sie mit dem erst 20jährigen Naturtalent Vera Skoronel, die im Alter von zwölf Jahren debütierte und zwei Jahre später schon Unterricht in Oberhausen gab, die „Berthe-Trümpy-Schule". Diese Institution zeichnete sich nicht nur durch die Ausbildung von Tanzkünstlern aus, sondern vor allem Trümpy engagierte sich auch in der Laienförderung. Die Ausdruckstanzbewegung entwickelte ein zeittypisches Sendungsbewußtein und basierte den Tanz auf der Grundlage der „natürlichen Bewegung des menschlichen Organismus", wie Mary Wigman in der *Deutschen Tanzkunst* ausführte: „Gewiß, die körperliche Bewegung an sich ist noch nicht Tanz. Aber sie ist eine elementare und unumstößliche Grundlage, ohne die es den Tanz gar nicht gäbe."

„Der neue Tanztempel in Halensee. Die Tänzerin Berthe Trümpy, eine Schülerin Mary Wigmans, hat im Dezember 1927 in Berlin-Halensee ein Haus nach einem Entwurf des Architekten Gellhorn gebaut, als Stätte der modernen Tanzkunst, die kürzlich eingeweiht wurde. Unser Bild zeigt: ‚Silhouetten am Fenster' (Berthe-Trümpy-Schule)"

(Originalbildzeile)

SANDAU

Linke Seite oben: Die Tänzerin Valeska Gert. Als Tänzerin begründete Valeska Gert die moderne sozialsatirische Tanzpantomime, sie war auch eine erfolgreiche Schauspielerin und Kabarettistin.
Linke Seite unten: „Die Varietégruppe ‚The Sisters S...'"
Oben: *„Das bist Du!,* die neue Revue am Theater am Kurfürstendamm in Berlin von Friedrich Hollaender. Premiere am 21 Juli 1927. Unser Bild zeigt die erste Szene ‚Wilder Völkerstamm' [gemeint sind die Sachsen. H. N.]. Von links: Marion Ralfi, Hugo Fischer-Köppe, Annemarie Hase, ‚Schafheitlein' [Franz Schafheitlin. H. N.], Martin Emil Koslek, Frau Blandine Ebinger." *(Originalbildzeilen)*

Die großen Revuen mit Sex, üppiger Ausstattung und viel Musik sorgten bereits vor dem Krieg auf der Bühne des Berliner Metropol-Theaters für Furore. Sie entwickelten sich zur Hauptattraktion des Fremdenverkehrs in der Hauptstadt. In den 20er Jahren wurde diese Tradition mit den großen Ausstattungsrevuen fortgesetzt. Regisseure wie Eric Charell, Herman Haller oder James Klein inszenierten ihre Programme mit luxuriösen Kostümen und illusionären Effekten. Die „Revue-Girls" zeichneten sich dabei nicht nur durch ihre perfekten Tanzeinlagen aus, sie zeigten in der Regel viel nacktes Bein und oft ein bißchen mehr. In der Blütezeit der Revuen 1924–29 gab es Spielzeiten in Berlin, in denen bis zu dreizehn Inszenierungen auf dem Programm standen. Friedrich Hollaender, der mit vielen Kompositionen und Textbeiträgen zu dem Erfolg des Kabaretts beigetragen hatte, ließ sich von der Revue inspirieren: Er gab dem thematischen Kunterbunt des Kabaretts eine Rahmenhandlung und nannte seine Stücke fortan „Hollaender-Revuen". In *Das bist Du!* ließ er die Tiere aus dem Zoo ausbrechen und einen Menschenzoo gründen: „Herein-spaziert! Wir zeigen Ihnen zum ersten Male in Freiheit dressiert, aber treten Sie nicht zu dicht heran: ‚Das große Tier', ‚Die hysterische Ziege', ‚Das Chamäleon' (das spielend seine Farbe wechselt)." Hollaender würzte seine Inszenierungen zwar mit bissigen, zeitkritischen Bezügen, dennoch ging er kaum über den Anspruch der Revuen, dem Publikum eine unverbindlich-amüsante Abendunterhaltung zu bieten, hinaus. Ein Kritiker bemerkte: „Spiegel der Gegenwart? Ein wenig. Nicht so schonungslos radikal, daß es dem gut-gekleideten Publikum an die Nerven ginge, aber doch genug, um sich angekratzt zu fühlen."

Die größte deutsche Filmgesellschaft, die Universum-Film-Aktiengesellschaft (Ufa), entstand bereits im Dezember 1917 mit ihren Ateliers in Berlin Neubabelsberg und Tempelhof. Nachdem sie Anfang der 20er Jahre zahlreiche erfolgreiche Filme produziert hatte, die auch im Ausland vermarktet werden konnten, geriet sie mit dem Ende der Inflation in eine tiefe Krise. Ein Grund dafür war die amerikanische Konkurrenz, die immer stärker nach Deutschland drängte. Darüber hinaus leistete sie sich 1927 mit *Metropolis* ein Filmspektakel, das unter großem materiellen Aufwand entstand, aber wider Erwarten kein Kassenschlager und dadurch zu einem finanziellen Fiasko wurde. Alfred Hugenberg kaufte die krisengeschüttelte Ufa im März 1927 für 15 Millionen Mark und rundete damit sein Presseimperium ab. Damit war die Ufa zwar wirtschaftlich saniert, stand aber in den folgenden Jahren unter dem Einfluß Hugenbergs. Dessen Medienkonzern war nun komplett und wußte die wirtschaftlichen wie politischen Möglichkeiten des Massenmediums Film zu nutzen.

Linke Seite: Filmaufnahme im Ufa-Atelier in Berlin-Babelsberg.
Oben links: „Der Filmregisseur Fritz Lang während der Aufnahme des Films *Mabuse der Spieler* 1922."
Oben rechts: Elisabeth Bergner und Rudolf Forster in Paul Czinners Film *Ariane* 1931.
Links: „Lilian Harvey im Ufa-Film *Du sollst nicht stehlen* 1928."
(Originalbildzeilen)

Die österreichische Schauspielerin Elisabeth Bergner feierte mit Filmen wie *Fräulein Else* (1929), *Ariane* (1931), *Der träumende Mund* (1932) und *Wie es euch gefällt* (1936) große Erfolge. *Ariane* war ihr erster Tonfilm, bei dem ihr späterer Ehemann Paul Czinner Regie führte. In ihren *Erinnerungen* erzählt Elisabeth Berger von Rudolf Forster, der die männliche Hauptrolle in dem Film spielte und den „überlegenen Weltmann" in ihren Augen ideal verkörperte. Aber: „[...] er konnte keinen Schritt tanzen. Und da waren Tanzszenen in einem Nachtklub, deshalb mußte ein Tanzlehrer für Rudi engagiert werden. Und er übte und übte und fluchte und fluchte, es war zwerchfellerschütternd, das zu sehen und zu hören."

Oben: „Faust (Gösta Ekman) und Mephistopheles (Emil Jannings) im F. W. Murnaus Film *Faust* 1926"
Rechte Seite: „Emil Jannings, dessen ruhmvolle Filmkarriere in Amerika genügsam bekannt ist, stattete mit seiner Frau, der früheren Schauspielerin Gussy Holl, seiner Heimat wiederum einen Besuch ab. Gussy Holl und Emil Jannings kurz vor ihrer Ankunft in Berlin am 15. Mai 1929."
(Originalbildzeilen)

„Auch er beendete seine Tage im Wahnsinn, obwohl das nicht so bezeichnet wurde, sondern als das Tausendjährige Deutsche Reich Adolf Hitlers; Jannings wurde auch nicht als Anstaltsinsasse eingeordnet, sondern er trug den Titel ‚Kultursenator' [...] In seinen frühen Tagen hatte Jannings viel mit dem Aufstieg des deutschen Films zu tun, war ein ungeheurer Bewunderer des Films und hatte seine Begabung vielen fähigen Regisseuren zur Verfügung gestellt, aber immer darauf geachtet, daß er von denen mit dem ausgeprägtesten persönlichen Stil und mit der unerschütterlichsten Beherrschung der Schauspieler geführt wurde. Er war ein wahres Gebirge von Mann, und sein massiger Körper enthielt im Überfluß alle Qualitäten eines Schauspielers an der Spitze seines Berufes. Es war ein Meister des Make-up, nicht nur auf der Außenseite seines Kopfes, sondern auch drinnen. Der Spiegel war sein anderes Ich. [...] Er und sein Anhang streiften Tag und Nacht nach Würsten und nach Geschichten, die seiner Begabung angemessen waren."

Josef von Sternberg in seinen Memoiren Ich, Josef von Sternberg, *1967*

Als der Filmregisseur Fritz Lang 1926 die „Wege des großen Spielfilms in Deutschland“ beschrieb, pries er auch seine eigene Fähigkeit, in Stummfilmen wie *Metropolis* Form und Inhalt auf hohem künsterischen Niveau zu vereinen. Dem amerikanischen Film sprach er dieses Format ab und schien gleichzeitig zu ahnen, welche Neuerungen aus Amerika kommen würden: „Die Geschwindigkeit, mit der sich der Film in den letzten fünf Jahren entwickelt hat, läßt es gefährlich erscheinen, Prophezeiungen über ihn auszusprechen, denn wahrscheinlich wird er jede sprunghaft überholen. Der Film kennt keinen Stillstand.“ Drei Jahre später zog der Tonfilm in die deutschen Kinos ein – mit Robert Lands *Ich küsse Ihre Hand, Madame,* Marlene Dietrich spielte die Hauptrolle, und Walter Ruttmanns *Melodie der Welt.*

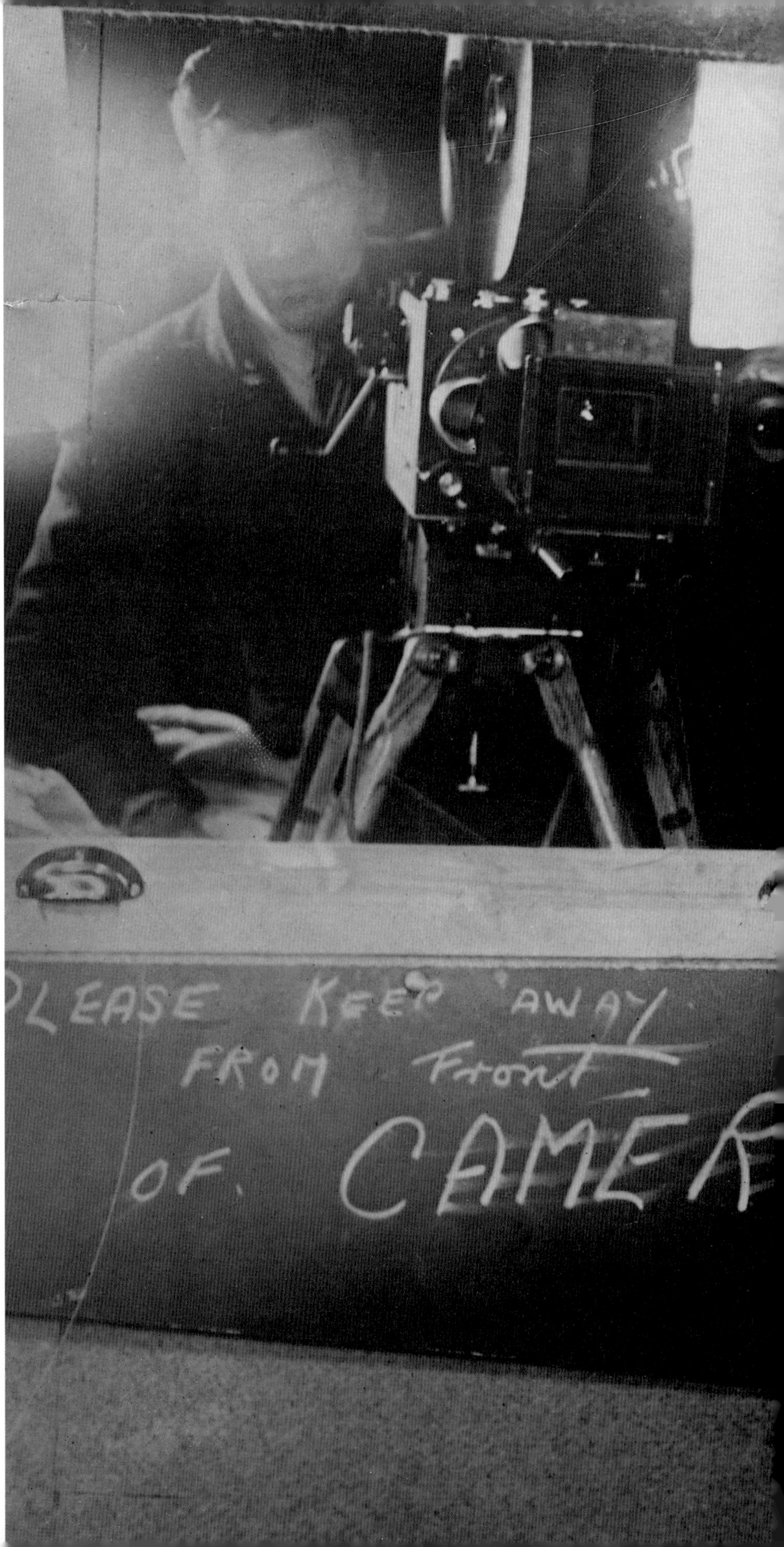

„Der Tonfilm marschiert auch in Deutschland. Unser Bild zeigt die bekannte Filmschauspielerin Anny Ondra vor dem Aufnahmeapparat, während der Regisseur durch Kopfhörer ihre Stimme abhört. Das Schild im Vordergrund besagt, daß man sich nicht vor die Kamera stellen soll. Sie ist durch eine Glasscheibe vor dem Lärm geschützt.“

(Originalbildzeile)

8

Die Weimarer Republik war eine Arbeitsgesellschaft und noch weit entfernt von der Freizeitindustrie des ausgehenden 20. Jahrhunderts. Der gesetzlich garantierte Achtstundentag in einer Sechstagewoche sicherte denen, die überhaupt Arbeit hatten, ein größeres Maß an Freizeit als im wilhelminischen Deutschland, umso wertvoller erschien ihnen dieses kleine bißchen Freiheit, die Zeilen zu dem nebenstehendem Foto spiegeln es wider: „Sport und Tanz im Sonnenschein. Nichts schöneres und gesünderes gibt es als den Körper der Sonne auszusetzen, und sich in freier, frischer Luft zu bewegen.“ Die entstehenden Massenmedien wie die Illustrierten nahmen dieses Thema dankbar auf und Lieder wie das der „Comedian Harmonists“ entwickelten sich zu einem Kassenschlager: „Wochenend und Sonnenschein/und dann mit Dir im Wald allein/ weiter brauch ich nichts zum Glücklichsein“.

Der Spaß an der Freude

Liest man die Autobiographien von Künstlern oder Intellektuellen aus der Weimarer Zeit, entsteht leicht der Eindruck, daß die „moderne Massenkultur" wie eine Welle über die Republik hinwegschwappte und sich epidemisch ausbreitete. Auch die „hohe" Kultur wurde von dieser Welle erfaßt, doch nur wenige konnten erfolgreich auf ihr mitschwimmen. Erich Kästners *Emil und die Detektive* und Thomas Manns bereits 1901 erschienenes Werk *Die Buddenbrooks* verkauften sich über eine halbe Million Mal. Zu den Bestsellern zählte auch Erich Maria Remarques *Im Westen nichts Neues;* dieser Antikriegsroman nutzte darüber hinaus die Möglichkeiten der neuen Massenmedien mit einer Hörspielversion und diente 1930 auch als Vorlage für einen Tonfilm. Die großen Publikumserfolge der „Weimaraner" blieben jedoch Ausnahmen.

Die neuen Medien – Radio und Film, Taschenbücher, Illustrierte und Schallplatten – waren den heiteren, unbeschwerten Stoffen und den leichten Musen vorbehalten. Ihre Wirkung war erstaunlich, als hätten die Deutschen auf keine andere Art der Zerstreuung gewartet. Den neuesten Schlager pfiffen die Sekretärin und ihr Chef; in die Kinopaläste strömten Menschen aller Klassen und Schichten; Charleston und Shimmy, Foxtrott und Tango tanzten die Paare in Berlin und in der Provinz. Die Menschen genossen die leichte Unterhaltung als Ablenkung vom Alltag. Nur wenige konnten oder wollten sich der neuen konsum- und freizeitorientierten Kulturindustrie entziehen, die in dem vielbeschworenen „amerikanischen Tempo" voranmarschierte und ihren Teil zu den „goldenen 20er Jahren" beisteuerte.

Die Gesellschaft im Wandel

Das alltägliche Leben in der Republik war für die breiten Schichten nicht unbedingt leichter geworden. Um noch einmal an einen bezeichnenden Krisenfaktor zu erinnern – selbst in der vermeintlich „schönen Zeit" erreichten die Arbeitslosenzahlen mitunter an die 2 Millionen. Aber vieles hatte sich geändert. Der Achtstundentag und gesetzliche Urlaubsregelungen schufen bisher ungeahnte Freiräume für diejenigen, die in Lohn und Brot standen. Die neugewonnene Freiheit einerseits und die vielfältigen Freizeitangebote andererseits veränderten, wenn auch nur langsam, Einstellungen und Gewohnheiten: Zahlreiche Tabus wurden durchbrochen, angefangen von der Frage nach der Notwendigkeit des sonntäglichen Kirchgangs bis hin zu ausschweifendem Alkoholgenuß; immer mehr Menschen wurden körperlich aktiv, sei es nun beim Wandern, sportlichen Wettkampf oder Badespaß. Mit dem Auftauchen neuer Lebensinhalte akzeptierten nun liberale Erwachsene auch Kinder und Jugendliche als Subjekte mit eigenem Willen und Ansprüchen, wenn auch die Erziehungsideale des wilhelminischen Zeitalters weiterwirkten. Gleichzeitig entdeckten die Menschen ihre Sexualität, obgleich sich die verklemmte Spießigkeit der Kaiserzeit nicht von heute auf morgen ablegen ließ. Immer mehr Deutsche versuchten, ihre individuellen Lebenswelten zu erweitern und traditionelle Fesseln der Lebensführung abzulegen.

Linke Seite: „Hitze – Hitze – Hitze – und ganz Berlin sucht im Freibad Wannsee sich zu erfrischen und abzukühlen. Unser Bild zeigt: Der Rutsch ins nasse Element. 21. 7. 1929."
Oben: „Berlins ‚höchste' Bar. Auf dem Dache des Eden-Hotels ist ein Garten hergerichtet worden, der, sechs Stockwerke über der Straße gelegen, einen Gesellschaftsraum mit Tanzfläche und eine Bar umfaßt. Unser Bild zeigt einen Blick in den Gesellschaftsraum des neueröffneten Dachgartens auf dem Eden-Hotel. Durch die breiten Fenster kann man auf die Stadt hinabblicken." *(Originalbildzeilen)*

Der „schöne Schein" der Massenmedien

Der schleichende Gesinnungswandel breiter Schichten bedeutete aber noch keine gesellschaftliche Revolution, denn die neuen Helden der Unterhaltungsindustrie verkündeten nur die Botschaft des „schönen Augenblicks" in einer krisenhaften Gegenwart. Doch wie bemerkte Herbert Marcuse 1937: „Der Glücksanspruch hat einen gefährlichen Klang in einer Ordnung, die für die meisten Not, Mangel und Mühe bringt." Dementsprechend allergisch reagierte das antimodernistische-nationalistische Lager auf diese Form der „Demokratisierung" der Kultur, die nach dessen Auffassung die geistige Verflachung und die exzessive Libertinage im deutschen Volk förderte: Schuld an dieser Misere war wieder einmal der verhaßte Staat. Bildungsgut, das bislang den Status der „oberen Zehntausend" festigte, wurde durch die neuen Medien populär und massenhaft reproduziert. Im Gegenzug drangen Unterhaltungsprodukte wie der Schlager in das Milieu der „Gebildeten" ein. Die Massenkultur unterspülte ansatzweise die Grenzen der Klassengesellschaft, da eine strikte Abkapselung des „Traditionellen" gegenüber dem „Vulgären" genausowenig möglich war wie eine Abschottung der sozialistischen Arbeiterschaft gegenüber den Angeboten der kapitalistischen Freizeitindustrie, wie beispielsweise denen aus den Studios in Hollywood oder in Babelsberg bei Potsdam, wo die Ufa residierte.

„Gar mancher Spießbürger spitzt verschlafen hinter Gardinen hervor, als wir mit Sang und Klang losbrechen [...] Da taucht plötzlich vor uns Wasser auf. Wir sind auf einem Gelände, auf dem wir den ganzen Tag von der Welt abgeschieden bleiben können. Die Kleider werden ausgezogen und nun sind wir freie Menschen. Jetzt wird Ball gespielt und Speer geworfen. Bald wird dies, bald das gemacht. Einer wagt sich ins Wasser und bald kommt der nächste. Allmählich ist Geplansche im Wasser, denn alle haben sich jetzt hier eingefunden. Die Sonne meint es gut mit uns. Gar zu schnell bricht der Abend herein, und es muß aufgebrochen werden. Der Weg zum Bahnhof wird wieder mit Singen verkürzt"

Zwei jugendliche Textilarbeiterinnen über ihre Sonntagsausflüge, 1928

„Wir waren zum Beispiel sehr populär durch die 6-Tage-Rennen. Das war ein extra Fest. Da war ich mit Oskar und den andern Kumpels oben auf der Tribüne als Gast. Da haben sie uns dann erkannt. Und Oskar hat 'ne Prämie ausgegeben für den, der die Tour machte. Den hat er dann eingeladen, fein Abendessen im ‚Hotel Eden', wo wir auch spielten. Sowas macht populär. Oder wenn Silvester war, bin ich mit meinem kleinen Mercedes über'n Kurfürstendamm gefahren. Und wenn ich dann an der Ecke vorbeifuhr, wo der Wachtmeister stand, hab ich ihm mal 'ne Flasche Sekt hingestellt. Die kannten uns schon. ‚Oh, Oskar!'"

Albert Joost in einem Interview. Er spielte ab Ende der 20er Jahre in dem bekannten Berliner Tanzorchester seines Bruders Oskar.

Tee Dansant im Hotel Esplanade in Berlin.

ufa
UNIVERSUM
ROSÉ-QUARTETT
EINMALIGES GASTSPIEL
AM ERÖFFNUNGSABEND
ORGELKONZERT
MYRON u. PEARL
CANARO
ARGENTINISCHE BAND
JENNY JUGO
WERNER KRAUSS
WARWICK WARD
GINA MANÈS
Looping the Loop
REGIE ARTHUR ROBISON

Linke Seite: „Am 15. September wird in Berlin am Kurfürstendamm ein neues Ufa-Theater eröffnet, das auf modernste Art erbaut ist. Besonders bahnbrechend ist die Art der Beleuchtung. Unser Bild zeigt die Außenansicht des ‚Universum'."
Oben: „Bilder vom Filmball vom Berliner Zoo. Am Sonnabend, den 16. November 1929, fand in den Festsälen des Berliner Zoologischen Gartens der Filmball statt und war außer der großen Filmwelt auch Politik und Polizei vertreten. Unser Bild zeigt: Schauspieler Hans Albers (Mitte) im Kreise seiner Freunde. Foto Alfred Eisenstaedt."
(Originalbildzeilen)

„Wir Berliner sind leidenschaftliche Kinobesucher. Die Wochenschau ersetzt uns alle nicht erlebte Weltgeschichte. Die schönsten Frauen beider Kontinente gehören uns alltäglich mit ihrem Lachen und Weinen im wandernden Bilde. Wir haben unsere großen Filmpaläste rund um die Gedächtniskirche, am Kurfürstendamm, in der Nähe des Potsdamer Platzes, in den Vorstädten, und daneben die tausend kleinen Kinos, helle, lockende Lichter in halbdunklen Straßen aller Stadtteile. Oh, es gibt sogar eine Reihe Vormittagskinos, rechte Wärmehallen für Leib und Seele."

Franz Hessel, Spazieren in Berlin, *1929*

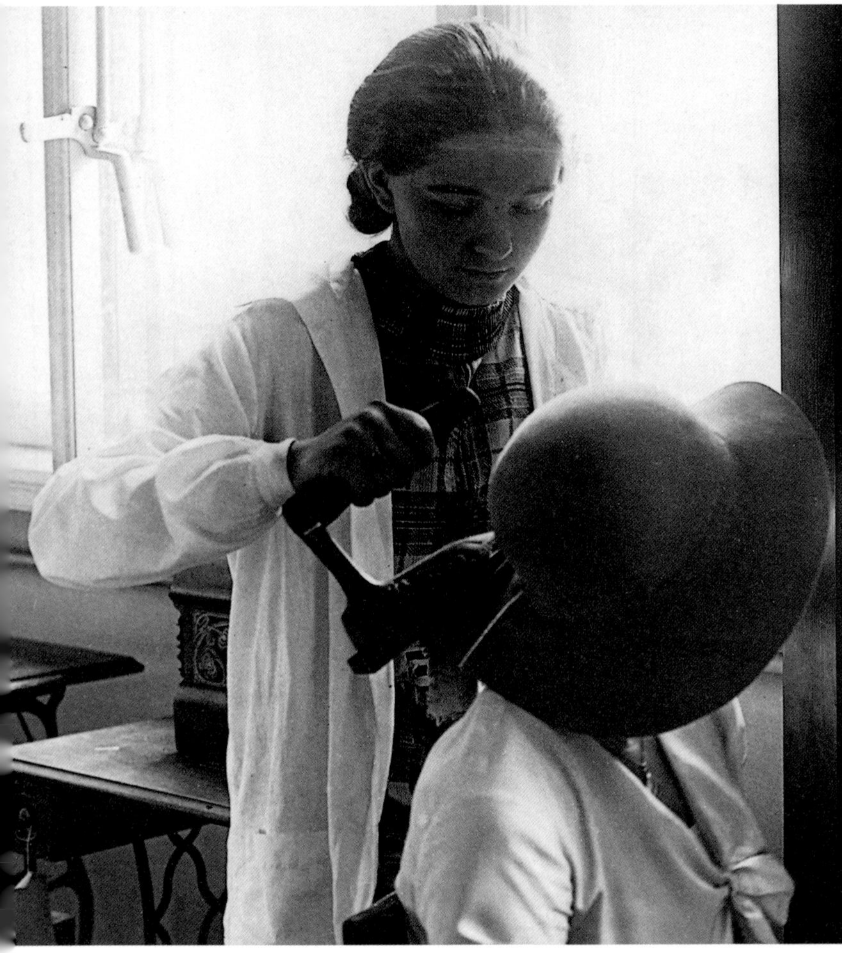

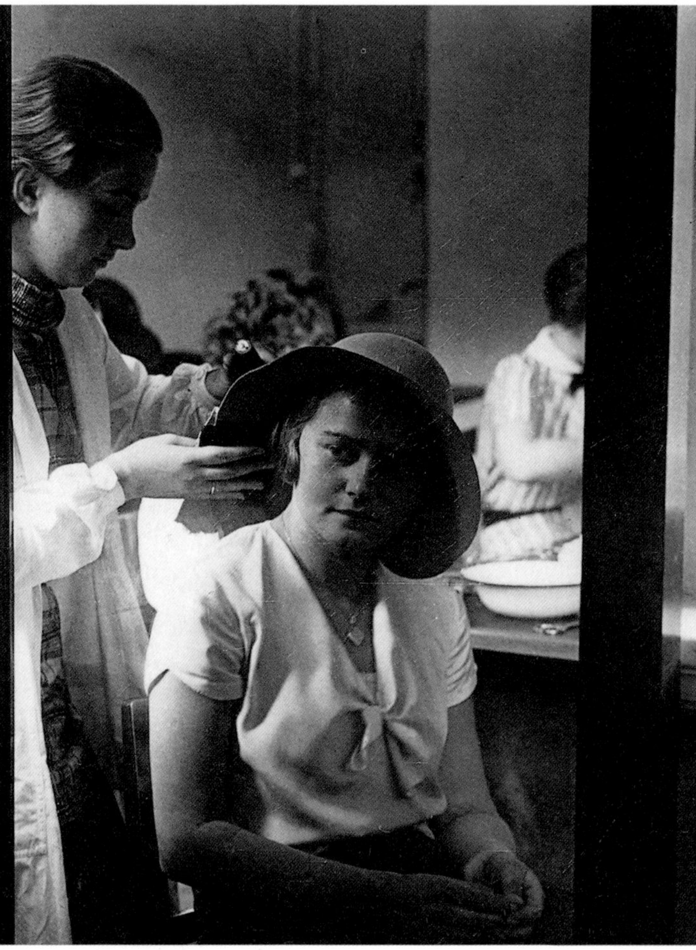

Oben: „Berlins erste städtische Modeschule. Der letzte Chic wird eingebügelt."
Links: „Deutsche Meisterschule für Mode. Entwurf zu einem Modell wird in dem Originalmaterial zusammengestellt."
Rechte Seite: „Künstliche Menschen sehen dich an! Interessante Aufnahmen von der Herstellung der Wachsfiguren, die eine neue Industrie bildet. Legte man einst keinen großen Wert auf diese Art der Dekoration, arbeiten heute Künstlerhände und geben den Figuren den letzten Schliff. Unser Bild zeigt: Maniküre der ‚künstlichen Menschen'. Die Fingernägel werden poliert."

In Berlin wirkte seit Mitte des 19. Jahrhunderts eine Konfektionsindustrie, die Mitte der 20er Jahre etwa 100 000 Heimarbeiterinnen beschäftigte. Die Konfektionäre um den Hausvogteiplatz herum kreierten den „Berliner Chic" – nach den neuesten Pariser Modellen gefertigte Kleider für Jedermann. Kniekurze Kleider und Röcke, Strümpfe aus synthetischen Fasern, kleine kecke Hüte und auffälliges Make-up kennzeichneten den Frauentyp der „Neuen Sachlichkeit", der zunehmend das Bild auf den Berliner Straßen, Büros und auch in den Fabriken bestimmte.

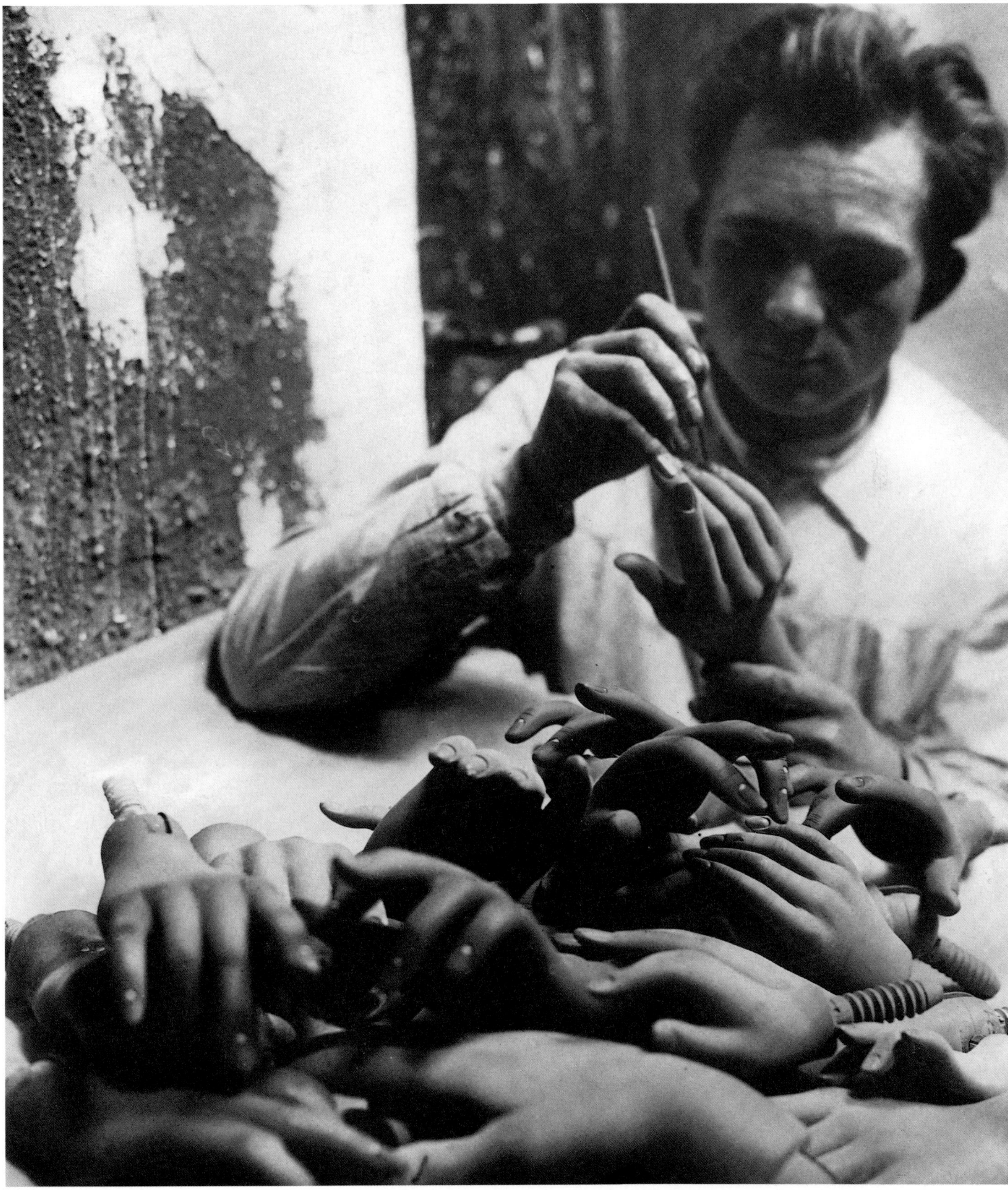

Linke Seite: „Die deutsche Schönheitskönigin für 1929 gewählt. Aus allen Teilen Deutschlands waren gestern die Auserwählten nach Berlin gekommen, um sich gestern abend bei Kroll der Jury zu stellen, die den Wettbewerb im Rahmen eines Balles stattfinden ließ. Unser Bild zeigt die zur deutschen Schönheitskönigin gewählte Berlinerin, Fräulein Elisabeth Rodziel, die im kommenden Jahre zur Teilnahme an den internationalen Schönheitswettbewerb nach Amerika gehen will."
Oben: „Massary-Premiere im ‚Metropol-Theater'. Am 1. September eröffnet das ‚Metropol-Theater' mit Fritzi Massary die Spielzeit 1932/33. Zur Aufführung gelangt die Operette *Eine Frau, die weiß, was sie will.* Unser Bild zeigt Fritzi Massary in einer Spielszene im Kreise ihrer Liebhaber." *(Originalbildzeilen)*

Die beliebteste Musical-Bühne Berlins war das Metropol-Theater in der Behrensstraße 56/58. Hier reüssierte die gebürtige Wienerin Fritzi Massary mit Revuen wie *Eine Frau, die weiß, was sie will* und avancierte zu „dem Revuestar" schlechthin. Ihre gleichermaßen berühmte Schauspielerkollegin, Tilla Durieux, bekannt durch ihre Arbeit an der Piscator-Bühne, gab Einblicke in die Höhen und Tiefen des Lebens auf den Bretter, die die Welt bedeuten. In ihrem Roman *Eine Tür fällt ins Schloß* gerät die Hauptfigur Carola in eine Schaffenskrise.

„Sie ließ sich gut zureden, zog das Kleid wieder an, kam auf die Bühne, blinzelte in die Lichter wie ein Stier vor dem Kampf, konnte auch die ersten Wort der Souffleuse hören, wollte sich mit einem Sprung in die Rolle werfen und konnte nicht weiter! Dort verfiel sie in eine Art Ohnmacht [...] Die Verwirrung war groß. Zum Glück fand sich eine mutige Anfängerin, die die Proben in der Hoffnung auf eine Krankheit der großen Kollegin mitgemacht hatte."

Tilla Durieux, Eine Tür fällt ins Schloß, *1927*

Oben: „Charlie Chaplin Gast des englischen Botschafters – Besuch des Berliner Metropol-Theaters! Charlie Chaplin, der am 9. März 1931 zu einem einwöchigen Aufenthalt in Berlin eintraf, war am 10. März Gast des englischen Botschafters in Deutschland, Sir Horace Rumbold, der zu Ehren des berühmten Filmstars ein Diner veranstaltete. Im Anschluß daran besuchten Chaplin, Sir und Lady Rumbold sowie die Damen und Herren der englischen Botschaft die Vorstellung von Kálmáns Operette *Veilchen von Montmartre* im Metropol-Theater. Unser Bild zeigt: Chaplin im Kreise prominenter Operetten-Stars im Berliner Metropol-Theater. Von links Karl Jöken, Gitta Alpar, Charlie Chaplin, Anni Ahlers und Sir Horace Rumbold."

Rechte Seite oben: „5-Uhr-Tee bei Josephine Baker. In Berlin in dem ehemaligen ‚Pavillon Mascotte' hat Josephine Baker jetzt ein eigenes Lokal eröffnet, in dem sie selbst ihre Gäste empfängt und die Honneurs macht."
Rechte Seite unten: „Der Grüne und die Blauen – seltene Freundschaft. Bekanntlich weilen in Berlin gegenwärtig etwa 400 amerikanische Seekadetten und Matrosen, deren Besuch sich über 2 Tage erstreckt und die in dieser kurzen Zeit möglichst viel von Berlin genießen wollen. Unser Bild zeigt zwei Blaujacken aus den USA, die mit einem Berliner Schupo enge Freundschaft geschlossen haben. Berlin 7. Juli 1930." *(Originalbildzeilen)*

„Trusts, Hochhäuser, Verkehrspolizei, Film, Technikwunder, Jazzband, Boxen, Magazine und Regie. Ist das Amerika? Vielleicht. Da ich nicht da war, fehlt mir jedes Urteil. Aber ich weiß, daß die Vorbilder hiervon uns von Amerika gekommen sind. Aber ist dies auch schon – Amerikanismus? Sind diese Erscheinungen nicht vielmehr nur die äußeren und geheimnislosen Symptome eines viel heimlicheren, geistigen, seelischen Wesens? Ist Amerikanismus nicht eine neue Daseinshaltung, erwachsen und gestaltet aus unserem europäischen Schicksal?"

Rudolf Kayser, Amerikanismus, *1925*

„Das ganze überhastete Leben unserer Zeit, die intensivere Art der Arbeit, die veränderte Art des Wohnens in den die Menschen immer weiter von der Natur entfernenden Mietskasernen – alles das schafft die nervöse, nach Abwechselung und starken Reizen drängende Stimmung, die den zunehmenden Anlockungen [des Amüsierbetriebs] gegenüber widerstandslos ist."

Eduard Bernstein,
Die Geschichte der Berliner Arbeiter-Bewegung, *1910*

Links: „„Café am Zoo' am Kurfürstendamm in Berlin."
Unten: „Moissi Theaterdirektor in New York? In New York soll ein neues deutsches Theater eröffnet werden, das wie das Irving Place-Theater, das vor dem Krieg großen Erfolg hatte, ein wechselndes deutsches Schauspielerprogramm haben soll. Das Theater soll von den Amerikanern geführt und unter der künstlerischen Leitung von Alexander Moissi stehen. Unser Bild zeigt: Den großen Schauspieler Alexander Moissi."

Oben: „Der Presseball im Zoo. In sämtlichen Räumen des Zoo fand am 28. Januar 1933 der Ball des Vereins Berliner Presse, der Höhepunkt der gesellschaftlichen Saison, statt. Der Ball bot zugleich eine Schau der neuesten Modeschöpfungen. Unser Bild zeigt Prominenz und Schönheit von Bühne und Film. Von links Lien Deyers, Liane Haid und Regisseur Josef von Sternberg."
(Originalbildzeilen)

Mit Kriegsende verschwinden auch vertraute Traditionen des wilhelminischen Reichs. Die neue Republik hatte Schwierigkeiten, ihren Bürgern politischen und moralischen Halt zu vermitteln, vor allem in der anonymen Großstadt Berlin mit seinen 3,8 Millionen Einwohnern. George Grosz sieht die Hauptstadt im Winter 1918/19 von „Sünde, Pornographie, Prostitution, Gewalt auf den Straßen und Kokain-Schiebern" überschwemmt. Während der Hyperinflation 1923 wird Berlin endgültig zu dem „Babylon", das die deutschnationalen Anhänger der „Konservativen Revolution" in Berlin sehen wollten. Während der „goldenen Jahre" entsteht hier eine soziale Melange aus Adeligen und alten Eliten, Neureichen und Inflationsgewinnlern, der künstlerischen Avantgarde, der Halb- und Unterwelt, die Carl Zuckmayer in seinen Memoiren „die neue Kurfürstendamm-Gesellschaft" genannt hat: protzig, exklusiv und zynisch. Promiskuität ist an der Tagesordnung: „Wer Moissi? Mit ihm habe ich geschlafen. Alte Schule", so notiert Carl Zuckmayer in seinen Memoiren das Zwiegespräch zweier junger Damen über die Beischlafgewohnheiten eines der gefeiertsten Schauspieler dieser Zeit, Alexander Moissi, bei einer Tanzgesellschaft 1924.

„‚Ganz recht, gnädiges Fräulein, zwei Monokel und ein Gedanke.'"

„‚Verstehen kann ich ja nicht, was er sagt, aber er hat eine reizende Stimme.'"

„‚Ja, ich bin auch allein.'"

„‚Bitte, bitte, gnadiges Fräulein, ich würde mich schrecklich freuen ...'"

„‚Wie? Ich habe gesagt, daß es sehr naßkalt draußen ist!'"

„‚Also, wenn Sie versprechen, nicht übermütig zu werden, so kommen Sie an Tisch 3!'"

„‚Übermütig? Ich bin doch so schüchtern!'"

„Das Telephon hat seine Schuldigkeit getan ..."

„‚Page, bitte die Garderobe!'"

(Originalbildzeilen)

„Flirt am Hörer" – Fotoreportage Die Ballhäuser Berlins warben in der 20er Jahren mit vielversprechenden Attributen: „Prunkvolles", „Künstlerisches", „Intimes" in der Atmosphäre der „kultiviertesten Luxusstätten der Welt" nahe den „High Life Bars" und „exquisiten Küchen". Bild und Text dieser Reportage geben sich dementsprechend frivol und stellten für die Illustriertenleser nach, wie schnell sich die „Berliner Jugend" in den Ballhäusern nähergekommen sein mag: „Tischtelefonie, der schönste Spaß im Ballhaus". Franz Hessel vermutete nach seinem Besuch eines der berühmtesten dieser Etablissements wenig „sozialmoralische Zwecke":

„Die Erfindung des Tischtelefons ist sehr seelenkundig: der mittlere Berliner ist nämlich gar nicht so selbstsicher, wie er gern erscheinen möchte. Am Telefon faßt er Mut [...], und darin bekräftigt ihn noch der Versappell der Direktion, die er auf dem interessanten Programm findet: *‚Genier' dich nicht und läute an/Ob sie dich mag, erfährst du dann'.*"

Franz Hessel, Spazieren in Berlin, *1929*

„5 Minuten nach dem Tanztee" – Fotoreportage
In dieser Fotoreportage spiegelt sich der typische fotojournalistische Blick wider, der sich Ende der 20er Jahre in Deutschland entwickelte: der Blick hinter die Fassaden eines Industriebetriebes oder die Kulissen eines Theaters. Aber auch das auf den ersten Blick banale Geschehen „5 Minuten nach dem Tanztee" wurde auf einmal interessant. Im Mittelpunkt standen immer die Menschen, auch wenn Text und Bildzeilen wieder einmal die für die Illustrierten typische bürgerliche „Sozialromantik" aufzeigen:
„Eben noch hat die Tangokapelle mit den schmelzendsten Tönen einer neuen Schlagermelodie jene Stimmung hervorgerufen, die undefinierbar und berückend zugleich das seelische Aroma des modernen Tanztees ist, jene Atmosphäre darstellt, in der sich die mondäne Frau und der nicht überbeschäftigte Mann beim Tee kennenzulernen pflegt. Der Tanztee ist heute aus dem Vergnügungsleben der Großstadt nicht mehr fortzudenken und seine Impresarios haben den Verhältnissen Rechnung tragend, die Preise so gesenkt, daß auch die kleinste Stenotypistin sich in diesen zwei köstlichen Stunden im elegantesten Rahmen als große Dame fühlen kann. Unsere Bilder zeigen die Welt der Lebenslust in jenem Moment, kurz nachdem die Musik verstummte, der Tanztee somit zu Ende ist. Ein merkwürdiger Wechsel ist mit dem Lokal vorgegangen in diesen 5 Minuten und der Fotograf illustrierte gewissenhaft fixierend alle Erscheinungen, die die 5 Minuten nach dem Tanztee in einem eleganten Tanzlokal einem aufmerksamen Beobachter zu bieten pflegen."

Oben: „Da wird sich dem Ober sicher ein Lächeln entringen, wenn er sehen wird, daß eine Dame ihren Lippenstift zurückgelassen hat."
Links: „Die Ober räumen die letzten Tassen fort."
(Originalbildzeilen)

Ganz oben: „Seine Kollegen beginnen das Parkett zu bohnern, denn in einer Stunde geht es wieder los."
Oben: „Inzwischen stärkt sich ein Page durch eine kräftige Stulle."
Links: „Auch die Herrin der Damentoilette übersieht den Reingewinn des Nachmittags."
(Originalbildzeilen)

„Von Adrian Wettach zu Grock" – Fotoreportage
Grock, der Clown, wurde in den Zirkusarenen der 20er Jahre groß. Als Meister seines Fachs kam er mit den geringsten Requisiten aus – ein kaputter Stuhl, eine Trompete – und war sparsam in seinen Bewegungen. Seine Vorstellungen waren Maßarbeit, die ohne Albernheiten und persönliche Eitelkeiten auskamen: „Meine Gags fallen mir einfach ein. Ein Spieler würde es Glück, ein Dichter Inspiration nennen." Kritiker nannten ihn ein „großes Kind in einem weisen Mann", der es verstand, Lachstürme in Tränen zu verwandeln. Unvergessen blieb den Zeitgenossen, wenn er mit einem Gartentörchen unter dem Arm die Manege betrat, es vor sich hinstellte, einen Blick in die Zuschauer warf, es dann öffnete, mit aller Sorgfalt die Pforte wieder schloß und sie sich dann unter den Arm klemmte: „Unsere Reportage zeigt die ungeheure Mimik und Wandlungsfähigkeit des weltberühmten Clowns Grock, der mit seinem bürgerlichen Namen Adrian Wettach heißt. Grock tritt, wie bekannt, jetzt im Cirkus Busch, Berlin, auf." *(Originaltext der Fotoreportage)*

Links: „Noch ist er Adrian Wettach. Nur Nasenspitze und Mundwinkel weisen darauf hin, daß in wenigen Minuten aus Adrian Wettach der Clown Grock geworden sein wird."
Unten links: „Die ungeheuere Mimik? Ausdrucklos- und Wandlungsfähigkeit des Künstlers: Böse."
Unten: „„– nit möööglich!""
Rechte Seite: „Grock in der Manege."
(Originalbildzeilen)

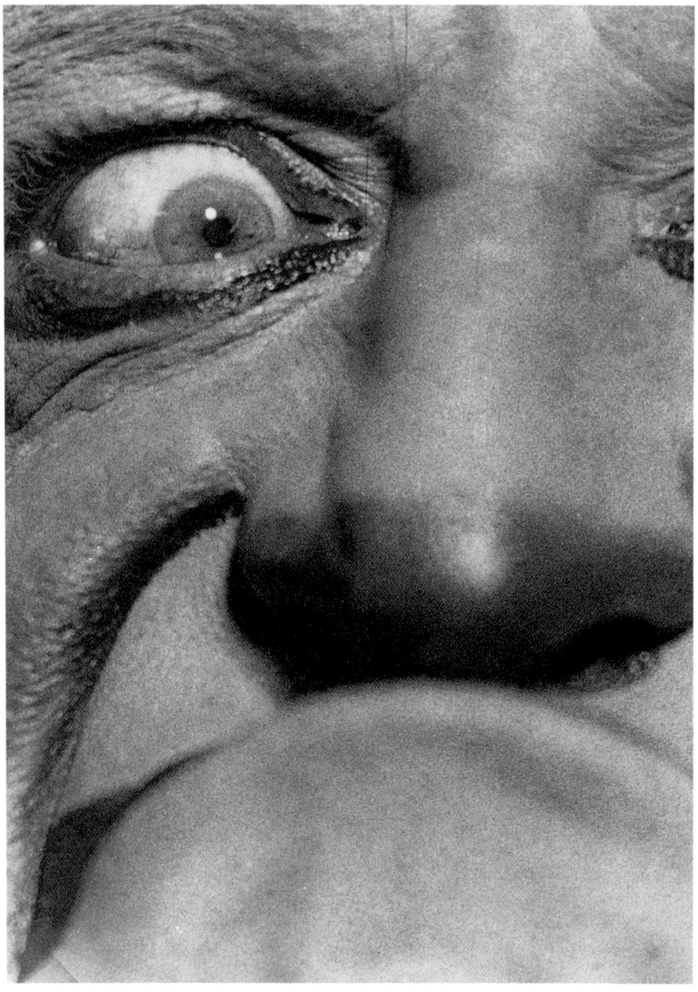

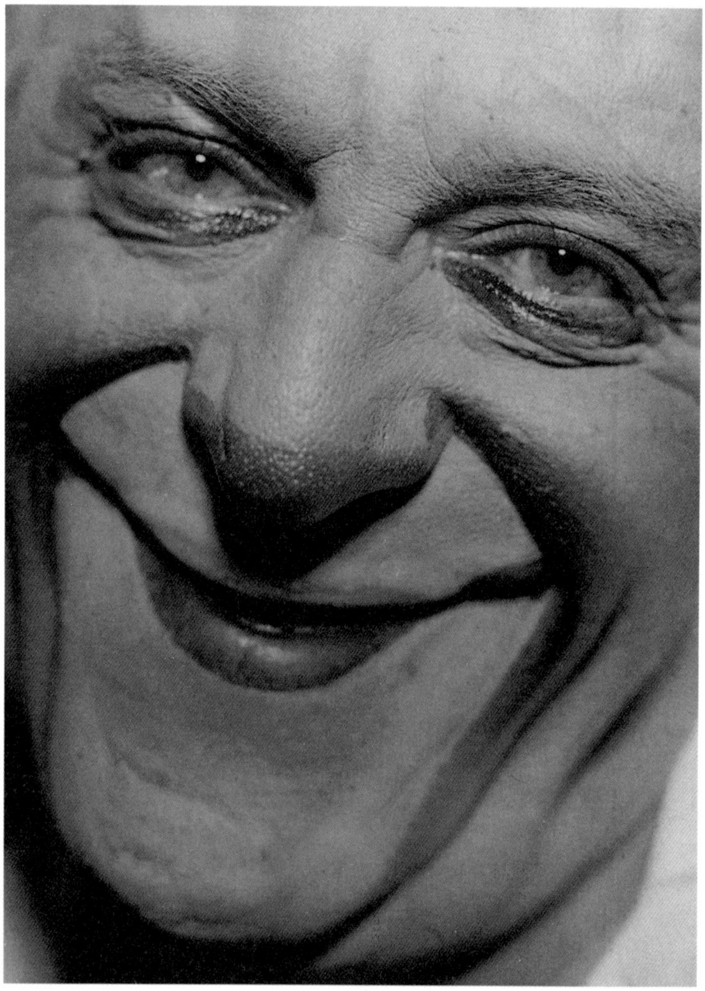

Oben: „‚Goldrausch'. Maskenball des Internationalen Varieté-Theater- und Circus-Direktoren-Verbandes im Berliner Sportpalast. Originelle Kostüme: Neger, Lampenschirm, Politischer Affe, Palette."
Links: „Der Zirkus kommt! Eine Nummer, die ihre Wirkung nie verfehlt: das künstliche Zebra." *(Originalbildzeilen)*

Oben: „Der Zirkus kommt! 5-Uhr-Tee bei den Zirkusleuten. Löwenbändiger und Dressurreiterin, Clown und Trapezkünstlerin sitzen freundlich vereint bei der Kaffeetafel.“ *(Originalbildzeile)*

Varieté und Zirkus als Vergnügungsstätten hatten in den 20er Jahren ihren Zenit bereits überschritten. Bereits im Januar 1914 machte ein Varietéfreund den Verantwortlichen für diese krisenhaften Entwicklung aus: „Das Kino sitzt wie eine Pagode auf monumentalem Piedestal und faltet die Hände über dem gefüllten Bauch: Veni, vidi, vici. Es hat gesiegt.“ Der Film stahl diesen Vergnügungsstätten, die bis dahin bevorzugt von Kleinbürgern und Arbeitern besucht wurden, die Besucher. Immer mehr Spielstätten des Varietés wurden in Kinosäle umgewandelt. In das feste Haus des Circus Busch in Berlin zogen immer mehr politische und Sport-Veranstaltungen ein. Für die Artisten erfüllte sich jedoch 1919 ein langgehegter Wunschtraum: Sie trotzten in diesen bewegten Zeiten ihren Direktoren einen reichsweiten Tarifvertrag ab. Diese organisierten sich im Gegenzug in einem Verband, der Ende der 20er Jahre den illustren Titel trug: „Internationaler Varieté-Theater- und Circus-Direktoren-Verband“.

Links: „Fünfzehnhundert Menschen amüsieren sich.“ *(Originalbildzeile)*
Oben: Das Tanzparkett verschwindet und die Revue beginnt.

„Lebensfreude am laufenden Band“ – Fotoreportage
Der Fotograf besuchte das „Alcazar“ auf der Reeperbahn in Hamburg, der berüchtigten Vergnügungsmeile der Hafenstadt im Viertel St. Pauli. Nach aufwendigem Umbau des „Groß-Ballhaus-Varietés“ wurde das Haus am 3. März 1930 wiedereröffnet. Die Reportage führt den Lesern eindrucksvoll vor Augen, welcher Aufwand schon damals notwendig war, um das verwöhnte Publikum zu begeistern.

„St. Pauli! Mit Yoshiwara, Whitechapel, Montmartre, Sin-Sing und – last not least – Hollywood ein Gemeinsames: der internationale Klang des Namens. Rund um die Erde dieselbe farbenbunte Vorstellung dessen, der diesen Namen spricht, hört, liest: Hafen, Fahrensleute, Tingeltangel, verwehte Klänge und – Mädchen, ach ja die Mädchen von St. Pauli [...] und den huschenden Farben Sehnsucht nach Rausch, Freiheit, Weite, Lebensfreude.“

Ludwig Jürgens, Sankt Pauli, *1930*

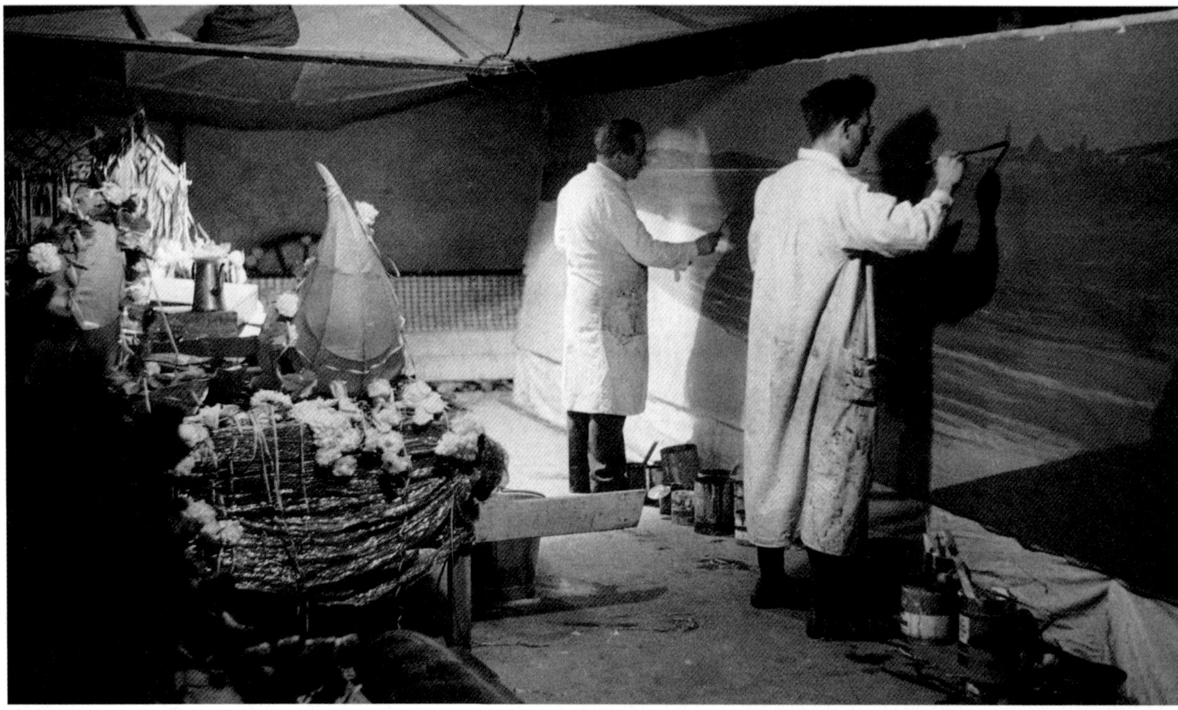

„Lebensfreude am laufenden Band“ – Fotoreportage (Fortsetzung)
Ganz oben: „Spät nachts wird auch an neuen Dekorationen gearbeitet.“
Oben: „Ein Hebeldruck – das Tanzparkett verschwindet.“
Links: „Die Revue – vom Maschinenraum aus gesehen.“
Rechte Seite: „Im Zauberreich der Revue.“ *(Originalbildzeilen)*

„Der berittene Amor" – Fotoreportage
Egon Erwin Kisch, der als „rasender Reporter" zu einem Markenzeichen des schreibenden „sozialdokumentarischen" Journalismus der Weimarer Republik avancierte, beschrieb die Atmosphäre in einem Hippodrom im Hamburger Vergnügungsviertel St. Pauli Anfang der 30er Jahre wie folgt:

„Schlecht sind die Zeiten in St. Pauli, von den zwölf Ponys, mit denen die Hippodrome nahe der Großen Freiheit bestückt sind, stehen neun trübselig umher, die Mädchen, einst beim Reiten nur die Strumpfbänder zeigend, müssen sich nun bis zur Hüfte darbieten, und damit nicht genug, verlangt der fremde Kavalier, bevor er der Reiterin einen Grog bezahlt, daß sie die Schlüpfer ablege, schlecht sind die Zeiten in St. Pauli."

Egon Erwin Kisch,
Mein Leben für die Zeitung, *1926–1947*

Linke Seite, oben links: „Eine fröhliche Ekipage."
Linke Seite, oben rechts: „Pferdeköpfe und Frauenbeine sind die Hauptsehenswürdigkeiten des Hippodroms."
Linke Seite unten: „Stall St. Pauli"
Oben: Musiker und Tarife.
Rechts: „Cowboys und Indianer trinken sich Mut an."
(Originalbildzeilen)

Links: „Wieder läuft ein Sechstagerennen in Berlin. Gestern nahm im Berliner Sportpalast das 24. Berliner Sechstagerennen, die alljährliche Sensation der Radsportfreunde, seinen Anfang. Unser Bild zeigt: Wenn die Fahrer einmal ruhig die Bahn umkreisen, dann ist es interessanter, die Besucher der Kurve zu beobachten. Hier sitzen die Sachverständigen, die ‚Leute vom Bau', die jeden Fahrer kennen und jede Phase des Rennens fachmännisch kritisieren."
Unten: „Wieder Sechstagerennen im Berliner Sportpalast! Am 7. November 1930 begann im Berliner Sportpalast vor einer Riesenzuschauermenge das 24. Sechstagerennen. 15 Paare traten zum Start an. Unser Bild zeigt den Start der Sechstagerenner am 8. November 1930."
Rechte Seite: „Eine Übersicht vom Sechstagerennen im Sportpalast in Berlin." *(Originalbildzeilen)*

„Wer das Volk von Berlin im Fieber sehen will, versäume nicht, einen Teil der 144 Stunden zu erleben, in denen auf schräger Holzbahn die Fahrer des Sechstagerennens ihre Runden durch die Riesenhalle machen. Im Mittelraum und in den Logen wird er Gesellschaft sehen, ‚Köpfe', Prominente, schöne Schultern in Zobel und Fuchs. Will er aber unter den wahren Kennern sitzen, unter denen, deren Anteil am unmittelbarsten und berlinischsten ist, muß er sich unter die Sweater und Windjacken auf der Galerie mischen. Da wird keine wichtige Wertung oder Überrundung unbeachtet gelassen, da wird strengste Kritik geübt und am heftigsten geklatscht. Ist gerade ‚nichts los', wird Karten gespielt. Dann wieder hallen und zischen die Vornamen der anzufeuernden Lieblinge, welche man hier oben kennt, ohne sich an Zahl und Trikotfarbe des sausenden Rückens orientieren zu müssen, durch den Dunst."

Franz Hessel, Spazieren in Berlin, *1929*

„Zum Avus-Rennen mit Max und Uschi. Es sollen über zweihunderttausend Menschen draußen gewesen sein. Interessant war zu beobachten, wie aus einem gänzlich unbekannten jungen Mann plötzlich der Liebling einer riesigen Menschenmenge wird. Das geschah dem jungen Brauchitsch, der auf einem deutschen Mercedes-Wagen über den bisherigen deutschen Liebling Caracciola, der heute einen italienischen Wagen fuhr, siegte. Plötzlich war Brauchitsch in aller Munde; je mehr sich das Rennen zwischen ihm und Caracciola zuspitzte, um so mehr wurde er umjubelt; als er im letzten Augenblick vorkam und siegte, raste die Menge. Motive: ein deutscher Wagen, mehr noch Brauchitschs Jugend, daß er ein hübscher Junge ist, dann ein outsider, also Überraschungsmotiv."

Harry Graf Kessler in einer Tagebuchnotiz vom 22. Mai 1932, Sonntag

1921 wurde in Berlin die 9,8 km lange Automobil-Verkehrs- und Übungsstraße, kurz AVUS, eröffnet. Die Rennstrecke zwischen dem Grunewald und Nikolaussee gilt bis heute als der Prototyp aller Autobahnen.

„Die großen internationalen Automobilrennen auf der Avus am 22. Mai 1932. Europas beste Autofahrer auf der Avus. Start der kleinen Klasse, Wagen bis 1500 ccm."

(Originalbildzeile)

DER KAISERHOF

ALLES BRICHT ZUSAMMEN!

9

Die Weltwirtschaftskrise warf ab 1929 ihren Schatten auf Deutschland und hatte verheerende ökonomische, politische und soziale Auswirkungen. Als im Juli 1931 die Darmstädter- und Nationalbank zahlungsunfähig wurde, frohlockte Joseph Goebbels in der nationalsozialistischen Zeitung *Der Angriff:* „Alles bricht zusammen!" Die Nationalsozialisten hatten mit der Reichstagswahl 1930 einen kometenhaften Aufstieg erlebt und hofften nun auf die baldige Machtübernahme. Doch auch der triumphale Sieg bei der Wahl im Juli 1932 verhalf ihnen nicht zu dem immer wieder verkündeten Ziel der absoluten Mehrheit. Demonstrativ zogen die „Braunhemden" vor der ersten Parlamentssitzung nach der Wahl durch Berlin:
„Nationalsozialistische Reichstagsabgeordnete auf dem Weg zu einer Konferenz in Hitlers Hauptquartier im Hotel Kaiserhof in Berlin vor der Eröffnung des Reichstags im August 1932." *(Originalbildzeile)*

Regierungen ohne Rückhalt

Auch wenn sich die Republik nach der ersten hart umkämpften Phase ab 1923/24 stabilisieren konnte, setzte bereits in dem folgenden Jahrfünft ein Zersetzungsprozeß ein, der sich langsam und schleichend fortentwickelte. Der demokratische Staat bekam nach Eberts Tod durch den Reichspräsidenten Hindenburg einen konservativen Grundanstrich. Auch die bürgerlichen Kabinette der Legislaturperiode 1924–28 vermochten es nicht, bei den Wählern ein nachhaltiges Vertrauen zum deutschen Parlamentarismus zu schaffen. Große Koalitionen waren aufgrund der sozialpolitischen Gegensätze gar nicht erst möglich, während sich Rechtskoalitionen auf kurz oder lang an außen- und kulturpolitischen Fragen entzweiten. Die Weimarer Regierungsparteien neigten ohne Ausnahme dazu, Einzelfragen zu verabsolutieren, und vernachlässigten dabei ihren Auftrag: über Kompromisse eine mehrheitsfähige Politik und allgemein durchsetzbare Entscheidungen zu formulieren. Nachdem das Kabinett Marx auf dem klassischen Feld der Weltanschauungen, dem der Schulpolitik, gescheitert war, erstrahlte im Reichstagswahlkampf 1928 über all diesen Querelen der außenpolitische Stern Stresemanns. Seine Partei DVP buhlte mit folgendem Slogan um die Gunst der Wähler: „Was gehen Dich die anderen an – Du wählst wie Gustav Stresemann!“ Der Außenminister indessen warb hinter den politischen Kulissen für die Erkenntnis, daß es nach dem Scheitern des Kabinett Marx im Frühjahr 1928 auf absehbare Zeit keine realistische Alternative zu einer großen Koalition mit den Sozialdemokraten geben könne.

Kinderspeisung statt Panzerkreuzer

Die SPD war nach ihrem Parteitag 1927 in Kiel nach langer Abstinenz wieder bereit, im Reich Regierungsverantwortung zu übernehmen: Hier bekundeten sie ihren neuen „Willen zur Macht“, der alle weiteren Bürgerblockkabinette verhindern wollte und seinen Optimismus aus der positiven Entwicklung der Weimarer Koalition in Preußen ziehen konnte. In den Wahlkampf zogen sie allerdings mit der kämpferischen Parole „Kinderspeisung statt Panzerkreuzer“ und schlossen sich damit der Forderung der KPD an, die anstatt des in ihren Augen sinnlosen Prestigeobjektes der Reichsmarine, den „Panzerkreuzer A“ zu bauen, die kostenlose Speisung an Volksschulen befürwortete. Nach der Stimmenauszählung der Reichstagswahl am 20. Mai 1928 herrschte großer Jubel bei den Sozialdemokraten, fast vier Prozent Zuwachs entsprachen über einem Drittel der Reichstagsmandate.

Gleichzeitig gab es aber auch Alarmsignale: Die bürgerliche Mitte ging geschwächt aus den Wahlen hervor; ebenso deutete sich eine Zersplitterung der Parteienlandschaft in mittelständische und agrarische Interessengruppen an; gleichwohl fanden sich auch erste Anzeichen einer Radikalisierung, denn die KPD steigerte sich auf 10,6 % der Stimmen, während die NSDAP nur in einigen Agrarregionen wie zum Beispiel dem holsteinischen Dithmarschen deutliche Gewinne erzielen konnte.

Regierung ohne Mehrheit

Die „Große Koalition“ kam dennoch. Es vergingen aber fünf Wochen, bis der neue Reichskanzler Hermann Müller (SPD), der 1919 den schweren Gang nach Versailles zur Unterzeichnung des Friedensvertrages angetreten hatte, sein „Kabinett der Persönlichkeiten“ der Öffentlichkeit vorstellen konnte. Dieser vielversprechende Begriff kaschierte allerdings eine parlamentarische Farce: In der Tat hatten sich in der Regierung die Köpfe der Parteien DVP, Zentrum, DDP und SPD zusammengefunden, aber in letzter Konsequenz konnte sich das Kabinett nicht auf eine parlamentarische Mehrheit stützen, da ihre Fraktionen sich nicht an die Entscheidungen dieses Kabinetts gebunden fühlten.

Dieses Defizit offenbarte gleich die erste Regierungskrise im Herbst 1928. Denn die SPD tappte fatalerweise in eine Falle, die sie sich im Wahlkampf selbst gestellt hatte. Ihr kämpferisches Nein gegen den „Panzerkreuzer A“, der aufgrund seiner Kompaktbauweise das Verbot von Versailles, Großkampfschiffe zu bauen, einfach umging, konnten und wollten die sozialdemokratischen Minister Severing, Wissell und Hilferding um Kanzler Müller gegen die bürgerliche Mehrheit im Kabinett nicht mehr aufrechterhalten. Die SPD-Reichstagsfraktion hielt aber an ihrer pazifistischen Grundhaltung fest und beantragte, den Bau des Kriegsschiffs umgehend einzustellen. Die Fraktion der regierungsführenden Partei düpierte ihre Minister und den Kanzler und setzte sie aufgrund der eisernen Fraktionsdisziplin bei Abstimmungen dem öffentlichen Spott aus – sie sprachen sich selbst das Mißtrauen aus, während der Regierungsbeschluß durch die parlamentarische Mehrheit der Parteien von DDP bis hin zur NSDAP getragen wurde. Kaum hatte die SPD vermeintlich gestärkt Regierungsverantwortung übernommen, machte sie sich in der ersten entscheidenden Abstimmung unglaubwürdig.

Für die Ereignisse im Reichstag interessierten sich die Massen weniger. Die Ankunft der *Graf Zeppelin* am 5. November 1928 hingegen rief Begeisterung in der Berliner Innenstadt hervor. Hier eine Menschenmenge vor dem Reichspräsidentenpalais.

Der Blutmai

„Der 1. Mai in Berlin. In dem berüchtigten Scheunenviertel kam es am 1. Mai zu scharfen Zusammenstößen, und es wurde geschossen. Unsere Aufnahme zeigt die vor der Polizei flüchtenden Demonstranten.“ *(Originalbildzeile)*

Bei den Reichstagswahlen 1928 gab es erste Anzeichen für eine Radikalisierung, die im Dezember in Berlin in einer Reihe von blutigen Zusammenstößen zwischen Kommunisten und Nationalsozialisten, aber auch zwischen Sozialdemokraten und Kommunisten gipfelten. Der sozialdemokratische Polizeipräsident der Reichshauptstadt, Karl Friedrich Zörgiebel, reagierte auf die Ausschreitungen mit einem Verbot aller Versammlungen und Demonstrationen unter freiem Himmel. Dieser Erlaß galt auch am 1. Mai 1929 noch, dem traditionellen Tag der Arbeit. Dennoch hatte die KPD zu Massendemonstrationen aufgerufen: „Ich befand mich gerade in der Ziethenstraße, fast an der Ecke der Hermannstraße, und wollte wieder zur Hermannstraße, als plötzlich geschossen wurde. Alles rannte, die Schupobeamten stürzten aus den Hauseingängen hervor und eröffneten sofort das Feuer, ohne daß ich feststellen konnte, wohin sie schossen. Ich wurde in eine Kneipe gedrängt, die sich Ziethenstraße, Ecke Hermannstraße befindet. Vor der Kneipe, in der Hermannstraße, stand ein Panzerauto, das wiederholt Salven mit seinem Maschinengewehr in Richtung Hermannplatz abgab [...] Für die Stimmung der Beamten ist folgende Äußerung kennzeichnend: ‚Wir möchten das ganze Nest ausräuchern. Wir möchten noch ganz anders rangehen, aber wir dürfen ja nicht.‘“

Die Straßenschlachten in den „roten“ Vierteln Neukölln und Wedding, hier von einem Augenzeugen beschrieben, endeten erst nach drei Tagen. Der Übereifer der preußischen Polizei forderte über 30 Menschenleben, darunter mehrere Hausfrauen auf ihrem Weg zum Einkauf, außerdem gab es 194 Verletzte und 1228 Verhaftungen. Es bleibt die drängende Frage: Wie konnte es nach so vielen Jahren der Ruhe zu diesem Blutbad kommen?

Vergebliche Suche nach dem Klassenkompromiß

Die Sozialdemokratie hatte seit dem 9. November 1918 keinen Zweifel daran gelassen, daß es zu ihrer Politik des „Klassenkompromisses“ in einer parlamentarischen Demokratie keine Alternative gibt. Diese Partei sprach vor allem für die beschäftigten und besser situierten Arbeiter, die, entgegen der Worte von Marx und Engels, mehr zu verlieren hatten als ihre Ketten. Um ihr unabdingbares „Nein“ zu revolutionärer Gewalt und zum Bürgerkrieg zu realisieren, scheute die SPD als die staatserhaltende Partei nie vor repressiven Mitteln zurück – zu erinnern ist in diesem Zusammenhang an den wiederholten Einsatz von Freikorps- und Reichswehrsoldaten gegen die Aktionen der radikalen Linken. Mochte diese Strategie auch als arrogant und kaltschnäuzig gegenüber der „sozialistischen Bruderpartei“ erscheinen, der Gegensatz zwischen Sozialdemokraten und Kommunisten war nie taktischer, sondern von Anfang an grundsätzlicher Art.

Gewalt spielte in der Fundamentalopposition der KPD eine zentrale Rolle, vor allem in ihrer Agitation. Seit 1920 bekannte sich dieser zunächst unorganisierte und ideologisch zerstrittene Haufen zu einem Ziel: der Zerschlagung der Weimarer Demokratie und der Errichtung eines „Sowjetdeutschland“. Die Kommunisten, die in erster Linie die unterprivilegierten und notleidenden Teile der Arbeiterschaft vertraten, befanden sich 1928 wieder im Aufwind, nachdem ihre Mitgliederzahlen während des Parteiverbotes 1924 von 380 000 auf 180 000 zurückgegangen waren. Ideologisch von der Kommunistischen Internationale dominiert, hatte Ernst Thälmann einen straff organisierten Parteiapparat aufgebaut, der den Weisungen aus Moskau folgte. Auf dem VI. Weltkongreß der Komintern wurde eine Neueinschätzung der „Weltrevolution“ vorgenommen und für Deutschland die sogenannte „Sozialfaschismusthese“ aufgestellt: Nach der Phase der relativen Stabilisierung des Kapitalismus folge nun die Zeit der wirtschaftlichen und politischen Krisen; in dieser für die „Revolution“ günstigen Situation gelte es, die internationalen Stützen des Kapitalismus frontal anzugreifen, und dies sei in Deutschland nun einmal die Sozialdemokratie, die sich zudem in ihrer Politik immer mehr dem Faschismus annähere. Die „Sozialfaschisten“ seien die neue Fratze der deutschen Bourgeoisie.

Wachsende Kluft zwischen den Arbeiterparteien

Diese Parolen fielen im Frühjahr 1929 auf fruchtbaren Boden: Die Arbeitslosenzahlen waren auf fast 3 Millionen angestiegen; die Sozialdemokraten hatten wieder auf den Regierungsbänken Platz genommen. Die ökonomische Prognose der KPD bewahrheitete sich, während die SPD durch ihren unnachgiebigen „Befehl-ist-Befehl“-Kurs am 1. Mai die Prophezeiungen des Gegners zu bestätigen schien. Es ist zu bezweifeln, daß die KPD mit dem Bruch des Demonstrationsverbotes einen Bürgerkrieg auslösen wollte, vielmehr wollte sie die Staatsgewalt bewußt provozieren. Die gegenseitige Wahrnehmung der Arbeiterparteien war – zumindest auf ihrer Führungsebene – an einem Tiefpunkt angelangt: ideologisch verzerrt, verbittert und haßerfüllt. Seit den Ereignissen im „Blutmai“ verlief eine noch tiefere Kluft mitten durch die Arbeiterschaft – schimpften die einen ihre Gegner „Sozialfaschisten“, antworteten die anderen wenig fein „Kozis“ und warfen sie als Feinde der Freiheit mit den Nationalsozialisten in einen Topf. Aus diesem Konflikt wußten die NSDAP und Adolf Hitler Kapital zu schlagen. Er schuf nach sozialistischem Vorbild eine Massenpartei, die jedoch jenseits aller sozialen Konfliktlinien der Weimarer Gesellschaft verlief.

Die NSDAP – der neue Parteitypus

Der Hitler-Putsch 1923 war in seiner revolutionären Strategie kläglich gescheitert. Während seiner Haft entschloß sich Adolf Hitler, in Zukunft als Parteiführer die legalen Spielräume der Demokratie auszunutzen. Die Fußtruppen indessen sollten nicht nur überall im Reich präsent sein, sondern darüber hinaus den Terror von unten in Straßen- und Saalschlachten inszenieren. De facto sah diese Doppelstrategie so aus: Die SA beging unzählige Gewalttaten und Morde und schuf damit auf den Straßen eine Atmosphäre der Gewalt; diese schürte bei ebenso ängstlichen wie ordnungsliebenden Bürgern die Sehnsucht nach dem „starken Mann“; Hitler prangerte aus dem Parlament heraus die Unfähigheit seiner politischen Gegner und die Schwäche der verhaßten Republik an – und versprach Abhilfe.

Kaum aus der Haft entlassen, machte Adolf Hitler zunächst einmal sich selbst mobil und kaufte einen mehrzylindrigen Mercedes. Die NSDAP setzte von Anfang an auf modernste Technik und Medien und hatte bereits 1928/29 einen Parteiapparat aufgebaut, der sich vor allem durch seine Massen- und Breitenwirksamkeit von dem aller anderen Parteien unterschied. Die NSDAP hatte es noch vor ihren großen Wahlerfolgen ab 1930 verstanden, ein reichsweites Netz von Stützpunkten und Ortsgruppen aufzubauen. Fehlten an abgelegenen Orten aktive Parteimitglieder, holte man diese mit Lastkraftwagen, Autos und Schiffen zur Unterstützung herbei, denn die Propagandaveranstaltungen wurden generalstabsmäßig organisiert und immer von dem Auftritt uniformierter SA-Mitglieder begleitet. Viele Deutsche in der Provinz hatten bis dato solche Parteidemonstrationen pseudomilitärischer Macht noch nie erlebt. Hitler verstand es, seine Propagandaformel „Ein Volk, ein Reich, ein Führer“ auf massenpsychologisch eindrucksvolle Weise mit modernsten Mitteln zu inszenieren und so die politischen, wirtschaftlichen und religiösen Sehnsüchte vieler Wähler in der letzten Krise der Weimarer Republik auf die Person des „Führers“ zu vereinen.

Ganz oben: „Nationalsozialistische Wahlkundgebung im Lustgarten zu Berlin am 4. April 1932. Der Führer Adolf Hitler wird bei seiner Ankunft im Lustgarten stürmisch begrüßt.“
Oben: „Zur bevorstehenden Reichspräsidentenwahl. Massendemonstration der Nationalsozialisten im Lustgarten in Berlin. 4. April 1932.“ *(Originalbildzeilen)*

Diese Form der Propaganda und der permanente Straßenkampf kosteten viel Geld. Die NSDAP finanzierte sich zwar über Beiträge und Spenden; sie war die einzige Partei, die bei ihren Propagandaveranstaltungen Eintritt kassierte. Dennoch ist zu bezweifeln, daß diese Mittel für derartige Inszenierungen der Macht ausreichten. Unbestritten ist die Tatsache, daß aus bestimmten Kreisen der Wirtschaft Gelder an die NSDAP geflossen sind. Viele Wissenschaftler verwahren sich jedoch mittlerweile gegen die These, daß der Nationalsozialismus nur eine von den Interessen des Großkapitals geförderte und kontrollierte Bewegung gewesen sei; gleichzeitig verneinen sie die Antithese, daß es keinerlei strukturelle Verbindungen zwischen Kapitalismus und dem Aufstieg des Nationalsozialismus gegeben habe. Die historische Wahrheit liegt, wie so oft, irgendwo zwischen diesen Standpunkten. Lange vor dem politischen Durchbruch Hitlers gab es in Teilen der industriellen Eliten eine Bereitschaft, die parlamentarische Demokratie zugunsten einer autoritäreren Lösung fallenzulassen – um den Sozialstaat rigoros beschneiden und die im Kern marode Wirtschaft auf dem Rücken der Arbeiterschaft sanieren zu können. In den 20er Jahren waren diese Kreise, in deren Zusammenhang immer wieder die Namen der Schwerindustriellen Fritz Thyssen und Hugo Stinnes genannt werden, eine Minderheit. Die Weltwirtschaftskrise und die Selbstaufgabe des deutschen Parlamentarismus der frühen 30er Jahre schufen aber selbst in den Konzernzentralen der Industrie, die auch weiterhin den Nationalsozialisten sehr ablehnend gegenüberstanden, eine weit größere Aktzeptanz für die politische Lösung, Hitler in ein autoritäres Präsidialkabinett einzubeziehen. Man hoffte, daß auf diese Weise Rahmenbedingungen geschaffen werden könnten, in denen sich die deutsche Wirtschaft erholt.

Schwarzer Freitag

Die Alarmglocken schrillten. Nicht nur in Amerika. Mit Börsenschluß am Donnerstag, dem 24. Oktober 1929, brachen die Aktienkurse an der Wall Street in New York zusammen. Am Tag danach, dem „Schwarzen Freitag", setzten die Zeitungen die Weltöffentlichkeit von diesem Börsencrash in Kenntnis. Dieses Datum war schon für die Zeitgenossen ein wirtschaftliches Fanal und gilt bis heute als Beginn der Weltwirtschaftskrise. Durch jahrelange Überinvestitionen war ein Überangebot an Waren entstanden, mit dem die Nachfrage nicht mehr Schritt halten konnte. Die weltweite Überproduktion war jedoch nur eine von vielen Ursachen, die sich summierten und Ende 1929 unübersehbar wurden. Die unmittelbare Folge des Crashs war, daß die transatlantische Finanzwirtschaft zusammenbrach. Um liquide zu bleiben, zogen die US-Banken Kredite zurück, die sie kurzfristig in Europa angelegt hatten. Was sich zunächst nur als schwere temporäre Konjunkturkrise ausnahm, weitete sich bis 1931 aufgrund der internationalen Finanz- und Wirtschaftverflechtungen zur schwersten Wirtschaftskrise des 20. Jahrhunderts aus.

Der Teufelskreis aus Bankkonkursen, Firmenzusammenbrüchen, Massenarbeitslosigkeit und sozialer Verelendung setzte mit gewissen Zeitverschiebungen in allen Industrieländern der westlichen Welt ein, aber die politischen Auswirkungen waren doch sehr unterschiedlich. In den Demokratien mit Tradition wie Großbritannien und Frankreich traf die Depression alle Bevölkerungsschichten schwer, aber das Vertrauen in den Parlamentarismus an sich wurde nicht erschüttert. Völlig gegensätzlich verlief die Entwicklung in den USA und der Weimarer Republik: Während die amerikanische Demokratie mit der von Franklin D. Roosevelt initiierten Politik des „New Deal" ein hohes Maß an sozialpolitischer Verantwortung übernahm und ihre Vertrauenbasis stärkte, verirrte sich die junge Republik in einem Labyrinth tiefgreifender Probleme: die Schräglage der Konjunktur, eine hohe Arbeitslosigkeit bereits vor Ausbruch der Krise, die Verschuldung von Staat, Industrie und Landwirtschaft, die Folgen der Inflation und die psychologischen wie politischen Belastungen der Reparationen.

Die Große Koalition unter Beschuß

Die vordringlichste Aufgabe der deutschen Innenpolitik war 1928/29, die Gleichung von steigender Arbeitslosigkeit, wachsenden Sozialausgaben und schrumpfenden Steuereinnahmen zu lösen. Das „Kabinett der Persönlichkeiten" um Reichskanzler Müller hatte jedoch, wie bereits erwähnt, einen denkbar schlechten Start. Die innenpolitische Krise um den „Panzerkeuzer A" war im Oktober 1928 noch nicht ganz ausgestanden, da verdeutlichte die Montanindustrie ihre kompromißlose Haltung in der Tarifpolitik. Während des „Ruhreisenstreits" wurden 230 000 Arbeitnehmer über einen Monat lang ausgesperrt – der bis dahin größte deutsche Arbeitskonflikt. Der rechte Flügel des Arbeitgeberlagers suchte die offene Konfrontation, da er an Stelle der staatlichen Zwangsschlichtung einzelne betriebliche Vereinbarungen setzen wollte. Dieser Konflikt war die unausgesprochene Kündigung des sozialpolitischen Konsenses zwischen Industrie und dem Weimarer Sozialstaat. Mit zunehmender Verschlechterung der Konjunktur forderten die Interessenverbände von Industrie, Landwirtschaft und gewerblichem Mittelstand immer lauter, daß man das System abschaffen müsse, das die Arbeitnehmer übervorteile und die Unternehmer benachteilige: die parlamentarische Demokratie.

Radikalisierung der Parteien

Um solchen Angriffen Paroli zu bieten, hätte es einer starken Regierung bedurft. Doch innerhalb der Regierungskoalition machte sich die DVP, deren Außenminister Stresemann sich in seiner eigenen Partei mit seiner Position des sozialen Ausgleichs zunehmend isolierte, immer mehr zum Fürsprecher dieses Unternehmerkurses und vergrößerte damit den tiefen gesellschaftspolitischen Graben zur SPD. Unauffälliger verlief die Radikalisierung der Verfassungspartei DDP, die mit deutschnationalem und antisemitischem Gedankengut auf ihren schleichenden Niedergang reagierte. Nach rechts rückte auch eine weitere tragende Säule der „Weimarer Koalition", das Zentrum. Mit der Wahl des Prälaten und Kirchenrechtlers Ludwig Kaas in den Parteivorsitz im Dezember 1928 gewannen antiparlamentarische und autoritäre Ideen in der katholischen Partei immer mehr Raum. Kaas versuchte im August 1929, der fortschreitenden Erosion des katholischen Milieus mit folgender Rede Einhalt zu gebieten: „Niemals ist der Ruf nach einem Führertum großen Stils lebendiger und ungeduldiger durch die deutsche Seele gegangen als in den Tagen, wo die vaterländische und kulturelle Not uns allen die Seele bedrückt."

Solch autoritäre Töne einer staatstragenden Partei erschütterten die politische Kultur der Republik und machten es der SPD immer schwerer, die „Große Koalition" unter der Führung eines sozialdemokratischen Kanzlers nach innen und außen zu verteidigen. Schossen dann noch preußische Polizisten auf Kommunisten, wie beispielsweise im „Blutmai" 1929 geschehen, dann schien sich auch die abstrakte These des „Sozialfaschismus" für die Anhänger der KPD zu bewahrheiten. Die aufziehende wirtschaftliche Krise wurde von wütenden Protesten der radikalen Arbeiterschaft gegen die sozialdemokratischen „Bonzen" der Regierung Müller begleitet.

Gewalt erschwert politisches Handeln

Aber nicht nur auf den Straßen Berlins knallte es im Frühjahr 1929 heftig. Vor amtlichen Gebäuden in Norddeutschland explodierten Bomben. Zu den Anschlägen bekannte sich die Landvolkbewegung, in der sich viele überschuldete Bauern aus Schleswig-Holstein zusammengeschlossen hatten, um gegen die Zwangsversteigerungen ihrer Höfe zu protestieren. Während eines organisierten Steuerstreiks kam es zu Tumulten auf Viehmärkten und tätlichen Angriffen auf Polizisten und Gerichtsvollzieher. Es gab Landwirte, die lieber ihre eigenen Höfe in Brand steckten, als sie dem Fiskus zu überlassen. In dieser spontanen Agrarrevolte äußerte sich der Unmut derer, die sich von der „sozialen Demokratie" des Weimarer „Systems" vernachlässigt fühlten. Schuld war in ihren Augen der „Müllerismus", benannt nach dem Mann, der einst den Friedensvertrag unterschrieben hatte und sich wiederum anschickte, ein alliiertes Reparationsprogramm zu unterschreiben.

Ein neues Versailles

Alle Anzeichen deuteten darauf hin, daß der demokratische Konsens der „schwarz-rot-goldenen Koalition" immer weiter zerfiel und die Radikalisierung aller Parteien und Interessengruppen fortschritt. An dieser Entwicklung änderten auch die außenpolitischen Erfolge des Kabinetts wenig. Stresemanns Lebenswerk wurde von der deutschen Rechten schlichtweg ignoriert. Der bereits erwähnte „Young-Plan", der Deutschland seine wirtschafts- und finanzpolitische Souveränität zurückgeben sollte, forcierte die parteipolitische Polarisierung und machte schließlich die NSDAP „politikfähig".

Hugenbergs Kampagne

Im Herbst 1929 entfesselte die deutsche Rechte einen für die Weimarer Zeit unvergleichlichen Pressefeldzug. Die treibende Kraft hinter der Kampagne war Alfred Hugenberg, der 1928 den Parteivorsitz der DNVP übernommen hatte. In seiner reichsweiten und auflagenstarken Generalanzeiger-Presse ließ der Tycoon Hugenberg jeden Tag Hetztiraden gegen den Young-Plan und immer öfter wohlwollende Kommentare über einen neuen Bundesgenossen drucken, der sich bis dahin geweigert hatte, mit den Monarchisten zusammenzuarbeiten – die NSDAP. Der Pressezar finanzierte darüber hinaus einen „Reichsausschuß", in dem sich die Nationalsozialisten, der Bund der Frontsoldaten „Stahlhelm" und die DNVP als „Nationale Opposition" sammelten, um gemeinsam ein Volksbegehren gegen das „neue Versailles" durchzusetzen. Gegenstand des Plebiszits sollte das „Gesetz gegen die Versklavung Deutschlands" sein, in dem die Streichung des Versailler Kriegsschuldparagraphen und Zuchthausstrafen für alle Unterzeichner des Young-Abkommens gefordert wurden. Die nationalistische Kampagne für das Volksbegehren nahm die verfassungsmäßige Hürde zwar knapp – 10,02 % aller Stimmberechtigten votierten mit Ja –, aber die entscheidende Abstimmung vom 22. Dezember 1929 endete mit einem Fehlschlag. Statt der erforderlichen 21 Millionen stimmten nur 5,8 Millionen Deutsche für das Gesetz. Die Verliererin des „Reichsausschusses" war die DNVP, die sich an dem Führungsstil des Parteivorsitzenden zerrieb. Eindeutige Gewinner hingegen waren die Nationalsozialisten, die sich über eine fremdfinanzierte Progandakampagne reichsweit als neue Kraft in der Nationalen Opposition profilieren konnten. Sie wurden nun von den etablierten rechten Parteien als Bündnispartner akzeptiert. Wie die Reichstagswahlen von 1930 zeigten, gewann die NSDAP immer mehr Sympathien unter den Rechtswählern.

„Anläßlich einer Kundgebung, die von den Groß-Berliner Landesverbänden der Deutschnationalen Volkspartei am 27. Januar 1931 abends im Berliner Sportpalast unter dem Motto ‚Deutschland einst, jetzt und in Zukunft' veranstaltet wurde, sprach neben dem deutschnationalen Führer Dr. Hugenberg auch D. Doehring, ebenfalls Reichstagsabgeordneter der Deutschnationalen Volkspartei."
(Originalbildzeile)

Abwarten!

Nach der Wahl Hindenburgs zum Reichspräsidenten 1925 war die Weimarer Republik konservativer geworden. Dies lag weniger an Hindenburg selbst, denn er blieb zunächst weitgehend tatenlos und wirkte bis Ende der 20er Jahre eher wie ein in Stein gehauenes Monument auf die deutsche Innenpolitik. Respekt zollten ihm Kreise der Wirtschaft mit einer Spende – der Reichspräsident konnte seit 1927 das Familiengut Neudeck in Ostpreußen wieder sein eigen nennen. Nun hatte er stets ein offenes Ohr für die Wünsche seiner Gutsnachbarn, die im Gegensatz zum Unternehmertum und der Arbeiterschaft nicht in der Großen Koalition repräsentiert waren. In diesen Kreisen sollte auch in Zukunft nur eine Regierung der Rechten Beifall finden, daran änderte auch die Subventions- und Zollpolitik der Regierung Müller nichts.

An einer rechten Kurskorrektur der Regierung arbeiteten seit dem Frühjahr 1929 einflußreiche Ratgeber im näheren Umfeld Hindenburgs: Generalmajor Kurt von Schleicher, der im gleichen Jahr Chef des Ministeramtes im Reichswehrministerium geworden war; Otto Meißner, Staatssekretär und Hindenburgs ziviler Verbündeter; Oskar Hindenburg, der als Präsidentensohn und Reichswehroffizier seine eigene Politik zu machen pflegte. Sie alle drängten darauf, die Sozialdemokraten aus der Regierungsverantwortung zu entfernen. Ihr gemeinsamer Kanzlerkandidat eines „Hindenburg-Kabinetts" war Heinrich Brüning, den die Zentrumsfraktion im Dezember 1929 zu ihrem neuen Vorsitzenden wählte. Seine nationalkonservative Grundeinstellung, seine finanzpolitische Erfahrung und nicht zuletzt das Fronterlebnis als Offizier im Weltkrieg qualifizierten ihn in den Augen der Rechten, die zugleich in seiner sozialpolitischen Einstellung Identifikationspotential für die Sozialdemokraten sahen. Hindenburg unterstützte die Pläne einer Präsidialregierung und ließ Brüning Ende des Jahres wissen, daß er ihm auch die Vollmachten nach dem Notstandsartikel 48 zugestehen werde. Weiterhin ließ der Präsident verlauten, daß er die Sozialdemokraten erst nach der Ratifizierung des Young-Plans auf die Oppositionsbänke schicken wolle, um die neue Regierung nicht mit der schweren Hypothek eines weiteren Reparationsabkommens zu belasten – die rechten Schmähungen des „neuen Versailles" standen noch im Raum.

Die Preisgabe des Parlamentarismus

„Erwerbslosenspeisungen in Berlin! Um der Not der Erwerbslosen und Bedürftigen Berlins im kommenden Winter entgegenzutreten hat die Regierung unter Zusammenarbeit mit Handel und Industrie eine weitere Hilfsaktion organisiert“. *(Originalbildzeile)*

Zum Jahreswechsel 1929/30 stellte sich die Frage: Hatte je eine Weimarer Regierung mehr außerparlamentarische politische und wirtschaftliche Interessen gegen sich gehabt? Die gefährlichsten Gegner der parlamentarischen Demokratie saßen in den Konzernzentralen der Schwerindustrie, auf ihren Gütern in Ostelbien und in den höchsten Kommandostellen der Wehrmacht. Zwar waren die Kommunisten und Nationalsozialisten mit insgesamt 66 von 491 Reichstagsmandaten noch keine ernsthafte Bedrohung im Parlament, aber sie agitierten und kämpften bereits wieder in nicht zu unterschätzendem Ausmaß auf den Straßen. Aber auch im Reichstag hatte sich seit Beginn der Großen Koalition die Situation ständig verschärft. Das „Kabinett der Persönlichkeiten“ hatte keinen Rückhalt in den Fraktionen. Darüber hinaus fehlte der Regierung seit dem Tod Stresemanns im Oktober 1929 der charismatische Kopf, der als Ex-Monarchist und geläuterter Vernunftrepublikaner einen unbeugsamen Willen zum politischen Kompromiß entwickelt hatte. Vor allem die Sozialdemokratie mochte sich als alleingelassener Fürsprecher der „Demokratie“ gefühlt haben: Einerseits fielen die ehemaligen Bundesgenossen DDP und Zentrum vom „schwarz-rot-goldenen“ Konsens ab; andererseits mußte die SPD für alle Mißstände und Fehler der Republik in der radikalen rechten und linken Öffentlichkeit geradestehen. Noch aber war nichts verloren.

Unnachgiebig in den Untergang

Die Sozialdemokraten zogen Anfang 1930 wenig kämpferisch und zugleich gespalten in die letzte Schlacht um den Parlamentarismus. Vielmehr wurde nun die Bereitschaft aller Beteiligten, das gegenwärtige Regierungsbündnis fortzusetzen, auf eine letzte Probe gestellt. Doch nachdem am 12. März 1930 der Reichstag die Gesetze zum Young-Plan verabschiedet hatte, war auch der Konsens der vier Koalitionsparteien verbraucht. Unter dem Druck der Staatsverschuldung und der hohen Arbeitslosenzahlen stritten schon seit Monaten die DVP und SPD um die Finanzierung der Arbeitslosenversicherung. Ausgerechnet Brüning, Hindenburgs Kanzlerkandidat, präsentierte am 27. März einen Kompromißentwurf, der die vorläufige Beibehaltung der Beitragshöhe vorsah, aber eine Erhöhung für die Zukunft in Aussicht stellte. Selbst die DVP stimmte, wenn auch widerwillig, diesem Vorschlag zu. Auch die sozialdemokratischen Regierungsmitglieder plädierten für die Annahme, bis auf Arbeitsminister Wissell. Dieser hielt mit der Mehrheit der SPD-Fraktion an der Forderung der Beitragserhöhungen fest. Sie handelten in der festen Überzeugung, daß nur durch Unnachgiebigkeit die Unantastbarkeit des Weimarer Sozialstaats demonstriert werden könne; ansonsten breche alles zusammen, was seit November 1918 an sozialen Errungenschaften erobert worden sei. So nahmen sie billigend in Kauf, daß zunächst einmal die Koalition zerbrach.

Das erste Präsidialkabinett tritt an

Die Bildung einer autoritären Präsidialregierung folgte dem Rücktritt der Großen Koalition. Bereits am 29. März 1930 stellte Brüning eine Regierung aus bürgerlichen Parteien der Mitte und Rechtsparteien zusammen. Brünings Politik beruhte auf einer Zusammenarbeit mit dem Reichstag mit Unterstützung des Reichspräsidenten und mit von ihm erlassenen Notverordnungen. Der Reichstag konnte die Notverordnungen ablehnen, aber in diesem Fall stand es dem Reichspräsidenten frei, den Reichstag aufzulösen und Neuwahlen anzusetzen. Dieses „Präsidialsystem" machte Brüning vom Reichstag unabhängig und schaltete den Parlamentarismus aus. Mit dieser Form der Regierungspraxis wurde das Ende der parlamentarischen Demokratie eingeläutet.

Der Hungerkanzler

Brüning versuchte der wirtschaftlichen Krise mit harten Sparmaßnahmen Herr zu werden: Seine „Deflationspolitik" führte zur Erhöhung der Steuern, zur Senkung staatlicher Sozialausgaben, zur Einschränkung von Importen, zur Kürzung der Löhne und zur Senkung der Preise für Grundnahrungsmittel. Diese Wirtschaftspolitik hatte zwei Ziele: Erstens sollte auf jeden Fall eine Inflation wie Anfang der 20er Jahre vermieden werden; zweitens wollte Brüning den Alliierten demonstrieren, daß das Deutsche Reich keine weiteren Reparationszahlungen leisten könne und die Forderungen deshalb zu stornieren seien. Beide Ziele wurden erreicht, wenn auch zu einem hohen Preis. Der notleidenden Bevölkerung wurde nicht geholfen. Von Monat zu Monat verschlechterte sich die soziale Situation dramatisch, gleichzeitig befand sich die deutsche Wirtschaft in einer tiefen Depression.

Als die Reichstagsmehrheit im Juli 1930 unpopuläre Maßnahmen zur Haushaltssanierung ablehnte, erließ Reichskanzler Brüning erstmals Gesetze nach Artikel 48 als Notverordnungen. Auch in der Folgezeit erwies sich diese Art der Politik als überaus effektiv, wenn es darum ging, schnelle Maßnahmen zur Haushalts- und Finanzpolitik sowie zur Durchsetzung der Staatsautorität gegen die zunehmende politische Gewaltkriminalität auf den Straßen von links wie rechts zu ergreifen. Ein derartiger politischer Kurs konnte nicht populär sein. Die oppositionellen Sozialdemokraten blieben zwar im Reichstag still im Hintergrund und tolerierten die wirtschaftlichen Maßnahmen Brünings, nicht zuletzt um die Koalition mit dem Zentrum in Preußen aufrechtzuerhalten, die die Sozialdemokraten als Bollwerk des Faschismus verstanden. Aber KPD und NSDAP protestierten lautstark. Der englische Autor Stephen Spender hielt sich zu jener Zeit bei seinem Freund Christopher Isherwood in Berlin auf und zeichnete das Bild eines sich in Auflösung befindlichen Parlamentes: „Brüning hatte jeglichen Versuch aufgegeben, mit Unterstützung der kreischenden Repräsentanten der 29 verschiedenen politischen Parteien zu regieren, aus denen der Reichstag sich zusammensetzte, [...] und regierte nun mit Hilfe des verfassungsgemäßen Rechts des Präsidenten, Notverordnungen zu erlassen. Jedem Dekret folgten ‚Diktatur'-Protestrufe der extremen Rechten und der extremen Linken [...] Das Kabinett Brüning war weder Demokratie noch Diktatur, Sozialismus oder Konservatismus, es repräsentierte keine Gruppe oder Klasse, nur die allgemeine Angst vor der überwältigenden Unordnung, die eine Art Plattform für aufgescheuchte Menschen darstellte. Das war die Weimardämmerung."

„Am 23. Juni 1931 sprach Reichskanzler Dr. Brüning über alle deutschen Sender zur Lage." *(Originalbildzeile)*

Wenig überraschend geriet der Urnengang vom 14. September 1930 zu einer Protestwahl, die 82 % aller Wahlberechtigten mobilisierte – die bisher höchste Quote aller Weimarer Reichtagswahlen. Die Sozialdemokraten verloren 10 Mandate, die Deutsche Volkspartei 15 und die Deutschnationale Volkspartei 32 Sitze. Die Gewinner waren die KPD mit 23 zusätzlichen Mandaten und die Nationalsozialisten, die einen sensationellen Wahlerfolg erzielten: Die Zahl ihrer Vertreter im Parlament stieg von 12 auf 107. 6,4 Millionen Menschen hatten die Nationalsozialisten gewählt und dadurch zur zweitstärksten Fraktion im Reichstag gekürt, nach der SPD und vor der KPD. Hitlers Partei zog eine große Anzahl Nichtwähler an und nutzte die „Panik im Mittelstand", wie der Soziologe Theodor Geiger im Herbst 1930 feststellte. Kleine Angestellte, Arbeiter und Arbeitslose hingegen trugen zum Aufstieg des Nationalsozialismus nur wenig bei. Zu diesem Zeitpunkt war die NSDAP auf dem Weg zu einer „Volkspartei" und startete zum Angriff auf die traditionellen Parteien, die fest in ihren sozialen Milieus verankert waren.

SA- und SS-Verbot

Anfang 1932 gab es in Deutschland mehr als 6 Millionen Arbeitslose. In allen deutschen Städten tönten Marschmusik und Kampfappelle, in den Hinterhöfen hallten die Lieder und Sprechchöre der Agitationsgruppen wider. Demonstrationszüge unter roten Fahnen mit Hammer und Sichel oder dem schwarzen Hakenkreuz zogen durch die Straßen, Rote Frontkämpfer und Reichsbanneranhänger mit Windjacken und Schirmmützen prallten in blutigen Straßenkämpfen und Saalschlachten auf die Braunhemden der SA, was nicht nur Todesopfer unter den Schlägern, sondern auch unter zufällig vorbeikommenden Passanten forderte. Der latent schwelende Bürgerkrieg zwischen den „Roten" und den „Braunen" loderte besonders an Wochenenden auf.

Die nationalsozialistischen Kampfverbände hatten während der Wahltage wieder einmal ein Gewaltszenario auf deutschen Straßen inszeniert. Die brutalen Gewalttaten, die quer durchs Reich stattgefunden hatten, veranlaßten Brüning am 13. April, wenige Tage nach der Wiederwahl Hindenburgs zum Reichspräsidenten, die SA und die SS zu verbieten.

Hindenburg stürzt Brüning

„Zahlungseinstellung der Danatbank. Die besorgten Einzahler vor einer Depositenkasse." *(Originalbildzeile)*

Brünings Wirtschaftspolitik war lediglich ein Bestandteil seiner Außenpolitik. Nachdem am 13. Juli 1931 die Darmstädter- und Nationalbank, kurz Danat, sowie andere deutsche Großbanken vorübergehend sämtliche Zahlungen eingestellt hatten, wurden die Menschenschlangen vor den Sparkassen und Banken ebenso zu Sinnbildern der Krise des Kapitalismus wie die Menschenmengen in den Arbeitsämtern und Notküchen. Ende des Jahres blieb einem alliierten Ausschuß nichts anderes übrig, als die Zahlungsunfähigkeit des Deutschen Reichs festzustellen und damit das Ende der Reparationen zu signalisieren. Besiegelt wurde dies von der Lausanner Konferenz im Juli 1932. Der Reichskanzler selbst erlebte diesen einzigen Erfolg seiner Politik jedoch nicht mehr im Amt, da er von seinem einstigen Mentor Hindenburg am 30. Mai bereits entlassen worden war.

Intrigen gegen den „Agrarbolschewisten"

Die Gründe für seine Entlassung waren zahlreich. Seit dem Sommer 1931 bröckelte der Konsens unter den maßgeblichen Kräften Deutschlands von den Unternehmern bis hin zu der Führung der Sozialdemokraten, die bis dahin Brünings Sparpolitik weitgehend mitgetragen hatten. Dies führte beim Reichspräsidenten dazu, immer mehr an der Popularität seines Kanzlers zu zweifeln. Ohnehin schmerzte es Hindenburg sehr, daß er mit den Stimmen von Sozialdemokraten und Katholiken im Frühjahr 1932 wiedergewählt worden war – die Stimmen der Rechten hatte Hitler auf sich vereinigen können. Zudem hatte der Reichswehrchef General von Schleicher seit Ende April in engem Zusammenspiel mit den Nationalsozialisten auf den Sturz des Zentrumskanzlers hingearbeitet, da das SA-Verbot seinen Plänen zuwiederlief, die paramilitärischen Verbände in die Reichswehr zu integrieren. Die Großgrundbesitzer waren der Regierung sowieso nicht wohlgesonnen, da die geplante Agrarreform „Ostsiedlung" nicht mehr ihnen zugute kommen sollte, sondern darauf abzielte, Arbeitslose auf parzelliertem und unrentablem Gutsbesitz im Osten Deutschlands anzusiedeln und ihnen eine bäuerliche Existenz zu sichern. Hindenburg hatte den aufgebrachten Großgrundbesitzern aufmerksam zugehört, als sie Brüning als „Agrarbolschewisten" bezeichneten. Insgesamt war die Kamarilla um Hindenburg der Ansicht, daß das Kabinett Brüning gestürzt und Hitler sowie sein Parteiapparat in das bestehende System integriert werden müßten, um sie nicht noch weiter zu radikalisieren.

Der Sturz Brünings war ein weiterer tiefer historischer Einschnitt in der Geschichte der Weimarer Republik. Nun endete die gemäßigte Phase des Präsidialsystems, das bis dahin von der Sozialdemokratie parlamentarisch geduldet wurde. In der Absicht, eine noch weiter rechts stehende Regierung zu verhindern, ließ die immer noch größte republikanische Partei dieses im Prinzip antidemokratische Kabinett gewähren; diese Unterstützung des Zentrumskanzlers sicherte wiederum den Fortbestand der „Weimarer Koalition" in Preußen, das die SPD als antifaschistisches Bollwerk im Deutschen Reich ansah.

„Die Uniformen der S. A. Truppenführer vom Reitersturm. Linker Spiegel: 2 Sterne. Rechter Spiegel: Reiterabzeichen." *(Originalbildzeile)*

Das Kabinett der Barone

Auf Brüning folgte als Reichskanzler der unbekannte westfälische Adelige, ehemalige Berufsoffizier und Diplomat Franz von Papen. Der eitle, intrigante und politisch unbedeutende „Herrenreiter“ war eine ideale Marionette für Schleichers Vorhaben, die demokratische Republik zu stürzen. Von Papen gehörte dem Zentrum an, aber seine politische Denkart war durch seine demokratiefeindlichen Standesbrüder in dem konservativ-elitären „Herrenklub“ in Berlin geprägt worden, einem Sammelbecken von Hochfinanz, Industrie und Gutsbesitzeradel. Nur wenige Monate zuvor hatte von Papen seinem Parteikollegen Brüning noch vorgeschlagen, auf dem Fundament der nationalen Rechten und der Nationalsozialisten eine „nationale Diktatur“ zu gründen. Hitler tolerierte von Papen nun als Reichskanzler, nachdem ihm der Reichspräsident selbst die rasche Auflösung des Reichstags und Neuwahlen, aber vor allem die schnelle Aufhebung des SA-Verbots zugesichert hatte.

Von Papen bildete ein parteipolitisch unabhängiges „Kabinett der Barone“. Hier verbanden sich ostelbische Rittergutsbesitzer und die militärische Führungsschicht und bildeten eine außerordentlich schmale gesellschaftliche Grundlage der Regierung. Eine der ersten Maßnahmen von Papens war die Einlösung der Zusagen an Hitler. Am 4. Juni wurde der Reichstag aufgelöst und zehn Tage später das Verbot gegen die SA und SS aufgehoben, was unmittelbar zu blutigen Zusammenstößen mit den Kommunisten führte. Außenpolitisch erntete von Papen die Früchte der Bemühungen seines Vorgängers, als die Reparationsverpflichtungen bei einer Konferenz in Lausanne endgültig gestrichen wurden.

Der Preußenschlag

Preußens Sonderstellung im Reich als letzte Bastion der Weimarer Koalition aus Sozialdemokraten und Zentrum war den Konservativen schon lange ein Dorn im Auge gewesen. Das Kabinett Braun-Severing stellte zwar eine Minderheit, blieb aber weiterhin im Amt, weil die Landtagsmehrheit von Nationalsozialisten und Kommunisten nicht zusammenarbeiten konnte. Mit Hilfe zweier Notverordnungen, die von Schleichers stillen Beifall genossen, und der Verhängung des militärischen Ausnahmezustandes setzte von Papen am 20. Juli 1932 ohne Nennung von Gründen die Regierung Braun ab und übernahm selbst den Vorsitz als Reichskommissar für Preußen. Das war zweifelsohne ein illegaler Staatsstreich, der offenbarte, daß die Weimarer Verfassung außer Kraft gesetzt war. Die abgesetzten Minister protestierten, riefen aber nicht zum gewaltsamen Widerstand auf.

Wahlen in einem Klima des Bürgerkriegs

Bei der Wahl am 31. Juli 1932 stellte die NSDAP mit 230 Mandaten die stärkste Reichstagsfraktion. Hermann Göring übernahm das Amt des Reichstagspräsidenten von der Kommunistin Clara Zetkin. Der neugewählte Reichstag trat im September zusammen, um sich gleich darauf aufzulösen, nachdem die Annahme einer Notverordnung verweigert worden war. Bei der Neuwahl am 6. November – der fünften in diesem Jahr – verloren die Nationalsozialisten 34 Mandate, waren aber immer noch die stärkste Partei. Beide Wahlen wurden von gewaltsamen Straßenkrawallen zwischen Nationalsozialisten und Linken begleitet, das Land schien an der Grenze zu einem Bürgerkrieg zu stehen, und im Reichstag spielten sich tumultartige Szenen mit den uniformierten Mitgliedern der NSDAP ab.

Von Papen ohne Handlungsspielraum

Von Papens autoritäres „Kabinett der Barone“ bewegte sich auf dünnem Eis – nur ein Zehntel des Reichstages stand hinter der Regierung. Durch seinen „Preußenschlag“ hatte er sich jede Möglichkeit einer Zusammenarbeit mit den Sozialdemokraten verbaut, und am rechten Flügel lehnte Hitler es rigoros ab, sich der herrischen Regierung Papen zu unterstellen. Zur gleichen Zeit schlossen sich kommunistische und nationalsozialistische Arbeiter zum Berliner Verkehrsstreik zusammen. Von Papens einziger Ausweg wäre die Verhängung des Ausnahmezustands, verbunden mit der Auflösung des Reichstags, und die Ausschaltung extremistischer Parteien gewesen. Dies aber lehnte von Schleicher ab: Die Reichswehr war auf einen Kampf gegen die Nationalsozialisten und Kommunisten nicht vorbereitet.

Am 17. November trat die Regierung Papen zurück, die ihr ohnehin geringes öffentliches Ansehen restlos verspielt hatte.

„Reichsfrontsoldaten in Berlin auf dem Tempelhofer Paradefeld am 4.9.31. Von Papen schwenkt seinen Hut zur Begrüßung der Stahlhelmer.“ *(Originalbildzeile)*

Hitler ante portas

„Erste Aufnahme des neuen Kabinetts Hitler. Von links stehend: Staatssekretär Meissner, Gereke, Reichstagspräsident Göring, Graf Schwerin-Krosigk. Sitzend: Reichskanzler Hitler, von Papen; stehend: Dr. Frick, General von Blomberg, Hugenberg."
(Originalbildzeile)

Nach ergebnislosen Regierungsverhandlungen mit dem Zentrum und Hitler ernannte Hindenburg von Schleicher zum Reichskanzler, jene „graue Eminenz", die sowohl Brüning als auch von Papen erst eingesetzt und dann zu Fall gebracht hatte. Der General hatte eine starke Armee im Rücken, aber keinen Rückhalt im Reichstag. In einer Radioansprache vom 15. Dezember 1932 an das deutsche Volk präsentierte von Schleicher sich als „überparteilicher Sachwalter der Interessen aller", weder Kapitalist noch Sozialist, weder rechts noch links, sondern mit dem einzigen Auftrag, Arbeit für alle zu schaffen. Er skizzierte ein politisches Programm, in dem Brünings früherer Gedanke an eine Agrarreform wiederaufgenommen wurde: In Ostpreußen, Pommern und Mecklenburg sollten bis zu 600 000 Hektar Gutsland für die „innere Kolonisation" genutzt werden, ein Siedlungsprojekt großen Stils für erwerbs- und wohnungslose Städter. Damit isolierte er sich innerhalb der Hindenburg-Kamarilla: Der ostpreußische Grundbesitzeradel sah in dem bisherigen Weggenossen nun einen Todfeind; die vagen Zusicherungen über die Sozialisierung der Kohle- und Stahlverarbeitung ließen die Industrie alarmiert aufhorchen.

Wie bereits seine Vorgänger stand der Präsidialkanzler vor dem Problem, im handlungsunfähigen Reichstag eine ausreichend breite Handlungsbasis zu schaffen. Das größte Hindernis dabei war Hitlers kategorische Weigerung einer Zusammenarbeit zu anderen als zu seinen eigenen Bedingungen.

Von Schleicher strebte die Spaltung der NSDAP an. Er wollte ihren linken Flügel um Gregor Strasser – der innerparteiliche Rivale Hitlers – dazu bringen, gemeinsam mit den christlichen und sozialistischen Gewerkschaften eine „Front der Gewerkschaften" als Basis für eine Regierung ohne Parlament zu bilden. Seine Pläne scheiterten jedoch, Strasser verlor durch das Eingreifen Hitlers und Goebbels seine Position in der Partei, und die Sozialdemokraten lehnten alle Forderungen des „grauen Generals" ab.

Der „eingerahmte" Hitler

Der Fall Gregor Strasser machte deutlich, daß ein Riß durch die nationalsozialistischen Reihen verlief. Gleichzeitig gingen die Wählerstimmen zurück, während die Schulden bei den großindustriellen Geldgebern stetig wuchsen. Die Partei befand sich in einer schweren Krise, und Hitler, der seinen Wählern greifbare politische Resultate vorweisen mußte, zeigte erste Anzeichen von Verhandlungsbereitschaft. Von Papen, der privat weiterhin das Vertrauen des Präsidenten besaß, sah in von Schleichers Bedrängnis und Hitlers Kompromißbereitschaft eine Chance, auf breiter Basis eine Regierung der „nationalen Konzentration" zu bilden. Mit einem Bankier als Mittler trafen von Papen und Hitler in Köln zu einer Unterredung zusammen. Oskar von Hindenburg, Staatssekretär Meißner und Hugenberg als Vertreter der Deutschnationalen und des Stahlhelms wurden in die geheimen Machenschaften, die hinter dem Rücken des Reichspräsidenten liefen, einbezogen. Man einigte sich auf ein „Schattenkabinett" mit Hitler als Reichskanzler, von Papen als Vizekanzler und nur einigen wenigen Nationalsozialisten – damit schien Hitler von den Deutschnationalen und dem Stahlhelm „eingerahmt".

Der Reichspräsident nickt

Nachdem Einigkeit über die Vergabe der Ministerposten erzielt worden war, wurde das Verhandlungsergebnis Hindenburg vorgelegt. Dies sei, erklärte man dem verwirrten alten Herrn, die einzige Möglichkeit, von Schleichers Pläne zu vereiteln, der den „staatlichen Notstand" ausrufen und eine Militärdiktatur errichten wolle, um Hitler an der Machtergreifung zu hindern. Hindenburg weigerte sich bis zuletzt, den „böhmischen Gefreiten" zum Reichskanzler zu ernennen, war aber intensiven Überredungsversuchen seiner Vertrauten, Standesbrüder und der Industriebonzen ausgesetzt. Von Schleicher wurde als „Sozialist" dargestellt, und es wurde gemunkelt, daß er vorhabe, an der Spitze der Potsdamer Garnison gegen Berlin zu marschieren, um den Präsidenten zu stürzen. Man wies auf die Notwendigkeit hin, Hitlers große Massenpartei in den Aufbau des Reichs einzubinden. Am Ende gab Hindenburg nach. Und ähnlich wie Brüning scheiterte von Schleicher an der Weigerung des Präsidenten, den Reichstag nach einer abgelehnten Notverordnung aufzulösen.

Am 30. Januar 1933 ernannte Hindenburg den Vorsitzenden der Nationalsozialisten, Adolf Hitler, zum Reichskanzler einer Regierung der „nationalen Konzentration", an der Nationalsozialisten, Deutschnationale, Stahlhelm und Vertreter des konservativen Establishments beteiligt waren. Der Tag endete mit einem gewaltigen Fackelzug durch das Brandenburger Tor, der von Nationalsozialisten und Sympathisanten des Stahlhelms organisiert worden war.

Am folgenden Tag zog Theodor Wolff im *Berliner Tageblatt* verbittert Bilanz: *„Es ist erreicht.* Hitler ist Reichskanzler, Papen Vizekanzler, Hugenberg Wirtschaftsdiktator, die Posten sind so, wie es die Herren der ‚Harzburger Front' erstrebt hatten, verteilt."

„Der Kampf der Sozialdemokraten gegen die soziale Reaktion ist nicht nur ein Kampf um das Recht des Volkes. Dieses Recht des Volkes wollen [...] die Nationalsozialisten, die erklärten Anhänger der Diktatur, vernichten. Sie wollen die brutale Gewalt mit Messer und Revolver zum staatlichen System erheben. Dabei leisten ihnen nur die Kommunisten durch ihre Kampfmethoden sowie durch die Zersplitterung der Arbeiterschaft wertvolle Dienste."

Wahlaufruf der SPD vom 20. 7. 1930

„Die nationalsozialistische Bewegung wird in diesem Staate mit den verfassungsmäßigen Mitteln das Ziel zu erreichen suchen. Die Verfassung schreibt uns nur die Methoden vor, nicht aber das Ziel. Wir werden uns auf diesem verfassungsmäßigen Wege die ausschlaggebenden Mehrheiten in den gesetzgebenden Körperschaften zu erlangen suchen, um in dem Augenblick, wo uns das gelingt, den Staat in die Form zu gießen, die unseren Ideen entspricht."

Adolf Hitler vor dem Reichsgericht 1930

„Arbeitslose in Berlin." *(Originalbildzeile)*

Friedr. Kornsche Buchhandlung
C. Müller

Links: „Nationalsozialistischer Parteitag in Nürnberg 1927. Der Vorbeimarsch der Nationalsozialisten vor Adolf Hitler und den Ehrengästen auf dem alten Marktplatz von Nürnberg, zu dem auch die Bevölkerung in Massen erschienen war."
Ganz oben: „Treffen der deutschen Nationalsozialisten auf dem Nürnberger Parteitag. Am Sonntag, dem 21. August 1927, fand der Parteitag der NSDAP in Nürnberg statt. Unser Bild zeigt eine Gruppe von Nazi-Größen in Nürnberg, in der Mitte Adolf Hitler."
Oben: „SA-Truppen auf ihrem Marsch durch Nürnberg am Parteitag der Nationalsozialisten 1927".

(Originalbildzeilen)

„Wer die Straßen beherrscht, beherrscht die Massen. Wer die Massen beherrscht, beherrscht den Staat."

Joseph Goebbels 1926

Nach ihrer Wiederbegründung am 26. Februar 1925 arbeitete die NSDAP kontinuierlich an ihrer Öffentlichkeitswirkung. Ein Medium waren die Reichsparteitage. Im Gegensatz zu den Jahrestreffen demokratischer Parteien, die gemeinhin des Meinungsaustausches und der politischen Willensbildung dienen, huldigten die Partei, die Parteiorganisationen SA und SS ihrem Vorsitzenden Adolf Hitler, um sich als geschlossene und ernstzunehmende Alternative zu ihren Konkurrenten zu inszenieren. Seit 1927 fanden die Reichsparteitage in der freien Reichsstadt Nürnberg statt, deren mittelalterliches Stadtbild bewußt gewählt wurde, um mit diesen Machtdemonstrationen an die spätmittelalterlichen Reichstage zu erinnern. Nach dem vierten Reichsparteitag 1929 setzte die NSDAP diese Spektakel bis 1933 aus. Nach der „Machtergreifung" bekamen die Veranstaltungen in Nürnberg einen quasistaatlichen Charakter.

Der sozialdemokratische Polizeipräsident Berlins, Karl Friedrich Zörgiebel, reagierte im Dezember 1928 auf eine Reihe von blutigen Zusammenstößen zwischen Kommunisten und Nationalsozialisten mit einem Verbot aller Versammlungen und Demonstrationen unter freiem Himmel. Wochen vor dem 1. Mai 1929 entschloß er sich, das Demonstrationsverbot auch am traditionellen Tag der Arbeit aufrechtzuerhalten. Die KPD hingegen rief zu Massendemonstrationen auf. Offensichtlich wollte Zörgiebel unter voller Rückendeckung seiner Partei ein Exempel statuieren, das in den ersten Maitagen über 30 Tote, 194 Verletzte und 1228 Verhaftungen nach sich zog. Diese Ereignisse bestätigten letztendlich die KPD in ihrer „Sozialfaschismusthese".

„Nun muß die intensive Agitation darüber einsetzen, daß diese sozialfaschistische Diktatur nur eine Diktatur der Bourgeoisie gegen die Arbeiterklasse zum Zwecke der schärfsten wirtschaftlichen und politischen Unterdrückung der werktätigen Massen sein wird. Wels und die Sozialdemokratie werden unter der sozialfaschistischen Diktatur die Interessen der Bourgeoisie ebenso vertreten wie in der bürgerlichen Demokratie, die nichts anderes ist als die verschleierte Diktatur der Bourgeoisie."

Ernst Thälmann auf dem Parteitag der KPD, 10. Juni 1929

Oben: „Ausnahmezustand in Neukölln und Wedding in Berlin. Die Untersuchung der Passanten auf Waffen und Papiere im Wedding-Gebiet am 3. Mai 1929."
Links: „Außergewöhnliche Bilder der Maifeiern in Berlin: Jede Nacht Straßenschlachten. Heftige Kämpfe waren im Gange zwischen den Kommunisten und der Berliner Polizei, die weniger heftigen Kämpfen am Maitag zuvor folgten. Die ganze Nacht hindurch wurde regelmäßig gefeuert, Bomben wurden geworfen und mindestens 10 Menschen (inklusive Polizisten) wurden getötet und ungefähr 100 verletzt. Unser Bild zeigt einen gefangengenommenen Kommunisten."

(Originalbildzeilen)

Rechts: Um Krawalle zu verhindern, hatten die Polizeiämter in Berlin am 1. Mai öffentliche Kundgebungen untersagt. Trotz des Verbots fanden die Maikundgebungen der Berliner Kommunisten wie üblich in den Arbeiterstadtteilen Neukölln und Wedding statt. Auf Befehl des sozialdemokratischen Polizeipräsidenten Zörgiebel wurde die Menschenmenge von bewaffneten Polizisten auseinandergetrieben, wobei es etliche Todesopfer zu verzeichnen gab. Das Bild zeigt einen Polizeiangriff auf eine Menschenmenge am Hermannplatz in Neukölln.

Hermannplatz
Haltestelle der Strassenbahn

Links: „Der Magistrat stellt Spieltische für Arbeitslose auf. Das Bezirksamt Kreuzberg in Berlin hat auf dem Hohenstauffenplatz Tische mit dazugehörigen Bänken aufstellen lassen, um den zahlreichen auf dem Platz dauernd erscheinenden Kartenspielern Gelegenheit zu geben, ihren ‚Skat' zu ‚kloppen'. Bei diesen Spielern handelt es sich haupsächlich um Arbeitslose, die jetzt die Tische in dichten Reihen besetzen. Berlin 21. August 1931."
(Originalbildzeile)

Am Eingang eines Museums in der Parochialstraße in Berlin steht zu lesen (1931):

„Für Menschen 30 Pf. Für Erwerbslose und Kinder 15 Pf."

B. Nelissen Haken, Stempelchronik, *Hamburg 1932*

Ganz oben: „Zeichen der Zeit! – Die Notlage der Ladengeschäfte. Infolge der schweren Wirtschaftskrise mehren sich in der Berliner City die Fälle, wo ehemalige gutgehende Geschäfte ihre Läden schließen, da sie durch die geringen Umsätze die Ladenmiete nicht mehr aufbringen können. Die hier abgebildete Ankündigung aus dem beliebtesten Teil der Friedrichstraße ist ein schlagendes Beispiel der katastrophalen Geschäftslage in Berlin und wohl auch in Deutschland."

Oben: „Ein Autobus für Arbeitslose. Ein Berliner Unternehmer hat für die Arbeitslosen, die aus entfernteren Vororten zu ihrer Stempelstelle müssen, einen Privat-Autobusverkehr eingerichtet. Die Fahrt kostet zehn Pfennig. Der erste Arbeitslosenautobus verkehrt zwischen Johannisthal und dem Arbeitsamt. Sonnenallee in Neukölln. Unser Bild zeigt: Die Arbeitslosen warten an der Ausgangsstation in Johannisthal auf den Autobus."

Links: „Hausflur als Notwohnung. In der Ruppiner Straße 29 in Berlin ist das Ehepaar Spremberg in den Hausflur gezogen, nachdem die alte Frau, mit der es bisher in einer Kochstube gewohnt hatte, ihm gekündigt hat. Das Ehepaar, das ein Kind hat, konnte keine andere Wohnmöglichkeit finden. Berlin 1930." *(Originalbildzeilen)*

Oben: „Aufgrund der im Ruhrbergbau augenblicklich noch ungeregelten Lohnabbauverträge ist es auf vielen Zechen des westdeutschen Kohlenreviers zu schweren Streikausschreitungen, zum Teil mit blutigen Zusammenstößen, gekommen. Verschiedentlich wurden durch Sabotageakte die noch arbeitenden Bergleute am Einfahren verhindert. Demonstrationen und Versammlungen der kommunistischen Bergarbeiter finden überall statt. Unser Bild zeigt eine Aufnahme während der Schachtdelegiertenkonferenz der R. G. O. (Revolutionäre Gewerkschaftsopposition) im Schützenhof zu Bochum, in der die verschärfte Weiterführung des Streiks im Ruhrgebiet gefordert wurde. Bochum 1. Mai 1931."
Rechts: „IAH-Notküchen für die streikenden Metallarbeiter. Sammelwagen ziehen von Geschäft zu Geschäft, um Lebensmittel für die Notküchen der streikenden Berliner Metallarbeiter aufzunehmen. Berlin 25. Oktober 1930."
(Originalbildzeilen)

Die Sozialdemokraten trugen seit der Grundsatzentscheidung 1930, das Präsidialkabinett Brüning zu tolerieren, eine schwere Bürde. Nicht nur, daß die SPD den Langmut ihrer Anhänger strapazierte, sie bot auch ihren Gegnern willkommene Angriffsflächen.
Die Kommunisten beschuldigten die SPD weiterhin, daß sie die „Faschisierung" Deutschlands vorantreibe. Die Nationalsozialisten erhielten die Chance ob dieser Stillhaltepolitik, sich als einzige tatkräftige Alternative neben der KPD darzustellen, ohne daß es irgendeine wirklich demokratische Option gegeben hätte. Der Reichstag war seit der Einsetzung Brünings durch Hindenburg faktisch entmachtet, da spielte es auch nur noch eine untergeordnete Rolle, daß die SPD mit 143 Mandaten die stärkste Reichstagsfraktion vor der NSDAP mit 107 Sitzen stellte. Der Protest gegen die Politik des „Hungerkanzlers" Brüning verlegte sich mehr und mehr auf die Straße. Außerparlamentarische Sympathien waren jedenfalls mit der Tolerierung Brünings nicht zu gewinnen. Der Parlamentarismus war 1930/31 auf dem besten Wege, sich selbst zu demontieren, wie auch der Leitartikel vom 13. Dezember 1930 im sozialdemokratischen Parteiorgan anläßlich der Vertagung des Reichstags auf den Februar des kommenden Jahres zeigt: Es herrsche wohl eine einhellige Meinung, „daß dieser Reichstag eine Mißgeburt ist und daß man froh sein kann, wenn man von ihm nichts hört und nichts sieht."

„Der erste große Leitgedanke der Arbeit in der Internationalen Arbeiterhilfe war und ist, die in früheren Jahrzehnten nur in der Spontaneität der Massen aufflammende proletarische Solidarität zum erstenmal in der Geschichte der Arbeiterbewegung organisatorisch zu erfassen, organisatorisch zu formen und bewußt organisatorisch zu erhalten und einzusetzen."
Willy Münzenberg, Ansprache auf dem Solidaritätstag, 1931

Weine
SAMMELAKTiON
DER J.A.H.
Für streikende Metallarbeiten
M.Schmitz.
Berlin N.65. Fennstr.4 5.

Oben: „Die Nationale Opposition in Bad Harzburg. Eine Jugendgruppe der NSDAP grüßt den vorüberschreitenden Hitler.“ *(Originalbildzeile)*

Rechts: Adolf Hitler spricht im Lustgarten in Berlin zur Reichspräsidentenwahl am 10. April 1932. Hinter ihm Joseph Goebbels und (im Vordergrund) Gregor Strasser.

„Er [Adolf Hitler] ist ein erstaunlich guter Redner und besitzt eine hervorragende Gabe, seine Zuhörerschaft zu hypnotisieren und Anhänger zu gewinnen. Obwohl seine Politik völlig negativ ist, gewinnt er durch seine persönliche Überzeugungskraft ganz vernünftige Leute für seine Anschauungen.“

Oberst Kühlenthal im Reichswehrministerium gegenüber dem britischen Militärattaché im Mai 1930

„Jede Propaganda hat volkstümlich zu sein und ihr geistiges Niveau nach der Aufnahmefähigkeit des Beschränktesten unter denen, an die sie sich zu richten gedenkt.“

Adolf Hitler, Mein Kampf, *1925*

Links: „Wahlkampf auf dem Höhepunkt. Abgeordneter Goebbels spricht zu den Massen der Nationalsozialisten im Lustgarten am 9. März 1932.“ *(Originalbildzeile)*

Unten: Die Vorsitzenden des Stahlhelm, Seldte und Duesterberg (von links), zusammen mit Alfred Hugenberg (in Zivil) in Bad Harzburg.

„Die nationalsozialistische Straßenreklame hat manche Leute zu einer außerordentlichen Überschätzung dieser Rummelplatzpartei geführt“, konstatierte der international renommierte Chefredakteur, Theodor Wolff, im *Berliner Tageblatt* vom 14. September 1930, dem Tag der Reichstagswahlen, in Anbetracht des zu erwartenden Erfolges der NSDAP. Auch wenn dieser so scharfsinnige Kommentator des politischen Lebens in Deutschlands wie so viele andere die Gefahr des Faschismus unterschätzte, so prophezeite er dem Parlamentarismus doch schwierige Zeiten: „Der Reichstag, unablässig gestört durch die lärmenden Entladungen ihres Geistes, wird Mühe haben, über die schweren Aufgaben, deren Lösung das Land erwartet, sachlich zu debattieren, und dann werden die Schieber, die dieses Resultat gewollt, und die nachschwätzenden Spießer, die diesen Heulchor gewählt haben, empört behaupten, ‚der Parlamentarismus‘ sei schuld daran.“ Wolffs düstere Ahnungen wurden von der „braunen“ Realität bei weitem übertroffen. Hitlers Partei konnte 18,3 % der Wählerstimmen auf sich vereinen und gewann damit auf einen Schlag 95 Mandate mehr. Während der Reichstagssitzungen der folgenden Jahre inszenierten die 107 NSDAP-Abgeordneten in braunen SA-Uniformen Krawalle, die der Reichspropagandaleiter der Partei, Joseph Goebbels, in seinen Tagebüchern fast erstaunt zur Kenntnis nahm: „Es ist ein Hexensabbath (!), aber am Ende für uns eine Mordspropaganda.“ Außerhalb des Parlamentes gewann die SA, die Fußtruppe der Partei, immer mehr an Bedeutung, nicht zuletzt durch ihren enormen Mitgliederzuwachs im Verlauf des Jahres 1931 von 88 000 auf 260 000 Angehörige. Der Terror der SA steigerte sich in dieser Zeit in einem Ausmaß, das die SA aus Sicht der Polizei zu einer massiven Bedrohung der öffentlichen Sicherheit werden ließ. Im gleichen Jahr formierte sich auch die „Harzburger Front“, benannt nach der Tagung und dem paramilitärischen Aufmarsch der „Nationalen Opposition“ am 11. 10. 1931 in Bad Harzburg. Der Versuch des DNVP-Vorsitzenden Alfred Hugenberg, die NSDAP, Stahlhelm, Teile der DVP sowie eine Reihe nationalistischer Verbände in einem Bündnis zu einen, um gemeinsam über ein Mißtrauensvotum gegen die Regierung Brüning die Regierungsmacht in Deutschland zu übernehmen, schlug jedoch fehl. Letztendlich scheiterte der geplante Coup an den heftigen Führungsrivalitäten zwischen Hugenberg und Hitler. Der immer agressivere Führungsanspruch der NSDAP und ihres „Führers“ ließ die „Harzburger Front“ im Frühjahr 1932 endgültig zerbrechen, man konnte sich auf keinen gemeinsamen Kandidaten für die anstehende Reichspräsidentwahl einigen. Der „Stahlhelm“ nominierte seinen zweiten Vorsitzenden Theodor Duesterberg, hinter den sich schließlich auch die DNVP stellte, Goebbels hingegen erklärte am 22. Februar im Berliner Sportpalast: „Hitler wird unser Reichspräsident!“

Oben: „Zur bevorstehenden Reichspräsidentenwahl in Deutschland am 13. März 1932. Wahlplakate für den Reichspräsidenten von Hindenburg und für den Führer der Nationalsozialisten Hitler am Potsdamer Platz in Berlin." *(Originalbildzeile)*

Nur zögernd erklärte sich Reichspräsident Hindenburg im Frühjahr 1932 zur Wiederwahl bereit. Ihm widerstrebte zutiefst, daß ihm entgegen der Situation im Jahr 1925 diesmal die Stimmen der Sozialdemokratie zum Wahlsieg verhelfen sollten. Die Wahlparole der SPD lautete: „Hitler statt Hindenburg, das bedeutet: Chaos und Panik in Deutschland und ganz Europa [...] Befreit mit diesem einen Schlag das deutsche Volk von der faschistischen Bedrohung! Schlagt Hitler! Darum wählt Hindenburg!" Wie kein anderer Politiker engagierte sich der Reichskanzler Brüning für eine Wiederwahl seines politischen Ziehvaters Hindenburg. Obwohl sich der Kanzler der Vergreisung des alten Mannes vollkommen bewußt war, pries er ihn in seiner letzten Wahlkampfkundgebung am 11. März als politisch wachen Geist und als „Symbol deutscher Kraft und Einheit in der ganzen Welt". Er schloß seine Rede mit dem Appell: „Hindenburg muß siegen, weil Deutschland leben muß". Der erste Wahlgang am 13. März zeigte, daß es keinen anderen Kandidaten gegeben hätte, der sich gegen Hitler hätte durchsetzen können.

Doch erst der zweite Wahlgang am 10. April brachte das endgültige Ergebnis: 53 % der Wählerstimmen für Hindenburg, für Hitler 36,8 % und für Thälmann 10,2 %. Brüning, der aktivste Wahlkämpfer des alten und neuen Präsidenten, bekam am 15. April den Groll Hindenburgs zu spüren. Dieser zürnte seinem Kanzler, daß er mit Hilfe der Sozialdemokraten und der „Katholen" wiedergewählt worden war. Der Form halber bot Brüning die Demission der Regierung an, und der Präsident antwortete, sich vorzubehalten, zu einem späteren Zeitpunkt darauf zurückzukommen. Der Greis war aber noch aus anderen Gründen verstimmt, denn er fürchtete, daß ihn die jüngste Aktion seines Kanzlers endgültig in den deutschnationalen Kreisen kompromittieren würde. Brünings Kabinett hatte am 13. April über die „Notverordnung zur Sicherung der Staatsautorität" alle nationalsozialistischen Wehrverbände verbieten lassen, da eine Untersuchung des preußischen Innenministeriums offensichtliche Beweise für konkrete Mobilmachungs- und Putschpläne der SA zutage gefördert hatten.

Ganz links: „Wahlhelfer in Berlin für die Nationalsozialisten am ersten Tage der Reichspräsidentenwahl am 13. März 1932."
Links: „Reichskanzler Dr. Brüning – während seiner letzten Wahlrede für Hindenburg im Berliner Sportpalast."
Unten: „Das Gesicht Berlins am Wahltag. Am 10. April 1932, als Berlin zum zweiten Mal zur Reichspräsidentenwahl an die Urne schritt, machte die Stadt einen sehr belebten Eindruck. Zettelverteiler aller Parteien belebten die Straßen, um die Zweifler und Unsicheren auf dem Wege zur Wahlurne zur Wahl ihres Kandidaten zu bewegen. Unser Bild zeigt: Kommunistische Zettelverteiler vor einem ihrer Verkehrslokale." *(Originalbildzeilen)*

Links: „Die nationalsozialistischen Reichstagsabgeordneten begeben sich in ihren braunen Uniformen zur Eröffnung des neuen Reichstags im August 1932."
Oben: „Der Große Preis von Berlin. Auf der Grunewald Rennbahn gelangte am Sonntag der Große Preis von Berlin zur Austragung. Das Rennen hatte viele prominente Persönlichkeiten auf die Rennbahn gelockt. Jockey Sajdik auf Wolkenpflug sicherte sich den Sieg vor Printen auf Aventin. Unser Bild zeigt Reichskanzler von Papen (links) und Reichwehrminister General von Schleicher auf der Ehrentribüne." *(Originalbildzeilen)*

„14. Juni 1932
Ein guter Beurteiler meint, das jetzige Kabinett sei ein Kabinett der gegenseitigen Täuschung. Herr von Papen glaubt, er habe den General von Schleicher und Hitler übertrumpft, Schleicher glaubt, er habe Hitler übertrumpft, und Hitler seinerseits glaubt, er habe beide übertrumpft.
19. November 1932
Er [Papen] ist ein Mann von zweitklassiger Begabung und seine Leistung besteht hauptsächlich aus unablässigen Herausforderungen der politischen Parteien, der Länder und aller Ansichten, die von der seinigen abweichen [...] Seine Behauptungen und seine Denkweise konnten einen Beobachter nur in dem Staunen bestärken, wie es möglich war, die Geschichte dieses großen Landes auch nur für eine kurze Zeit einem solchen Leichtgewicht anzuvertrauen."

Aufzeichnungen des britischen Botschafters in Berlin, Sir Horace Rumbold

Niemand kannte den westfälischen Zentrumsabgeordneten Franz von Papen, der Anfang 1932 zum ersten Mal öffentliche Aufmerksamkeit mit einer Rede erregt hatte, in der er dem noch amtierenden Reichskanzler Brüning empfohlen hatte, „eine Diktatur auf nationaler Grundlage" zu installieren. Von Papens Ziele entsprachen denen der Kamarilla um Hindenburg und dem Milieu im aristokratischen Herrenklub in der Berliner Motzstraße 22. Am 1. Juni war es dann soweit, die langgehegte antidemokratische Restaurierung Deutschlands vollzog sich von nun an Schlag auf Schlag. Hindenburg ernannte von Papen zum Reichskanzler, der das „Kabinett der Barone" bildete. Die neue Regierung hatte nichts Eiligeres zu tun, als die Versprechen einzulösen, die General von Schleicher Adolf Hitler um den Preis der Tolerierung der neuen Regierung abgerungen hatte: Die Auflösung des Reichstags erfolgte am 4. Juni; am 16. Juni wurde das SA-Verbot aufgehoben. Von Papen gelang es dann, die endgültige „Revidierung von Versailles", das Ergebnis der Brüningschen Außenpolitik, für sich zu verbuchen, auf der Konferenz von Lausanne Ende Juni wurden alle Reparationszahlungen zunächst einmal ausgesetzt. Innenpolitisch setzte das „Kabinett der nationalen Konzentration" zum sogenannten „Preußenschlag" an. Die preußische Landesregierung ging nach wie vor ohne Unterschied gegen nationalsozialistischen wie kommunistischen Straßenterror vor. Die Straßenschlachten des „Altonaer Blutsonntags" mit 17 Toten und mehr als 100 Verletzten boten der Reichsregierung zwar das Argument, aber mitnichten die Rechtsgrundlage zum Handeln. Die Amtsenthebung der preußischen Regierung Braun-Severing am 20. Juli war also nichts anderes als ein Staatsstreich.

Unten: „Wieder Schaufenstersturmer in Berlin. Im Warenhaus Tietz am Alexanderplatz wurde am 3. Juni 1931 eine große Anzahl von Schaufensterscheiben durch Steinwürfe zerstört."
Rechts: „Schlägereien auf deutschen Straßen. Kämpfe zwischen Kommunisten, Nazis und der Polizei fanden täglich auf den Straßen vieler deutscher Städte, so auch in Berlin, statt, wobei es viele Verletzte gab. Unser Bild zeigt eine Schlägerei, als sich die Polizei in einen Kampf zwischen Nazis und Kommunisten auf einer Straße in der Berliner Vorstadt einmischt." *(Originalbildzeilen)*

„Deutschland erwache!
Juda den Tod,
Volk ans Gewehr!
Volk ans Gewehr!"

Sturmlied der SA

„Drohend stehen die Faschisten
drüben am Horizont!
Proletarier, ihr müßt rüsten!
Rot Front! Rot Front!"

Kampfgesang der kommunistischen Gruppe „Roter Wedding", 1929

Im Sommer 1932 herrschte Reichstagswahlkampf, und Deutschland lag im Bürgerkrieg. Vor allem die Wochenenden waren gefürchtet. Das Leben in den Städten war beherrscht von Demonstrationsmärschen, Kampfappellen, Saalschlachten und Krawallen. Von Mitte Juni bis zum 20. Juli zählte allein die preußische Polizei 99 Todesopfer und 1125 Verletze des eskalierenden Straßenterrors, zumeist Angehörige der SA oder des Rotfrontkämpferbundes, unter ihnen aber auch Reichsbanner-Anhänger, Polizisten oder unbeteiligte Zivilisten. In Berlin machten es sich die SA schon lange vor 1933 geradezu zum „Sport", auf dem Kurfürstendamm jüdische Passanten zu verprügeln und die Schaufensterscheiben jüdischer Geschäfte einzuwerfen. Nach dem Wahltag am 31. Juli 1932 setzte eine weitere Phase des Terrors ein. Die NSDAP konnte zwar die Zahl ihrer Mandate auf 230 verdoppeln; mit 37,3 % der Stimmen war Hitler jedoch von der angestrebten absoluten Mehrheit weit entfernt. Gebetsmühlenartig hatte der Parteiführer seinen Anhänger den unmittelbar bevorstehenden Sieg versprochen: eine reine NS-Regierung. Der Frust über das uneingelöste Versprechen entlud sich nun in einer Terrorwelle der SA, deren Aufstand in Königsberg am 1. August nur der Auftakt zu einer Reihe von Bombenanschlägen und Attentaten im gesamten Reichsgebiet war. Am 10. August versuchte die Regierung, den Terror mit einer Notverordnung einzudämmen.

65

Mit dem Aufruf „An alle deutschen Arbeiter" vom 25. April 1932 unternahm die KPD einen Versuch, die Arbeiterbewegung gegen den Nationalsozialismus zu vereinen. Gleichzeitig rief sie die „Antifaschistische Aktion" ins Leben, die den Widerstand aller sozialdemokratischen und kommunistischen Organisationen und Verbände koordinieren sollte. Die Aktion der KPD lief schnell ins Leere, und am 14. Juli 1932 erging bereits wieder ein Rundschreiben an alle Bezirksleitungen der Partei: „Jede Vernachlässigung unseres Kampfes gegen die sozialfaschistischen Führer, jede Verwischung des prinzipiellen Grundsatzes zwischen uns und der SPD [...] gefährdet die Durchführung unserer revolutionären Massenpolitik." Dies war eine eindeutige Aussage, die ein gemeinsames Vorgehen von KPD und SPD gegen den „Preußenschlag" der Regierung Papen am 20. Juli von vornherein ausschloß. In der sozialdemokratischen Regierung Preußens hatten die Sozialdemokraten bis dahin immer ein „Bollwerk gegen den Faschismus" gesehen. Diese Festung fiel – ohne nennenswerten Widerstand. Die Befürchtung der SPD-Führer war, einen Bürgerkrieg auszulösen, indem die „Eiserne Front" und Teile der preußischen Polizei gegen die Truppen der Reichswehr, der SA und den Rotfrontkämpferbund einen aussichtslosen Kampf führen würden.

Oben: „Die Unruhen in Berlin hatten sich in den letzten Tagen um das Hauptquartier der Kommunisten, das Liebknechthaus am Bülowplatz, konzentriert. Das gesamte Gebäude war von der Polizei geräumt worden. Das Bild zeigt, wie die Festgenommenen zum Weitertransport ins nächstgelegene Polizeirevier zu den Polizeiwagen geführt werden. Berlin 1931."
Rechte Seite: „Die ‚Antifaschistische Aktion' marschiert auf. Am 3. Juli begannen im deutschen Reich die Propagandaarbeiten für die am 31. Juli 1932 stattfindenden Reichtagswahlen, und bereits am 2. Juli wurden Demonstrationen veranstaltet, welche zum Parteikampf aufriefen. Im Berliner Lustgarten wurde von der kommunistischen Partei eine Demonstration veranstaltet, unter dem Namen ‚Antifaschistische Aktion'. An dieser Veranstaltung nahmen zum erstenmal nicht nur Mitglieder der KPD, sondern auch solche, welche zur Sozialdemokratischen Partei und zum Reichsbanner gehörten, teil, – kurzum alles, was sich als ‚antifaschistisch' bezeichnet. Unser Bild zeigt ein Bild von der Demonstration, im Hintergrund der Dom."

(Originalbildzeilen)

„Wo blieb der Widerstand? Was war aus den großen Worten der Kundgebungen geworden? ‚Reichsbanner', ‚Schufo', ‚Eiserne Front', ‚Hammerschaften' – wir warteten ungeduldig, wir Jungen am ungeduldigsten. Die Hundertschaften waren in Bereitschaft gerufen, wir hofften auf das Losungswort – bis abends der Telefonanruf aus Berlin kam: Wir haben das Reichsgericht angerufen! [...] Noch in der Nacht vergrub ich meine Parabellum-Pistole im elterlichen Schrebergarten. Nun war alles aus!"

Der Sozialdemokrat Heinz Kühn in seinen Erinnerungen. Kühn, geb. 1912, war am 20. Juli 1932 Jugendführer des Reichsbanners in Köln; von 1966 bis 1978 Ministerpräsident in NRW

„Ihre praktische Zielsetzung war daher weniger die Vereitelung eines unparlamentarischen Regierungssystems als die Vereitelung des Bürgerkrieges."

Der linke Sozialdemokrat Arkadij Gurland in Marxistische Tribüne *vom 15. 6. 1932, rückblickend auf das Handlungspostulat der SPD in der Weimarer Zeit*

Erst Essen!
-- dann Miete.

Die Köpenicker Straße 34/35 wurde zu einer Kontakt- und Anlaufstelle des Berliner Mieterstreiks, der Ende 1932 in dunklen und feuchten Mietskasernen in der Swinemünder Straße begann und sich bis zum Jahresende sogar bis in Neubaugebiete der Stadt ausweitete. Zunächst protestierten die zumeist arbeitslosen Mieter gegen die unhaltbaren Zustände in ihren Wohnungen, dann entwickelte sich jedoch eine soziale Protestbewegung, die unter dem Leitsatz stand: „Erst kommt bei uns det Essen." Dieser wilde Streik war eher eine Einheitsfront von unten, als daß er von parteipolitischen Interessen bestimmt war. Im sozialdemokratischen *Vorwärts* oder nationalsozialistischen *Angriff* finden sich nur sporadische Berichte, fast täglich dagegen berichtete die kommunistische *Rote Fahne.*

Linke Seite: „Mieterstreik in der Köpenicker Straße 34/35. Die Mieter des Hauses Köpenicker Straße 34/35 in Berlin sind am 23. September 1932 aus Protest gegen die hohen Mieten und den verwahrlosten Zustand des Hauses in den Streik getreten. Sie führen ihn unter der Parole ‚Erst Essen! – dann Miete'. Unser Bild zeigt den Blick auf den Hof des Hauses Köpenicker Straße 34/35. Die Streikparole ist auf die Hauswand gemalt. Die Mieter haben zum Teil kommunistische, zum Teil Hakenkreuzfahnen ausgehängt." Oben: „Zur Reichspräsidentenwahl in Berlin am 10. April 1932. Eine kommunistische Kindergruppe die von Hof zu Hof zog und mit dem Proletarierlied zur Wahl aufforderte."
(Originalbildzeilen)

„Die Jeschäftsleute, die hier wohnen, ham Extravertrag. Von den 110 Familien, die hier einquartiert sind, streiken 80. Sogar die fünf Nazis hier im Hause streiken mit. Und die SPD-Anhänger ham sich ebenfalls nich ausgeschlossen!"

Ein Mieterrat der „Wanzenburg" am Molkenmarkt 1 gegenüber einem Reporter der Roten Fahne, *Ausgabe vom 7. 9. 1932*

„An den Mieterstreiks, die immer mehr an Ausdehnung gewinnen, sind in erster Linie die Erwerbslosen beteiligt. Diese Beobachtung lenkt den Blick auf die Ursachen des Streiks. Der Kampf begann, als vor einigen Monaten die Behörden mit der verschärften Prüfung der Bedürftigkeit einsetzten, eine Methode, die in viel stärkerem Maße die Unterstützungen gesenkt hat als der unmittelbare Abbau der Unterstützungssätze [...] Die geringsten Aufwendungen macht der Bezirk Wedding, genau zwei Pfennige entfallen hier auf den Kopf des laufend Hauptunterstützten im Monat"

Welt am Abend, *17.10.1932*

„In Berlin herrscht Revolutionsstimmung. Unser Ruf bei der Arbeiterschaft hat sich in ganz wenigen Tagen glänzend gehoben. Wenn sich das auch bei dieser Wahl noch nicht auswirken sollte, für die Zukunft ist dieser Aktivposten von gar nicht abzumessender Bedeutung."

Joseph Goebbels, Tagebucheintrag vom 4. 11. 1932

„Gestern noch ‚Braune Mordpest' hüben und ‚Rotes Untermenschentum' drüben! Heute in treuester Bundesgenossenschaft vereint! Welchem klassenbewußten Arbeiter sollte da nicht die Schamesröte ins Gesicht steigen."

Vorwärts, *4. 11. 1932*

Links: „Adolf Hitler gibt am 6. Dezember 1932 den neuen Reichstagsabgeordneten Instruktionen über ihr Verhalten im Reichstag." *(Originalbildzeile)*

Nach der Auflösung des gerade neugewählten Reichstags durch die Regierung Papen im August 1932 wurde die fünfte Wahl innerhalb eines Jahres notwendig. Der Urnengang am 6. November wurde jedoch von dem Streik der Berliner Verkehrsbetriebe überschattet. Vordergründig ging es um Lohnvereinbarungen, doch Kommunisten und Nationalsozialisten nutzten diesen Streik, um die ohnehin schon angespannte öffentliche Stimmung anzuheizen. Nachdem die kommunistische Gewerkschaft „RGO" trotz fehlgeschlagener Urabstimmung den Streik am 2. November ausrief, schloß sich noch am selben Tag die „Nationalsozialistische Betriebszellenorganisation" an. In den folgenden Tagen marschierten SA und Rotfrontkämpferbund gemeinsam. Sozialdemokratische Gewerkschaftler wurden zusammengeschlagen, Straßenbahnschienen unbefahrbar gemacht, Oberleitungen heruntergerissen. Schutzpolizisten, die Arbeitswillige schützen wollten, wurden angegriffen. Das „rot-braune" Chaos auf den Straßen bewegte die Mehrheit der Betriebsangehörigen zur Aufgabe des Streiks am 7. November. Die Reichstagwahlen vom Vortag blieben von den Ereignissen nicht unbeeinflußt. Vor allem die NSDAP büßte fast zwei Millionen Wählerstimmen ein, die KPD hingegen gewann über zwei Prozentpunkte.

Oben: „Berlin im Verkehrsstreik. Infolge der geplanten weiteren Lohnkürzungen ist das Personal der Berliner Verkehrs-Gesellschaft heute früh in den Streik getreten. Der gesamte Straßenbahn-, U-Bahn- und Autoverkehr ist damit stillgelegt. Unser Bild zeigt: Frauen bringen ihren Männern, die am Eingange eines Straßenbahndepots Streikposten bezogen haben, das Essen. 3.11.1932"

Rechte Seite: „Die Berliner Verkehrsmittel streiken. Am 3. November 1932 streikten die Angestellten des Berliner Verkehrsmittel (Autoomnibus, Straßenbahn und Untergrundbahn). Da nur die Stadtbahn (Reichsbahn) verkehrte, stürzten sich alle Leute auf diese Verkehrsmittel. Unser Bild zeigt den Riesenandrang am Fahrkartenschalter der Berliner Wannseebahn (Reichsbahn)." *(Originalbildzeilen)*

Zur Bahnhofswirtschaft
Bahnsteig

„Ich bitte Sie, in mir nicht nur den Soldaten, sondern den überparteilichen Sachwalter der Interessen aller Bevölkerungsschichten für eine hoffentlich nur kurze Notzeit zu sehen, der nicht gekommen ist, das Schwert zu bringen, sondern den Frieden [...] Es sitzt sich schlecht auf der Spitze der Bajonette, das heißt man kann auf Dauer nicht ohne eine breite Volksstimmung hinter sich regieren."

Reichskanzler von Schleicher in seiner Rundfunkrede vom 15. Dezember 1932 an das deutsche Volk

„Schleicher bei Hindenburg. Reichkanzler von Schleicher begab sich heute vormittag zum Reichspräsidenten, um mit ihm Besprechungen über die Besetzung der noch offenstehenden Posten des Kabinetts zu führen. Reichkanzler von Schleicher und der bisherige Reichsarbeitsminister Schaeffer begeben sich vom Reichswehrministerium zur Reichskanzlei. 4.12.1932" *(Originalbildzeile)*

Oben: „Weihnachten wieder zu Hause. Die ersten Amnestierten beim Verlassen der Strafanstalt Tegel, Berlin, von ihren Freunden erwartet und begrüßt (keine gestellte Aufnahme)." *(Originalbildzeile)*

Rechts: Carl von Ossietzky beim Antritt seiner Haftstrafe im Gefängnis Berlin-Tegel im November 1931.

Die nicht verstummenden Zwischenrufe eines kommunistischen Zuhörers von der Tribüne heizten die Stimmung im Reichstagssaal am 7. Dezember 1932 derart an, daß es schließlich in der Wandelhalle zu einer Massenschlägerei zwischen Abgeordneten der NDSAP und der KPD kam. Die erste Session des Reichstags unter der neuen Regierung von General von Schleicher war zumindest in einem Punkt konstruktiv: Die Parteien einigten sich auf ein allgemeines Amnestiegesetz, das die Straffreiheit für politische Verbrechen, ausgenommen Mord, und den Verrat militärischer Geheimnisse zusicherte. Letztere Bestimmung zielte vor allem auf den Pazifisten Carl von Ossietzky, der 1931 aufgrund eines Artikels in der *Weltbühne* über deutsche Aufrüstungspläne zu einer Gefängnisstrafe verurteilt worden war.

„Im Gefängnis gewesen sein, das ist ein großes Erlebnis, das kein politischer Mensch aus seinem Dasein streichen kann. Es ist die Berührung mit einer abgesonderten Welt, die eingemauert zwischen uns ragt und von der wir weniger wissen als von Tibet oder der Osterinsel. Das Gefängnis, das heute Deutschland nicht mehr strafen, sondern bessern und erziehen soll, ist damit sozusagen zum Lazarett der bürgerlichen Ordnung avanciert [...] Schuld? In diesem Hause fällt das Wort nicht, hier gibt es nur Opfer."

Carl von Ossietzky in der Weltbühne *1932, nach seiner Entlassung aus dem Gefängnis Berlin-Tegel*

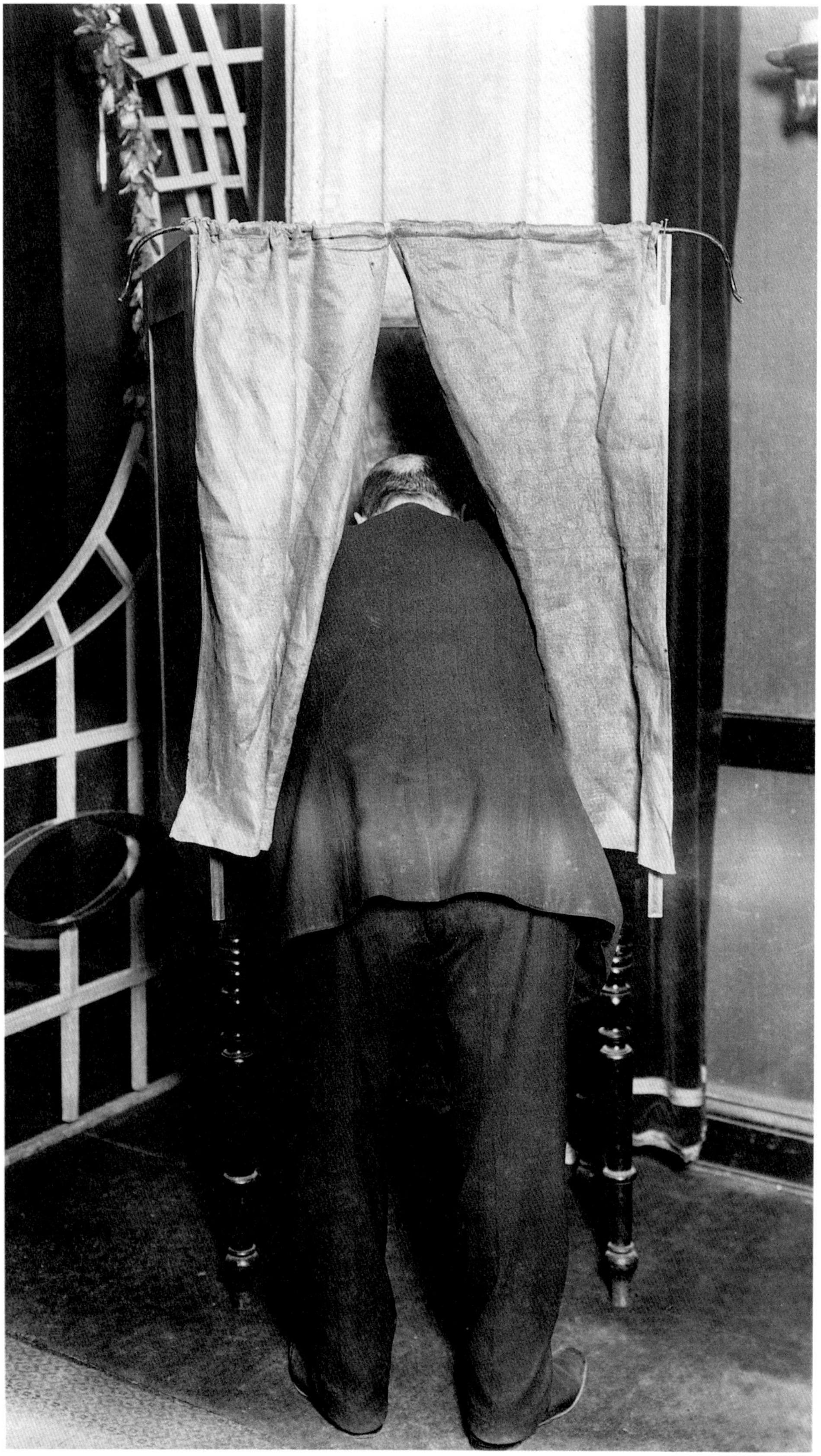

Links: „Zur Wahl des Reichtagspräsidenten am Sonntag, dem 13. März 1932. Die Wahl ist geheim. In der Wahlzelle hinter Vorhängen steckt Herr Lehmann seinen mit einem Kreuz versehenen Stimmzettel in ein Kuvert."
(Originalbildzeile)
Rechte Seite: Reichspräsident von Hindenburg begrüßt seinen neuen Reichskanzler Adolf Hitler.

„Was tut Lehmann? Alle, die diesen Namen führen, mögen entschuldigen, daß gerade er zur Bezeichnung jener Menge von Bürgern benutzt wird, die dem kommenden Wahltag ziemlich ratlos entgegensieht [...] Aber eins kann er tun. Der Demokrat und Republikaner Lehmann kann die Überzeugung behalten, daß das nur eine Übergangsperiode ist, genau wie alle Perioden der Menschheitsgeschichte, und daß, so gewiß, wie die Sonne wieder aufgeht, der fortschrittliche Geist wieder den anderen verdrängen muß [...] Aber Wähler Lehmann wird wahrscheinlich antworten, dieser Rat nütze ihm jetzt nichts und – die alte Berliner Redensart muß ihm liegen – das könne Lehmanns Kutscher auch."
Theodor Wolff im Berliner Tageblatt *vom 18. 9. 1932*

„Hitler berichtet mir. Papen scharf gegen Schleicher, will ihn stürzen und ganz beseitigen. Hat noch das Ohr des Alten [Hindenburg]. Wohnt auch bei ihm. Arrangement mit uns vorbereitet. Entweder die Kanzlerschaft oder Ministerien der Macht. Wehr und Innen. Dies läßt sich hören."
Joseph Goebbels, Tagebucheintrag vom 10. 1. 1933

„Und nun meine Herren, vorwärts mit Gott!"
Reichspräsident Hindenburg nach der Vereidigung der neuen Regierung unter Reichskanzler Hitler in seinem Amtszimmer am 30. 1. 1933

„Wenn Hitler sich zunächst auf dem Boden der Verfassung hält, und mag das hundertmal Heuchelei sein, wäre es falsch, wenn wir ihm den Anlaß geben die Verfassung zu brechen. [...] Wenn Hitler den Weg der Verfassung beschreitet, dann steht er an der Spitze einer Rechtsregierung, die wir bekämpfen können und müssen, mehr noch als die früheren, aber es ist eben eine verfassungsmäßige Regierung."
Ernst Breitscheid im Parteiausschuß der SPD am 31. 1. 1933

Berlin-Wannsee-Paris
Paris – Berlin
Der älteste Fuhrherr von Wannsee, Gründer der Wannsee-Droschken, erlaubt sich mit der Droschke 120 die letzte Fahrt Berlin-Paris zu machen, da das Pferde Material im Aussterbeetat steht.
1. April 1885 1. April 1928

SPAZIEREN IN BERLIN

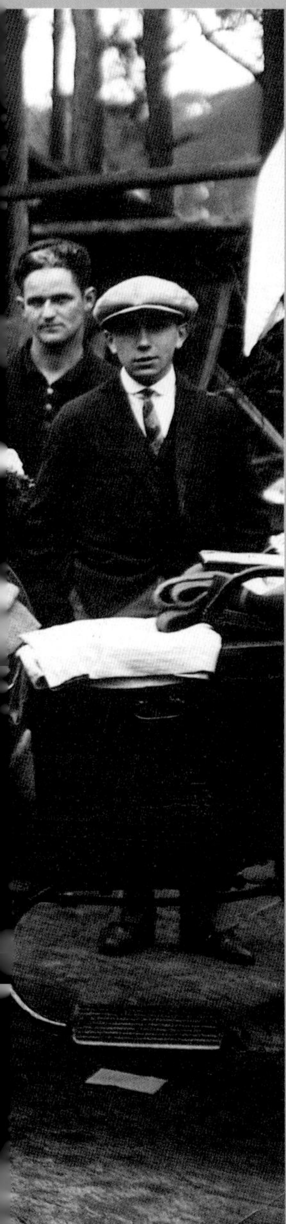

Dem gemeinen Berliner wie dem 68jährigen Droschkenkutscher Gustav Hartmann mag es „schnurzpiepegal“ gewesen sein, ob die Hauptstadt der Weimarer Republik „marxistischer Sündenpfuhl“ gescholten oder als Stätte der „Theaterschlacht“ gepriesen wurde. Für Menschen wie Hartmann ging es oft einfach um das Überleben. Ihn und sein Gewerbe bedrohte die Moderne in Form des Automobils. Hartmanns Reklamefahrt, die am 1. April 1928 startete und ihm den Spitznamen „der eiserne Gustav“ eintrug, zog ein enormes Interesse der Zeitungen und Illustrierten auf sich, die Originalbildzeile des nebenstehenden Fotos lautete: „Wannsee-Paris-Berlin. Der älteste Fuhrherr von Wannsee will mit seiner Pferdedroschke die letzte Fahrt machen.“ Überhaupt fingen bürgerliche Medien an, sich für das Leben der „kleinen Leute“ zu interessieren. Schreibende „Flaneure“ wie Franz Hessel versuchten, die Stadt auch jenseits der Boulevards zu entdecken: „Das waren ein paar schüchterne Versuche, in Berlin spazierenzugehen, rund herum und mitten durch, und nun liebe Mitbürger haltet mir nicht vor, was ich alles Wichtiges und Bemerkenswertes übersehen habe [...] Ihr habt keine Zeit? Dahinter steckt falscher Ehrgeiz, ihr Fleißigen.“

10

Zwischen Kiez und Boulevard

In Berlin, sagt man, sei zwischen 1919 und 1933 der Weltgeist wenn nicht zu Hause, so doch zumindest Dauergast gewesen. Magnetisch zog es diejenigen an, die sich für jung und modern, progressiv und gar etwas frivol hielten. Von konservativen Hauptstadtgegnern hingegen wurde Berlin als „Sündenbabel“, „Spree-Chicago“ oder „Parvenupolis“ verunglimpft, was ex negativo die damaligen Weltstadtqualitäten dieser Großstadt beweisen mag. Seinerzeit spaltete die Hauptstadt jedoch die deutsche Nation. Hier wurden die politischen Glaubenskriege der jungen Republik ausgetragen. Die Stadt wurde darüber hinaus zum Sinnbild der Moderne. Vor allem unsere heutigen Vorstellungen von der Moderne wurzeln in dieser Museen-, Literatur-, Theater- und Musikhauptstadt. Die „goldenen 20er Jahre“ spielen in unserer Erinnerung auf den Flaniermeilen Unter den Linden und Kurfürstendamm, um die herum in Kinopalästen und Nachtlokalen das metropolitane Leben in vollen Zügen genossen wurde. Und den Nabel zur Welt bildeten die Redaktionen im Zeitungsviertel und die Filmstudios in Babelsberg. Nur am Rande erscheint die politisch aufgeregte Hauptstadt mit dem Regierungssitz in der Wilhelmstraße.

Folgt man jedoch den Spuren und Zeugnissen von Zeitgenossen, so ergibt sich ein ganz anderes Bild: „Wir wollen es uns zumuten, wir wollen ein wenig Müßiggang und Genuß lernen und das Ding Berlin in seinem Neben- und Durcheinander von Kostbarem und Garstigem, Solidem und Unechtem, Komischen und Respektablem so lange anschauen, liebgewinnen und schön finden, bis es schön ist“, schrieb Franz Hessel 1929 in *Spazieren in Berlin* in seinem „Nachwort an die Berliner“. Der „Flaneur“ Hessel fand in den Fotografen und Fotojournalisten der Zeit seine Wahlverwandten, die seine literarischen Impressionen heute wundervoll illustrieren. Auch sie nahmen sich Zeit und „flanierten“ mit ihren Kameras durch die Stadt. Sie entdeckten nicht nur den Glamour der Flaniermeilen, sondern auch das Leben in den Hinterhöfen der Arbeiterviertel.

Oben: „Nun ist eine Berliner Reklameunternehmung darauf gekommen, in der Mitte der Straßenkreuzung kleine Piedestals aufzustellen, an deren Seiten Reklameschriften angebracht sind, während die im Winter von unten her elektrisch geheizte Plattform den Polizisten als Standplatz dient. Diese humane Neuerung ist um so mehr zu begrüßen, als die Verkehrsposten dann, einem alten Sprichwort zufolge, bei warmen Füßen kühlen Kopf behalten werden.“
Rechte Seite: „Verliebte Schatten.“ *(Originalbildzeilen)*

Auf ihren Forschungsreisen drangen die Fotojournalisten tiefer in das „andere“ Berlin ein, als es dem bürgerlichen „Flaneur“ Hessel jemals möglich gewesen wäre. In der Absicht, soziale Realität fotografisch zu dokumentieren, folgten sie den Spuren ihres schreibenden Gesinnungsgenossen Egon Erwin Kisch. Der „rasende Reporter“ stellte in seinem Artikel „Berlin in Arbeit“ fest, daß hinter jedem Luxus die Arbeit jener stehe, die selbst niemals etwas von dem Luxus haben werden, zu dem sie beitragen. Kisch verwies damit auf das Schicksal all „derjenigen, die sich um eines Hungerlohnes willen Tag und Nacht hin und her hetzen lassen müssen, deren Namen nicht einmal der kennt, der sie hin und her hetzt.“

„Die Linden lang! Galopp! Galopp!
Zu Fuß, zu Pferd, zu zweit!
Mit der Uhr in der Hand, mit'm Hut auf'm Kopp
Keine Zeit! Keine Zeit! Keine Zeit!
Man knutscht, man küßt, man boxt, man ringt,
Een Pneu zerplatzt, die Taxe springt!
Mit einmal kracht das Meter!
[...]
Mach Kasse! Mensch! Die Großstadt schreit:
Keine Zeit! Keine Zeit! Keine Zeit!"

Walter Mehring, Das Ketzerbrevier, *1921*

„*Berlin,* die Hauptstadt Preußens und des deutschen Reichs, ist mit 3 804 000 Einwohnern die dritte Stadt Europas nach London und Paris, liegt [...] an der *Spree,* 34 – 49 m über dem Meer. Das eigentliche Berlin hatte nach der Zählung vom Dezember 1919 2 071 257 Einwohner; davon waren 81,6 % evangelisch, 11,7 % katholisch, 5,3 % israelitisch; 44 % waren in Berlin geboren, und 31 000 hatten polnische Muttersprache angegeben. Die Bevölkerungszahl sank bis zum Oktober 1919 auf 1 902 509 Seelen [...] Was das Gesamtbild der Stadt betrifft, so entbehrt Berlin bekanntlich des Reizes größerer Geländeunterschiede und, zu mehr als drei Vierteln ganz modern, auch eines eigentlich geschichtlichen Gepräges."

Karl Baedeker, Berlin und Umgebung, Handbuch für Reisende, *1921*

„Unter den Linden vom Brandenburger Tor aus gesehen."
(Originalbildzeile)

Linke Seite: „Berlin im Nebel. Malerisches Brückenmotiv im Museumsviertel."
Oben: „Das ist Berlin! Es sieht zwar aus, wie in dem Kurpark eines Badortes, ist aber tatsächlich der Schinkelplatz in Berlin."
Rechts: „Straßenszenen in Berlin – Schuhputzer ‚Unter den Linden'." *(Originalbildzeilen)*

Unter den Linden – „Herz und Mitte der Hauptstadt", wie Zeitgenossen den Prachtboulevard gerne bezeichneten. Unter den Bäumen der Allee, die der Große Kurfürst im 18. Jahrhundert hatte anlegen lassen, flanierten sonntags die jungen Liebenden und über das Pflaster kutschierten Chauffeure die Mächtigen in Automobilen. Die monumentale Architektur rechts und links dieser Prachtstraße prägten Baumeister wie Carl Gotthard Langhans und Friedrich Schinkel. Letzterer schuf auch die ionische Säulenhalle auf der Museumsinsel – „dieses wunderbare Eiland", das dem „Flaneur" Hessel als „des jungen Berliners Akademoshain" galt. Die Bildergalerien des Alten Museums, des Neuen Museums, der Nationalgalerie und des Bodemuseums dienten den „Bürgern" als wahre Bildungstätten in einer unsicheren Zeit. 1930 öffnete mit dem Pergamonmuseum ein weiterer Hort von Kunstschätzen vergangener Zeiten. In Anbetracht all dieser ehrfurchtheischenden Gebäude ließ Erich Kästner in seinem Roman *Fabian* (1931) den heimatlosen Protagonisten, der sich ziellos durch Berlin treiben läßt, räsonieren: „Diese Stadt, ihr Leben und ihre Kultur befanden sich im Ruhezustand. Das Panorama glich einem teuren Begräbnis."

Oben: „Nachtbilder, Potsdamer Platz.“ *(Originalbildzeile)*

Rechts: Potsdamer Platz, im Hintergrund „Haus Vaterland“ und der Potsdamer Bahnhof.

Die Berliner waren mächtig stolz auf den ersten Verkehrsturm am Potsdamer Platz, der während der 20er und 30er Jahre als die verkehrsreichste Straße Europas galt. Dieser Vorläufer der Ampel wurde errichtet, um der dauernden Staus der Kraftwagen, Straßenbahnen, Fahrräder und Pferdekutschen auf dem Platz Herr zu werden. Nun wurde das Gedränge noch größer, denn jeder wollte den Verkehrsturm sehen und den Kreisverkehr erleben. Eigentlich war das ganze Schauspiel jedoch nur eine Folge einer städtebaulichen Fehlplanung. Dem Straßennetz fehlten zwei Nordweststraßen, um die Leipziger und Potsdamer Straße zu entlasten. 50 000 Automobile hätten auf den breiten Straßen kaum auffallen dürfen. Auf einen Berliner kam 1926 erst ein Kraftfahrzeug, der Grad der Motorisierung in Paris oder New York lag wesentlich höher.

Sind's die
Cigaretten

Oben: Unter den Linden von der Friedrichstraße aus gesehen.

„So lang noch ‚Unter'n Linden'
Die alten Bäumen blüh'n,
Kann nichts uns überwinden,
Berlin bleibt doch Berlin!"

Marschlied aus der Revue Drunter und Drüber *von 1923, Musik von Walter Kollo*

Linke Seite unten: „Ein neuer Weg, um bekannt zu werden: Junge Dichterin auf der Straße. Erna Thaler, eine jugendliche Dichterin, welche vergeblich nach Anerkennung rang, machte sich heute auf besonderem Wege mit der breiten Masse bekannt. Sie verteilte mit polizeilicher Erlaubnis ihre bisher verfaßten Gedichte mitten auf dem Potsdamer Platz in Berlin, gleicherzeit las sie aus ihren Werken der sich ansammelnden Menge vor." Oben: „Zeitungsstand auf dem Potsdamer Platz."

(Originalbildzeilen)

„[...] Straßen. Denn sie sind ja die Wohnung des ewig unruhigen, ewig bewegten Wesens, das zwischen Hausmauern soviel erlebt, erfährt, erkennt und ersinnt, wie das Individuum im Schutze seiner vier Wände. Der Masse – und mit ihr lebt der Flaneur, sind die glänzenden, emaillierten Firmenschilder so gut und besser ein Wandschmuck wie im Salon dem Bürger ein Ölgemälde, Brandmauern ihr Schreibpult, Zeitungskioske ihre Bibliotheken, Briefkästen ihre Bronzen, Bänke ihr Boudoir und die Caféterrasse der Erker, von wo sie auf ihr Hauswesen herabsieht."

Walter Benjamin,
„Die Wiederkehr des Flaneurs", Rezension des Franz-Hessel-Buches Spazieren in Berlin, *1929*

„Ich bin gewohnt, wenn mir mit dem Tone ehrlicher Entrüstung eine Gegenansicht entgegentritt, meine eigene Ansicht immer wieder nachzuprüfen. Aber nun frage ich mich: Ist es Verleumdung, daß nach eineinhalb Jahren noch kein Kapp-Verbrecher verurteilt ist? (Sehr richtig!) Ist es Verleumdung, daß der Erzkappist, der Kapitänleutnant Ehrhardt, im Reichswehrministerium ein- und ausgehen konnte, ohne daß ein Haftbefehl gegen ihn erging? Ist es Verleumdung, daß demgegenüber gegen die Kommunisten des Märzputsches übermäßig schwere Strafen zur Anwendung gekommen sind, daß in zahllosen Urteilen kommunistische Betätigung in der gegenwärtigen Zeitlage an sich schon als ehrlos und infolgedessen zuchthauswürdig bezeichnet wurde?“

Der sozialdemokratische Reichsjustizminister Gustav Radbruch auf dem Parteitag 1921

Linke Seite oben: „Die Merktafel, auf der die Anwälte angeben, in welchem Zimmer sie verhandeln für den Fall, daß sie gesucht werden."
Linke Seite unten: „Anwälte beim Studium der Akten und der Kompendien."
Oben: „Die zufriedene Miene bedeutet bestimmt einen fetten Vergleich." *(Originalbildzeilen)*

„Die Truppen der Justiz" – Fotoreportage
In den 20er Jahren wurden im jährlichen Durchschnitt 2000 Hauptverfahren wegen eines Verbrechens vor dem Schöffengericht und etwa 80 vor dem Schwurgericht der drei Berliner Landgerichte mit einem Urteil beendet. Die Hauptstadtpresse stürzte sich mit Vorliebe auf Fälle, die das Zeug zu Sensationen hatten. Neben zahlreichen politischen Prozessen boten sich die Fälle von Korruption, Betrug oder Bestechung an. Prominent wurden die Brüder Sklarek, die durch fingierte Aufträge die Banken täuschten und durch die Bestechung von Stadträten aller Parteien einen Kommunalskandal hervorriefen, der mit dem Rücktritt des Oberbürgermeisters Böß endete; Iwan Kutisker erschlich 12 Millionen Mark von der Preußischen Staatsbank, indem er den Direktoren Geschenke in Form von Gänsen machte; Max Klante erklügelte ein windiges Wettsystem, mit dem er Tausende Rennbahnfreunde um ihre Einsätze betrog. Die Reportage über den „Berliner Anwaltsverein am Amtsgericht Berlin Mitte" gibt einen eher ehrfurchtsvollen Einblick in die Arbeitswelt derer, die die Angeklagten vor die Schranken der Justiz begleiteten: „Jeden Morgen sieht man in den Verkehrsmitteln klug aussehende Männer sitzen, die nicht zeitungslesend in das Zentrum der Stadt fahren, sondern aus ihren Aktentaschen Schreibstücke hervorziehen und diese in aller Eile, aber mit größter Aufmerksamkeit studieren. Wenn man sieht, daß diese um die Gegend am Alexanderplatz aussteigen, sieht man sofort, es sind Rechtsanwälte vom Amtsgericht Berlin Mitte oder vom Landgericht, der ‚größten Kaserne der Justiz Deutschlands'."

Schlossbrauerei

Linke Seite: „Die Berliner Bockbiersaison hat begonnen. Mit Beginn des neuen Jahres haben in Berlin wieder die Bockbierfreuden und der Ausschank des so beliebten köstlichen ‚Naß' begonnen. Das erste Faß Bockbier wird angerollt."
Oben: „Schwarze Fracht."
Rechts: „Die ‚Blumenmädchen' von Berlin. Frauen arbeiten – Männer sind arbeitslos! Hier muß der Ehemann seiner Frau die Blumen nachtragen." *(Originalbildzeilen)*

„Mutta, der Mann mit dem Koks is' da!
Jung, halt die Schnauze, ick seh' et ja.
Ick hab' keen Jeld, du hast keen Jeld,
Wer hat den Mann mit'm Koks bestellt?"

Travestie der Berliner auf ein Lied aus der Operette Gasparone

Rechts: „Das Staken der schweren Kähne ist nur ein kleiner Ausschnitt der schweren Arbeit, die aber jeder Städter beobachtet hat."
Unten links: „Am Sonntagmorgen. Man hilft sich gegenseitig zur Verschönerung."
Unten rechts: „Lebensmittelhänder mit seinem primitiven Motorboot versorgt die Zille-Leute mit Lebensmitteln."
Rechte Seite oben: „Nach Feierabend wird ein ‚Gam' gesponnen."
Rechte Seite unten: „Kartenspiel ist auch bei den Schiffern die beliebteste Unterhaltung für die Ruhestunden."
(Originalbildzeilen)

„Das Leben auf der ‚Zille'" – Fotoreportage
Auch in dieser Reportage findet sich die zeittypische Sozialromantik bürgerlicher Illustrierten in der Betrachtung des Arbeitermilieus. Die „Probleme der neuen Stadt Berlin", veröffentlicht in einem Sammelband aus dem Jahr 1926, werden schlichtweg ignoriert. Trotz immenser Investitionen in den Ausbau der Häfen und dem gut ausgebauten Wasserstraßennetz, das von Danzig nach Duisburg reichte, war es nicht gelungen die Berliner Binnenschiffahrt zu intensivieren. Bis dato wurde nur ein Viertel des Frachtverkehrs in die Hauptstadt über den Wasserweg transportiert, per Bahn hingegen jährlich 15 Millionen Tonnen Güter. Die Fotoreportage Ende der 20er Jahre verlegte sich ganz auf die Schilderung des „Miljöhs":
„Zillen nennt der Berliner die großen Frachtkähne, die auf der Havel und der Spree an dem anschließenden Kanalnetz Berlin zu dem wichtigsten Binnenschiffahrtszentrum Norddeutschlands gemacht haben. Das Leben dieser Romantiker der Wasserstraßen spielt sich so völlig in anderen Formen ab, gemessen an dem Leben der ‚Landratten', daß es sich wohl lohnt, einen Tag mit diesen Schiffern zu verbringen. Schon am frühen Morgen bei Sonnenaufgang beginnt die schwere Arbeit, die normal auf Fahrt 12 Stunden dauert, und nur durch den wenigen Wechsel der Landschaft und des Arbeitsplatzes eine romantische Verklärung erfährt."

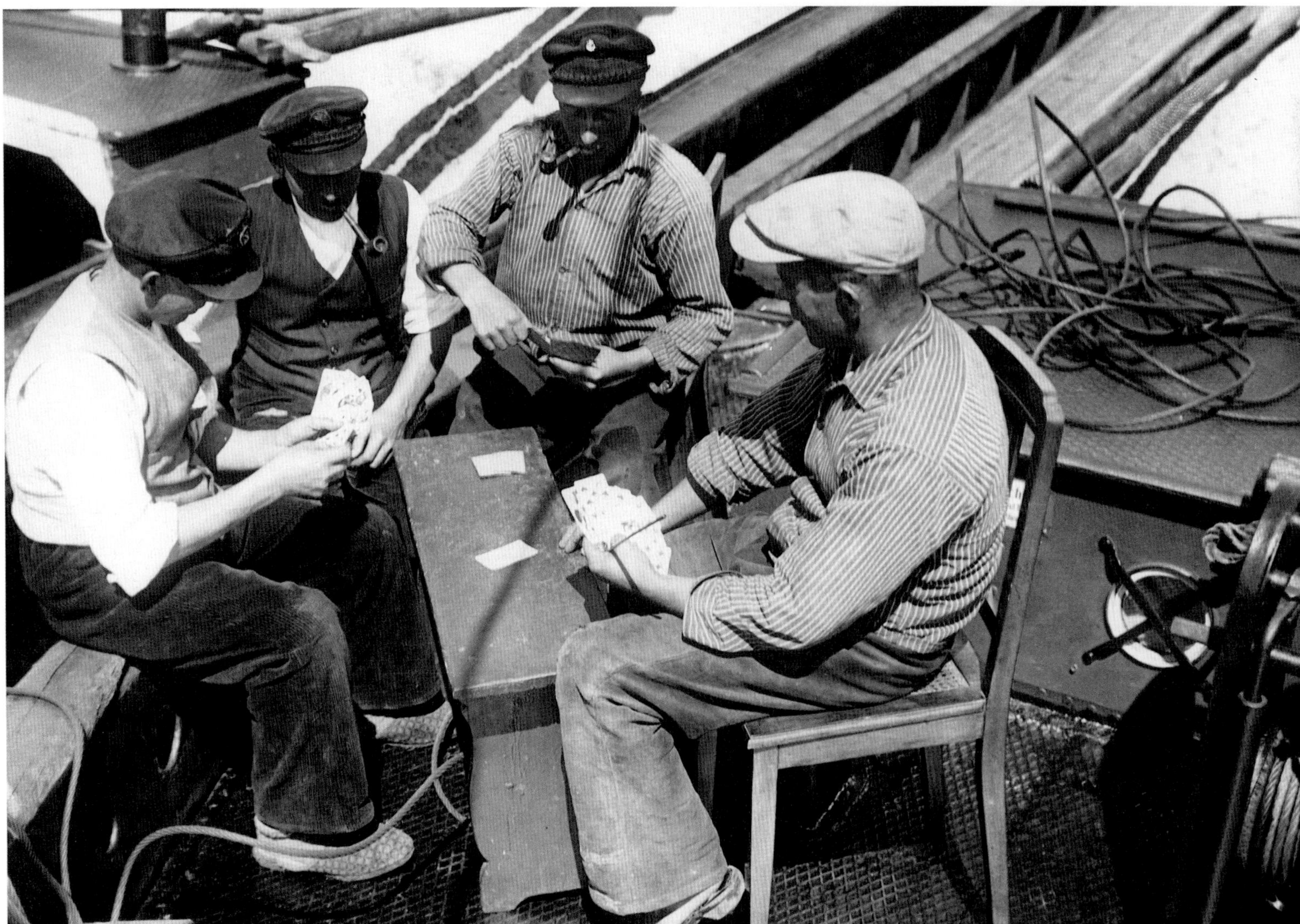

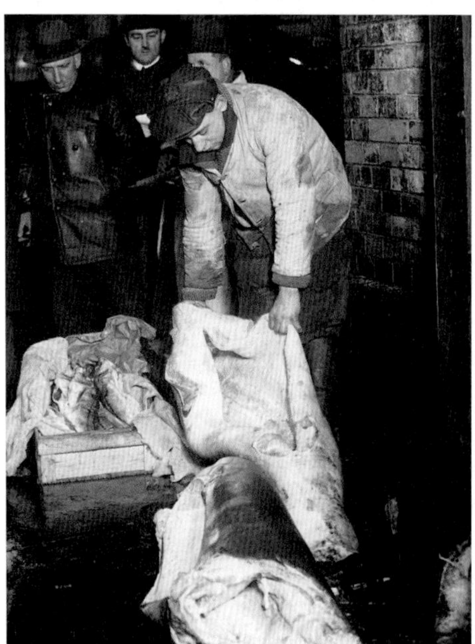

„Fische werden versteigert" – Fotoreportage
1886 wurde die Zentralmarkthalle am Alexanderplatz ihrer Bestimmung übergeben, die in den folgenden Jahrzehnten ständig erweitert wurde. Über ihren direkten Anschluß an das Schienennetz landeten die meisten Nahrungsmittel direkt in diesem „Bauch Berlins". Mitte der 20er Jahre beklagte der Direktor der Hallen, daß der Großmarkt aus allen Nähten zu platzen drohe: „Spielt sich doch beispielsweise der Fischgroßhandel in ungeeigneten Läden in der Umgebung der Zentralmarkthallen, teilweise sogar auf der Straße ab." Während die Stadt neue Markthallen plante, lief der Handel wie gehabt weiter:
„Die Fische gehören wegen ihres hohen Nährwertes und wegen ihres verhältnismäßig geringen Preises zu den wichtigsten Lebensmitteln. Der Magistrat zu Berlin hat deshalb diesem Zweige der Ernährung der Bevölkerung in den letzten Jahrzehnten seine größte Aufmerksamkeit gewidmet und diesen Handel, besonders auch in den letzten Jahren, in jeder Weise gefördert. Der Berliner Bedarf an Fischen aller Art beläuft sich auf 5500 Waggons jährlich; die täglichen Zufuhren betragen etwa 18 Waggonladungen. Der städtische Verkaufsvermittler für Fische bringt die ihm übersandten Zufuhren ausschließlich durch Versteigerungen in den Verkehr. Die beigefügten Abbildungen geben ein anschauliches Bild von diesem Geschäftsbetrieb. Auf diesen Auktionen erstehen die Kleinhändler für die Ladengeschäfte sowie für die Verkaufsstände in Markthallen und auf offenen Wochenmärkten ihren Bedarf." *(Originaltext der Fotoreportage)*

Rechts: „Auktionator und Schreiber bei Abhaltung der Fischversteigerung in der Zentralmarkthalle.“
Unten: „Lagerraum für lebende Fische in der Versteigerungshalle des städtischen Verkaufsvermittlers.“
Linke Seite oben: „Versteigerung lebender Fische in der Zentralmarkthalle.“
Linke Seite unten: „Angebot von Heringshaien.“
(Originalbildzeilen)

„Autobörse in Berlin“ – Fotoreportage
Die Slogans der Reklame merzten in den 20er Jahren das Sozialprestige des wagemutigen und abenteuerlustigen Großbürgers am Steuer aus und machten die Dame am Volant zum Symbol der Weimarer Automobilkultur. Erst mit der engen Assoziation von Dame und Automobil gelang es, das Autofahren in der Gesellschaft zu etablieren. Die Autobegeisterung der Berliner kannte keine Grenzen, wie Carl von Ossietzky in der *Weltbühne* notierte: „Der Führerschein IIIb ist heute schon mehr wert als der Dr. rer. Pol, und beinahe schon so viel, wie früher das Leutnantspatent.“ Für die meisten blieb jedoch der eigene „Maybach“ oder „Adler“ ein ewiger Traum, auch wenn der Reportagetext versucht, das Gegenteil zu suggerieren: „Auf dem Hof einer ehemaligen Kaserne in Berlin findet täglich eine Autobörse statt, bei der gebrauchte, aber noch guterhaltene Autos zu geringen Preisen angeboten werden. Die Autobörse wird stark besucht, und es werden auch viele Verkäufe getätigt.“

Oben: „Eine zukünftige Autobesitzerin am Steuer des neuen Wagens.“
Links: „Kauflustigen wird der Motor eines zum Verkauf gestellten Autos vorgeführt.“
Rechte Seite: „Für 350 Mark kann man bereits einen Opelwagen kaufen.“ *(Originalbildzeilen)*

„Vom Glück des Autofahrens zu sprechen – soweit es sich nicht um den Autobus oder höchstens noch um ein Taxi handelt – hat etwas Mißliches, solange die Menschen, die sich kein Auto leisten können, noch in ungeheurer Mehrheit sind gegen die, die sich's erlauben dürfen. Aber ich hoffe, daß das Auto bald nicht mehr ein Privileg der Begüterten sein, daß es zumindest keine größere Luxusrolle spielen wird als etwa das Badezimmer.“

Der Revuestar Fritzy Massary in der Zeitschrift Die Dame – Ein deutsches Journal für den verwöhnten Geschmack

Auto-Börse
Felix Streuber
Gneisenaustr.79
Bergmañ 3553
Ankauf
Verkauf
Radfahrer
absteigen
Ausfahrt ist
Nummern
Malerei Hier!
Billigste Preise!
350.
Zum
Verkauf
Zum
Verkauf

„Schon wieder eine Panne gehabt?
– Hinter Halle. Es war nicht schlimm. Ein Herr hat mir geholfen.
– Herzel, du darfst Herren nicht auf der Straße ansprechen.
– Was fällt Dir ein! Ich spreche sie gar nicht an. Ich winke ihnen nur.
– Na, und sie halten?
– Immer.
– Und dann?
– Je nachdem.
– Aber, Herzel, das geht doch nicht.
– Ach kümmre Dich nicht um meine Angelegenheiten. Autos sind doch so kompliziert.“

Friedrich Kroner,
Das Auto meiner Frau

„Die Panne. Foto Walter Süssmann“
(Originalbildzeile)

„Unter den Straßen der Weltstadt" – Fotoreportage
Der Wiener Journalist Max Winter schuf 1902 mit seiner Sozialreportage „Vier Stunden im unterirdischen Wien" einen sozialdokumentarischen Klassiker. Er begleitete einen sogenannten „Strotter", der in den unterirdischen Kanälen das Strandgut der „Oberwelt" sammelte, um es zu verkaufen. Winters Reportage formulierte sozusagen die Grundfragen der Großstadtrecherchen: Was ist hinter den Fassaden, wie wohnen und leben die Menschen, wer sind die Etablierten, wer sind die Außenseiter dieser Gesellschaft, wie fristen sie ihren Alltag? Auf den Spuren von Winter wandelt dieser Fotograf in den 20er Jahren und entdeckt „die Lichteffekte des unterirdischen Berlins", auch wenn diese Reportage als reine Bildgeschichte längst nicht die Aussagekraft des Klassikers erreicht.

Linke Seite: „Die Treppe zu den unterirdischen Kanälen am Nollendorfplatz."
Rechts: „Abstieg in den Straßenschacht."
Unten: „Die Kanalmündungen unterhalb der Martin-Luther-Straße." *(Originalbildzeilen)*

Rechts: Der Magistrat der Stadt Berlin hatte in der Markthalle Treskowstraße eine riesige Küche eingerichtet, in der täglich 200 Frauen das Essen für 16 000 Personen bereiteten. Die Mahlzeiten gelangten an 20 verschiedenen Ausgabestellen zur Verteilung: „Achtzig Frauen – Hundert Zentner Kartoffeln. Unser Bild zeigt: Seit dreißig Jahren immer dieselbe Arbeit." *(Originalbildzeile)*

Oben: „Arbeitslose suchen Schutz vor 17 Grad Kälte. Berlin: Nachdem bisher ein verhältnismäßig milder Winter in Deutschland herrschte, ist nun am 10. Februar 1932 eine richtige Kältewelle über Deutschland und ganz Europa hereingebrochen! Das Thermometer sank auf minus 14 Grad in Berlin, und die Seen und Flüsse boten ein fast polarmäßig anmutendes Bild mit der dicken Eisschicht, die sie tragen. Am schlimmsten wirkt sich dieses Wetter bei den Arbeitslosen und Unterkunftslosen aus – viele von ihnen haben kein Heim, keiner jedoch Kohlen, um ein bißchen Wärme und Gemütlichkeit herstellen zu können. Die Stadt Berlin hat in verschiedenen Stadtteilen Wärmehallen, in denen diesen Bedauernswerten eine Tasse warmer Kaffee und ein warmer Ofen zur Verfügung stehen. Unser Bild zeigt eine Aufnahme aus der Wärmehalle in Berlin in der Neuen Königsstraße am 11. Februar 1932." *(Originalbildzeile)*

Oben: „Blumen im Schnee: Nach dem ersten Schneefall in Berlin. Die Blumenfrau auf dem Potsdamer Platz unter ihrem riesigen Schneeschirm."
Rechts: „Hundekälte in Berlin. Eine neue Kältewelle ist, aus Nordosten kommend, über Berlin hereingebrochen und macht sich doppelt empfindlich bemerkbar, da sie von scharfem Nordostwind begleitet ist. In der Nacht zum Mittwoch wurden in Berlin 12 Grad Kälte gemessen. Eine weitere Verschärfung des Frostes steht nach Angabe der Meteorologen noch zu erwarten. Der tierliebende Berliner denkt an die Pferde und schützt die Gäule eines Lastfuhrwerks durch große Decken während des Wartens vor der Kälte." *(Originalbildzeilen)*

Links: „Ein Sommertag in Berlins Arbeiterviertel an der Spree."
Oben: „Die kleinen Musikanten." *(Originalbildzeilen)*

„‚Genossen!' sagte endlich der dritte im Jugendbunde, der ‚Kanter', ‚ich schulmeistere meine Freunde nicht gern; aber nun müßt ihr auch meine Ansicht hören: Robinson konnte erst abfahren, als er ein seetüchtiges Schiff besaß, kein steuerloses leckes Wrack, auf dem wir zum Beispiel jetzt treiben. Auch das Proletariat kann erst befreit werden nach Änderung der wirtschaftlichen Verhältnisse, wenn die Stunde der kapitalistischen Produktionsweise schlägt. Und sie wird schlagen, Franz, trotz deiner Hoffnungslosigkeit auf der öden Klippe!'"

Paul Michaelis, Der Robinson der Robinsons, Eine humoristische und sozialistische Erzählung für die Arbeiter- und Fortbildungsschul-Jugend, *1921*

Oben: „Ein Tänzchen im Hinterhof. Einer der herumziehenden musikalischen Allerweltskünstler im Hofe einer Berliner Mietkaserne. Man sieht, daß er auch seine Kunst nicht vergeblich ausführt."
Rechte Seite: „Eine Berliner Arbeiterkaserne."
(Originalbildzeilen)

„Manchmal möchte ich in die Höfe gehen. Im älteren Berlin wird das Leben nach den Hinter- und Gartenhäusern zu dichter, inniger und macht die Höfe reich, die armen Höfe mit dem bißchen Grün in einer Ecke, den Stangen zum Ausklopfen, den Mülleimern und den Brunnen, die stehengeblieben sind aus Zeiten vor der Wasserleitung. Vormittags gelingt mir das allenfalls, wenn Sänger und Geiger sich produzieren oder der Leierkastenmann, der obendrein auf einem Fingerpaar Naturpfeife zum besten gibt, oder der Erstaunliche, der vorn Trommel und hinten Pauke spielt [...] Da kann ich mich neben die alte Portierfrau stellen [...] Sie nimmt keinen Anstoß an meiner Gegenwart, und ich darf hinaufsehen in die Hoffenster, an die sich Schreibmaschinenfräulein und Nähmädchen der Büros und Betriebe zu diesem Konzert drängen. Selig benommen pausieren sie, bis irgendein lästiger Chef kommt und sie wieder zurückschlüpfen müssen an ihre Arbeit. Die Fenster sind alle kahl. Nur an einem im letzten Stockwerk sind Gardinen, da hängt ein Vogelbauer, und wenn die Geige von Herzen schluchzt und der Leierkasten dröhnend jammert, fängt ein Kanarienvogel zu schlagen an als einzige Stimme der stumm schauenden Fensterreihen. Das ist schön. Aber ich möchte doch auch mein Teil an dem Abend dieser Höfe haben, die letzten Spiele der Kinder, die immer wieder heraufgerufen werden, und Heimkommen und Wiederwegwollen der jungen Mädchen erleben; allein ich finde nicht Mut noch Vorwand, mich einzudrängen, man sieht mir meine Unbefugtheit zu deutlich an."
Franz Hessel, Spazieren in Berlin, *1929*

Linke Seite: „Hofmusik. Foto Walter Süssmann."
Rechts: „Heinrich Zille, gestorben am 9. August 1929. Der Künstler beim letzten Zille-Fest im Sportpalast in Berlin."
(Originalbildzeilen)

„Das Sehen und Erleben in den Kinderjahren half wohl später manche Bilder gestalten. Oft ist's umgekehrt. Die armen Künstlerjünger malen Reichtum und dicke Schinkenbrote, wogegen die reichen Leute die Armen in Wort und Bild darstellen. Ich bin bei meinem ‚Miljöh' geblieben – wenn auch nicht in dem Sinne, den mir ein reicher Malerjüngling erzählte. Als der zufällig ein paar Kinder, die ich oft gezeichnet habe, als Modell bekam und sich bei der Mutter der Kleinen beklagte, daß die Gören so wenig sauber wären, bekam er von der entrüsteten Frau zur Antwort: ‚For Zillen könn'n se ja nich dreckich jenuch sin.'"

Heinrich Zille, selbstverfaßter Lebenslauf, den er 1924 anläßlich seiner Aufnahme in die Preußische Akademie vortrug

„Du hast mal gesagt, du sähest aus wie ein Droschkenkutscher, Heinrich Zille. Laß man. Wenn du in Himmel kommst, denn klebt dir der liebe Gott Flüjel hinten an Rücken, steckt dir'n Posauneken in die Hand und drickt dir'n Kranz ins Haar. Und denn nischt wie mit Hallelujah immer rauf und runter. Und wenn dann die Leute fragen: ‚Wer singt denn da oben so schön falsch?' – dann will ich ihnen antworten: ‚Pst. Da oben fliegt Er. Berlins Bester.'"

Kurt Tucholsky in der Weltbühne *vom 20. Januar 1925*

Als Handwerkerssohn schaute der Zeichner Heinrich Zille dem „Miljöh" der Berliner Arbeiter aufs „Maul". Seine bissigen Karikaturen im *Simplicissimus* klagten vor allem die soziale Gleichgültigkeit und Brutalität im Kaiserreich an. Seine später so gerühmten sozialdokumentarischen Fotografien waren dagegen nur eine Episode seines Schaffens. Während der Weimarer Zeit blieb Zille seinem Sujet zeichnerisch treu, verlegte sich aber auf die harmlos fröhliche und deftig sinnliche Darstellung von Berliner Typen und Originalen. Nicht anderes als Sozialromantik verlangten auch seine Abnehmer – die Illustrierten der 20er Jahre. Zudem war der einstige, unermüdliche Kneipengänger, der am Biertisch seine Sozialstudien getrieben hatte, alt geworden, und seine Zuckerkrankheit zwang ihn zur Abstinenz. Mit dem großstädtischen Kultur- und Amüsier-Milieu hingegen verbanden ihn viele Freundschaften, so zum Beispiel mit Max Liebermann oder der Sängerin Claire Waldoff. Dem Künstler Zille zollte die Preußische Akademie der Künste Tribut und berief ihn am 1. Februar 1924 zum ordentlichen Mitglied. Dem Berliner Original setzte die Vergnügungsindustrie noch zu Lebzeiten ein Denkmal. Seit 1925 wurden in der Faschingszeit „miljöh"-gerechte, imposante Kostümfeste im Berliner Sportpalast inszeniert, an denen Zille finanziell beteiligt war und dessen Auftritt das jeweilige Fest krönte. Bis zu seinem Tod 1929 mag er auf dem „Zille-Ball" über einer Flasche Mineralwasser darüber gegrollt haben, daß wieder einmal in den richtigen Kostümen die falschen Leute gesteckt haben. Denn wie hieß es in einem späteren Lied über diese Bälle: „Selbst Frau Hofrat Trumm läuft als Nutte rum."

Ein „Warnungssignal“

Die Geschichte des Stammtisches wie der Kneipe ist eng verwoben mit der politischen Entwicklung in Deutschland. Die „bürgerlichen" Revolutionäre von 1848 hatten beinahe in jeder größeren Stadt ihren „Stammtisch" und hießen dann im Volksmund auch „Wirtshausrepublikaner". Andererseits hatten die Intellektuellen dieser Zeit nur Verachtung für die zahlreichen Kleinbürger- und Honoratioren-Stammtische übrig: „Man schließt Allianzen, läßt Flotten auslaufen, Armeen marschieren, Potentaten sterben oder reisen usw. Und je lebhafter die Unterhaltungen gehen, desto angenehmer schmeckt das Bier." Für das politisch belanglose Gerede im Wirtshaus bürgerte sich der Begriff „Kannegießern" ein. Für die Arbeiterbewegung waren die Kneipen der wilhelminischen Zeit jedoch nicht nur Orte der sozialen Begegnung, sondern sie bekamen immer mehr Bedeutung als Zentralen der politischen Diskussion und Organisation. Wen wundert es da, daß sich das „Rote Berlin" in der Weimarer Zeit der meisten Gaststätten innerhalb einer deutschen Stadt rühmen konnte. In den Arbeitervierteln waren die meisten Kneipen und Stammtische fest in sozialdemokratischer und kommunistischer Hand. Während der bürgerkriegsähnlichen Zustände in der Hauptstadt Anfang der 30er Jahre wurden die „roten" Kneipen zunehmend zum Angriffsziel der nationalsozialistischen SA-Truppen, die versuchten, ihren Terror auch in diese sozialen Bastionen der Arbeiter zu tragen. Die NSDAP, die ihre Anfänge in den Münchner Bierkellern hatte, ließ nach ihrer Machtübernahme im Januar 1933 Arbeiterkneipen ausspitzeln, erteilte „linken" Wirten Berufsverbot oder schickte sie in Konzentrationslager. Schließlich wurden ausgemachte „linke Kneipen-Nester" bevorzugt in SA- oder SS-Vereinsheime umfunktioniert.

„Im Banne der Zeitung. Am Stammtisch weiß man besonders in Dingen der Politik alles besser."

(Originalbildzeile)

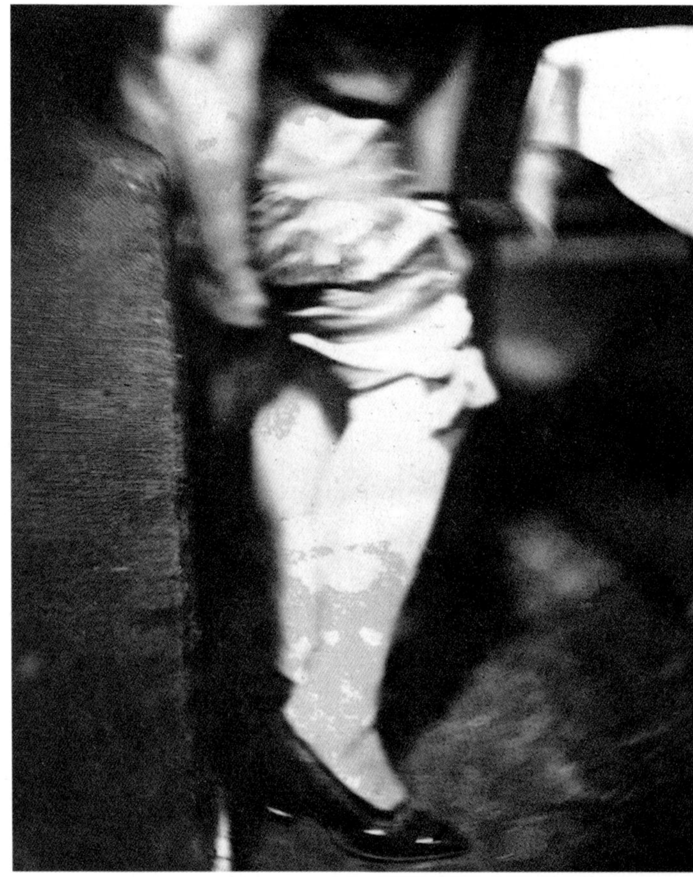

Oben: Plakat für den Witwenball
Oben rechts: „Das verrutschte ‚Strumpfband'"
Rechts: „Hand in Hand das Symbol der echten Liebe."
(Originalbildzeilen)

„Wie ein Rudel hungriger Wölfe stürzt sich das Volk auf die langentbehrte Lust. Noch nie ist in Berlin so viel, so rasend getanzt worden."
Berliner Tageblatt *vom 1. 1. 1919, nach Aufhebung des totalen Tanzverbotes*

„Walterchen, der Seelentröster mit dem goldenen Herzen, Berlins bekannteste Stimmungskanone [...] Wieder täglich Treffpunkt aller Verlassenen [...] Witwenball für die ältere Jugend im herrlichen Prunksaal Ackerstraße [...] Altdeutscher Ball, nur ältere Jugend, flotte Ballmusik [...] Clärchens vornehmer Witwenball das Tagesgespräch. Nur in der Auguststraße trifft sich die Elite."
Verschiedene Reklamesprüche für „Witwenbälle", 1929

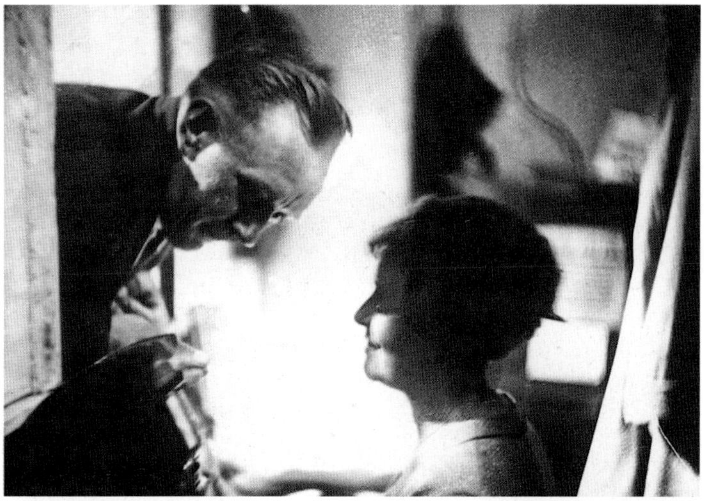

Ganz oben: „Es fängt gut an, schon an der Kasse eine entzückende Witwe."
Rechts oben: „Der Unwiederstehliche: Der Salonlöwe des Witwenballs."
Oben: „Das warme Abendessen besteht aus ein paar Würstchen mit Kartoffelsalat für die Braut."
(Originalbildzeilen)

„Bei Berlins lustigen Witwen" – Fotoreportage
Während die neuen Jazz-Tänze wie der „Shimmy" die jugendlichen Körper in den Tanzpalästen und Bars rund um dem „Kudamm" durcheinanderwirbelten, trafen sich die reiferen Semester zum sogenannten „Schlittschuhtanz" oder „Tanzstundenschieber" der „Witwenbälle" auf dem Kiez: „Herren unter 25 haben keinen Zutritt." Auch wenn hier nicht nur Frauen verkehrten, die ihren noch jungen Mann im „Feld" verloren hatten, Männermangel herrschte allemal nach dem Ersten Weltkrieg. Den „Rückkehrern" blies auf einmal ein emanzipierter Wind ins Gesicht. Die Frauen gingen nicht nur an die Wahlurne. Auch vor den Türen dieser wenig mondänen Ballhäuser machte der Zeitgeist nicht halt. An die „Damenwahl mit Abklatschen" mußten sich einige Herren der Schöpfung zunächst gewöhnen. Diese Fotoreportage Ende der 20er Jahre zielte aber weniger auf das Geschehen beim Gesellschaftstanz, sondern legte sein Hauptaugenmerk auf das „intime" Randgeschehen: „Ein Streifzug mit der Nachtkamera durch das Paradies der lustigen Witwen. Witwenball – so etwas gibt es noch? fragt man sich beim Betrachten dieser Bilder. In der Zeit vor dem Krieg war der Witwenball rein äußerlich mehr bekannt, heute dagegen ist der Kreis der Interessenten ein intimerer, dadurch aber viel stimmungsvoller und gemütlicher."

„Der Mann hat einen sicheren Beweis der Liebe in der Hingabe der Frau. Aber welchen Beweis hat die Frau von der Liebe des Mannes. Wo ist der Prüfstein der ihr geschworenen Liebe des Mannes? [...] Es muß also zu einem Mehr als dieser selbstverständlichen Leistung kommen, zu der von hundert Männern neunundneunzig bereit und sechzig fähig sind. Dieses heutige Mehr ist das Bankkonto, wenn man bedenkt, wie groß bis zum Verbrechen die Anstrengungen der Männer sind, es bis zu einem Bankkonto zu bringen."
Franz Blei, Beweise für die Liebe, *1928*

Zugverspätungen
Die Züge

**„Das gibt's nur einmal,
Das kommt nicht wieder,
Das ist zu schön, um
wahr zu sein!
[...]
Das kann das Leben
Nur einmal geben,
Denn jeder Frühling hat
nur einen Mai!"**

Aus dem Ufa-Film Der Kongreß tanzt *von 1931, Musik von Werner Richard Heymann*

„Und nur weil sie jetzt im Augenblick nichts anderes zu tun hat, denkt sie an Olgas Bruder. Netter Junge. Wie war noch sein Vorname? Weiß sie nicht. Geküßt hat er sie gestern abend im Auto. Heute reist er wieder ab. Schade? Ach wo. Aber nett war es gestern mit ihm. Lange hat sie nicht mehr geküßt. Es gefällt einem selten so einer. Die Jahre der Wahllosigkeit zwischen siebzehn und neunzehn sind vorbei. Der Junge war nett. Der Kuß war nett. Nicht mehr. Er brennt nicht nach. Gut so."

Irmgard Keun, Gilgi, eine von uns, *1931*

Linke Seite: „Zwei Unpünktliche, die den richtigen Anschluß doch nicht verpaßten. Foto Walter Süssmann."
Rechts: „Was kostet junges Glück? Pro Stunde und Kopf 5 Pfennig. Foto Walter Süssmann."
(Originalbildzeilen)

Links: „Saison! Foto Walter Süssmann"
Unten: „Berliner Wochenende im Sommer 1927.
Ein Schnappschuß in Potsdam, wo die Berliner ihr Wochenende genießen."
Rechte Seite: „Eine fröhliche Tasse Kaffee. Foto Walter Süssmann" *(Originalbildzeilen)*

„Die sexuelle Not der heutigen Jugend ist die sexuelle Not der heutigen Eltern, die in Erinnerung an ihre Jugend vor dieser Jugend ihrer Kinder fassungslos stehen und mit der Tatsache nicht zurechtkommen, daß ihre siebzehnjährige Ilse in dem achtzehnjährigen Fritz einen Freund und Bettgenossen hat. In dieser Not fragen sie nach rechts und hören da: Zucht, Strenge, Prügel, Beten, langer Rock, langes Haar in Zöpfen. Fragen sie nach links und hören da: ausleben lassen, fördert die Gesundheit, Sport, Fortschritt, Folgen beseitigen, Schutzmittel gegen Konzeption. Ohne rechtes Vertrauen zur Predigt von rechts und zur Predigt von links sind diese heutigen Eltern, denn sie können, was immer sie raten oder befehlen sollen, nicht aus der Sicherheit ihrer eigenen Ehe stützen, denn diese Ehe ist zumeist ohne jede beispielsetzende Kraft dafür, wie recht zu leben sei. [...] Die Mutter von 1928, die nächstens fünfzig wird, trägt sich wie ihre achtzehnjährige Tochter, aber in müden sterilen Gedanken über die vermeinten Freiheiten dieser Tochter und an den engen Pferch des eigenen Lebens damals, als die Verwandten ihre Mitgift und sein Einkommen zusammenrechneten und übereinkamen, es ergäbe eine glückliche Ehe."

Franz Blei, Sexuelle Not der Eltern, *1928*

Oben: „Berlins Seebad: Der Wannsee. Eine arbeitslose Tanzkapelle erfreut sich der Sympathie aller Besucher. Der Sand ersetzt diesen anspruchslosen Menschen ein Parkett. Der Applaus der Zuhörer ist ehrlich und gern gegeben.“
Rechts: „Das jetzt städtisch gewordene Freibad Wannsee: An den jetzt herrschenden warmen Tagen sucht die Berliner Bevölkerung in dem herrlich am Wannsee gelegenen Freibad Erholung in ihren freien Stunden. Es entwickelt sich dort ein reges Badeleben. Unser Bild zeigt: Familien-Kaffee am Strand des Wannsees.“
(Originalbildzeile)

Oben: „Bademode auf dem Juvena-Hausboot. Auf dem Wannsee vor dem Strandbad ankert jetzt ein Hausboot der Juvena-Werke. Den Gästen werden bei Musik und Kaffee und Kuchen die neuesten Schöpfungen der Strand- und Bademode vorgeführt. Gymnastikvorführungen zeigen die Beweglichkeit der bequemen modernen Strandkostüme. 17. 5. 1932."

Rechts: „Ein seltenes Paar am Wannsee-Strand. Foto Walter Süssmann."

Folgende Seiten: „Hochbetrieb im Strandbad Wannsee, Berlin: Endlich ist das ersehnte warme Sommerwetter da. Fast möchte man sagen, es sei des Guten zuviel. – Aber der Großstädter weiß sich zu helfen, denn meist hat er seinen ‚Lido' in der Umgebung, und das Wasser ist bekanntlich überall in der Welt erfrischend und – naß. Unser Bild zeigt das Strandbad Wannsee bei Berlin am Tag eines Rekordbesuchs, wo 70 000 Menschen am Strand waren."

(Originalbildzeilen)

VON ADENAUER BIS ZUCKMAYER

ADENAUER, KONRAD

Politiker

geb.: 5. 1. 1876 Köln, gest.: 19. 4. 1967 Röhndorf

Der Jurist A. wurde 1917 von → Wilhelm II. zum Oberbürgermeister seiner Heimatstadt Köln ernannt und ins Preußische Herrenhaus berufen. Mit den Alliierten, die Köln Ende 1918 für sieben Jahre besetzten, arbeitete A. zusammen – u. a. zur Abwehr separatistischer Bestrebungen. Über Köln hinaus gewann der katholisch geprägte Zentrumspolitiker Bedeutung als Vorsitzender des Preußischen Staatsrats (1921–33), innerhalb seiner Partei hatte er erheblichen Einfluß. Die Nationalsozialisten enthoben A. des Amtes und inhaftierten ihn 1944 für einige Monate. Nach Kriegsende kehrte A. als Oberbürgermeister nach Köln zurück. Als Bundeskanzler (1949–63) und Vorsitzender der CDU (1950–66) war er der prägende Politiker der jungen Bundesrepublik.

ALBERS, HANS

Schauspieler

geb.: 22. 9. 1891 Hamburg,

gest.: 24. 7. 1960 Kempfenhausen bei München

Nach einer schweren Verwundung kehrte der Frontsoldat A. nach dem Ersten Weltkrieg auf die Berliner Bühnen zurück, spielte am Theater des Westens und am Deutschen Theater. Seinen größten Publikumserfolg am Theater hatte er als Mackie Messer in der *Dreigroschenoper;* daneben wurde er durch Stumm- und Tonfilme (*Der blaue Engel,* 1930) bekannt. Seine Karriere konnte A. während und nach der NS-Zeit nahtlos fortsetzen.

BAKER, JOSEPHINE

Sängerin und Tänzerin

geb.: 3. 6. 1906 Saint Louis, gest.: 11. 4. 1975 Paris

B. (eigentl. Freda Josephine McDonald) debütierte 1921 am Broadway. 1925 erlebte sie in Paris mit der „Revue Nègre" zunächst einen Mißerfolg, setzte sich dann aber als Jazz-Sängerin und Entertainerin durch. In Deutschland machte sie in den 20er Jahren hauptsächlich

wegen ihrer Kostüme Furore, in Frankreich dagegen wurde ihr Potential als Künstlerin erkannt; dort war sie jahrzehntelang ein Star. 1937 nahm sie die französische Staatsbürgerschaft an – ein Element ihres Protests gegen die Benachteiligung afro-amerikanischer Künstler in der US-Gesellschaft.

BASSERMANN, ALBERT

Schauspieler

geb.: 7. 9. 1867 Mannheim, gest.: 15. 5. 1952 Zürich

B. begann seine Karriere am Meininger Hoftheater, arbeitete seit 1900 in Berlin am Lessing- und am Deutschen Theater, davon einige Jahre unter Max → Reinhardt. In den 20er Jahren wurde er durch Gastspiele an anderen Bühnen und durch einige Filmauftritte populär. 1934 mußte er mit seiner jüdischen Frau in die USA emigrieren, zog dann 1946 in die Schweiz und trat auch wieder in Deutschland auf.

BAUER, GUSTAV

Politiker

geb.: 6. 1. 1870 Darkehnen (Ostpreußen),

gest.: 16. 9. 1944 Berlin

Der Bürogehilfe gründete schon mit 25 Jahren eine eigene Gewerkschaft, den Verband der Büroangestellten. Als SPD-Reichstagsabgeordneter (seit 1912) befürwortete er den Frieden von Brest-Litowsk. Im Kabinett des Prinzen → Max v. Baden wurde er Staatssekretär, unter → Scheidemann Arbeitsminister, als dessen Nachfolger Regierungschef. In seiner Regierungserklärung vom 22. 6. 1919 sprach sich B. gegen den Versailler Vertrag aus, gleichwohl sorgte er dafür, daß dessen Bedingungen erfüllt wurden. 1920 wies er die Forderung der Alliierten zurück, Kriegsverbrecher zur Aburteilung auszuliefern. In den innenpolitischen Kämpfen bediente auch er sich der Freikorps; das führte zur Spaltung der Arbeiterschaft, wenngleich diese B.s Regierung durch den Generalstreik während des Kapp-Putsches rettete. Der Druck der Gewerkschaften zwang B.s Kabinett im März 1920 zum Rücktritt. In den Regierungen → Müller und → Wirth war B. Vizekanzler, Schatz- und Verkehrsminister.

BECKMANN, MAX

Maler und Grafiker

geb.: 12. 2. 1884 Leipzig, gest.: 27. 12. 1950 New York

Der junge B. stand den expressionistisch beeinflußten Impressionisten der Berliner Sezession nahe. Als Sanitäter im Weltkrieg brach er psychisch zusammen, machte stilistisch und weltanschaulich eine tiefgreifende Wandlung durch: B. wurde zu einem der Hauptvertreter des Expressionismus – sein Thema waren nun die psychischen Qualen des Großstadtmenschen (*Die Hölle,* 1919). In der Weimarer Zeit erhielt B. hohe Auszeichnungen, wurde aber zugleich von rechts angegriffen. 1937 verließ er Deutschland. In den 40er Jahren lehrte er in den USA. Sein Spätwerk besteht vor allem aus neun großen, verschlüsselten Zeitsinnbildern in Triptychon-Form.

BENJAMIN, WALTER

Schriftsteller und Philosoph

geb.: 15. 7. 1892 Berlin, gest.: 27. 9. 1940 Port Bou (Spanien)

Der Literaturkritiker, Übersetzer und Philosoph B., ein Freund → Brechts und Theodor W. Adornos, mußte 1933 emigrieren. Als Jude, Kommunist und Intellektueller verkörperte er gleich mehrere Feindbilder der Nationalsozialisten. In Paris arbeitete er an dem Buch, das er als sein Hauptwerk plante: *Paris, die Hauptstadt des XIX. Jahrhunderts.* Veröffentlichen konnte er im Exil nur wenig, zumeist in der *Zeitschrift für Sozialforschung,* darunter 1936 seine kulturpolitische Analyse *Das Kunstwerk im Zeitalter seiner technischen Reproduzierbarkeit.* Der drohenden Auslieferung an die Nationalsozialisten entzog sich B. durch Freitod. Populär durch seine Aphorismen, wurde B. in seiner Bedeutung als Gesellschaftskritiker erst in den 60er Jahren erkannt.

BENN, GOTTFRIED

Schriftsteller

geb.: 2. 5. 1886 Mansfeld/Westprignitz, gest.: 7. 7. 1956 Berlin

Der Hautarzt Dr. med. B. veröffentlichte 1912 seine ersten Gedichte über Leichenschauhäuser und Seziersäle. Sein krasser, kühler Stil spaltete das Publikum, machte ihn aber gleichzeitig zum führenden expressionistischen Dichter und brachte ihm die Freundschaft vieler Künstler ein; zu → Hindemiths Oratorium *Das Unaufhörliche* lieferte er 1931 die Textvorlage. 1932 wurde er zum Mitglied der Preußischen Akademie der Künste berufen. Als Gegner der Moderne begrüßte er zunächst den „nationalen Aufbruch“ der Nazis, doch machte ihn die Röhm-Affäre zum NS-Gegner. 1938 erhielt B. Publikationsverbot. Wie schon im Ersten Weltkrieg trat er in den Militärdienst ein. In seinem Spätwerk ab 1948 erstrebte er die Überwindung von Materialismus und Nihilismus durch die Kunst.

BERGNER, ELISABETH

Schauspielerin

geb.: 22. 8. 1897 Drogobytsch (Galizien),
gest.: 12. 5. 1986 London

Nach Studium und ersten Engagements in der k.u.k.-Monarchie gelang B. (eigentl. Ella Ettl), 1922 in der Rolle von Strindbergs Königin Christine der Durchbruch in Berlin. Weitere Bühnenerfolge und Filme machten sie zu einem Idol der Weimarer Zeit. Sie verkörperte zugleich den weiblichen und den knabenhaft-emanzipierten Typus mit Krawatte und Zigarette. Seit der Machtübernahme durch die Nationalsozialisten lebte sie im Exil in Großbritannien und den USA. Nach dem Krieg konnte sie an frühere Erfolge anknüpfen und wurde in Deutschland mehrfach geehrt.

BRAUN, (CARL) OTTO

Politiker

geb.: 28. 1. 1872 Königsberg,
gest.: 15. 12. 1955 Ascona (Schweiz)

Seit 1888 gehörte der Steindrucker B. zu den „Jungen Wilden“ in der noch illegalen SPD. Von Parteiamt zu Parteiamt diente er sich bis 1911 bis in den SPD-Vorstand hoch. 1913 wurde er Mitglied des preußischen Abgeordnetenhauses. B. war Mitbegründer des Deutschen Landarbeiter-Verbandes und dort von 1909–20 Vorstandsmitglied. 1918–21 war B. preußischer Landwirtschaftsminister, 1920–33 mit zwei Monaten Unterbrechung preußischer Ministerpräsident. Als solcher reformierte er die preußische Staatsverwaltung zu einer demokratischen Stütze der Republik. Trotz seiner Popularität und seines großen Einflusses hatte B. keinen Erfolg mit seiner Kandidatur um die Nachfolge → Eberts als Reichspräsident. Durch → von Papens Staatsstreich („Preußenschlag“) 1932 abgesetzt, floh B. ein Jahr später ins Schweizer Exil und verzichtete auf sein Amt. Im Exil arbeitete er Pläne für eine demokratische Neugestaltung Deutschlands aus, eine politische Wirkung erzielte er jedoch nicht mehr.

Otto Braun

BRECHT, BERTOLT

Schriftsteller

geb.: 10. 2. 1898 Augsburg, gest.: 14. 8. 1956 Berlin (DDR)

Seine ersten expressionistischen Dramen *Baal* und *Trommeln in der Nacht* trugen dem jungen Schriftsteller 1922 nicht nur schlagartig Ruhm ein, sondern auch den Kleist-Preis und Kontakte zu linksgerichteten Künstlern und Publizisten. Bereits zwei Jahre später konnte er als Dramaturg am Deutschen Theater in Berlin eigene Stücke inszenieren. Die Oper *Aufstieg und Fall der Stadt Mahagonny* (1927–30) wurde zu einem der meistdiskutierten Bühnenskandale, die *Dreigroschenoper* 1928 (Musik: Kurt Weill) zu einem der größten Bühnenerfolge der Weimarer Zeit. B.s Hauptthema waren die gesellschaftlichen und wirtschaftlichen Widersprüche und Ungerechtigkeiten seiner Zeit und der Glaube, sie abschaffen zu können (*Die heilige Johanna der Schlachthöfe,* 1930). B. (eigentl. Eugen Berthold Friedrich B.) sympathisierte mit den revolutionären Zielen des Kommunismus, war aber nie Mitglied der KPD. Ab Ende der 20er Jahre warnte er zunehmend vor dem Nationalsozialismus. Nach dem Reichstagsbrand flüchtete B. mit seiner Familie aus Deutschland. 1935 erkannten die Nationalsozialisten ihm die deutsche Staatsbürgerschaft ab. Im Exil entstanden wichtige Teile von B.s poetischem Werk, vor allem im Dienste des Antifaschismus. *Der gute Mensch von Sezuan* (1939–41) wurde das Modellstück des „epischen Theaters“. 1948 kehrte B. nach Berlin zurück. Die Inszenierungen seiner Stücke am Berliner Ensemble machten B. weltberühmt. Enttäuscht vom Funktionärsstaat DDR, zog B. sich ab 1953 weitgehend zurück. Die Literaturkritik sieht B.s Bedeutung vor allem in seinen Dramen und sozialistischen „Lehrstücken“ (*Mutter Courage und ihre Kinder,* 1941, *Der kaukasische Kreidekreis,* 1947). Doch sein Werk umfaßt auch Erzählungen, theoretische Schriften und rund 2800 Gedichte.

BREUER, MARCEL LAJOS

Architekt

geb.: 22. 5. 1902 Fünfkirchen (Pécs/Ungarn), gest.: 1. 7. 1981 New York

Der Architekt B. trat gleichermaßen als Möbeldesigner hervor. Seit 1925 leitete er die Möbelwerkstatt des Weimarer Bauhauses; in dieser Zeit entwarf er den ersten Stahlrohrstuhl, der in Serienproduktion ging. Gleichzeitig leitete er Bau und Innenausstattung des Dessauer Bauhauses. Zu seinen bekanntesten Bauten gehören das Folkwang-Museum in Essen und das UNESCO-Gebäude in Paris. Bis 1936 konnte B. noch Bauprojekte in Europa realisieren, ehe er ins amerikanische Exil ging, wo er an der Harvard-Universität Architektur lehrte.

BRIAND, ARISTIDE

frz. Politiker

geb.: 28. 3. 1862 Nantes, gest.: 7. 3. 1932 Paris

Die sozialistische Partei schloß ihren Abgeordneten B. nach vier Jahren im Parlament 1906 aus, weil er als Kultusminister in das bürgerliche Kabinett eingetreten war. Als solcher führte B. die Trennung von Kirche und Staat durch. 1909–17 (mit Unterbrechungen) war er Ministerpräsident, ebenso 1921/22, 1925/26 und 1929, 1925–32 zugleich Außenminister. B. hatte die Vision eines zusammenwachsenden Europas. Er erkannte die Notwendigkeit einer deutsch-französischen Verständigung und trat für die Räumung des Rheinlandes ein, für Abrüstung und für eine europäische Wirtschaftsunion. Der Pakt von Locarno 1925 kam zustande durch die Bemühungen B.s, → Stresemanns und J. A. → Chamberlains. 1926 erhielten B. und Stresemann als „Verständigungspolitiker" den Friedensnobelpreis.

BRÜNING, HEINRICH

Politiker

geb.: 26. 11. 1885 Münster, gest.: 30. 3. 1970 Norwich (USA)

B. studierte in München und Straßburg Philosophie, Geschichte, Staatsrecht und Nationalökonomie und promovierte 1914. Im Jahr darauf ging er als Freiwilliger an die Front. Soldatisches Pflichtbewußtsein prägte den Lebensstil des zeitlebens unverheirateten B.s. 1919 wurde er Mitarbeiter des preußischen Wohlfahrtsministers und späteren Ministerpräsidenten Adam Stegerwald. Von Stegerwald übernahm er 1920 die Führung des christlichen Deutschen Gewerkschaftsbundes. 1924–33 gehörte B. als Zentrumsabgeordneter und Experte für Finanzpolitik dem Reichstag an, 1928–30 auch dem preußischen Landtag. Am 30. 3. 1930 wurde er Reichskanzler. Vorrangiges Ziel des Ökonomen B. war es, die Folgen der Weltwirtschaftskrise zu überwinden und den Haushalt zu sanieren. Seine rigorose Spar- und Deflationspolitik wurde von der SPD toleriert, obwohl Massenverelendung und Arbeitslosigkeit weiter zunahmen („Hungerkanzler"). Außenpolitisch hoffte B., die Alliierten von Deutschlands Zahlungsunfähigkeit überzeugen und so ein Ende der Reparationen erreichen zu können. Die Reparationszahlungen wurden im Young-Plan geregelt. Innenpolitisch erwog B. ernsthaft die Rückkehr der Hohenzollern und die Einführung der parlamentarischen Monarchie. Als der Reichstag seine Politik nicht mehr mittrug, regierte B. mit Hilfe von Notverordnungen weiter, unterstützt vom Reichspräsidenten. Doch obwohl B. noch im April 1932 Hindenburgs Wiederwahl erreicht hatte, ließ der Reichspräsident den Kanzler auf Betreiben der ostpreußischen Junker am 30. 5. 1932 fallen. B., der als Hausmacht nur das Zentrum hatte, war somit gescheitert. Von Mai bis Juli 1933 war er der letzte Vorsitzende der danach aufgelösten Zentrumspartei. 1934 emigrierte B. 1937–51 lehrte er an der Harvard-Universität in den USA, 1951–55 in Köln.

BUSCH, ERNST (FRIEDRICH WILHELM)

Schauspieler und Sänger

geb.: 21. 1. 1900 Kiel, gest.: 8. 6. 1980 Berlin (DDR)

Aus der Provinz kam B. 1927 nach Berlin. Hier machte er sich als Mitglied politischer Kabaretts einen Namen. Er arbeitete auch als Sänger, Bühnen- und Filmschauspieler *(Kuhle Wampe, Dreigroschenoper)*. Sein Freund → Eisler schrieb zahlreiche Lieder für ihn. 1933 zur Emigration gezwungen, nahm B. am Spanischen Bürgerkrieg teil, wurde 1940 in Frankreich verhaftet und 1943 an die Nazis ausgeliefert. Bis 1945 in Haft, trat B. in der Nachkriegszeit wieder als Schauspieler und vor allem als Sänger in Berlin auf. Ab 1972 war er Mitglied der Ostberliner Akademie der Künste.

CAPA, ROBERT

Fotograf

geb.: 22. 10. 1913 Budapest, gest.: 25. 5. 1954 Thai-Bình (Vietnam)

Der bedeutendste Kriegsfotograf der westlichen Welt war Autodidakt: C. (eigentl. André Friedmann) studierte in Berlin Politologie und arbeitete als Laborant und Fotoassistent für die Agentur Dephot. 1933 ging er nach Paris, nahm den Namen C. an und arbeitete freiberuflich als Fotograf. Seine Bilder aus dem Spanischen Bürgerkrieg, besonders der Schnappschuß eines tödlich getroffenen Republikaners, begründeten seinen Ruhm. C. verschrieb sich vor allem der Kriegsberichterstattung, wobei er jede Gewaltverherrlichung zu vermeiden wußte. Er fotografierte die Invasion japanischer Truppen in China, den Weltkrieg in Nordafrika, Italien, Frankreich – wo er 1944 mit US-Infanteristen unter schwerem Beschuß an Land ging – und Deutschland, die Kämpfe in Israel und Indochina. Während einer Reportage für *Life* wurde er in Vietnam durch die Explosion einer Mine getötet. C. war Mitbegründer und Präsident der Agentur Magnum. Seit 1955 wird jährlich der Robert Capa Gold Medal Award vergeben für „überragende Fotografie, die außergewöhnlichen Mut erfordert".

CHAMBERLAIN, JOSEPH AUSTEN

brit. Politiker

geb.: 16. 10. 1863, gest.: 16. 3. 1937 London

Joseph Austen C. wurde wie sein Vater, der Kolonialminister Joseph C., und sein Stiefbruder, der spätere Ministerpräsident Arthur Neville C., Abgeordneter. 45 Jahre bis zu seinem Tod saß er für die Konservativen im Parlament. 1903–06 und 1919–21 war er Schatzkanzler, also Finanzminister. Als Außenminister trat er entschieden für die

Verträge von Locarno und den Kellogg-Pakt ein (1924–29). 1925 wurde er geadelt und erhielt zusammen mit Charles Gates Dawes den Friedensnobelpreis.

CHAPLIN, CHARLES SPENCER

Regisseur und Schauspieler

geb.: 16. 4. 1889 London, gest.: 25. 12. 1977 Corsair (Schweiz)

1914 ging „Charlie" C. nach Hollywood, wo er bald die unverwechselbare Stummfilm-Figur des Tramps kreierte, die des Tippelbruders mit Melone, quadratischem Schnurrbart, kindlichem Blick und großem Herzen. Seine Komödien hatten immer auch eine tragische Komponente, seine Helden behaupteten sich nur mit dem Mute der Verzweiflung. Filme wie *The Kid* oder *Gold Rush* wurden Welterfolge. Dem Tonfilm näherte sich C. nur zögerlich: *City Lights* (1931) und *Modern Times* (1936) wiesen Musik auf, aber keine oder kaum Dialoge. C.s erster „richtiger" Tonfilm war *The Great Dictator* (1940), in der C. Hitler parodierte. 1952 wanderte C. wegen der antikommunistischen „Hexenjagd" aus den USA in die Schweiz aus. 1973 erhielt er den Oscar, 1975 wurde er geadelt.

CUNO, WILHELM (CARL JOSEF)

Politiker

geb.: 2. 7. 1876 Suhl,
gest.: 3. 1. 1933 Aumühle bei Hamburg

Am 22. 1. 1922 wurde ein im Grunde unpolitischer Mensch Reichskanzler: Der promovierte Jurist C., seit 1910 Regierungsrat, im Ersten Weltkrieg Organisator des Kriegsernährungsamts, 1918 Generaldirektor der Reederei Hapag, war ein Mann, der stets an das Primat der Wirtschaft vor der Politik glaubte. Als Wirtschaftsexperten hatte ihn die Regierung zu den Waffenstillstands-, Friedens- und Reparationskonferenzen entsandt. Seine guten Beziehungen zu → Ebert trugen zu seiner Ernennung zum Kanzler bei. Wie die meisten seiner Minister war auch C. parteilos. Er bemühte sich erfolglos um die Revision des Versailler Vertrags. 1923 rief er angesichts der französisch-belgischen Ruhrbesetzung zum passiven Widerstand auf. Die Folge war eine Steigerung der Inflation und Verschärfung der Wirtschaftskrise. Nach seinem Rücktritt am 13. 8. 1923 beschränkte er sich auf seine Arbeit für die Hapag.

DIETRICH, MARLENE

Schauspielerin

geb.: 27. 12. 1901 Berlin, gest.: 6. 5. 1992 Paris

Ein einziger Film machte 1930 eine 28jährige Berlinerin zum Weltstar: → Sternbergs *Der blaue Engel*. Nach bescheidenen künstlerischen Anfangserfolgen wurde „Die Dietrich" (eigentl. Maria Magdalena von Losch), in der Rolle der Tingeltangelsängerin Lola Lola zu

einer Legende. Sternberg baute sie gezielt zur erotischen Kunstfigur auf, nachdem sie ihm in die USA gefolgt war: In Männerkleidung, mit dunkler Stimme und verschattetem Blick prägte D. den Typus des Vamps. In den USA drehte sie nicht nur mit Sternberg, sondern u. a. auch mit Ernst Lubitsch und Billy Wilder. Das Werben → Goebbels', der sie nach Deutschland zurückholen wollte, lehnte sie aus politischen Gründen ab. 1939 wurde sie US-Staatsbürgerin. Während des Zweiten Weltkriegs gab sie Konzerte für amerikanische Soldaten. In den 50er Jahren konzentrierte sie sich auf eine Karriere als Showstar und Chansonsängerin und trat nur noch gelegentlich in Filmen auf, zuletzt 1978 in *Schöner Gigolo, armer Gigolo*. Ihre letzten Jahre verbrachte sie völlig zurückgezogen in Paris.

DIX, OTTO (WILHELM HEINRICH)

Maler

geb.: 2. 12. 1891 Untermhaus (heute Gera),
gest.: 25. 7. 1969 Singen/Hohentwiel

Der Frontsoldat D. verarbeitete seine Kriegserlebnisse in schockierenden Zeichnungen und Gemälden. Ursprünglich stark vom Expressionismus beeinflußt, näherte er sich an der Düsseldorfer Akademie in den 20er Jahren dem Realismus an, seine Malerei wurde der Neuen Sachlichkeit zugerechnet. Seit 1927 lehrte er an der Dresdner Akademie. Wegen seiner schonungslosen Kriegs- und Armutsdarstellungen von den Nationalsozialisten verfemt, zog sich D. in die „innere Emigration" zurück. Nach 1946 schuf er ein umfangreiches Spätwerk mit oft biblischen Motiven.

DÖBLIN, ALFRED

Schriftsteller

geb.: 10. 8. 1878 Stettin,
gest.: 26. 6. 1957 Emmendingen (Breisgau)

Der Arzt und Schriftsteller D. fand seine Patienten und Themen in Berlins Arbeitervierteln. Als Psychiater hatte er einen geschärften Blick für die psychischen Deformationen und die Abgründe der Großstadt. Nach seinem Einsatz als Kriegsfreiwilliger profilierte er sich als expressionistischer Autor und linksliberaler Publizist. Populär wurde er jedoch erst mit seinem 1927 veröffentlichten (1931 mit → George in der Hauptrolle verfilmten) Roman *Berlin Alexanderplatz*. Das Buch gilt wegen seiner dem Film entlehnten Montagetechnik, seinen verschränkten Handlungssträngen, inneren Monologen und einmontierten Zeitungsausschnitten bis heute als der Großstadtroman schlechthin. Nach dem Reichstagsbrand floh D. aus Deutschland und verbrachte die folgenden Jahre im Exil in der Schweiz, in Frankreich und den USA. Obwohl weiterhin literarisch produktiv, war D. in dieser Zeit völlig isoliert, nicht zuletzt wegen seiner Konversion vom Judentum zum Katholizismus. Gleich nach Kriegsende nach Deutschland zurückgekehrt, konnte er nicht mehr Fuß fassen. 1953 zog er wieder nach Paris. Erst in seinen letzten Lebensjahren wurde er wiederentdeckt.

DUISBERG, CARL

Chemiker und Industrieller

geb.: 29. 9. 1861 Barmen, gest.: 19. 3. 1935 Leverkusen

Seit 1912 Generaldirektor der Farbwerke Bayer, wurde D. 1925 Aufsichtsratsvorsitzender der von ihm mitbegründeten I. G. Farbenindustrie AG. Als treibende Kraft des Reichsverbands der deutschen Industrie förderte er → Brüning in dem Bestreben, den Einfluß des Parlaments zu schwächen und eine autoritäre Regierung zu installieren.

EBERT, FRIEDRICH

Politiker

geb.: 4. 2. 1871 Heidelberg, gest.: 28. 2. 1925 Berlin

Die Rechtsextremisten verziehen ihm nicht, daß E. seine Karriere als Sattler begonnen hatte, die Linksextremisten, daß sie bis ins Amt des Reichspräsidenten führte: E. war einer der meistangefeindeten deutschen Politiker. Seine gesamte Amtszeit über setzte er sich persönlichen Angriffen juristisch zur Wehr. Diese zusätzliche Belastung führte mit zu seinem frühen Tod. Nach seinen Wanderjahren ließ sich E. als Gastwirt in Bremen nieder und stieg langsam, aber beharrlich in der sozialdemokratischen Parteihierarchie auf. 1912 wurde er in den Reichstag, im folgenden Jahr neben → Haase zum Parteivorsitzenden gewählt. Über die Frage der Kriegskredite kam es zum Bruch zwischen den beiden Vorsitzenden und schließlich zur Spaltung der Partei. In der Nachfolge Haases übernahm E. zusammen mit → Scheidemann die Fraktionsführung. 1918 setzte er sich an die Spitze des Berliner Januarstreiks, um mäßigend auf die Arbeiter einwirken zu können; das galt den Linken als Verrat an der Arbeiterschaft, den Rechten als Verrat am Vaterland. Dieser Konflikt verstärkte sich, als E. von Prinz → Max von Baden das Reichskanzleramt übernommen hatte. E.s Ziel war es, eine Räterepublik zu verhindern und eine parlamentarische Demokratie, u. U. sogar eine konstitutionelle Monarchie zu errichten. Zu diesem Zweck ging er ein Bündnis mit der OHL unter → Groener ein. Im Rat der Volksbeauftragten setzte sich E. mit seiner Politik durch. Die Nationalversammlung wählte ihn am 11. 2. 1919 zum Reichspräsidenten. 1922 verlängerte der Reichstag seine Amtszeit um drei Jahre. Fast die gesamte Amtszeit E.s war geprägt von wirtschaftlichen und politischen Krisen. Dabei wurde E. von den reaktionären Kreisen des Bürgertums nie respektiert, die Unterstützung der Arbeiterschaft verlor E. dagegen dadurch, daß er konsequent am Bündnis mit den unzuverlässigen Militärs festhielt: Er unterstützte → Noske bei der Niederschlagung von Arbeiteraufständen durch das Militär; er trug zwar zum Scheitern des → Kapp-Putsches bei, stützte sich aber trotz der zwiespältigen Rolle der Armee weiterhin auf deren Führer. Die Geschichtsschreibung sieht in E. nicht einen bedeutenden Theoretiker oder Staatsmann, aber einen persönlich integren und treuen Parteisoldaten und Staatsdiener, der sich für seine Aufgabe aufopferte. Seinem Hauptziel, der Demokratisierung Deutschlands, stand E. jedoch durch seine Zusammenarbeit mit reaktionären Kräften und der großen Zahl präsidialer Notverordnungen selbst im Wege.

ECKENER, HUGO

Luftfahrtpionier

geb.: 10. 8. 1868 Flensburg, gest.: 14. 8. 1954 Friedrichshafen

Was Ferdinand von Zeppelin erdachte, erprobte E. praktisch in Krieg und Frieden: 1909 Mitbegründer der Deutschen Luftschiffahrts AG, hatte er 1914 bereits 2000 Zeppelinfahrten unternommen. 1917 wurde er als Nachfolger des verstorbenen Zeppelin treibende Kraft der Zeppelin-Werke. In den 20er Jahren unternahm er zahlreiche spektakuläre Fahrten über den Atlantik, über die Arktis und rund um

die Erde. Nach der *Hindenburg*-Explosion in Lakehurst 1937 arbeitete er wieder wie schon vor 1909 als Schriftsteller.

EHRHARDT, HERMANN

Militär

geb.: 29. 11. 1881 Diersburg,

gest.: 27. 9. 1971 Brunn am Walde (Österreich)

Der Korvettenkapitän E. war in fast alle rechten Verschwörungen und Attentate der Nachkriegszeit verwickelt. Die von ihm offiziell am 1. 3. 1919 gegründete Marinebrigade, ein rund 5000 Mann starkes Freikorps, trug als Erkennungszeichen das Hakenkreuz am Helm. Sie kämpfte gegen kommunistische Aufständische und bildete den Kern der Truppen, auf die sich → Kapp bei seinem Staatsstreich verlassen konnte. Nach Scheitern des Putsches wurde E. verhaftet, konnte jedoch fliehen und in Bayern die Geheimorganisation „Consul" gründen (später „Wiking-Bund"). Diese Organisationen waren für die Morde an → Rathenau und → Erzberger verantwortlich. E. selbst floh aus erneuter Haft nach Österreich und trat politisch nicht mehr offen in Erscheinung.

EINSTEIN, ALBERT

Physiker

geb.: 14. 3. 1879 Ulm, gest.: 18. 4. 1955 Princeton (USA)

1905 revolutionierte ein Angestellter des Berner Patentamts die Physik: E. veröffentlichte seine Relativitätstheorie. Mit der Formel von der Äquivalenz von Masse und Energie ($E = mc^2$) und seiner späteren Quantenhypothese des Lichts veränderte er das Verständnis von der Welt schlagartig. 1909 wurde er Professor, 1921 erhielt er den Nobelpreis. Ab 1914 arbeitete er in Berlin. Als prominenter Jude, als Pazifist und Mitglied der Liga für Menschenrechte wurde E. während der gesamten Weimarer Zeit angefeindet. Bei → Hitlers Machtübernahme befand er sich auf einer Reise in den USA: Er legte seine Ämter nieder und kehrte nicht mehr nach Deutschland zurück. E. engagierte sich intensiv gegen das NS-Regime. 1939 warnte er den US-Präsidenten, die Deutschen seien im Begriff, eine Atombombe zu bauen. Später warb er dafür, die Nutzung der Atomkraft auf friedliche Zwecke zu beschränken.

EISENSTAEDT, ALFRED

Fotojournalist

geb.: 6. 12. 1898 Dirschau, gest.: 24. 8. 1995 Chilmark (USA)

Der Kurzwarenvertreter E. machte sein Hobby Fotografie 1929 zum Beruf. Er arbeitete für die Pacific and Atlantic Picture Agency und belieferte als Freiberufler u. a. das *Berliner Tageblatt* und die *Berliner Illustrirte Zeitung*. Gleich sein erster Auftrag erregte Aufsehen, eine Reportage über die Nobelpreis-Verleihung an Thomas → Mann. E.s Bekanntheit wuchs durch seine Bilder aus dem italienischen Äthiopienfeldzug, durch Portraits von Künstlern und Politikern, aber auch durch Fotos von Alltagsszenen. Seine Arbeiten zeichnen sich durch einen klaren Aufbau und den Verzicht auf Blitzlicht aus. 1935 emigrierte er in die USA, wo er zum festen Mitarbeiterstab der neugegründeten Zeitschrift *Life* stieß. Für das Magazin lieferte er mehr als 2500 Bilder und rund 90 Titelfotos. Auch *Harper's Bazaar* und *Vogue* wurden durch ihn geprägt. E. erhielt zahlreiche internationale Auszeichnungen; mit seinen noch heute vielfach abgedruckten Bildern gehört er zu den Begründern des modernen Fotojournalismus.

Alfred Eisenstaedt

EISLER, HANNS

Komponist

geb.: 6. 7. 1898 Leipzig, gest.: 6. 9. 1962 Berlin (DDR)

Der Philosoph Rudolf E. war zu arm, um seinem begabten Sohn Hanns eine musikalische Ausbildung zu finanzieren. Erst nach dem Kriegsdienst konnte Hanns E. am Wiener Konservatorium und als Privatschüler → Schönbergs Komposition studieren. 1926 überwarfen sich Lehrer und Schüler, weil der Kommunist E. Schönbergs Neue Musik als zu kompliziert für die Massen empfand. E. wurde mit seinen populären Arbeiterliedern und Sprachchören zum führenden Vertreter der deutschen Arbeitermusikbewegung. Als solcher arbeitete er mit → Brecht und → Busch zusammen. Nach der Machtübernahme durch die Nationalsozialisten ging E. ins Exil. In dieser Zeit war er mit der Komposition von Filmmusiken erfolgreich. Später wurde E. eine der bedeutendsten künstlerischen Persönlichkeiten in der DDR.

EISNER, KURT

Politiker und Journalist

geb.: 14. 5. 1867 Berlin, gest.: 21. 2. 1919 München

Das SPD-Mitglied E. (eigentlich K. Kosmanowski) kam 1899 auf Vermittlung → Liebknechts nach Berlin zum *Vorwärts*. 1905 wurde er als „Revisionist" entlassen. E. wechselte als Chefredakteur zur SPD-nahen *Fränkischen Tagespost* und wurde bayerischer Staatsbürger. Im Ersten Weltkrieg wandelte sich E. zum Kriegsgegner. 1917 übernahm er den Vorsitz der Münchner USPD, 1918 war er als einer der Führer des Munitionsarbeiterstreiks monatelang inhaftiert. Am 7.11.1918 proklamierte E. die Bayerische Republik und wurde zum Vorsitzenden des Arbeiter- und Soldatenrats gewählt. Tags darauf übernahm er das Amt des bayerischen Ministerpräsidenten und das Außenministerium. Seine Vorstellung von einer friedlichen Verbindung von Rätesystem und Parlamentarismus schuf ihm Feinde links wie rechts. Seine Zustimmung zur Wahl zur Nationalversammlung wertete die radikale Linke als „Verrat an der Revolution". Bei den Landtagswahlen im Januar 1919 erlitt E.s USPD eine vernichtende Niederlage. Auf dem Weg zur konstituierenden Sitzung des neuen Landtags, auf der er seinen Rücktritt erklären wollte, wurde E. von einem Monarchisten erschossen. Die Nachricht von E.s Ermordung löste einen radikalen Stimmungsumschwung aus und wurde zur Initialzündung für die Räterepublik.

ERZBERGER, MATTHIAS

Politiker

geb.: 20. 9. 1875 Buttenhausen (Schwaben),
gest.: 26. 8. 1921 Griesbach (Schwarzwald)

Der Volksschullehrer und Journalist zog 1903 für das Zentrum in den Reichstag ein. Schnell machte er sich wegen seines Ehrgeizes, seiner Energie und klugen Debattenbeiträge einen Namen. Im Ersten Weltkrieg wurde er von Reichskanzler Bethmann Hollweg mit der Organisation der Auslandspropaganda betraut. Ursprünglich entschiedener Annexionist, kam E. 1917 zu der Einsicht, daß der Krieg nicht mehr gewonnen werden könne. Er warb für einen „Verständigungsfrieden“, initiierte die Friedensresolution des Reichstags vom 19. 7. 1917, leitete die deutsche Waffenstillstandskommission und unterzeichnete als Vertreter Deutschlands das Waffenstillstandsabkommen. Als Vizekanzler und Finanzminister im Kabinett der Regierung → Bauer führte er eine grundlegende Finanzreform durch: Künftig hatte das Reich die Finanzhoheit, die Steuererhebung wurde vereinfacht. Eine Verleumdungskampagne führte 1920 zu seinem Rücktritt. Zwei rechte Attentäter aus dem Umfeld → Ehrhardts erschossen E., einen der meistdiffamierten „Novemberverbrecher“ und „Verräter“, auf einem Spaziergang im Schwarzwald.

FALLADA, HANS

Schriftsteller

geb.: 21. 7. 1893 Greifswald, gest.: 6. 2. 1947 Berlin

Der Erfolg des Schriftstellers F. (eigentl. Rudolf Ditzen) steht in scharfem Kontrast zum völligen Scheitern des Privatmanns F. Drogen- und alkoholsüchtig, ohne abgeschlossene Schul- oder Berufsausbildung, wegen Betrugs mehrfach inhaftiert: Das war der private Hintergrund, vor dem 1932 ein Welterfolg wie *Kleiner Mann, was nun?* entstand. Zu den sozialkritischen Romanen F.s gehört auch *Wer einmal aus dem Blechnapf frißt*, in dem er seine Haft verarbeitete. An die NS-Herrschaft paßte sich F. ebenso an wie an die politischen Verhältnisse in der Sowjetischen Besatzungszone. Nachdem er vorübergehend Bürgermeister von Feldberg gewesen war, ging er nach Berlin – eigentlich, um für die *Berliner Rundschau* zu arbeiten, tatsächlich jedoch in die Nervenklinik der Charité. Sein autobiographischer Roman *Der Trinker*, verfaßt in Geheimschrift, wurde erst nach seinem Tod veröffentlicht.

FEHRENBACH, KONSTANTIN

Politiker

geb.: 11. 1. 1852 Wellendingen (Schwarzwald),
gest.: 26. 3. 1926 Freiburg

Der Rechtsanwalt F. war Zentrumsabgeordneter im badischen Landtag und seit 1903 Reichstagsmitglied. 1918 wurde er dessen Präsident, 1919 saß er der Nationalversammlung in Weimar vor. Wegen seiner Fähigkeit zu würdiger Repräsentation und wegen seines ausgleichenden Wesens wurde er im Juni 1920 Chef einer bürgerlichen Regierungskoalition. Den enormen innen- und außenpolitischen Anforderungen war der 68jährige nicht gewachsen. Nach elf Monaten scheiterte seine Minderheitsregierung an der Reparationsfrage. Von 1923 bis zu seinem Tod leitete F. die Reichstagsfraktion des Zentrums.

FORSTER, RUDOLF

österr. Schauspieler

geb.: 30. 10. 1884 Gröbming (Steiermark),
gest.: 26. 10. 1968 Bad Aussee (Steiermark)

Der Weg des Rudolf F. führte von böhmischen Wanderbühnen über Wien nach Berlin. 1920–32 machte er sich dort als Strindberg-Darsteller einen Namen. In → Pabsts Verfilmung der *Dreigroschenoper* spielte er 1931 den Mackie Messer. 1937–40 arbeitete er in Hollywood und am Broadway. Später trat F. auf verschiedenen europäischen Bühnen und in zahlreichen Spielfilmen auf.

FRANK, LEONHARD

Schriftsteller

geb.: 4. 9. 1882 Würzburg, gest.: 18. 8. 1961 München

Als Pazifist und Sozialrevolutionär verließ F. Deutschland in der Jahren 1915–18 und 1933–50. Nach seinem autobiographischen Erstlingsroman *Die Räuberbande* (1914) blieben große literarische Erfolge aus. 1918 wurde er Mitglied des Münchner Revolutionsrats, 1923 Vizepräsident des PEN-Clubs. Neben Novellen und psychologischen Romanen veröffentlichte F. auch einen weiteren autobiographischen Roman, *Links, wo das Herz ist* (1952).

FURTWÄNGLER, (GUSTAV HEINRICH ERNST MARTIN) WILHELM

Dirigent

geb.: 25. 1. 1886 Berlin, gest.: 30. 11. 1954 Baden-Baden

Seine erste Symphonie komponierte F. mit 17 Jahren, mit kaum 35 Jahren galt er bereits als bedeutendster Kapellmeister Deutschlands, dessen unerreichtes analytisches Vermögen eine Vereinigung von emotionalem Erleben und geistiger Durchdringung eines Kunstwerks ermöglichte. Nach einem Zwischenspiel als Nachfolger Richard Strauss' an der Berliner Staatsoper leitete er in den 20er Jahren das Berliner Philharmonische Orchester und das Leipziger Gewandhausorchester, dirigierte die Wiener Philharmoniker und das New York Philharmonic Orchestra. 1934 legte er aus Protest gegen die Schikanierung → Hindemiths alle Ämter nieder. Daß er dennoch in Deutschland blieb, trug ihm nach 1945 Kritik ein.

GEORGE, HEINRICH

Schauspieler

geb.: 9. 10. 1893 Stettin, gest.: 25. 9. 1946 Sachsenhausen

Der Charakterdarsteller (Falstaff, Macbeth, Othello) war künstlerisch beständig herausragend, politisch dagegen wendig: Wegen seiner

Sympathien für die Kommunisten 1933 entlassen, arrangierte sich G. (eigentl. Georg Schulz) mit dem System und kam so wieder zu bedeutenden Engagements. Neben seinen Bühnenrollen machten ihn Auftritte in Dutzenden von Filmen populär, darunter in den 20er Jahren *Metropolis* und *Berlin Alexanderplatz*, später wurde G. einer der führenden Darsteller im NS-Film. Die Sowjets inhaftierten ihn deshalb im Lager Sachsenhausen. Die Haftbedingungen führten zu seinem Tod.

GIDAL, TIM

Fotograf

geb.: 18. 5. 1909 München, gest.: 4. 10. 1996 Jerusalem

Der Sohn einer ostjüdisch-orthodoxen Familie machte seine ersten Fotos von Freunden aus der zionistischen Bewegung. Seit 1929 arbeitete er wie sein schon früh verunglückter Bruder Georg Gidal (geb.: 13. 3. 1908 München, gest.: 21. 10. 1931) freiberuflich als Fotograf, vor allem für die *Münchner Illustrierte Presse*. G. (eigentl. Ignaz Nachum Gidalewitch) war mit seinen ungekünstelt-direkten Bildern ein Pionier des modernen Fotojournalismus. 1933 verließ er Deutschland. Sein 1928 begonnenes Studium der Geschichte, Kunstgeschichte und Volkswirtschaft schloß er 1935 in Basel mit einer Dissertation über „Bildbericht und Presse" ab. Bald darauf wanderte er nach Palästina aus. Seine Bilder prägten die Londoner *Picture Post*, wo er neben Hutton und → Man arbeitete. Weltweit verkaufte sich 1940 seine Reportage über Mahatma Gandhi. 1942 als Freiwilliger in die britische Armee eingetreten, fotografierte er bis 1944 als Chefreporter für die Armeezeitung *Parade*. Nach dem Krieg ging er in die USA zu *Life*. In New York und Jerusalem lehrte er Geschichte und Soziologie der Visuellen Kommunikation. Er veröffentlichte Bücher über Fotojournalismus und über das deutsche Judentum.

GOEBBELS, JOSEPH (PAUL)

Politiker

geb.: 29. 10. 1897 Rheydt, gest.: 1. 5. 1945 Berlin

Seine Gehbehinderung und sein Scheitern als Schriftsteller kompensierte der promovierte Germanist durch sein demagogisches Talent. Nachdem G. 1924 zur NSDAP gestoßen war, wurde → Hitler rasch auf ihn aufmerksam und machte ihn 1926 zum „Gauleiter von Berlin". G., der eher zum sozialrevolutionären Flügel der Partei gehört hatte, unterwarf sich Hitler vollkommen und verstand sich als „Herold" des Führers. Die von G. initiierten Kampagnen, etwa zur Verklärung → Wessels oder zur Diffamierung → Remarques, trugen der NSDAP ebensoviel Aufmerksamkeit ein wie G.s Propagandareden und -artikel (Kampfblatt *Der Angriff*). 1928 wurde G. Reichstagsabgeordneter, 1930 Propagandaleiter der Partei, 1933 Reichsminister für Volksaufklärung und Propaganda. Als Minister kontrollierte er Kunst und Medien, verfemte alle der Partei nicht genehmen Künstler und Journalisten, ihre Werke ließ er verbrennen. Rhetorisch hoch talentiert, war er inhaltlich auf fanatischen Antisemitismus und Führerkult beschränkt. Als die Niederlagen der Wehrmacht sich häuften, verkündete und organisierte er den „totalen Krieg". Am 20. 7. 1944 improvisierte er die Maßnahmen gegen den Offiziersputsch. Hitler ernannte ihn in seinem Testament zum Reichskanzler, doch folgte G. mit seiner Frau und seinen Kindern seinem Idol in den Tod.

GÖRING, HERMANN (WILHELM)

Politiker und Militär

geb.: 12. 1. 1893 Marienbad bei Rosenheim,
gest.: 15. 10. 1946 Nürnberg

Der mit dem Pour le mérite ausgezeichnete Jagdflieger G. fand 1922 in der politischen Agitation für die NSDAP ein neues Tätigkeitsfeld. → Hitler beauftragte ihn mit dem Ausbau der SA. Die Mitarbeit des Kriegshelden bedeutete für die NSDAP einen Prestigegewinn. Beim Novemberputsch 1923 wurde G. angeschossen; zur Linderung seiner Schmerzen nahm er Morphium, seine Drogenabhängigkeit sollte ihn später fast paralysieren. G. floh ins Ausland und kehrte nach einer Amnestie zurück. Seit 1928 war er Reichstagsabgeordneter, nach den Wahlen vom 31. 7. 1932 Reichstagspräsident. Am 30. 1. 1933 wurde er Minister in der Regierung Hitler, kurz darauf Preußischer Ministerpräsident und Preußischer Innenminister. Diese Positionen nutzte er, um den Beamten-, speziell den Polizeiapparat auf Parteikurs zu bringen. Der von ihm geschaffenen Geheimen Staatspolizei bediente er sich seit den Morden an Röhm und seinen Anhängern. Aus Dankbarkeit ernannte Hitler ihn zu seinem Nachfolger. In den folgenden Jahren häufte G. Amt um Amt an, u. a. das des Oberbefehlshabers der Luftwaffe und des Beauftragten für die Durchführung des Vierjahresplans. Die Niederlagen der Luftwaffe im Zweiten Weltkrieg und seine Prunksucht diskreditierten ihn sowohl bei Hitler als auch in der Öffentlichkeit. In Nürnberg als Kriegsverbrecher zum Tode verurteilt, entzog er sich der Hinrichtung durch Freitod.

GROCK

schweizer Clown

geb.: 10. 1. 1880 Reconvilier (Schweiz),
gest.: 14. 7. 1959 Imperia (Italien)

Die musikalisch talentierte Clownsfigur „Grock" (eigentl. Charles Adrian Wettach), wurde zum alter ego des Varietékünstlers Wettach. „Der König der Clowns" trat in dieser Maske von 1910 bis zu seinem Bühnenabschied 1954 weltweit vor Millionen Menschen auf, machte sich vom Zirkus unabhängig und hatte Soloauftritte auch im Fernsehen. Ab 1951 leitete er einen eigenen Zirkus.

GROENER, (KARL EDUARD) WILHELM

Militär und Politiker

geb.: 22. 11. 1867 Ludwigsburg,
gest.: 3. 5. 1939 Bornstedt (Potsdam)

Nach → Ludendorffs Ausscheiden aus der OHL (1918) mußte der Rückzug des Westheeres organisiert werden. Hindenburg holte für diese Aufgabe als neuen Ersten Generalquartiermeister den General G. in die OHL, einen organisatorisch begabten Spezialisten für das Feldeisenbahnwesen. G. überzeugte Wilhelm II. davon, daß das Heer nicht mehr zu seinem Fahneneid stehe, und drängte den Kaiser zum Rücktritt. Er schloß einen Pakt mit → Ebert zur Unterdrückung kommunistischer Aufstände und befürwortete den Einsatz von Freikorps. 1919 sprach er sich für die Unterzeichnung des Versailler Vertrags aus.

1920–23 war G. Verkehrsminister, 1928–32 Reichswehrminister, 1931–32 zugleich Innenminister; als solcher setzte er das Verbot der SA durch. Darüber geriet G. mit seinem Günstling → Schleicher in Streit, was schließlich zu G.s Abschied führte. G. wird in der Geschichtsschreibung als „Vernunftrepublikaner" dargestellt. Die Interessen der Reichswehr hatten für ihn allerdings Vorrang; so bereitete er im Einvernehmen mit → Brüning die deutsche Aufrüstung vor und brachte → Ossietzky wegen Landesverrats vor Gericht.

GROPIUS, WALTER (ADOLF GEORG)

Architekt

geb.: 18. 5. 1883 Berlin, gest.: 5. 7. 1969 Boston

Die Beschäftigung mit AEG-Zweckbauten prägte den jungen G. mehr als sein unvollendetes Architekturstudium. Mit 28 Jahren zeichnete er verantwortlich für das Faguswerk in Alfeld – die Schuhfabrik wurde zum bedeutendsten Beispiel für das Neue Bauen in Deutschland, für die von Stahl und Glas geprägte „Architektur des industriellen Zeitalters". Seit 1919 leitete er das von ihm gegründete Staatliche Bauhaus in Weimar. Hier propagierte er ein Einheitskunstwerk, das durch die Verschmelzung von Kunst, Handwerk und Technik entstehen sollte; der ganz auf Zweckmäßigkeit ausgerichteten Architektur maß G. dabei die größte Bedeutung bei. Praktisch setzte G. seine Ideen in den Gebäuden des 1925/26 entstandenen Dessauer Bauhauses um. Ende der 20er Jahre zog er sich aus der Leitung des Bauhauses zurück und konzentrierte sich auf seine Arbeit als Architekt (Siedlung Siemensstadt, Berlin). 1934 zur Emigration gezwungen, wanderte G. über Großbritannien in die USA aus, wo er an der Harvard-Universität Architektur lehrte.

GROSZ, GEORGE

Maler und Grafiker

geb.: 26. 7. 1893 Berlin, gest.: 6. 7. 1959 Berlin

Der Kriegsfreiwillige G. (eigentl. Georg Ehrenfried Groß) wurde durch sein Fronterlebnis von aller Kriegsbegeisterung gründlich kuriert. Seine Kunst stellte er seither in den Dienst der Anklage und des Widerstands. G.s Karikaturen und Gemälde zeigten nicht nur den Krieg, sondern auch das Elend der Nachkriegszeit mit ihrem krassen Wohlstandsgefälle und ihren Verwerfungen (*Das Gesicht der herrschenden Klasse*, 1921). Für viele waren G.s Angriffe auf Militär, Kapital, Gesellschaft und Kirche unerträglich; mehrfach wurde er wegen Gotteslästerung und Angriffen auf Reichswehr und öffentliche Moral zu Geldstrafen verurteilt. 1920 beteiligte er sich in Berlin an der Ersten Internationalen Dada-Messe. Seine Gemälde werden der Neuen Sachlichkeit zugerechnet. Ab etwa 1925 wurde G.s Stil weniger scharf und damit weniger originär. G. war als einer der bedeutendsten Illustratoren der Weimarer Zeit vorwiegend für kommunistische Zeitschriften tätig, gestaltete Bücher von Autoren wie → Toller und → Brecht und prägte das gesamte Programm des Malik-Verlags. Kurz bevor die Nazis ihn ausbürgerten und seine Bilder als „entartet" aus den Museen entfernten, verwirklichte er 1933 seinen alten Traum von einem Leben in den USA. Er wurde US-Staatsbürger und lehrte an amerikanischen Hochschulen. Erst wenige Wochen vor seinem Tod kehrte er nach Berlin zurück.

GRÜNDGENS, GUSTAF

Schauspieler, Regisseur und Intendant

geb.: 22. 12. 1899 Düsseldorf, gest.: 7. 10. 1963 Manila

G. (eigentlich Gustav) ging nach seiner Ausbildung in Düsseldorf nach Hamburg und 1928 nach Berlin, wo er mit seiner Darstellung des „Mephisto" in Goethes *Faust* 1932/33 Maßstäbe setzte. Auch → Göring wurde auf ihn aufmerksam, förderte ihn, nahm ihn vor Angriffen wegen früherer linker Sympathien in Schutz und ernannte ihn zum Preußischen Staatsrat. G. wandelte sich zum Diener der neuen Herren, stieg auf zum Staatsschauspieler und Generalintendanten. Auch wenn G. in dieser Zeit gelegentlich bedrohten Kollegen zu helfen wußte, wurde seine Nachkriegskarriere bei aller Anerkennung für seine überragende künstlerische Potenz überschattet durch den schon von Klaus → Mann erhobenen Vorwurf, er habe sich in seiner Arbeit bereitwillig der NS-Propaganda untergeordnet.

GUTTMANN, (WILHELM) SIMON

Fotoagent

geb.: 17. 11. 1891 Wien, gest.: 14. 1. 1990 London

Als junger Kunstkritiker förderte G. in Berlin die Expressionisten. Dem Ersten Weltkrieg entzog er sich, indem er TBC vortäuschte; er floh in die Schweiz, wo er sich den Dadaisten anschloß. Anfang der 20er Jahre lernte er in Rußland Wladimir Majakowskij und die sowjetische Filmindustrie kennen und beschloß, als Fotoagent zu arbeiten. 1928–33 führte er Dephot (Deutscher Photodienst), eine der wichtigsten Agenturen, die den Illustriertenmarkt mit kompletten Bild- und Textreportagen belieferte. Zu den Dephot-Fotografen gehörten u. a. → Capa und → Umbo. Nach 1933 mußte G. emigrieren. 1940 floh er vor der Wehrmacht zu Fuß quer durch Frankreich, später entkam er nach London. 1944–46 arbeitete er mit → Lorant für die *Picture Post*. 1946 gründete G. zusammen mit → Man seine eigene Fotoagentur Report, die er bis zu seinem Tod im Alter von 98 Jahren leitete.

HAASE, HUGO

Politiker

geb.: 29. 9. 1863 Allenstein, gest.: 7. 11. 1919 Berlin

Bei Kriegsbeginn mußte der Pazifist H. als SPD-Partei- und Fraktionsvorsitzender sich der Parteidisziplin beugen und die Zustimmung der Partei zu den Kriegskrediten verkünden. In der Folge entfremdete er sich der SPD, trat vom Vorsitz zurück, wurde Mitbegründer und Vorsitzender der USPD. Gemeinsam mit → Ebert führte er von November bis Dezember den Rat der Volksbeauftragten an. Er erlag den Folgen eines Attentats.

HARDEN, MAXIMILIAN (FELIX ERNST)

Publizist

geb.: 20. 10. 1861 Berlin, gest.: 30. 10. 1927 Montana (Schweiz)

Nach zehn Jahren als Schauspieler einer Wanderbühne wurde H. (eigentl. Witkowski) Kritiker. Als Befürworter des modernen Theaters beriet er → Reinhardt und war mit seiner eigenen Zeitschrift *Die Zukunft* 1892–1922 einer der einflußreichsten Theater- und Literaturkritiker in Deutschland. Politisch wandelte er sich vom Bewunderer zum Gegner → Wilhelms II. Während des Weltkriegs wandelte sich H. zum Pazifisten. Rechtsradikale verletzten ihn 1922 bei einem Attentat schwer.

HARTMANN, GUSTAV („DER EISERNE GUSTAV")

Droschkenkutscher

geb.: 23. 4. 1859 Magdeburg, gest.: 23. 12. 1938 Berlin

Nach 40 Jahren auf dem Kutschbock bemerkte der eigensinnige („eiserne") Berliner Droschkenkutscher H., daß die Kundschaft auf motorisierte Taxen umstieg. Um die Konkurrenzfähigkeit seiner Zunft zu beweisen, brach der fast 69jährige am 2. 4. 1928 zu einer Fahrt nach Paris und zurück auf. H. und sein Pferd Grasmus brauchten Wochen für die Reise, aber dann wurden sie in Paris und Berlin begeistert gefeiert. H.s Fahrt wurde zehn Jahre nach dem Ende des Krieges zu einer völkerverbindenden Sensation und inspirierte → Fallada zu einem Roman.

HAUPTMANN, GERHART

Schriftsteller

geb.: 15. 11. 1862 Ober-Salzbrunn (Schlesien),
gest.: 6. 6. 1946 Agnetendorf (Schlesien)

In der Weimarer Zeit war H. der meistgespielte Dramatiker und einer der angesehensten Künstler. Seit seinem Drama *Die Weber* (1892) galt er als Hauptvertreter des Realismus; die sozialkritische Diebeskomödie *Der Biberpelz* folgte 1893, die Tragikomödie *Die Ratten* 1911. Neben sozialkritischen Themen verarbeitete H. Märchen und mythischdüstere Stoffe, etwa in *Rose Bernd* 1903 oder *Und Pippa tanzt* 1906. 1912 erhielt er den Nobelpreis. Früh bekannte er sich zur Weimarer Republik, er verfaßte eine Trauerrede auf → Rathenau. Wiewohl bis an sein Lebensende künstlerisch produktiv, war H. doch 1933 für die Emigration zu alt; er schwieg zu den Verbrechen der Nationalsozialisten und ließ sich als kulturelles Aushängeschild mißbrauchen. Emigrierte frühere Freunde wie der Kritiker Alfred Kerr sagten sich deshalb von ihm los.

HEARTFIELD, JOHN

Maler, Illustrator und Bühnenbildner

geb.: 19. 6. 1891 Berlin, gest.: 26. 4. 1968 Berlin (DDR)

Schon früh war Helmut Franz Josef Herzfeld immer für eine Provokation gut. Der verbreitete Englandhaß widerte ihn so an, daß er seinen Namen während des Weltkriegs in John Heartfield änderte. Er gründete die antimilitaristische Zeitschrift *Neue Jugend*, trat 1919 der KPD bei und wurde einer der führenden Köpfe der Berliner Dadaisten. Hier traf er → Grosz, mit dem zusammen er die Kunst der Fotomontage auf einen seither unerreichten Höhepunkt führte: Besonders in der Sowjetunion machten die kühnen Kombinationen von Fotos, Zeichnungen und anderen Elementen bald Schule. H.s Werke erschienen auf Buchumschlägen des Malik-Verlags, 1920–30 gestaltete er für → Piscator und → Reinhardt Bühnenbilder; seine größte Bedeutung erlangte H. aber durch die Perfektionierung der Fotomontage als politisches Kampfmittel gegen den Nationalsozialismus in Zeitschriften und auf Plakaten. 1933 mußte er nach Prag flüchten, wo er aber weiter für die *Arbeiter-Illustrierte-Zeitung* arbeitete, 1938 emigrierte er nach London. Nach dem Ende des Kriegs kehrte er nach Deutschland zurück und schuf in der DDR Bühnenbilder für → Brechts Berliner Ensemble.

HESSEL, FRANZ

Schriftsteller

geb.: 2. 11. 1880 Stettin,
gest.: 6. 4. 1941 Sanary-sur-Mer (Frankreich)

Nach einem Bohemien-Dasein in München und Paris nahm H. am Ersten Weltkrieg teil und wurde 1924 Lektor bei Rowohlt. Parallel dazu war er selbst als Autor produktiv (u. a. *Spazieren in Berlin*, 1929) und übersetzte französische Autoren ins Deutsche. Die Nationalsozialisten belegten ihn mit Schreibverbot. 1938 emigrierte er nach Paris. 1940 wurde er in einem französischen Internierungslager inhaftiert, er starb an den Folgen der Haft.

HINDEMITH, PAUL

Komponist

geb.: 16. 11. 1895 Hanau, gest.: 28. 12. 1963 Frankfurt/Main

Die Stelle am Frankfurter Opernhaus (seit 1915) machte den Konzertmeister nicht glücklich. Lieber trat der ausgebildete Geiger und Bratscher als Musiker auf, so 1922–29 mit dem Amar-Quartett, das für sein Repertoire aus

Neuer Musik bekannt war. Seit 1921 prägten H.s Kompositionen die Musikentwicklung in Deutschland (*Streichquartett*, 1921; *Kammermusik* und *Die junge Magd*, 1922): Er verwandte neue Formen, Tonsysteme und Satztechniken, die er in spektakulären Aufführungen zu inszenieren wußte (Einakter *Mörder, Hoffnung der Frauen*, 1921; Liederzyklus *Das Marienleben*, 1922; Oper *Cadillac*, 1927). 1927–34 war H. Kompositionslehrer an der Berliner Musikhochschule. Er begegnete → Brecht und → Döblin, → Benn schrieb für H.s Oratorium *Das Unaufhörliche* die Texte. Die Nationalsozialisten verhängten Aufführungsverbot für seine Werke. Er emigrierte über die Türkei in die USA, lehrte an der Yale-Universität, später in Zürich. Seit der Oper *Mathis der Maler*, 1938 in den USA aufgeführt, kehrte H. wieder zu einem traditionelleren Kunstbegriff zurück.

HINDENBURG, PAUL (LUDWIG HANS ANTON) VON BENECKENDORFF UND VON

Militär und Politiker

geb.: 2. 10. 1847 Posen,
gest.: 2. 8. 1934 Neudeck (Ostpreußen)

Der Veteran der Kriege von 1866 und 1870/71 wurde 1911 als General verabschiedet, am 22. 8. 1914 aber als Kommandeur der 8. Armee in Ostpreußen reaktiviert. Sein zusammen mit → Ludendorff errungener Sieg über die Russen bei Tannenberg machte H. enorm populär. Im November 1914 wurde er zum Generalfeldmarschall befördert und übernahm den Oberbefehl über die deutschen Armeen an der Ostfront, 1916 wurde er als Generalstabschef des

Feldheeres höchster deutscher Militär. Als solcher nahm er auch auf politische Entscheidungen Einfluß. Im November 1918 riet er → Wilhelm II. zum Exil. H. stellte sich der Regierung → Ebert zur Verfügung, um die inneren Unruhen niederzuschlagen. 1919 ging er in den Ruhestand. H. und → Ludendorff gehörten zu den exponiertesten Verbreitern der „Dolchstoßlegende". 1925 ließ sich H. durch die Rechtsparteien zu einer Kandidatur für das Amt des Reichspräsidenten überreden und setzte sich im zweiten Wahlgang durch, 1932 wurde er wiedergewählt, diesmal als Kandidat der Mitte. Obwohl Monarchist, hielt er sich loyal an die Verfassung, ließ allerdings demokratische Politiker wie → Brüning fallen, wenn seine konservative, intrigante Umgebung – ostpreußische Agrarier, → Papen, → Schleicher, sein eigener Sohn, der Offizier Oskar von H. (1883–1960) – ihn dazu drängte. Hartnäckig widersetzte er sich Forderungen von rechts, den Reichstag zu entmachten. Die nur durch die Autorität des Reichspräsidenten gestützten, demokratisch nicht legitimierten Präsidialkabinette Papen und Schleicher blieben erfolglos. Seine Berater brachten den widerstrebenden H. dazu, → Hitler im Januar 1933 zum Kanzler zu ernennen. Der durch sein Amt überforderte Greis H. verschaffte diesem Kabinett Ansehen und schritt gegen Rechtsbrüche nicht ein.

HITLER, ADOLF

Politiker
geb.: 20. 4. 1889 Braunau (Österreich),
gest.: 30. 4. 1945 Berlin

Bei Kriegsausbruch 1914 rettete sich der gescheiterte österreichische Kunstmaler aus seiner persönlichen Perspektivlosigkeit in die bayerische Armee. Das Kriegsende erlebte er als Gefreiter gasvergiftet im Lazarett. Die Reichswehr sandte ihn 1919 als Spitzel zu einem Treffen der nur stammtischgroßen Deutschen Arbeiterpartei. Auf den Parteiversammlungen trat H.s Rednertalent zutage, H. wurde in die Partei aufgenommen und bereits im Juli 1921 ihr Vorsitzender. Zulauf hatte die in Nationalsozialistische Deutsche Arbeiterpartei umbenannte nationalistisch-antisemitische Splittergruppe fast ausschließlich in Bayern. Am 8. 11. 1923 putschte die Partei unter H. zusammen mit → Ludendorff gegen die Regierung, am nächsten Tag wurde der Staatsstreich von der Polizei niedergeschlagen. H. wurde in seinem Versteck entdeckt und vor Gericht gestellt; weil die Richter dem Angeklagten weitschweifige politische Erklärungen gestatteten, wurde der Prozeß zu einem Propagandaerfolg, der H. deutschlandweit bekannt machte.

Seine kurze Haft – H. wurde nach rund einem Jahr frühzeitig entlassen – nutzte er, um sein programmatisches Buch *Mein Kampf* abzufassen. Die seit dem Putsch verbotene NSDAP gründete H. 1925 neu. H. verfolgte nun eine Doppelstrategie: Offiziell propagierte er den Kampf um die Macht nun mit legalen Mitteln fortzusetzen, tatsächlich jedoch führte der Straßenterror der SA zu bürgerkriegsähnlichen Zuständen. Vor dem Hintergrund der Wirtschaftskrise wurde die NSDAP 1930 zweitstärkste, zwei Jahre darauf stärkste Partei, 1931 schlossen sich Nationalsozialisten, DNVP und „Stahlhelm" in der „Harzburger Front" zusammen. Der Herbst 1932 brachte Rückschläge: H. unterlag → Hindenburg bei der Reichspräsidentenwahl, die NSDAP mußte bei den Reichstagswahlen erstmals erhebliche Stimmeneinbußen verzeichnen, im Dezember konnte die Spaltung der Partei (→ Strasser) nur mühsam abgewendet werden. Dennoch schien H. der Umgebung → Hindenburgs als einziger Parteiführer imstande, eine rechte Regierung mit einer Basis im Volke zu bilden. Hindenburg ernannte ihn widerstrebend am 30. 1. 1933 zum Kanzler. Binnen weniger Monate errichtete H. eine uneingeschränkte Diktatur (24. 3. 1933 „Ermächtigungsgesetz"). Seine Herrschaft war gekennzeichnet durch Rassenwahn und Terror. Gegen Ende des von ihm geplanten und entfesselten Zweiten Weltkriegs nahm er sich das Leben.

HOFFMANN, HEINRICH

Fotograf
geb.: 12. 9. 1885 Fürth, gest.: 16. 12. 1957 München

1908 machte sich H. als Fotograf in München selbständig. Seinen ersten großen Erfolg landete der geschäftstüchtige Unternehmer mit Bildern von der Münchner Räterepublik. Aus seiner Stellungnahme für die Reaktion machte er keinen Hehl. Kurz danach freundete er sich mit → Hitler an, der in H.s Atelier seine spätere Ehefrau Eva Braun kennenlernte. H. wurde bald Hitlers exklusiver Fotograf.

Als solcher verdiente er nicht nur ein Vermögen, sondern er schuf auch die bis heute nachwirkende Inszenierung des „Führers". Nach dem Krieg wurde er zu fünf Jahren Arbeitslager verurteilt.

HOLLAENDER, FRIEDRICH

Kabarettist und Komponist
geb.: 18. 10. 1896 London, gest.: 18. 1. 1976 München

„Ich bin von Kopf bis Fuß auf Liebe eingestellt" – das von Marlene → Dietrich gesungene Lied war nur einer von vielen Schlagern aus der Feder des Komponisten H. Er schrieb Musik und Texte für Revuen, Kabaretts und Ufa-Filme, gründete 1919 mit → Reinhardt das Kabarett Schall und Rauch und 1930 das Tingel-Tangel Theater. Als Jude 1933 aus Deutschland geflüchtet, komponierte er in Hollywood fast 200 Filmmusiken. 1956 kehrte er nach Deutschland zurück und arbeitete wieder für das Kabarett.

HUGENBERG, ALFRED

Verleger und Politiker
geb.: 19. 6. 1865 Hannover,
gest.: 12. 3. 1951 Kükenbruch (Lipperland)

Industriefunktionär, Medienzar, Parteivorsitzender: In drei Funktionen wurde H. zum Steigbügelhalter → Hitlers. 1891 war er Mitbegründer des imperialistischen Alldeutschen Verbandes und im Weltkrieg entschiedener Verfechter des Annexionismus. Neben seiner Tätigkeit als Direktoriumsvorsitzender bei Krupp schuf der preußische Geheimrat einen ab 1916 marktbeherrschenden Medienkonzern aus Tageszeitungen, Nachrichtenagenturen, Anzeigenexpeditionen, der größten Filmgesellschaft Ufa und dem Scherl-Verlag. Seine Redaktionen ließ H. von Anfang an gegen die Republik anschreiben. Er selbst war Mitglied der Nationalversammlung, trat 1918 der DNVP bei und wurde 1928 deren Vorsitzender. Seine chauvinistisch-antiparlamentarische Stimmungsmache führte aber zu zahlreichen Parteiaustritten. H. vertrat als führender Verbandsvertreter die Interessen der Schwerindustrie, war sich aber der Notwendigkeit bewußt, Mehrheiten zu gewinnen. Angesichts sinkender Stimmenanteile für die eigene Partei schmiedete er 1931 das Bündnis mit „Stahlhelm" und NSDAP in der „Harzburger Front", womit die Isolierung der NSDAP endete. Zusammen mit → Papen und → Meißner sorgte H. für → Brünings und → Schleichers Sturz. Als am 30. 1. 1933 → Hindenburg → Hitler zum Kanzler ernannte, glaubte H. sich am Ziel: Er selbst war nunmehr Minister für Wirtschaft, Landwirtschaft und Ernährung; Hitler schien „eingerahmt" und instrumentalisiert. Tatsächlich aber wurde H. von Hitler bereits nach sechs Monaten kaltgestellt. H. mußte große Teile seines Konzern (Ufa, Scherl) verkaufen und spielte politisch keine Rolle mehr.

JANNINGS, EMIL

Schauspieler

geb.: 23. 7. 1884 Rorschach,
gest.: 2. 1. 1950 Strobl (Österreich)

Seit 1915 spielte er am Deutschen Theater unter → Reinhardt. 1918 schaffte er den Durchbruch mit der Rolle des Dorfrichters Adam in Kleists *Zerbrochenem Krug*, weitere Bühnenerfolge feierte J. (eigentl. Theodor Friedrich Emil Janenz) u. a. als Mephisto. Früher als alle anderen bedeutenden Schauspieler erkannte er den Film als eigene Kunstrichtung und wurde Deutschlands erster Filmstar; er dreht mit Ernst Lubitsch, → Murnau, → Sternberg *(Der blaue Engel)*. 1926–29 arbeitete er in Hollywood und erhielt den ersten Darsteller-Oscar überhaupt. Bei Einführung des Tonfilms kehrte er nach Deutschland zurück. Hier stellte er sich bereitwillig in den Dienst der nationalsozialistischen Propaganda. Die Alliierten belegten ihn mit Berufsverbot.

JARRES, KARL

Politiker

geb.: 21. 9. 1874 Remscheid, gest.: 20. 10. 1951 Duisburg

Der promovierte Jurist wurde 1911 Bürgermeister von Remscheid, 1914 Oberbürgermeister von Duisburg. Die französischen Besatzer wiesen ihn aus dem Ruhrgebiet aus. 1923–25 war das DVP-Mitglied Vizekanzler und Innenminister unter → Marx. Bei der Reichspräsidentenwahl 1925 erhielt er mit fast 39 Prozent die relative Mehrheit der Stimmen, zog seine von DVP und DNVP unterstützte Kandidatur aber zugunsten → Hindenburgs zurück. 1933

setzten ihn die Nationalsozialisten als Oberbürgermeister von Duisburg ab, J. zog sich in die Wirtschaft zurück.

JÜNGER, ERNST

Schriftsteller

geb.: 29. 3. 1895 Heidelberg, gest.: 17. 2. 1998 Wilflingen

Elf Jahrzehnte erlebte der umstrittenste Autor seiner Zeit, acht davon war er produktiv, und doch wurde und wird J. fast ausschließlich an dem gemessen, was er in den 20er und 30er Jahren veröffentlichte. Wie kein anderer verklärte der mit dem Pour le mérite ausgezeichnete Weltkriegsleutnant sein Fronterlebnis in dem „Tagebuch" *In Stahlgewittern* (1920). J. trat für einen „nationalen, sozialen, wehrhaften und autoritativ gegliederten" Staat ein und veröffentlichte 1930 einen antisemitischen Aufsatz. Damit und mit seinen kriegsverherrlichenden Schriften erwarb er sich die Sympathien der Nationalsozialisten, von denen er sich aber bald distanzierte. In seinen letzten Jahrzehnten stilisierte er sich zum über den Dingen stehenden „Anarchen".

KÄSTNER, ERICH

Schriftsteller und Journalist

geb.: 23. 2. 1899 Dresden, gest.: 29. 7. 1974 München

Heute ist K. vor allem als Autor von Kinderbüchern bekannt (*Emil und die Detektive*, 1928, *Pünktchen und Anton*, 1931, *Das fliegende Klassenzimmer*, 1932). Doch nicht der Kindergeschichten wegen verbrannten die Nationalsozialisten seine Bücher: K., der sich selbst als „Moralisten" sah, hatte sich bei ihnen unbeliebt gemacht durch Kabarett-Texte, durch Beiträge in der *Weltbühne* und der *Vossischen Zeitung* und durch seinen satirischen Roman *Fabian* (1931), bis heute ein wichtiges Dokument der Endphase der Weimarer Republik. K. erhielt Schreibverbot und wurde mehrmals verhaftet. Nach dem Krieg war er verantwortlich für das Feuilleton der *Neuen Zeitung* und eine Jugendzeitschrift, erhielt 1957 den Georg-Büchner-Preis und war 1957–62 Präsident des westdeutschen PEN-Zentrums.

KAHR, GUSTAV RITTER VON

Politiker

geb.: 29. 11. 1862 Weißenburg, gest.: 30. 6. 1934 Dachau

Den Adelstitel erhielt K. für Verdienste um Folklore und Denkmalschutz – 1911 war auch so etwas möglich. Der so Geehrte wurde Regierungspräsident von Oberbayern, 1920/21 bayerischer Ministerpräsident, dann wieder Regierungspräsident. 1923 verhängte er den Ausnahmezustand und überwarf sich wegen seiner reaktionären und separatistischen Tendenzen mit der Reichsregierung. → Hitler nötigte ihn am 8. 11. 1923 zum Stillhalten, doch schon am folgenden Tag ließ K. den Putsch niederschlagen. Aus Rache ermordeten die Nationalsozialisten K. während des Röhm-Putsches.

KANDINSKY, WASSILY

russ. Maler und Kunsttheoretiker

geb.: 4. 12. 1866 Moskau,
gest.: 13. 12. 1944 Neuilly-sur-Seine (Frankreich)

Zum Studium kam K. 1896 nach München, wo er Schüler Franz Stucks wurde. Bis 1914 knüpfte K. ein dichtes Netz internationaler Kontakte, begründete mit Franz Marc den Blauen Reiter und verfaßte kunsttheoretische Schriften. K. gilt als einer der Begründer der abstrakten Kunst und entwickelte neue Formen und Farben. Am Bauhaus lehrte er von 1922 bis zu dessen Schließung. Nach der Machtübernahme der Nationalsozialisten emigrierte er nach Frankreich.

KAPP, WOLFGANG

Politiker

geb.: 24. 7. 1858 New York, gest.: 12. 6. 1922 Leipzig

Dem Sohn eines in die USA emigrierten 1848er Revolutionärs wurde nicht an der Wiege gesungen, daß er einmal versuchen würde, die erste deutsche Republik durch einen Putsch zu zerstören. K. war Verwaltungsbeamter, 1917 Mitbegründer der Deutschen Vaterlandspartei, die jeden Verständigungsfrieden ablehnte, und seit 1918 konservativer Reichstagsabgeordneter. Mit dem Zusammenbruch der Monarchie wurde er nicht fertig. Am 13. 3. 1920 unternahm er mit → Lüttwitz, gestützt auf → Ehrhardts Truppen, einen Staatstreich. Doch hatte K. keine Massenbasis, die ihn unterstützte. Die Gewerkschaften riefen zum Generalstreik auf, die Beamten blieben der Regierung → Bauer loyal. K. gab auf und floh nach Schweden. 1922 stellte er sich und starb in deutscher Untersuchungshaft. Der Kapp-Putsch, obwohl völlig gescheitert, offenbarte die Schwäche der Regierung – und die der Justiz: Von den Verschwörern wurde kaum einer belangt.

KESSLER, HARRY GRAF

Schriftsteller und Mäzen

geb.: 23. 5. 1868 Paris, gest.: 30. 11. 1937 Lyon

Nie hatte K. ein bedeutendes politisches Amt inne, nie verfaßte er ein bedeutsames literarisches Werk, und doch kommt kein Geschichtswerk über das kaiserliche und Weimarer Deutschland ohne ihn aus: Als Bildungsbürger alter Schule und Sohn eines geadelten Bankiers prägte K. als Aussteller die progressive Künstlerszene Deutschlands und förderte insbesondere deutsche und französische Expressionisten, darunter → Benn, → Dix und → Grosz. Als Mäzen ermöglichte er den Erfolg der Zeitschrift *Pan*, des Insel-Verlags und der Cranach-Presse. Der Weltkrieg machte K. zu einem entschiedenen Pazifisten. Er warb für die Idee des Völkerbunds und die deutsch-französische Aussöhnung. Das Auswärtige Amt betraute ihn mit diplomatischen Missionen. Seine liberale Haltung trug ihm den Spitznamen „roter Baron" ein. Als Republikaner bezog er Stellung gegen → Hindenburg und → Hitler, 1933 verließ er Deutschland. K. verfaßte eine Rathenau-Biographie, vielzitierte Tagebücher und Lebenserinnerungen.

Egon Erwin Kisch

KISCH, ERWIN EGON

Journalist

geb.: 29. 4. 1885 Prag, gest.: 31. 3. 1948 Prag

Nach sieben Jahren als Lokalreporter der deutschsprachigen Tageszeitung *Bohemia* ging K. 1913 nach Berlin. Unterbrochen durch den Kriegsdienst in der k.u.k.-Armee und seine Beteiligung an der Revolution in Wien (Kommandant der „Roten Garde"), arbeitete er hier bis 1933 als Reporter und freier Schriftsteller. K. wurde einer der meistbeachteten sozialistischen Journalisten: Seine Beiträge erschienen in den unterschiedlichsten Zeitungen von der *Roten Fahne* bis zum *Berliner Börsen-Courier*. Als „rasender Reporter" – so auch der Titel des Buches, das ihn 1925 berühmt machte – begründete er die journalistische Form der Reportage in Deutschland und setzte bis heute gültige Maßstäbe an Authentizität, nicht aber in Sachen der von ihm selbst stets geforderten Neutralität. Reisen durch die Sowjetunion, die USA und China verarbeitete K. zu Zeitungsbeiträgen und Büchern, außerdem veröffentlichte er sein Kriegstagebuch *Schreib das auf, Kisch* (1922–29) und die Reportagensammlung *Hetzjagd durch die Zeit* (1926). K. war Mitglied der KPD, bekämpfte früh den Nationalsozialismus und wurde am Tag nach dem Reichstagsbrand als Jude und Regimegegner verhaftet. Auf Intervention der tschechoslowakischen Regierung wurde er freigelassen. Als Berichterstatter nahm er am Spanischen Bürgerkrieg teil. 1939–46 lebte K. im Exil in Mexiko.

KLEE, PAUL

Maler

geb.: 18. 12. 1879 Münchenbuchsee (Schweiz),
gest: 9. 6. 1940 Muralto (Schweiz)

Während seine Frau den Lebensunterhalt verdiente, bildete K. sich im Selbststudium aus und reiste mit August Macke 1914 nach Tunesien. Die Erfahrung des nordafrikanischen Lichts läutete K.s typische Farbigkeit ein. Nach Kriegsdienst in der Etappe wurde K. durch große Einzelausstellungen bekannt, → Gropius berief ihn 1920 ans Bauhaus. Mit seinen mythisch-irrealen Motiven paßte K. nicht zur dortigen Kunstauffassung; 1931 wechselte er an die Düsseldorfer Akademie. Während die Nationalsozialisten über 100 Werke K.s als „entartet" aus den Museen entfernten, schuf K. in seinen letzten Jahren im Exil in der Schweiz Tausende neuer.

KLEMPERER, OTTO

Dirigent

geb.: 14. 5. 1885 Breslau, gest.: 6. 7. 1973 Zürich

Nach Stationen in Prag, Hamburg, Barmen, Straßburg, Köln und Wiesbaden übernahm K. 1927 die Leitung der Berliner Kroll-Oper. Nach deren Schließung 1931 arbeitete er an der Staatsoper Unter den Linden. Die Nationalsozialisten verfemten ihn nicht nur als Juden, sondern auch als Förderer zeitgenössischer „entarteter" Komponisten wie → Hindemith und → Schönberg. 1933 emigriert, war er als einer der bedeutendsten Dirigenten seiner Zeit in den USA, Budapest und London tätig.

KOLLO, (ELIMAR) WALTER

Komponist

geb.: 28. 1. 1878 Neidenburg (Ostpreußen),
gest.: 30. 9. 1940 Berlin

K. (eigentl. E. W. Kollodzieyski) begründete die Berliner Operette: Schon in der Kaiserzeit hatte er mit seinen volkstümlichen Possen, Singspielen und Operetten große Publikumserfolge: *Wie einst im Mai, Die Männer sind alle Verbrecher,* 1913; *Der Juxbaron,* 1916. Später lieferte er die Musik zu Revuen und Tonfilmen. Seinen Erfolg sicherte er wirtschaftlich ab durch die Mitbegründung der GEMA und eines eigenen Musikverlags.

KOLLWITZ, KÄTHE

Grafikerin und Bildhauerin

geb.: 8. 7. 1867 Königsberg,
gest.: 22. 4. 1945 Moritzburg bei Dresden

→ Hauptmanns *Weber* inspirierten K. (geb. Schmidt) zu ihrem Zyklus *Ein Weberaufstand,* ihrem ersten großen Thema: das Elend des Großstadtproletariats. Als ihr jüngerer Sohn im Weltkrieg fiel, kam Pazifismus als zweites dazu (Holzschnitt *Nie wieder Krieg,* 1924; Denkmal *Eltern* für den Soldatenfriedhof Roggefelde 1932). 1919 erhielt sie den Titel einer Professorin und wurde als erste Frau in die Preußische Akademie der Künste aufgenommen. 1921–24 engagierte sie sich in der kommunistischen Internationalen Arbeiterhilfe für die Sowjetunion. Die Nationalsozialisten belegten K., die international angesehenste deutsche Künstlerin, mit einem Ausstellungsverbot.

KORFF, KURT

Journalist

geb.: 3. 10. 1876 Jägerndorf (Schlesien),
gest.: 30. 1. 1938 New York

K. (eigentl. Kurt Karfunkel) leitete als Chefredakteur die erfolgreichste Illustrierte der Weimarer Zeit, die *Berliner Illustrirte Zeitung.* Als einer der ersten erkannte er die Bedeutung des Bildes für die Printmedien und nahm nicht mehr nur dokumentarische, sondern auch interessante Bilder und ganze Fotoreportagen ins Blatt. Die Ästhetik der *BIZ* machte weltweit Schule. K., neben → Lorant der bedeutendste „Macher" in der Illustrierten-Sparte, mußte als Jude aus Deutschland fliehen. In den USA war er an der Entwicklung von *Life* beteiligt, kurz vor seinem Tod warb ihn die Hearst-Gruppe ab.

LABAN, RUDOLF VON

Choreograph und Tanztheoretiker

geb.: 15. 12. 1879 Preßburg (Bratislava),
gest.: 1. 7. 1958 Weybridge (Großbritannien)

L. studierte Ballett, Schauspiel und Malerei in Paris und gründete ab 1910 europaweit zahlreiche Theater und Kunsteinrichtungen. Er war Schöpfer des Neuen Ausdruckstanzes und einer eigenen Tanzschrift, der „Labanotation". 1930–34 leitete er das Ballett der Berliner Staatsoper. 1938 wanderte er nach Großbritannien aus. Das von ihm 1942 in Manchester gegründete Art of Movement Studio ist heute als Laban Centre Bestandteil der Londoner Universität.

LANDAUER, GUSTAV

Philosoph, Schriftsteller und Politiker

geb.: 7. 4. 1870 Karlsruhe, gest.: 2. 5. 1919 München

Der Kunstkritiker, Übersetzer und Vortragsredner war als führender Vertreter eines humanitären deutschen Anarchismus in den 90er Jahren mehrfach im Gefängnis. Auf Einladung → Eisners kam L. im November 1918 nach München und war 1919 Volksbeauftragter für Kulturfragen während der sieben Tage der ersten Räterepublik; nach deren Scheitern wurde er von Soldaten ermordet.

LANG, FRITZ

Regisseur

geb.: 5. 12. 1890 Wien, gest.: 2. 8. 1976 Beverly Hills (USA)

Seit 1918 war L. (eigentlich Friedrich Lang) in Berlin als Dramaturg, Regisseur und Autor tätig. Zu Beginn der 20er Jahre war er der erfolgreichste deutsche Filmregisseur. L. verband die düster-dämonische Atmosphäre des expressionistischen Stummfilms mit fast schon dokumentarischen Aufnahmen der hektischen Großstadt Berlin: *Der müde Tod, Dr. Mabuse, Der Spieler, Die Nibelungen*. In *Metropolis* nahm er den totalitären NS-Staat vorweg. Sein bekanntester Tonfilm war *M* (1931). L. schlug ein Angebot Goebbels' aus, in Deutschland zu bleiben, und ging in die Emigration.

LEGIEN, KARL

Gewerkschafter

geb.: 1. 12. 1861 Marienburg (Westpreußen), gest.: 26. 12. 1920 Berlin

1906 erreichte der Drechsler L. einen wichtigen Erfolg: Als SPD-Abgeordneter und Gewerkschaftsführer setzte er die Unabhängigkeit der Gewerkschaften von der Partei durch. Die Gleichberechtigung zwischen Gewerkschaften und Arbeitgebern erreichte er durch das am 15.11.1918 mit → Stinnes geschlossene „Stinnes-L.-Abkommen". 1919 wurde L. zum Vorsitzenden des Allgemeinen Deutschen Gewerkschaftsbundes gewählt. Der Generalstreik gegen den → Kapp-Putsch erfolgte auf seinen Aufruf hin.

LIEBERMANN, MAX

Maler und Grafiker

geb.: 20. 7. 1847 Berlin, gest.: 8. 2. 1935 Berlin

Als L. 1898/99 die Berliner Sezession mitbegründete, hatte er sich schon einen Namen als Impressionist gemacht. Von Handwerks-, Strand- und Sportszenen verlegte er sich zunehmend auf Porträts. In der Weimarer Zeit war L. so arriviert, daß er sich die Prominenten für seine Bildnisse aussuchen konnte. 1920 wurde er Präsident der Preußischen Akademie der Künste, 1932 deren Ehrenpräsident. Aus Protest gegen die NS-Kulturpolitik trat L. 1933 aus der Akademie aus.

LIEBKNECHT, KARL

Politiker

geb.: 13. 8. 1871 Leipzig, gest.: 15. 1. 1919 Berlin

Der Sohn eines SPD-Abgeordneten zog 1912 selbst in den Reichstag ein. Bekannt geworden war er durch seinen kompromißlosen Kampf gegen den Militarismus, der ihm 1907 eine Haftstrafe wegen Hochverrats eingetragen hatte. Als einziger SPD-Abgeordneter verweigerte er im Dezember 1914 seine Zustimmung zu den Kriegskrediten. Dieser Bruch der Parteidisziplin isolierte ihn in der Partei, machte ihn aber zur Identifikationsfigur der Kriegsgegner. Wie schon vor dem Krieg war er 1916–18 wegen Hoch- bzw. Landesverrats inhaftiert. Gerade entlassen, proklamierte er am 9. 11. 1918 die sozialistische Republik. L.s weitreichende revolutionäre Ziele wurden jedoch nicht erreicht, weil es der Mehrheits-SPD gelang, sich an seiner Stelle an die Spitze der Bewegung zu setzen. L. wurde wie → Luxemburg führendes Mitglied des Spartakusbundes und der neugegründeten KPD. Kein anderer Politiker war bei der Reaktion so verhaßt wie er. Bei Beginn des Spartakusaufstands im Januar 1919 rief er zum Sturz der Regierung auf. Als die Erhebung zusammenbrach, spürten Freikorpssoldaten L. auf und ermordeten ihren wehrlosen Gefangenen.

LLOYD GEORGE, DAVID

brit. Politiker

geb.: 17. 1. 1863 Manchester, gest.: 26. 3. 1945 Llanystumdwy (Wales)

55 Jahre lang war L. liberaler Parlamentsabgeordneter (seit 1890). Als Schatzkanzler (1905–15) schuf er eine moderne Sozialgesetzgebung, als Munitions- und Kriegsminister organisierte er die britische Kriegswirtschaft.

1916 wurde er Premierminister, 1922 stürzte er, weil er mit irischen Separatisten verhandelt und mit seiner Orientpolitik Frankreich und die Türkei verprellt hatte. Zugunsten Deutschlands erreichte er einige Milderungen der Auflagen des Versailler Vertrags. Kurz vor seinem Tode wurde er geadelt.

LORANT, STEFAN

Fotojournalist und Verleger

geb.: 22. 2. 1901 Budapest, gest.: 14. 11. 1997 Rochester (USA)

Als Bildredakteur der *Münchner Illustrierten Presse* führte L. (eigentlich Lóránt Istvánt) den Fotojournalismus seit Ende der 20er Jahre auf einen Höhepunkt. Das bürgerliche → Hugenberg-Blatt wurde unter L.s Einfluß zu einer der ersten wirklichen Illustrierten und erreichte eine Auflage von 650 000 Exemplaren. Als entschiedener NS-Gegner und Jude wurde L. kurzzeitig inhaftiert, bis ungarische Journalisten seine Freilassung erreichten. L. floh nach Großbritannien und prägte dort als Redakteur ab 1934 die *Weekly Illustrated* und ab 1938 maßgeblich die *Picture Post*, zwei Blätter, an die er namhafte Fotojournalisten wie Tim → Gidal binden konnte. 1940 wanderte er in die USA aus, wo er sehr erfolgreiche historische Bildbände herausgab.

LUDENDORFF, ERICH (FRIEDRICH-WILHELM)

Militär

geb.: 9. 4. 1865 Kruszczewina (Posen), gest.: 20. 12. 1937 Tutzing

Als 1914 die deutsche Armee Belgien überfiel, zeichnete sich ein ehrgeiziger und aggressiver Brigadekommandeur besonders aus: L. ließ seine Soldaten die Lütticher Zitadelle stürmen und erhielt dafür den Pour le mérite. Durch den Sieg empfahl er sich für höhere Aufgaben: Als Generalstabschef → Hindenburgs schlug er die Russen in Ostpreußen und stand ab 1916 an der Spitze des Heeres. Der tatkräftige Erste Generalquartiermeister erzwang in einem bis dahin ungekannten Maße Opfer der Bevölkerung und griff massiv in die Politik ein: Als Anhänger eines „Siegfriedens" sorgte er für den Sturz des Reichskanzlers Theobald von Bethmann Hollweg und setzte den Diktatfrieden von Brest-Litowsk durch. Als seine Frühjahrsoffensiven an der Westfront erlahmten, drängte L. in Erkenntnis der militärisch aussichtslosen Lage die Politik, einen Waffenstillstand anzubieten. Auf diese Weise lenkte er von seiner eigenen Verantwortung ab und schuf die „Dolchstoßlegende". Am 26. 10. 1918 entlassen, floh er nach Kriegsende nach Schweden und schrieb seine tendenziösen *Kriegserinnerungen.* L. trat offen antirepublikanisch auf, unterstützte zunächst → Kapp, dann → Hitler. Ungestraft beteiligte L. sich am Hitler-Putsch. 1924 zog er als deutsch-völkischer Abgeordneter in den Reichstag ein, 1925 kandidierte er bei der Wahl zum Reichspräsidenten erfolglos gegen seinen früheren Chef Hindenburg. L. war nicht bereit, sich Hitler unterzuordnen, und polemisierte zunehmend gegen seinen früheren Verbündeten. In seinen letzten Jahren verfiel er religiösem Sektierertum und antisemitischen Verschwörungstheorien.

LÜTTWITZ, WALTHER FREIHERR VON

Militär

geb.: 2. 2. 1859 Bodland (Schlesien), gest.: 20. 9. 1942 Breslau

Der General mit dem merkwürdigen Titel „Befehlshaber der Truppen in und um Berlin und Oberbefehlshaber in den Marken" verfolgte 1918/19 eine ebenso merkwürdige Taktik: Vorrangig mit Freikorps, nicht mit regulären Truppen schlug er republikanische Bestrebungen und den Spartakusaufstand nieder. Die Revolution erschien ihm als „Verbrechen". Im März 1920 einer der höchsten Reichswehroffiziere, putschte er mit → Kapp gegen die Regierung. Während L. Berlin militärisch unter Kontrolle brachte, scheiterte Kapp politisch völlig. L. floh nach Ungarn, wurde aus dem Dienst entlassen, blieb aber ansonsten unbehelligt.

LUTHER, HANS

Politiker

geb.: 10. 3. 1879 Berlin, gest.: 11. 5. 1962 Berlin

→ Cuno berief den Verwaltungsjuristen und Essener Oberbürgermeister im Dezember 1922 zum Ernährungsminister. Unter → Stresemann und → Marx war L. Finanzminister. Er beendete die Hyperinflation durch die Währungsreform. Vom 15. 1. 1925 bis 12. 5. 1926 war der „Vernunftrepublikaner" L. Kanzler. Zu seinen Erfolgen gehören eine Steuerreform und das Locarno-Abkommen. Er stürzte über die Flaggenverordnung. 1930 wurde er Präsident der Reichsbank. → Hitler zwang ihn zum Rücktritt und schickte ihn 1933–37 als Botschafter nach Washington.

LUXEMBURG, ROSA

Politikerin

geb.: 5. 3. 1871 Zamość (Polen), gest.: 15. 1. 1919 Berlin

Schon als 18jährige wurde L. wegen ihrer Mitarbeit in jüdisch-revolutionären Kreisen zur Emigration in die Schweiz gezwungen. Dort promovierte sie in Volkswirtschaft. Seit 1898 war sie politisch in Deutschland tätig, wurde SPD-Mitglied und Sprecherin der internationalistischen Linkssozialisten. 1905 beteiligte sie sich in Warschau an der russischen Revolution. Zwar setzte die Bildungsbürgerin L. auf die proletarische Revolution und glaubte nicht an einen friedlichen Übergang vom Kapitalismus zum Sozialismus. Aber sie teilte nicht Lenins Auffassung von der Partei als Avantgarde und seine Forderung nach der Diktatur des Proletariats, sondern glaubte an die schöpferische Kraft der Massen und an ihren Leitsatz „Freiheit ist immer die Freiheit der Andersdenkenden". L. kämpfte gegen Nationalismus, Militarismus und Imperialismus, während des Weltkriegs war sie wegen ihrer pazifistischen Agitation jahrelang inhaftiert. In dieser Zeit vollzog L. ihre endgültige Abkehr von der SPD. Zusammen mit → Liebknecht gründete sie 1917 den Spartakusbund, 1918/19 die KPD, deren programmatischer Kopf sie war. Sie riet vom Spartakusaufstand ab, weil er ihr verfrüht erschien. Nach Niederschlagung des Aufstands wurde L. von Freikorpssoldaten mißhandelt und ermordet.

MAN, FELIX H.

Fotojournalist

geb.: 30. 11. 1893 Freiburg, gest.: 30. 1. 1985 London

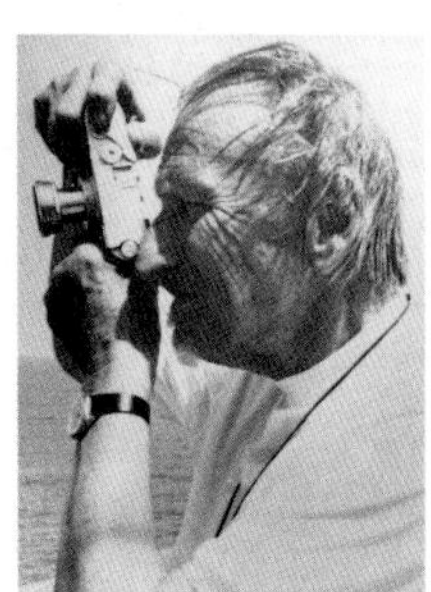

Die ersten Bilder, die M. (eigentl. Hans Felix Sigismund Baumann) veröffentlichte, waren Zeichnungen – 1927 arbeitete er noch als Sportzeichner bei der *BZ am Mittag.* Im Jahr darauf ging er als Fotograf zu *Tempo,* ab 1929 ließ er seine Fotos über die Agentur Dephot vertreiben. Seine Bilder erschienen vorwiegend in der *Münchner Illustrierten Presse* und in der *Berliner Illustrirten Zeitung.* 1934 folgte er → Lorant nach Großbritannien und wurde einer der maßgeblichen Fotografen der *Weekly Illustrated,* des *Daily Mirror* und der *Picture Post.*

MANN, (LUIZ) HEINRICH

Schriftsteller

geb.: 27. 3. 1871 Lübeck, gest.: 12. 3. 1950 Santa Monica (USA)

Aus einer großbürgerlichen Familie stammend, entwickelte sich M. nach und nach zu einem Vertreter des „humanen Sozialismus". Seit 1900 veröffentlichte er zeitkritische Romane, mit denen er das obrigkeitshörige, nationalistische wilhelminische und später das Weimarer Bürgertum karikierte: zunächst *Im Schlaraffenland,* 1905 *Professor Unrat* (verfilmt als *Der blaue Engel*), 1918 *Der Untertan.* Anders als sein Bruder Thomas M. wandte er sich gegen den Ersten Weltkrieg und bekannte sich früh zur Republik. 1931 wurde er Präsident der Sektion für Dichtkunst der Preußischen Akademie. 1933 emigrierte er und engagierte sich in politischen Schriften und Romanen wie *Lidice* (1943) weiter gegen den Nationalsozialismus.

MANN, KLAUS (HEINRICH THOMAS)

Journalist und Schriftsteller

geb.: 18. 11. 1906 München,
gest.: 21. 5. 1949 Cannes (Frankreich)

Nach Abbruch seiner Schullaufbahn lebte M. als Theaterkritiker in Berlin. Zusammen mit seiner Schwester Erika und deren späterem Ehemann → Gründgens gründete er ein Ensemble und vertrat bereits früh antifaschistische Positionen. 1933 emigrierte er. Daß Gründgens es ihm nicht gleichtat, verzieh er ihm nicht und verarbeitete diesen Konflikt 1936 in *Mephisto. Roman einer Karriere;* das Buch zog jahrelange Prozesse nach sich. Er litt zunehmend unter der mangelnden Anerkennung seines Vaters → Thomas M. Mit einer Überdosis Schlaftabletten nahm er sich das Leben.

MANN, THOMAS

Schriftsteller

geb.: 6. 6. 1875 Lübeck, gest.: 12. 8. 1955 Zürich

„Der eitelste deutsche Autor dieses Jahrhunderts“ (Marcel Reich-Ranicki) ließ es sich nach Abbruch des Gymnasiums auf Vaters Kosten in der Schwabinger Boheme wohlsein. Ersten Erzählungen folgte 1901 *Die Buddenbrooks*, die von der eigenen Patrizierfamilie inspirierte Dekadenzbeschreibung in Form eines Familienromans. Der Verkaufserfolg des Buches und die 1905 geschlossene Ehe mit einer Millionenerbin sicherten M. für den Rest seines Lebens ein großbürgerliches Dasein. Den nächsten künstlerischen Erfolg hatte er erst 1912 mit *Tod in Venedig*, in dem es indirekt wieder um ihn selbst ging: Das Buch verarbeitete seine uneingestandene Homosexualität. Den Ersten Weltkrieg begrüße M. im Gegensatz zu seinem Bruder Heinrich begeistert; 1918 veröffentlichte er *Betrachtungen eines Unpolitischen*, die ihn als Anhänger einer „konservativen Revolution“ erscheinen ließen. Erst 1922 bekannte er sich zur Weimarer Republik, später warb er für die SPD. 1929 erhielt er den Literaturnobelpreis für den Familienroman *Die Buddenbrooks*. Seit 1933 lebte er im Exil, enthielt sich aber politischer Stellungnahmen, um dem Absatz seiner Bücher in Deutschland nicht zu schaden. Erst nach seiner Ausbürgerung 1936 wandte sich M. in Rundfunkansprachen und Schriften gegen → Hitler. Bedeutendstes Werk seiner Exilzeit war *Doktor Faustus*, in dem sich M. wieder als Meister des psychologischen Romans über den Gegensatz zwischen Leben und Geist zeigte. Nach dem Krieg ließ sich M. zwar bei Besuchen in West- und Ostdeutschland feiern, kehrte aber nicht dauerhaft zurück, weil er den Deutschen einen demokratischen Neubeginn nicht zutraute.

MARX, WILHELM

Politiker

geb.: 15. 1. 1863 Köln, gest.: 5. 8. 1946 Bonn

Obwohl er vier Regierungen leitete, ist der integre, aber glanzlose Pflichtmensch M. heute fast vergessen. Der Richter engagierte sich in katholischen Vereinigungen, wurde 1910 als Zentrumsabgeordneter in den Reichstag gewählt, 1919 in die Nationalversammlung und 1922–28 zum Vorsitzenden der Zentrumspartei. 1925 für kurze Zeit preußischer Ministerpräsident, unterlag er → Hindenburg bei der Wahl zum Reichspräsidenten. Von November 1923 bis Juni 1924 führte er als Kanzler zwei Minderheitenregierungen und leitete die wirtschaftliche und politische Stabilisierung des Reiches ein. Nach den Regierungen → Luther wurde M. im Mai 1926 wieder Kanzler gewählt, zuerst mit einer weiteren Minderheitsregierung, dann einer Mehrheitskoalition von Zentrum, DNVP, DVP und BVP. Er stürzte über ein Reichsschulgesetz.

MASSARY, FRITZI

österr. Sängerin

geb.: 21. 3. 1882 Wien, gest.: 30. 1. 1969 Los Angeles

1904 kam die Österreicherin M. (eigentl. Friederike Massaryk) nach Berlin und wurde für die nächsten 30 Jahre zu einem der beliebtesten Operetten- und Revuestars. An allen namhaften Bühnen der Hauptstadt garantierte sie Kassenerfolge. Nach dem tödlichen Unfall ihres Mannes, des Schauspielers Max Pallenberg, 1934 trat sie nicht mehr auf. 1938 floh sie vor den Nationalsozialisten nach Großbritannien.

MAX, PRINZ VON BADEN

Politiker

geb.: 10. 7. 1867 Baden-Baden, gest.: 6. 11. 1929 Salem (bei Tübingen)

Weil sein Vetter, Großherzog Friedrich II., kinderlos blieb, wurde B. als badischer Thronfolger bestimmt. Offizier, adeliger Liberaler und im Rufe eines Philantrophen, leitete er während des Weltkriegs die Gefangenenfürsorge. Dennoch war er fast völlig unbekannt, als ihn der Kaiser am 3. 10. 1918 zum Reichskanzler und preußischen Ministerpräsidenten berief. Am 5. 10. 1918 unterbreitete er dem US-Präsidenten ein Friedensangebot und Waffenstillstandsersuchen auf der Grundlage von → Wilsons „14 Punkten“. Er ließ den U-Boot-Krieg einstellen und betrieb die Entlassung → Ludendorffs. B.s Kabinett stützte sich auf eine Mehrheitskoalition aus SPD, Fortschrittlicher Volkspartei und Zentrum. Mit den Sozialdemokraten arbeitete er zusammen in der Hoffnung, die Monarchie retten zu können. Um den Ausbruch der Revolution zu verhindern, befürwortete B. die Abschaffung des Dreiklassenwahlrechts, die Demokratisierung des Reiches und schließlich die Abdankung des Kaisers, die B. am 9. 11. 1918 eigenmächtig bekanntgab. Am selben Tag trat er das Amt des Reichskanzlers an → Ebert ab.

Fritzi Massary

MEHRING, WALTER

Schriftsteller

geb.: 29. 4. 1896 Berlin, gest.: 3. 10. 1981 Zürich

Nach Anfängen als Expressionist wurde M. einer der Mitbegründer des Berliner Dada. Daneben schrieb er für Kabaretts wie → Reinhardts Schall und Rauch oder sein eigenes Politisches Cabaret scharfe Polemiken gegen Reaktion, Militarismus und Nationalsozialismus. 1922–28 arbeitete er als Journalist in Paris, danach wieder in Berlin. 1933 floh M. ins Ausland, wurde 1942 US-Bürger und kehrte 1953 nach Europa zurück.

MEISSNER, OTTO

Beamter

geb.: 13. 3. 1880 Bischweiler (Elsaß), gest.: 27. 5. 1953 München

M.s Memoiren erschienen 1950 unter dem Titel *Staatssekretär unter Ebert, Hindenburg, Hitler*. Damit ist eigentlich alles gesagt. Der Beamte M. wußte sich den jeweils Herrschenden anzupassen, unter → Hitler wurde er 1937 sogar Reichsminister. Seine historische Rolle spielte er als Bürochef → Hindenburgs: Er gehörte zu den Beratern, die den alten Herrn drängten, anstelle → Brünings → Papen und später Hitler zum Kanzler zu machen.

MIES VAN DER ROHE, LUDWIG

Architekt

geb.: 27. 3. 1886 Aachen, gest.: 17. 8. 1969 Chicago

M. vertrat lange den Neoklassizismus. Erst in den 20er Jahren fand er zu einem modernen Stil: In Bauten wie dem Deutschen Pavillon auf der Internationalen Ausstellung in Barcelona verzichtete er weitgehend auf Zwischenwände und reduzierte die Mauern auf geometrische Flächen. M. war einer der ersten, die Stahl und Glas als ausschließliche Baumaterialien einsetzten. 1930–33 leitete er das Bauhaus. 1937 emigrierte er in die USA, wo er mit „gläsernen Hochhäusern" Furore machte.

MOHOLY-NAGY, LASZLO

Maler und Fotograf

geb.: 20. 7. 1895 Bácsbarsod (Ungarn), gest.: 24. 11. 1946 Chicago

Obwohl M.s Fotos nur einen kleinen Teil seines Werks ausmachen, hatten sie starken Einfluß auf die Neue Fotografie. Er experimentierte mit Blickwinkeln und Techniken: Als einer der ersten fotografierte er aus der Vogel- oder der Froschperspektive und fertigte Fotos ohne Kamera an („Fotogramme"), indem er Gegenstände auf Filmstreifen legte und sie dem Licht aussetzte. 1920 kam er nach Berlin, wo er Kontakte zu Dadaisten und Konstruktivisten pflegte. Er beschäftigte sich neben der Fotografie mit Skulpturen, Zeichnungen und Design, 1923–28 lehrte er am Bauhaus. 1934 floh er ins Ausland. In Chicago gründete er das Institute of Design, das er zu einer Nachfolgeeinrichtung des Bauhauses ausbaute.

MOSSE, RUDOLF

Verleger

geb.: 8. 5. 1843 Grätz (Prov. Posen), gest.: 8. 9. 1920 Gut Schenkendorf (Mark)

Nach einer Buchhändlerlehre legte M. mit einem Anzeigenverkaufsbüro in Berlin den Grundstein zu einem Imperium mit Hunderten von Filialen. Die Profite aus dem Verkauf von Zeitungsbeilagen investierte er 1871 in das linksliberale *Berliner Tageblatt*, das unter M.s Neffen → Wolff zu den angesehensten deutschen Zeitungen gehörte. Später kamen u. a. die *Berliner Morgenzeitung* und die *Berliner Volkszeitung* dazu, außerdem Adreß- und Telefonbücher. Neben → Ullstein einer der bedeutendsten Zeitungsverleger Berlins, machte M. sich auch als Mäzen einen Namen. Anders als die Ullsteins bekannte sich Mosse offen und selbstbewußt zu seiner jüdischen Abstammung. 1933 wurde die Familie M. von den Nationalsozialisten enteignet.

MÜHSAM, ERICH

Schriftsteller

geb.: 6. 4. 1878 Berlin, gest.: 11. 7. 1934 KZ Oranienburg

Vor dem Weltkrieg führte der Anarchist M. ein Bohemien-Leben in München, schrieb Satiren und Chansons, später Dramen und Essays. Als Kriegsdienstverweigerer und Pazifist wurde er während des Krieges inhaftiert, ein zweites Mal 1919–24 wegen seiner Beteiligung an der Münchner Räterepublik. Nach seiner Entlassung gab er die anarchistische Zeitschrift *Fanal* heraus, in der er gegen Klassenjustiz und Faschismus anschrieb. Als einer der ersten exponierten NS-Gegner wurde M. im Konzentrationslager ermordet.

MÜLLER, HERMANN

Politiker

geb.: 18. 5. 1876 Mannheim, gest. 20. 3. 1931 Berlin

M. arbeitete als Journalist. 1906 wurde er in den SPD-Vorstand gewählt, die Partei entsandte ihn zu diplomatischen Missionen. 1916 zog er in den Reichstag ein. Als mehrheitssozialistischer Zensor des *Vorwärts* wurde M. einmal von linken Arbeiterinnen verprügelt. 1918 trat er → Brauns Mandat im Berliner Arbeiter- und Soldatenrat an, setzte sich für die Nationalversammlung ein und wies die Forderung der Spartakisten nach einer Räterepublik zurück. 1919 wurde er zusammen mit Otto Wels zum SPD-Vorsitzenden gewählt. Als Außenminister des Kabinetts → Bauer fiel ihm die Aufgabe zu, den Versailler Vertrag zu unterzeichnen. Nach dem → Kapp-Putsch löste er Bauer als Kanzler ab, mußte aber bereits nach 72 Tagen wegen der Niederlage bei den Reichstagswahlen zurücktreten. 1928 wurde er Kanzler der letzten Weimarer Regierung mit Parlamentsmehrheit, gestützt auf eine Große Koalition aus SPD, Zentrum, DVP, DDP und BVP. Sein größter Erfolg war die Annahme des Young-Plans. Die Koalition zerstritt sich 1930 über eine Reform der Arbeitslosenversicherung. Weil die nun folgenden Kabinette keine demokratische Legitimierung mehr hatten, gilt M.s Scheitern als der Beginn vom Ende der Weimarer Republik.

MÜNZENBERG, WILLY

Publizist und Politiker
geb.: 14. 8. 1889 Erfurt,
gest.: wahrscheinlich 22. 6. 1940 Südfrankreich

Seit 1906 war der Gastwirtssohn in der sozialistischen Arbeiterjugend aktiv. 1910 ging M. (eigentl. Wilhelm M.) in die Schweiz, 1915 organisierte er in Bern eine Internationale Sozialistische Jugendkonferenz, von deren Teilnehmern er zum Sekretär gewählt wurde. Nach Begegnungen mit Lenin schloß er sich den Kommunisten an und agitierte gegen den Krieg. 1918 nach Deutschland ausgewiesen, trat er in Berlin in den Spartakusbund ein, 1919 in die KPD. Lenin beauftragte ihn mit dem Aufbau der Internationalen Arbeiterhilfe (IAH), die Spenden für hungernde russische Kinder sammelte. Als Herausgeber machte M. die IAH-Zeitschrift zum Grundstein des rasch expandierenden Neuen Deutschen Verlags, zu dem Filmproduktionen und die *Arbeiter-Illustrierte-Zeitung* gehörten. Der „rote Zeitungszar" stellte seinen Konzern in den Dienst der antikapitalistischen und antimilitaristischen Propaganda. 1924–1933 war er Reichstagsabgeordneter. Seine Arbeit mußte er ab 1933 im Exil in Frankreich fortsetzen (u. a. *Braunbuch über den Reichstagsbrand*, 1933). 1939 wurde M. als Gegner Stalins aus der KPD ausgeschlossen. Auf der Flucht vor der Wehrmacht fand M. unter ungeklärten Umständen den Tod.

MUNKÁCSI, MARTIN

Fotojournalist
geb.: 18. 5. 1896 Klausenburg (Siebenbürgen),
gest.: 14. 7. 1963 New York

1927 kam der ungarische Fotoreporter (eigentlich M. Marmorstein) nach Berlin zu Ullstein. Seine Bilder erschienen u. a. in der *Berliner Illustrirten Zeitung* und der *Dame*, aber auch in ausländischen Zeitschriften. 1934 mußte der Jude M. Deutschland verlassen. In den USA wurde der Autodidakt zum bestbezahlten Modefotografen der 40er Jahre, vor allem für *Harper's Bazaar* und *Life*. Er revolutionierte die bis dahin künstlich-strenge Modefotografie durch extreme Blickwinkel, Freilichtaufnahmen und spontan wirkende Bilder von Models in Bewegung. Dabei kamen ihm seine Berliner Erfah-

rungen aus der Sportfotografie zugute. Obwohl M. als einer der Pioniere des Fotojournalismus gilt, wurden seine Bilder zu seinen Lebzeiten nie in einer Einzelausstellung gezeigt.

MURNAU, FRIEDRICH WILHELM

Regisseur
geb.: 28. 12. 1888 Bielefeld,
gest.: 11. 3. 1931 Santa Barbara (USA)

→ Reinhardt entdeckte M. (eigentlich Plumpe) auf einer Studentenbühne und holte ihn in sein Ensemble. Nach seinem Kriegsdienst ging M. zum Film; 1919–23 drehte er 14 (heute zumeist verschollene) Filme, deren bekanntester *Nosferatu, eine Symphonie des Grauens* war. *Der letzte Mann* beeindruckte 1924 durch → Jannings' großartige darstellerische

Leistung und den Einsatz der „entfesselten Kamera". Seit 1926 arbeitete M. auch in den USA und drehte auf Tahiti *Tabu* (1929), vor dessen Premiere er tödlich verunglückte.

NIELSEN, ASTA

Schauspielerin
geb.: 11. 9. 1885 Kopenhagen,
gest.: 25. 5. 1972 Fredericksberg (Dänemark)

N., einer der größten Stars des deutschen Stummfilms, wurde als Kind einer mittellosen dänischen Familie geboren. Sie besuchte die Schauspielschule in Kopenhagen und kam 1910 nach Berlin. Hier spielte sie vor allem anspruchsvolle tragische oder zwiespältig-dämonische Hauptrollen (*Die arme Jenny*, 1911, *Die freudlose Gasse*, 1925). Ende der

20er Jahre trat sie vorwiegend an Theatern auf, 1937 kehrte sie nach Dänemark zurück, wo sie bald ihre Karriere beendete.

NOSKE, GUSTAV

Politiker
geb.: 9. 7. 1868 Brandenburg, gest.: 30. 11. 1946 Hannover

„Einer muß doch der Bluthund werden" – N. selbst schrieb sich diesen Ausspruch später zu. Den „Bluthund" spielte N. 1918–20 so nachdrücklich, daß er bis heute zu den unpopulärsten Sozialdemokraten der Geschichte gehört. Der ehemalige Korbmacher wurde Journalist und 1906 Militärexperte der SPD-Reichstagsfraktion. N. vertrat im Parlament eine eindeutig nationalistisch-imperialistische Linie. Im November 1918 sandte der Parteivorstand ihn als Gouverneur nach Kiel, um dem Matro-

senaufstand einzudämmen. Im Rat der Volksbeauftragten war N. auch zuständig für Militärfragen; als erste Amtshandlung stellte er eine Söldnertruppe auf, die Freikorps, mit deren Hilfe er den Spartakusaufstand und die Bremer Räterepublik niederschlug. Mittlerweile erster Reichswehrminister geworden, verhängte er im März 1919 Standrecht über Berlin und ließ auf Streikende schießen. Seine Politik der massiven Vergeltung diskreditierte N. bei der Arbeiterschaft, die Militärs wiederum verrieten ihn beim → Kapp-Putsch; N. mußte zurücktreten. 1920–1933 war er Oberpräsident von Hannover.

ONDRA, ANNY

Schauspielerin

geb.: 15. 5. 1902 Tarnow (Galizien), gest.: 28. 2. 1987 Hollenstedt (bei Hamburg)

Die tschechische Filmkomikerin drehte seit 1928 auch in Deutschland und Großbritannien, u. a. mit Alfred Hitchcock *Blackmail*. In den 30er Jahren leitete sie eine eigene Produktionsfirma für Unterhaltungsfilme, die Ondra-Lamac-Filmgesellschaft. 1933 heiratete O. *(Die vom Rummelplatz, Der Scheidungsgrund)* den Boxweltmeister Max Schmeling.

ORSKA, MARIA

Schauspielerin

geb.: 16. 3. 1893 Nikolajew (Rußland), gest.: 16. 5. 1930 Wien

In Wien hatte die temperamentvolle O. (eigentl. Rahel Blindermann), zwischen 1909 und 1920 große Bühnenerfolge u. a. als Salome und Königin Christine, sie galt als die bedeutendste Darstellerin in Dramen von Oscar Wilde und Frank Wedekind. Gastspiele führten sie als Partnerin Fritz Kortners oft nach Deutschland, auch nach Paris und Skandinavien. 1930 nahm sie sich das Leben.

OSSIETZKY, CARL VON

Publizist

geb.: 3. 10. 1889 Hamburg, gest.: 4. 4. 1938 Berlin

O. brachte es als Jurist zu keinem Abschluß und arbeitete als Hilfsschreiber in der Verwaltung. Die Schlacht bei Verdun machte ihn zum Pazifisten, 1919 wurde er Sekretär der Deutschen Friedensgesellschaft. Seit 1922 arbeitete er als Redakteur der *Berliner Volks-Zeitung*, wo er → Tucholsky begegnete. 1924 wurde er entlassen, weil er für die – erfolglose – pazifistisch-radikaldemokratische Republikanische Partei kandidiert hatte. Seine eigentliche publizistische Bedeutung erlangte er ab 1926 als Mitarbeiter und später als Herausgeber der *Weltbühne*. Die „Wochenschrift für Politik, Kunst, Wirtschaft" hatte erheblichen Einfluß auf die Linksintellektuellen der Weimarer Zeit, von denen etliche (wie Tucholsky) regelmäßig Beiträge lieferten. Trotz niedriger Auflage und Angriffen auf die Mehrheitsparteien wurde die Zeitschrift zum radikaldemokratischen Gewissen der Republik. Seine kritische Haltung gegenüber Militarismus und Nationalismus brachte O. fünfmal vor Gericht; wegen eines von ihm verantworteten Artikels über die heimliche Aufrüstung der Reichswehr wurde er 1932 mehrere Monate inhaftiert. Nach dem Reichstagsbrand wurde er als Antifaschist erneut verhaftet. Eine internationale Kampagne brachte dem KZ-Häftling 1936 den Friedensnobelpreis ein, führte aber nicht zu seiner Freilassung. O. erlag den Folgen der Haft.

PABST, G. W. (GEORG WILHELM)

Regisseur

geb.: 27. 8. 1885 Raudnitz (Böhmen), gest.: 29. 5. 1967 Wien

P. hatte als Schauspieler Auftritte in Österreich, Deutschland und der Schweiz. Regie führte er erstmals 1912 am Deutschen Volkstheater in New York. Als er die Rückreise nach Europa antrat, wurde er in Frankreich interniert, denn der Erste Weltkrieg war gerade ausgebrochen. 1939 überraschte ihn in Deutschland ein zweiter Kriegsbeginn, der seine Pläne, in die USA zurückzukehren, hinfällig machte. Dazwischen liegt P.s wichtigste Schaffensphase: 1923 begann P. als Filmregisseur zu arbeiten und wurde rasch zum prägenden Vertreter der Neuen Sachlichkeit. 1925 hatte er einen ersten Erfolg mit *Die freudlose Gasse* (mit → Dietrich und → Nielsen). Auch seine Tonfilme *Westfront 1918* (1930) und *Die Dreigroschenoper* (1931) wurden von Publikum und Kritik gefeiert. 1933–38 lebte er in Frankreich und Hollywood. Im Zweiten Weltkrieg arbeitete er für die Bavaria in München, nach dem Krieg machte er sich mit einer eigenen Filmgesellschaft in Wien selbständig und drehte u. a. *Es geschah am 20. Juli* (1955).

PAPEN, FRANZ VON

Politiker

geb.: 29. 7. 1879 Werl, gest.: 2. 5. 1969 Obersasbach (Baden)

Der Major a. D. und erfolgreiche Rennreiter („Herrenreiter") wurde mit dem Zusammenbruch der Monarchie nie fertig. Als Royalist mit guten Kontakten zu konservativen Agrarverbänden und Industriellen kam er 1921 in den preußischen Landtag. Trotz seiner Sympathien für die rechte DNVP schloß er sich als Katholik dem Zentrum an. Seine wichtigsten Ziele waren, die SPD aus der Regierung in Preußen zu drängen und soziale Reformen rückgängig zu machen. P. wollte eine Regierung der Rechten bilden, einschließlich des Zentrums und der NSDAP. Das war in seiner eigenen Partei nicht durchzusetzen, und so trat P. aus dem Zentrum aus. Gestützt auf das Vertrauen → Schleichers und → Hindenburgs wurde P. im Juni 1932 Reichskanzler in einem „Kabinett der Barone" ohne demokratische Legitimation. P. hob das Verbot von SA und SS auf, im Juli setzte er die preußische Regierung → Braun ab und übernahm selbst die Macht („Preußenschlag"). Weitere antidemokratische Schritte wollten jedoch weder P.s Minister noch Schleicher, der P. im Dezember ablöste. P. rächte sich, indem er mit Hilfe NS-freundlicher Wirtschaftskreise und der alten Eliten gegen Schleicher intrigierte und → Hindenburg überredete, einem Kabinett Hitler-Papen zuzustimmen. Vizekanzler P. hoffte, → Hitler für seine Zwecke zu benutzen, wurde aber seinerseits schon 1934 auf Botschafterposten in Wien und Ankara abgeschoben. Hier diente er dem NS-Regime bis 1944. Im Nürnberger Prozeß wurde er freigesprochen.

PIECK, WILHELM

Politiker

geb.: 3. 1. 1876 Guben, gest.: 7. 9. 1960 Berlin (DDR)

Der Tischler P. verlor seine Stellung als Sekretär der SPD-Parteischule wegen der Protestaktionen, die er gegen den Ersten Weltkrieg organisierte. 1916 eingezogen, desertierte P. und trat erst zu Beginn der Novemberrevolution wieder in Erscheinung. Er arbeitete in der Zentrale des Spartakusbundes und wurde Mitbegründer der KPD. In der Weimarer Zeit war P. Mitglied des preußischen Landtags und des Reichstags. Ab 1933 im Exil, vertrat er den in Deutschland inhaftierten Parteivorsitzenden → Thälmann. P. kehrte nach Kriegsende nach Deutschland zurück, wurde Vorsitzender der SED und erster Präsident der DDR.

PISCATOR, ERWIN (FRIEDRICH MAX)

Regisseur und Intendant

geb.: 17. 12. 1895 Ulm, gest.: 30. 3. 1966 Starnberg

Nach dem Frontdienst schloß sich P. in Berlin der Dada-Bewegung und den Spartakisten an. 1920 gründete er das Proletarische Theater zur Propagierung des Kommunismus durch Agit-Prop und Lehrstücke. Seine Maxime „Kunst ist ein politisches Mittel" setzte er auch als Regisseur am Central-Theater und an der Volksbühne. 1927 eröffnete er seine eigene Bühne am Nollendorfplatz, die trotz großen technischen Aufwands („Totaltheater" mit Drehbühne, Lichteffekten, eingeblendeten Film- und Dia-Einblendungen) und angesehener Autoren wie → Brecht, → Toller und → Mehring dreimal in Konkurs ging. Den Widerspurch, proletarisches Theater vor bürgerlichem Publikum zu machen, konnte P. zeitlebens nicht auflösen. 1933–51 lebte P. im Exil. Als Intendant (seit 1962) der Freien Volksbühne Westberlin blieb er dem politischen Theater treu: Er inszenierte die Uraufführungen von Rolf Hochhuths *Stellvertreter*, Heinar Kipphardts *In der Sache J. Robert Oppenheimer* und Peter Weiss' *Ermittlung*.

PLANCK, MAX (KARL ERNST LUDWIG)

Physiker

geb.: 23. 4. 1858 Kiel, gest.: 4. 10. 1947 Göttingen

Neben → Einstein war es P., der um die Jahrhundertwende das Weltbild der Physik revolutionierte: Mit seiner Quantenphysik wies er nach, daß Licht oder Wärme nicht kontinuierlich abgegeben werden, sondern in Form kleiner Schübe, der Quanten. Neben dem „Planckschen Wirkungsquantum" ist sein

Max Planck Albert Einstein

großes Verdienst, Einsteins Bedeutung erkannt zu haben. 1918 erhielt P. den Nobelpreis. In der Weimarer Zeit war er u. a. Präsident der Kaiser-Wilhelm-Gesellschaft zur Förderung der Wissenschaften, die in der Bundesrepublik als Max-P.-Gesellschaft neugegründet wurde.

RATHENAU, WALTHER

Industrieller und Politiker

geb.: 29. 9. 1867 Berlin, gest.: 24. 6. 1922 Berlin

Als Jude durfte R. kein Offizier werden. So trat er in den väterlichen Konzern AEG ein und wurde 1915 dessen Präsident. Im Ersten Weltkrieg organisierte er die Rohstoffversorgung der Rüstungsindustrie. In → Hardens Zeitschrift *Zukunft* und eigenen Schriften (*Von kommenden Dingen*, 1917) lieferte R. einen theoretischen Unterbau für eine Welt des gemeinwirtschaftlichen Kapitals im Gegensatz zum wilhelminischen Obrigkeitsstaat, forderte wirtschaftliche und Verfassungsreformen, um dem technischen Zeitalter gerecht zu werden. Der in rund 100 Firmen maßgebliche „Aufsichts-Rathenau" gehörte selbst zu der von ihm beschriebenen Oligarchie von „dreihundert Männern, von denen jeder jeden kennt", die Europa wirtschaftlich lenkten. Wegen seiner widersprüchlichen philosophisch-politischen Positionen wurde er von allen Seiten angefeindet. Daher gelang ihm eine politische Karriere erst ab 1921. R. wurde Vorstandsmitglied der DDP, 1921 Wiederaufbauminister, 1922 Außenminister unter → Wirth. Mit Frankreich schloß er das Wiesbadener Abkommen, das Deutschland zu Sachlieferungen an französische Kriegsgeschädigte verpflichtete. Im Interesse der Wirtschaft und in Einsicht der Aussichtslosigkeit neuer Konflikte mit den Alliierten wurde R. zum „Erfüllungspolitiker". Auf der Weltwirtschaftskonferenz in Genua erreichte er keine Milderung der Reparationsforderungen. Aus Vernunftgründen, nicht aus Leidenschaft schloß er 1922 mit der Sowjetunion den Vertrag von Rapallo, der die außenpolitische Isolation beider Staaten beendete und ihre enge wirtschaftliche – und insgeheim auch militärische – Zusammenarbeit begründete. Der Vertrag von Rapallo machte R. vermehrt zur Zielscheibe nationalistischer, antikommunistischer und antisemitischer Angriffe. Am Tag nach einer gegen R. gerichteten Haßrede des DNVP-Politikers Karl Helfferich wurde R. von Angehörigen von → Ehrhardts „Organisation Consul" erschossen. Seine Beerdigung wurde von großen pro-republikanischen Demonstrationen begleitet.

REINHARDT, MAX

Schauspieler und Regisseur

geb.: 9. 9. 1873 Baden (Österreich), gest.: 31. 10. 1943 New York

Mit 17 debütierte der Schauspieler R. (eigentl. Goldmann) in der Rolle eines Greises. 1894 kam er an das Deutsche Theater in Berlin. Hier gründete er das Kabarett Schall und Rauch (später Kleines Theater) und übernahm die Direktion des Neuen Theaters. 1905 sorgte er für eine Sensation, indem er für den naturalistischen *Sommernachtstraum* einen echten Wald auf eine Drehbühne brachte. 1905–20 und 1924–33 war er Direktor des Deutschen Theaters, seit 1906 auch der Kammerspiele; so

kommt es, daß fast jeder bedeutende Schauspieler der Weimarer Zeit irgendwann unter R. gearbeitet hat. Mit einem ausgeprägten Sinn für Stimmungen und sensibler Schauspielerführung begründete er das Regietheater. R. war kein Theoretiker des Theaters, und doch revolutionierte er es, indem er neue Techniken, sinnliche Spielformen und -orte (Zirkus) einführte. Seine Experimente waren machem zu gewagt, andererseits wirkte R. neben dem neuen politischen Theater (→ Piscator) konventionell, weil er die Kunst als unpolitisches „neutrales Land" verstand. 1920 ging R. darum nach Österreich, wo er die Salzburger Festspiele und das Theater in der (Wiener) Josefstadt leitete und eine Schauspielschule gründete, das heutige Max-R.-Seminar. 1924 kehrte er nach Berlin zurück und übernahm bis zu seiner Emigration 1933 wieder die Leitung seines Theaterkonzerns.

REMARQUE, ERICH MARIA

Schriftsteller

geb.: 22. 6. 1898 Osnabrück, gest.: 25. 9. 1970 Locarno

Der Frontdienst 1918 prägte R. (eigentl. Erich Paul Remark), bestimmte sein weiteres Leben und sein literarisches Schaffen. Nach Kriegsende arbeitete R. auch als Redakteur und begann mit der Veröffentlichung von Kurzprosa und Gedichten. 1929 wurde er durch die Veröffentlichung seines Antikriegsromans *Im Westen nichts Neues* (1930 verfilmt) schlagartig international berühmt. R.s realistische Schilderung des Grabenkrieges mit seinen Greueln war eine der meistdiskutierten literarischen Leistungen der Weimarer Zeit und stand in Widerspruch zu → Jünger. Der Erfolg des Buches ermöglichte R. ein luxuriöses Leben, brachte ihm aber zugleich massive Anfeindungen von seiten der Rechten ein. 1933 wurden seine Bücher als „literarischer Verrat am Soldaten des Weltkriegs" verbrannt, R. mußte Deutschland verlassen und lebte seither vorwiegend in der Schweiz und den USA. 1938 wurde er von den Nationalsozialisten ausgebürgert, 1947 nahm er die US-Staatsbürgerschaft an. Seine gegen Militarismus und Faschismus gerichteten späteren Romane (*Drei Kameraden*, 1938, *Arc de Triomphe*, 1946) waren zwar erfolgreich, erreichten aber nicht die literarische Qualität von *Im Westen nichts Neues*.

RUGE, WILLI

Fotojournalist

geb.: 23. 10. 1892 Berlin, gest.: 6. 11. 1961 Offenburg

Ruge war ein flugbegeisterter Sensationsreporter. Er fotografierte seine eigenen Beine beim Absprung mit dem Fallschirm und dokumentierte als Luftwaffen-Fotograf zwei Weltkriege und den Spartakusaufstand aus dem Flugzeug. Sein gesamtes Archiv wurde 1943 in Berlin durch Bomben zerstört. Nach 1945 arbeitete er u. a. für den Burda-Verlag. Durch Anzeigen auch in amerikanischen Zeitungen versuchte er, Originale oder zumindest Abdrucke (vor allem aus der *Berliner Illustrirten*) wiederzufinden.

RUTTMANN, WALTER

Regisseur

geb.: 28. 12. 1875 Frankfurt/Main, gest.: 15. 7. 1941 Berlin

Ursprünglich Maler und mit → Klee befreundet, wandte R. sich 1919 dem Film zu und produzierte *Opus I*, den ersten abstrakten, farbigen deutschen Trickfilm. Sein Hauptwerk war *Berlin – Die Sinfonie einer Großstadt* (1927), eine dokumentarische Bildreportage über 24 Stunden im Leben der Metropole Berlin im Stile der Neuen Sachlichkeit, gefilmt aus unorthodoxen Perspektiven (zum Beispiel aus einer Litfaßsäule heraus). Später drehte er Kriegspropaganda.

SALOMON, ERICH

Fotojournalist

geb.: 28. 4. 1886 Berlin, gest.: 7. 7. 1944 KZ Auschwitz

Kein anderer hat den Fotojournalismus so geprägt wie ein promovierter Jurist, ehemaliger Autovermieter und Börsenmakler: Erst mit fast 40 Jahren kam S. zur Fotografie. Seit 1925 arbeitete er für → Ullstein, vor allem für die *Berliner Illustrirte Zeitung*, seit 1928 als Freiberufler daneben auch für die *Münchner Illustrierte Presse*, *Life* oder den *Daily Telegraph*. S. setzte seine Ermanox-Kamera mit ihrem lichtstarkem Objektiv (später benutzte S. eine Leica) gezielt ein, um ohne das bis dahin unverzichtbare Blitzlicht in Innenräumen arbeiten zu können; die so entstandenen Fotos übertrafen an Authentizität und Spontaneität alles bisher Dagewesene. Doch nicht nur die neue Technik, sondern vor allem S.s Talent, überall dabeizusein, ohne als Fotograf wahrgenommen zu werden, erschloß den Zeitungslesern eine neue Welt: die der Gerichtsprozesse, Diplomatentreffen, Reichstags- und Völkerbundssitzungen, denn S. arbeitete oft mit versteckter Kamera. Die Londoner Zeitschrift *Graphic* prägte für ihn den Begriff der „candid camera". 1931 erschien sein Buch *Berühmte Zeitgenossen in unbewachten Augenblicken*. Als Jude mußte S. in die Niederlande emigrieren, 1943 wurde er ins KZ Theresienstadt deportiert und 1944 mit seiner Familie in Auschwitz ermordet.

SANDER, AUGUST

Fotograf

geb.: 17. 11. 1876 Herdorf (Siegerland), gest.: 20. 4. 1964 Köln

Der Kunst- und Porträtfotograf arbeitete – von der NS-Zeit unterbrochen – 30 Jahre lang an seinem Lebenswerk: Einer enzyklopädischen und systematischen Dokumentation der deutschen Gesellschaft in einer umfassenden Porträtreihe unter dem Titel *Menschen des 20. Jahrhunderts*. Teile dieses Gesamtwerks erschienen 1929 in dem Bildband *Antlitz der Zeit* mit einem Vorwort → Döblins. Die nicht im Bombenkrieg zerstörten Teile seines Archivs sind heute in Köln einsehbar.

SCHACHT, (HORACE GREELEY) HJALMAR

Bankier und Politiker

geb.: 22. 1. 1877 Tingleff (Nordschleswig), gest.: 3. 6. 1970 München

Der enorm ehrgeizige und begabte Kaufmannssohn stieg nach seinem Wirtschaftsstudium schnell bei der Dresdner Bank auf, wurde 1916 Direktor und 1920 Geschäftsinhaber der Nationalbank für Deutschland. Sein Freund → Stresemann ernannte ihn 1923 zum Währungskommissar zur Bekämpfung der Hyperinflation, im selben Jahr noch wurde S. Reichsbankpräsident. Mit Hilfe der von → Luther vorbereiteten Währungsreform beendete er die schwerste Inflation der deutschen Geschichte. Aus Protest gegen die Annahme des Young-Plans trat S. 1930 zurück. Politisch neigte S.,

1918 noch Mitbegründer der linksliberalen Deutschen Demokratischen Partei (DDP), immer stärker nach rechts, 1926 trat er aus der DDP aus. Er half, die „Harzburger Front“ zu einen, und machte → Hitler in Industrie- und Finanzkreisen hoffähig. 1933–39 ernannte Hitler S. wieder zum Reichsbankpräsidenten, 1934–37 zum Wirtschaftsminister, 1935–37 zum Generalbevollmächtigten für die Wehrwirtschaft. S. beschaffte Hitler die Gelder für die Aufrüstung, geriet aber über die Art der Finanzierung mit Hitler und → Göring in Streit und verlor seine Ämter; bis 1943 war er noch Minister ohne Geschäftsbereich. Nach dem Attentag vom 20. 7. 1944 wurde der unbeteiligte S. in ein KZ eingesperrt. Im Nürnberger Prozeß wurde er freigesprochen.

SCHEIDEMANN, PHILIPP

Politiker

geb.: 26. 7. 1865 Kassel, gest.: 29. 11. 1939 Kopenhagen

Seine humorig-ironischen Erinnerungen verstellen etwas den Blick darauf, daß der Journalist S. ein Jahrzehnt lang einer der maßgeblichen deutschen Politiker war. 1913 wurde er einer der drei SPD-Fraktionsvorsitzenden. 1917 neben → Ebert zum Parteivorsitzenden gewählt, sprach er sich für einen „Verständigungsfrieden“ aus. In → Max von Badens Regierung wurde er Staatssekretär. Um eine Räterepublik zu verhindern, forderte S. die Abdankung des Kaisers und verkündete am 9. 11. 1918 die Republik. Neben Ebert war er, der populäre und rhetorisch begabte S., der führende Kopf im Rat der Volksbeauftragten. Als Ministerpräsident leitete er von Februar bis Juni 1919 eine Koalition aus SPD, DDP und Zentrum. Aus Protest gegen die „infamen“ Bedingungen des Versailler Vertrags trat er zurück. 1920–25 war er Oberbürgermeister seiner Heimatstadt Kassel, gehörte aber formal weiterhin dem Reichstag an. Wie er zuvor linken Extremismus bekämpft hatte, so warnte er nun vor einer Rechtswendung der Republik; 1925 deckte er in einer aufsehenerregenden Rede die geheime Zusammenarbeit der Reichswehr mit der Roten Armee und rechtsradikalen Wehrverbänden auf. Ein Attentat der Organisation Consul (→ Ehrhardt) konnte er abwehren. 1933 mußte er ins Ausland fliehen.

SCHICKELE, RENÉ

Journalist und Schriftsteller

geb.: 4. 8. 1883 Oberehnheim (Elsaß),
gest.: 31. 1. 1940 Vence (Frankreich)

Der Journalist gründete im Ersten Weltkrieg in der Schweiz die pazifistisch-expressionistische Zeitschrift *Weiße Blätter.* Seit 1919 arbeitete er wieder in Deutschland, 1932 wanderte er nach Frankreich aus. Thema des Schriftstellers S. war die Überwindung des deutsch-französischen Gegensatzes in einem kulturell geeinten Europa. Z. T. unter dem Pseudonym Sascha schuf er Lyrik, Romane (*Symphonie für Jazz,* 1929), Dramen und Übersetzungen.

SCHLAGETER, ALBERT LEO

Militär und Attentäter

geb.: 12. 8. 1894 Schönau (Schwarzwald),
gest.: 26. 5. 1923 Golzheimer Heide bei Düsseldorf

Der Kriegsfreiwillige und Weltkriegsleutnant S. konnte sich mit der Niederlage des Kaiserreichs nicht abfinden. Als Freikorps-Mitglied kämpfte er im Baltikum, im Ruhrgebiet und in Oberschlesien. Als 1923 französische Truppen das Ruhrgebiet besetzten, ging S. in den Untergrund und organisierte Sabotageakte. Wegen eines Anschlags auf eine Bahnlinie wurde er von einem französischen Kriegsgericht zum Tode verurteilt. S.s Erschießung machte das NSDAP-Mitglied nicht nur für die deutsche Rechte zum Märtyrer.

SCHLEICHER, KURT VON

Militär und Politiker

geb.: 7. 4. 1882 Brandenburg, gest.: 30. 6. 1934 Neubabelsberg

S.s Bedeutung darf nicht daran gemessen werden, daß seine Kanzlerschaft 1932 nur 57 Tage lang dauerte. Er war seit 1914 in der OHL, Mitarbeiter → Groeners, später → Noskes. Nach → Seeckts Entlassung 1926 wurde Oberst S. bald der einflußreichste Militär im Lande. Als sein Gönner Groener das Reichswehrministerium übernahm, begann für S. ein steiler Aufstieg: Er wurde vorzeitig befördert, gewann das Vertrauen → Hindenburgs und war in den Jahren 1929–32 als „politischer General“ dank seiner guten Kontakte zu Politik und Wirtschaft

einer der einflußreichsten Männer im Lande. S. verfolgte dasselbe Ziel wie der „unpolitische“ Seeckt: eine heimliche Aufrüstung unter Umgehung des Friedensvertrags. Doch löste er sich zu dessen Erreichung von der politischen „Neutralität“ Seeckts und nahm durch das eigens für ihn geschaffene Ministeramt für Politik und Pressewesen gezielt auf politische Entscheidungen Einfluß. Er selbst blieb als Drahtzieher im Hintergrund, während er die Ernennung → Brünings und → Papens zum Kanzler betrieb. Als Reichswehrminister in Papens Kabinett war S. verantwortlich für den Staatsstreich gegen die SPD-Regierung in Preußen. Enttäuscht von Papen, bildete er im Dezember 1932 selbst ein Präsidialkabinett. S. versuchte vergeblich, ein Bündnis mit Gewerkschaften und dem → Strasser-Flügel der NSDAP einzugehen. → Hindenburg weigerte sich, auf S.s Verlangen die Verfassung auszusetzen. S. machte daraufhin den Weg für → Hitler frei. Der neue Kanzler ließ seinen Vorgänger ermorden.

SCHÖNBERG, ARNOLD (FRANZ WALTER)

Komponist

geb.: 13. 9. 1874 Wien, gest.: 13. 7. 1951 Los Angeles

Ein Autodidakt revolutionierte die Kompositionstechnik: Nach expressionistischen Anfängen entdeckte S. für sich die Atonalität. Die „Emanzipation der Dissonanz“ führte zu seiner Zwölftontechnik, deren wichtigste Grundlagen 1920–23 in Wien entstanden. Die neue Methode legte für jedes Musikstück einen festen Ablauf aller zwölf Töne des Tonsystems fest, der dann das ganze Stück über beibehalten wurde. Ab 1926 lehrte er Komposition an der Preußischen Akademie der Künste in Berlin. 1933 ging er ins Exil in die USA. Seine meistbeachteten Werke sind die Oper *Moses und Aron* (1930–32) und das Oratorium *Ein Überlebender aus Warschau* (1947).

SEECKT, HANS VON

Militär

geb.: 22. 4. 1866 Schleswig, gest.: 27. 12. 1935 Berlin

Schon unter seinen Zeitgenossen war der Schöpfer der Reichswehr umstritten. → Tucholsky rühmte seine Klugheit und seinen

Weitblick, nannte ihn aber zugleich „aalglatt und undurchsichtig“; deshalb war S.s Spitzname „Sphinx“. Noch heute sind Straßen nach S. benannt, und sogar in manchen SPD-regierten Städten haben Initiativen für eine Umbenennung selten Erfolg. S. machte den Ersten Weltkrieg als Generalstabsoffizier mit. 1919 wurde er Chef des Truppenamts im Reichswehrministerium, im Jahr darauf Chef der Heeresleitung. Trotz dieser exponierten Stellung im Dienste der Republik blieb S. Monarchist. Er formte unter Umgehung der Bestimmungen von Versailles die Reichswehr als Kaderarmee von Profis, die im Kriegsfall durch Freiwillige aufgefüllt werden sollte. Die Armee organisierte er als „Staat im Staate“; er hielt sie von der Politik ebenso fern wie von der Republik. Er lehnte es ab, sie gegen oder für → Kapp einzusetzen („Reichswehr schießt nicht auf Reichswehr“). → Ebert beauftragte ihn von November 1923 bis März 1924 mit der vollziehenden Gewalt, S. schlug den → Hitler-Putsch und linke Aufstände nieder. Der selbstherrliche S. wurde nach einem Streit mit Reichswehrminister Otto Geßler 1926 verabschiedet. 1930–32 saß S. für die DVP im Reichstag. Als Mitinitiator der „Harzburger Front“ (1931) half er mit, die NSDAP salonfähig zu machen. 1934–35 war er militärischer Berater Tschiang Kaischeks in China.

SELDTE, FRANZ

Politiker

geb.: 29. 6. 1882 Magdeburg, gest.: 1. 4. 1947 Fürth

Daß er im Weltkrieg einen Arm verloren hatte, hinderte S. nicht daran, 1918 den nationalistisch-militaristischen „Stahlhelm. Bund deutscher Frontsoldaten“ zu gründen. Seit 1924 leitete er den Verband gemeinsam mit Theodor Duesterberg (geb.: 19. 10. 1875 Darmstadt, gest.: 4. 11. 1950 Hameln). 1931 führte er den Stahlhelm in die Harzburger Front. Während Duesterberg, der 1932 als Kandidat der DNVP bei der Wahl zum Reichspräsidenten immerhin 2,56 Millionen Stimmen erhalten hatte, die „Gleichschaltung“ durch die NSDAP ablehnte, deshalb zurücktreten mußte und nach dem Röhm-Putsch kurz inhaftiert wurde, befürwortete S. die Übernahme des „Stahlhelms“ in die SA. Unter Hitler war S. 1933–45 Reichsarbeitsminister. Er starb vor seinem Kriegsverbrecherprozeß in Haft.

Franz Seldte Theodor Duesterberg

SEVERING, (WILHELM) CARL

Gewerkschafter und Politiker

geb.: 1. 6. 1875 Herfold, gest.: 23. 7. 1952 Bielefeld

S. machte eine typisch sozialdemokratische Karriere: vom Sohn eines Zigarrenarbeiters über eine Schlosserlehre zum Gewerkschaftssekretär in der Schweiz, dann zum Redakteur einer sozialdemokratischen Zeitung und 1907–12 und 1920–23 zum Reichstagsabgeordneten. 1919 war er Mitglied der Nationalversammlung. Als Mitarbeiter → Noskes war er 1920 verantwortlich für die Niederwerfung der Roten Ruhrarmee. Fast während der gesamten Weimarer Zeit war S. preußischer Abgeordneter oder Reichsinnenminister und ging äußerst scharf vor allem gegen die KPD vor. 1932 entmachtete → von Papen ihn und → Braun.

STERNBERG, JOSEF VON

österreichischer Regisseur

geb.: 29. 5. 1894 Wien, gest.: 22. 12. 1969 Hollywood (USA)

Nach seinem Studium der Literaturwissenschaften war S. (eigentl. Jonas S.) seiner Geburtsstadt überdrüssig, ging nach Hollywood und fing dort als Cutter und Assistent an. 1925 drehte er seinen ersten eigenen Film, *The Salvation Hunters*. Er entdeckte Marlene → Dietrich und machte sie durch seinen ersten Tonfilm, den Ufa-Streifen *Der blaue Engel* nach Heinrich → Mann, zum Weltstar. Zusammen mit Dietrich kehrte er nach Hollywood zurück, wo weitere gemeinsame Filme entstanden, so 1930 *Marocco*, 1932 *Blonde Venus* und *Shanghai Express*.

STINNES, HUGO

Industrieller

geb.: 12. 2. 1870 Mülheim/Ruhr, gest.: 10. 4. 1924 Berlin

S. galt als Prototyp des zeitgenössischen Industriellen: Als Selfmademan baute er aus dem Nichts einen Bergwerks-, Hütten- und Energiekonzern auf; dabei zögerte er keinen Augenblick, offen politischen Einfluß zu nehmen. Durch Rationalisierungsmaßnahmen und straffe Organisation in seinen Betrieben bewirkte er eine hohe Produktivität und setzte Mittel für immer neue Firmenkäufe frei. 1902 übernahm er den Aufsichtsratsvorsitz des Rheinisch-Westfälischen Elektrizitätswerks in Essen. Um 1910 hatte er einen vertikalen Schwerindustriekonzern aufgebaut. Während des Ersten Weltkriegs forderte er als einer der Wortführer der Industrie einen kompromißlosen Annexionsfrieden und beutete die belgische Montanindustrie aus. Bei Zusammenbruch des Kaiserreichs arrangierte er sich aus taktischen Gründen durch das Abkommen mit → Legien mit den Gewerkschaften. Während der Inflation brachte S. es auf mehr als 1600 Unternehmensbeteiligungen in verschiedensten Branchen; seitdem haftet ihm der Ruf des Kriegs- und Inflationsgewinnlers an. Sein Konzern, die Seimens-Rhein-Elbe-Schuckert-Union, löste sich zwei Jahre nach seinem Tod auf.

STRASSER, GREGOR UND OTTO

Politiker

Gregor: geb.: 31.5.1892 Geisenfeld, gest.: 30.6.1934 Berlin

Otto: geb.: 10.9.1897 Windsheim, gest.: 27.8.1974 München

Wie sein Bruder Otto wurde S. nach dem Frontdienst Mitglied eines Freikorps und beteiligte sich an der Niederschlagung der Münchner Räterepublik. 1921 trat er in die NSDAP ein. Er baute die SA auf und nahm am → Hitler-Putsch teil. Nach

Gregor Strasser

Otto Strasser

kurzer Festungshaft wurde er 1926–27 Propagandaleiter, 1928–32 Organisationsleiter der NSDAP. Die Brüder Strasser bildeten innerhalb der Partei eine „nationalbolschewistische“ Opposition gegen Hitler, Otto trat 1930 aus und gründete die konkurrierende „Kampfgemeinschaft Revolutionärer Nationalsozialisten“, später „Schwarze Front“. → Schleicher versuchte vergeblich, mit Hilfe der Strassers die NSDAP zu spalten. Gregor S. legte 1932 alle Parteiämter nieder und wurde 1934 während des Röhm-Putsches ermordet. Sein Bruder floh ins Ausland, agitierte dort gegen Hitler und gründete 1956 in der Bundesrepublik eine erfolglose Partei.

STRESEMANN, GUSTAV

Politiker

geb.: 10. 5. 1878 Berlin, gest.: 3. 10. 1929 Berlin

Eines der beliebtesten Gedankenspiele zur Weimarer Republik lautet: „Was wäre gewesen, hätte S. länger gelebt?“ Sicher ist: S. hat sich zu Tode gearbeitet, und er war einer der charismatischsten demokratischen Staatsmänner seiner Zeit – einer Zeit, der es in Deutschland sowohl an charismatischen als auch an demokratischen Staatsmännern fehlte. S. war ein Aufsteiger aus kleinen Verhältnissen, der es mit 22 zum Doktor brachte, mit kaum 25 zum Funktionär in Industrieverbänden und mit 29 zum Reichstagsabgeordneten der Nationalliberalen. Im Weltkrieg war S. Annexionist. Die DDP wies sein Ansinnen auf Mitgliedschaft deshalb zurück. Am 15. 12. 1918 gründete er daher die rechtsliberale DVP, deren Vorsitzender er bis zu seinem Tod blieb. S. war sich bewußt, daß die DVP keine Massenpartei war, und orientierte sich früh auf ein Bündnis mit anderen bürgerlichen Parteien und mit der SPD hin. Daß die Rückkehr zur Monarchie ausgeschlossen war, sah der „Vernunftrepublikaner“ S. schweren Herzens ein. Er hoffte auf außenpolitische Erfolge wie eine Abmilderung der Bestimmungen von Versailles, um die zerstrittene Nation zu einen. 1923 wurde er für 100 Tage Kanzler und Außenminister einer DVP-SPD-Zentrum-DDP-Koalition. S. brach den Ruhrkampf ab, übertrug die vollziehende Gewalt → Seeckt und ließ den → Hitler-Putsch niederschlagen. Seine Regierung beendete die Hyperinflation durch die Währungsreform. Als Kanzler scheiterte S. an einem Streit mit seinen SPD-Ministern, er blieb aber Außenminister. 1925 handelte er mit → Briand das Abkommen von Locarno aus, wofür beide als „Verständigungspolitiker“ den Friedensnobelpreis erhalten. S. erreichte 1926 Deutschlands Beitritt zum Völkerbund. Wie Briand gilt er als Vorkämpfer der europäischen Einigung.

TAUT, BRUNO

Architekt

geb.: 4. 5. 1880 Königsberg, gest.: 24. 12. 1938 Ankara

T. betrieb seit 1912 ein gemeinsames Büro mit seinem Bruder Max (geb.: 15. 5. 1884 Königsberg, gest.: 26. 2. 1967 Berlin). Er wurde als Herausgeber der Zeitschrift *Frühlicht* einer der führenden Verfechter expressionistischer Architektur, 1920 wandte er sich dem Neuen Bauen zu. Zum Chefarchitekten der Gemeinnützigen Heimstätten AG in Berlin aufgestiegen, reformierte er den Siedlungsbau und errichtete rund 10 000 Wohnungen, darunter die Großsiedlung „Onkel Toms Hütte“ (1926–31). 1930 wurde er Professor an der Technischen Hochschule, 1931 Mitglied der Preußischen Kunstakademie. Seit 1932 arbeitete er im Ausland, zuletzt lehrte er an der Hochschule in Istanbul. Von ihm stammen wichtige theoretische Schriften zur Architektur. Max T. trat vorwiegend durch Bürobauten hervor. Er begründete 1945 die Hochschule für bildende Künste in Berlin mit und leitete ab 1955 an der Akademie der Künste die Abteilung Baukunst.

THÄLMANN, ERNST (FRITZ JOHANNES)

Politiker

geb.: 16. 4. 1886 Hamburg, gest.: 18. 8. 1944 KZ Buchenwald

T. war ein Proletarier wie aus dem Bilderbuch: ungelernter Hafenarbeiter, zupackend, wortgewaltig, gewerkschaftlich organisiert. Im November 1918 fand der Deserteur von der SPD zur USPD, 1920 zur KPD. Hier machte der vor allem in Hamburg populäre T. schnell Karriere. 1924–32 war er Reichstagsabgeordneter, 1925 und 1932 stellte die Partei ihn dann als Kandidat bei den Wahlen zum Reichspräsidenten auf. Er wurde 1925 zum Parteivorsitzenden gewählt; seither vertrat er die deutschen Kommunisten auch international. T. gehörte zum linken Flügel der KPD. Er war Stalin treu ergeben und wurde von diesem persönlich gefördert. Unter T.s Führung erhielt die Partei bis zu sechs Millionen Stimmen (1932). Als Hauptfeind sah er die SPD-„Sozialfaschisten“ an, organisierte aber auch den Kampf gegen die NSDAP. Am 3. 3. 1933 wurde T. verhaftet; die Nationalsozialisten hielten ihn jahrelang in Einzelhaft und ermordeten ihn im KZ.

THYSSEN, FRITZ

Industrieller

geb.: 9. 9. 1873 Styrum (heute Mülheim/Ruhr), gest.: 8. 2. 1951 Buenos Aires

Der Sohn des Konzerngründers August T. trat 1892 in den Familienkonzern ein. Nach dem Tod seines Vaters 1926 übernahm er die Thyssen-Gruppe und auch den Aufsichtsratsvorsitz der von ihm mitgegründeten Vereinigten Stahlwerke. Um die gesellschaftliche Entwicklung nach der Revolution von 1918 zu revidieren, engagierte T. sich politisch. Mit 100 000 Reichsmark unterstützte er → Ludendorff und finanzierte auf diese Weise den → Hitler-Putsch. Als erster Großindustrieller unterstützte er seit 1923 die NSDAP finanziell, warb unter Industriellen für Hitler und wurde später Parteimitglied. 1932 forderte er → Hindenburg schriftlich auf, Hitler zum Kanzler zu ernennen. Hitler machte ihn zum Preußischen Staatsrat und Reichstagsmitglied. T. geriet mit → Göring in Konflikt, mißbilligte die Judenverfolgung und die Kriegspläne der Regierung. 1939 emigrierte er

in die Schweiz und brach öffentlich mit dem Nationalsozialismus (1941 Buchveröffentlichung *I paid Hitler*), später ging er nach Frankreich, von wo aus er Ende 1940 an die Gestapo ausgeliefert wurde. Bis 1945 blieb er in Haft, 1948 wanderte er nach Argentinien aus.

TOLLER, ERNST

Schriftsteller

geb.: 1. 2. 1893 Samotschin (heute Szamocin, Polen), gest.: 22. 5. 1939 New York

1917 wurde der Kriegsfreiwillige T. nach einem Nervenzusammenbruch vor Verdun aus dem Heer entlassen. In München begegnete er → Eisner und → Landauer, wurde unter ihrem Einfluß Pazifist und trat in die USPD ein. An der Münchner Räterepublik war T. an führender Stelle beteiligt, nach ihrem Scheitern fünf Jahre in Festungshaft. In der Haft entstanden T.s Autobiographie *Eine Jugend in Deutschland* und der Lyrikband *Das Schwalbennest.* Seine Theaterstücke, darunter der Bühnenskandal *Der deutsche Hinkemann* (1923), machten T. zu einem der bedeutendsten Dramatiker des Expressionismus und der Neuen Sachlichkeit (*Hoppla, wir leben!*, 1927). 1933 floh T. ins Ausland. Nach Francos Sieg im Spanischen Bürgerkrieg nahm er sich das Leben.

TUCHOLSKY, KURT

Publizist

geb.: 9. 1. 1890 Berlin, gest.: 21. 12. 1935 Göteborg (Schweden)

Nach seiner Promotion in Jura und seiner Kriegsteilnahme fand T. zu seiner Bestimmung: der Publizistik. Geschrieben hatte T. schon vor dem Krieg, antiwilhelminische Kritik vor allem, 1912 veröffentlichte er *Rheinsberg. Ein Bilderbuch für Verliebte.* Seine eigentliche Wirkungsstätte aber wurde die *Weltbühne.* T. wurde ihr wichtigster Mitarbeiter und 1926 für kurze Zeit ihr Herausgeber, bevor → Ossietzky das Blatt übernahm. T. trug den Pazifismus, den Antimilitarismus, die Justizkritik, die Absage an Reaktion und Preußentum der *Weltbühne* entscheidend mit. Die Enttäuschung des USPD-Mitglieds darüber, daß die Novemberrevolution die Erwartungen eines Bündnisses von Geist und Macht nicht erfüllte, drückte sich immer wieder in Angriffen auf die SPD aus. T. arbeitete auch für andere Zeitungen, darunter als Paris-Korrespondent der *Vossischen Zeitung.* Populär wurden seine witzig-frechen Chansons und seine unter den Pseudonymen Kaspar Hauser, Peter Panter, Theobald Tiger und Ignaz Wrobel veröffentlichten Satiren. Sein von → Heartfield montiertes, ätzend-gesellschaftskritisches Bilderbuch *Deutschland, Deutschland über alles* (1929) rechnete mit den Eliten der Weimarer Gesellschaft ab. Seine letzten Lebensjahre verbrachte T. in Schweden. Verbitterung über die Entwicklung in Deutschland ließ ihn Ende 1932 verstummen. Die Nationalsozialisten bürgerten ihn aus, verbrannten seine Bücher und beschlagnahmten seine Tantiemen. T. nahm sich das Leben.

UDET, ERNST

Militär

geb.: 26. 4. 1896 Frankfurt/Main, gest.: 17. 11. 1941 Berlin

Keiner der überlebenden kaiserlichen Jagdflieger hatte bis Kriegsende mehr gegnerische Flugzeuge abgeschossen als der mit dem Pour le mérite ausgezeichnete Staffelkapitän U. Nach dem Krieg gründete er eine Flugzeugfabrik, arbeitete weltweit als Testpilot und Kunstflieger, auch für Filmproduktionen. In

der neugegründeten Luftwaffe wurde er Generalluftzeugmeister. Von → Göring für die Mißerfolge der Luftwaffe verantwortlich gemacht, nahm er sich das Leben. Das Regime gab seinen Freitod als Unfall aus.

ULLSTEIN, RUDOLF

Verleger

geb.: 26. 2. 1874 Berlin, gest.: 2. 2. 1964 Berlin (West)

1877 gründete Leopold Ullstein einen Zeitungsverlag, zu dem u. a. die *Berliner Zeitung*, die *Berliner Abendpost*, die *Berliner Morgen-*

post und die *Berliner Illustrirte Zeitung* gehörten. Seinen Söhnen hinterließ er 1899 Deutschlands größten Zeitungsverlag. Rudolf U. leitete die Verlagstechnik und baute die Ullstein-Druckerei auf. Dank der Rotationstechnik gewann der Verlag einen technischen Vorsprung vor der Konkurrenz. 1921–33 war U. Aufsichtsratsmitglied der Ullstein AG. In dieser Zeit wurde die *Berliner Illustrirte* unter → Korff mit einer Auflage von 1,8 Millionen zur meistgekauften deutschen Illustrierten. Politisch war die Familie U. liberal-demokratisch. 1934 zwangen die Nationalsozialisten die Familie zum Verkauf ihres Konzerns. U. flüchtete 1939 nach Großbritannien, wo er als Fabrikarbeiter lebte. In den 50er Jahren war U. in Berlin Direktor der von ihm mitbegründeten Druckerei und Aufsichtsratsvorsitzender der Ullstein AG.

UMBO

Fotojournalist

geb.: 18. 1. 1902 Düsseldorf, gest.: 13. 5. 1980 Hannover

U. (eigentl. Otto Umbehr), belegte 1921–23 Kurse am Bauhaus und begann dann zu fotografieren. Seine Porträts, abstrakten Großstadtbilder und Fotogramme machten ihn zu einem international beachteten Avantgardekünstler. Für → Ruttmanns *Berlin – Die Sinfonie einer Großstadt* lieferte er Fotomontagen. 1928 begründete er die Agentur Dephot mit. Bis zu seinem Tode war er als freischaffender Fotojournalist in Deutschland tätig. Erst kurz vor seinem Tode wurde U. als Bahnbrecher der Moderne wiederentdeckt.

WALTER, BRUNO

Dirigent

geb.: 15. 9. 1876 Berlin, gest.: 17. 2. 1962 Beverly Hills (USA)

1894 wurde W. (eigentl. Bruno Walter Schlesinger) Assistent Gustav Mahlers in Hamburg. Seinem Meister folgte er nach Wien, wo er 1911 die Uraufführung von Mahlers *Lied von der Erde* dirigierte, 1912 die von Mahlers 9. Symphonie. Nach Mahlers Tod 1911 wurde W. Generalmusikdirektor am Münchner

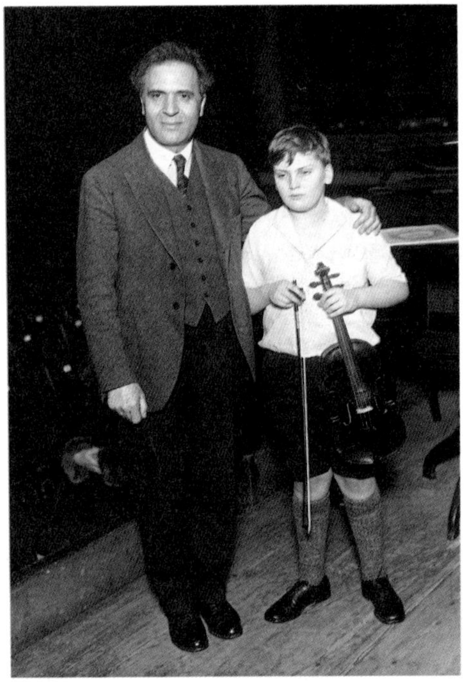

Bruno Walter Yehudi Menuhin

Nationaltheater, später an der Städtischen Oper Berlin, als Nachfolger → Furtwänglers Gewandhauskapellmeister in Leipzig, 1936 Direktor der Wiener Staatsoper. Nach dem „Anschluß" Österreichs mußte der Jude W. in die USA emigrieren.

WESSEL, HORST

Student

geb.: 9. 10. 1907 Bielefeld, gest.: 23. 2. 1930 Berlin

Der Jurastudent trat 1926 der NSDAP und der SA bei, schlug sich in Berlin mit Kommunisten herum, verliebte sich in eine Prostituierte und wurde von deren Zuhälter tödlich verletzt. → Goebbels stilisierte das Opfer eines Eifersuchtsdramas zum politischen Märtyrer. Die von W. 1929 geschriebenen Verse „Die Fahne hoch..." wurden zur zweiten Nationalhymne nach dem Deutschlandlied erhoben.

WIGMAN, MARY

Tänzerin

geb.: 13. 11. 1886 Hannover, gest.: 19. 9. 1973 Berlin (West)

→ Labans Assistentin (eigentl. Marie Wiegmann) hatte 1919 erste Soloauftritte als Tänzerin und gründete im Jahr darauf eine eigene Schule für Ausdruckstanz. Sie arbeitete als Tänzerin und Choreographin in Dresden und Leipzig, tourte durch Europa und die USA und leitete ihr Tanzstudio in Berlin bis 1967. W. war eine der einflußreichsten Vertreterinnen des freien Tanzes und gilt als Schöpferin des dramatisch-expressiven, zum Ausdruckstanz gehörenden solistischen Kammertanzes.

WILHELM II.

Deutscher Kaiser, König von Preußen

geb.: 27. 1. 1859 Berlin, gest.: 4. 6. 1941 Doorn (Niederlande)

Nach dem Tod seines Vaters Friedrich III. 1888 überraschend früh Kaiser geworden, entließ W. Bismarck und führte fortan ein „persönliches Regiment". Mit Taktlosigkeiten und

chauvinistischen Reden führte er Deutschland in die Isolation und schließlich in den Ersten Weltkrieg. 1918 drängte ihn → Groener mit → Hindenburgs Duldung zur Flucht in die Niederlande, → Max von Baden verkündete eigenmächtig W.s Abdankung als Kaiser und – gegen W.s Willen – als König von Preußen. Aus dem Exil unterstützte W. antidemokratische Bewegungen in Deutschland; seine Hoffnungen auf Restauration erfüllte → Hitler nicht.

WIRTH, JOSEPH (KARL)

Politiker

geb.: 6. 9. 1879 Freiburg, gest.: 3. 1. 1956 Freiburg

1914 zog W. für das Zentrum in den Reichstag ein, dessen Mitglied er mit einer Unterbrechung bis 1933 blieb. Im November 1918 wurde er badischer, 1920 Reichsfinanzminister. Im Mai 1921 wurde der gelernte Lehrer für anderthalb Jahre Reichskanzler. In der Mitte seiner Amtszeit mußte er die Regierung umbilden; zeitweise war er zugleich sein eigener Finanz- und Außenminister. W. stand für einen sozialen, demokratischen Rechtsstaat. Außenpolitisch setzte er trotz seiner Ablehnung des Versailler Vertrags auf Verständigung und trug die „Erfüllungspolitik" gegenüber dem Westen mit; im Osten erreichte der durch den Rapallo-Vertrag eine Annäherung an die Sowjetunion. Berühmt wurde seine Anklage nach der Ermodung → Rathenaus: „Der Feind steht rechts!" Unter → Müller und → Brüning war W. Minister. 1933–48 war er im Exil in der Schweiz. Als Vollblutpolitiker engagierte er sich noch im Alter politisch in der Bundesrepublik gegen → Adenauers Westbindung – für eine Anlehnung Deutschlands an die UdSSR.

WOLFF, THEODOR

Journalist

geb.: 2. 8. 1868 Berlin, gest.: 23. 9. 1943 Berlin

W.s Karriere begann mit einer Kaufmannslehre bei seinem Vetter → Mosse. Schon bald machte er sich als Literatur- und Theaterkritiker, Dramatiker, Romancier und Übersetzer aus dem Französischen einen Namen. 1894 ging er als Korrespondent des *Berliner Tageblatts* nach Paris. „T. W."s Berichte über die Dreyfus-Affäre steigerten die Auflage, das *Tageblatt* überholte die Konkurrenz von der *Vossischen Zeitung*. 1906 holte Mosse ihn in die Chefredaktion. In den folgenden Jahrzehnten machte W. das *Tageblatt* zum international hochangesehenen liberalen Aushängeschild Deutschlands. Er konnte Autoren wie →Tucholsky, → Einstein sowie auch den Theaterkritiker Alfred Kerr an das Blatt binden. Im Ersten Weltkrieg mahnte W. die Annexionisten zur Mäßigung. Im November 1918 begrüßte er die Abdankung → Wilhelms II. Als er kurz darauf die liberale DDP gründete, weigerte er sich, → Stresemann aufzunehmen, später befürwortete er jedoch dessen Außenpolitik. Die Wahl → Hindenburgs zum Reichspräsidenten machte W. fassunglos: „Was sollt man mit einem Volke anfangen, das aus seinem Unglück nichts lernt und sich immer wieder [...] von den gleichen Leuten am Halfterbande führen läßt?" 1926 verließ W. die DDP im Streit um die Kulturpolitik. Die NSDAP erkannte er als gefährlichste Gegnerin der Demokratie und rief dazu auf, SPD zu wählen. Der Jude und NS-Gegner W. mußte 1933 aus Deutschland flüchten, seine Schriften wurden verbrannt, er selbst 1937 ausgebürgert. 1943 fiel er in die Hände der Gestapo und starb an den Folgen der Haft. Der Demokrat, Analytiker und brillante Stilist W. gilt als der bedeutendste deutsche Journalist der Vorkriegszeit. Nach ihm ist einer der wichtigsten deutschen Journalistenpreise benannt.

ZETKIN, CLARA (JOSEPHINE)

Politikerin
geb.: 5. 7. 1857 Wiederau (Sachsen),
gest. 20. 6. 1933 Archangelskoje (Sowjetunion)

Die Lehrerin heiratete einen russischen Revolutionär, der bald nach der Heirat starb. Z. (geb. Eisner) blieb der Arbeiterbewegung treu, wurde Herausgeberin der SPD-Frauenzeitung *Gleichheit* und arbeitete im Frauensekretariat der Internationale. Die Emanzipation der Frau war für sie direkt mit der „Befreiung der Arbeiterklasse" verbunden. Sie engagierte sich gegen den Ersten Weltkrieg, wurde Mitbegründerin von Spartakusbund und USPD und Mitglied des Zentralkomitees der KPD. Z. war mit Lenin befreundet und lebte schon in den 20er Jahren meist in der Sowjetunion, obwohl sie 1920–33 Abgeordnete des deutschen Reichstags war. 1932 eröffnete sie als Alterspräsidentin des Parlaments die Sitzungsperiode mit einem Appell, eine Einheitsfront gegen die NSDAP zu bilden.

ZILLE, (RUDOLF) HEINRICH

Zeichner und Grafiker
geb.: 10. 1. 1858 Radeburg, gest.: 9. 8. 1929 Berlin

1867 kam der sächsische Arbeitersohn an den Ort, der ihn berühmt machen sollte: Berlin. Neben seinem Brotberuf als Reprografiker der Photographischen Gesellschaft begann er um 1900, seine Zeichnungen des Berliner Hinterhof-„Milljöhs" auszustellen, in Zeitschriften und Mappen zu veröffentlichen. Obwohl Z. – selbst mit 50 Jahren vom Arbeitgeber auf die Straße gesetzt – vor allem Armut, Alkoholismus und Wohnungsnot zeigte, war er schon vor dem Ersten Weltkrieg so populär, daß im Berliner Sportplalast „Z.-Bälle" stattfanden. Die Genauigkeit seiner Beobachtungen wird belegt durch Fotos, die Z. als Studien zu seinen Zeichnungen anfertigte.

ZUCKMAYER, CARL

Schriftsteller
geb.: 27. 12. 1896 Nackenheim, gest.: 18. 1. 1977 Visp (Schweiz)

Mit seinem ersten Drama *Kreuzweg* fand der ehemalige Weltkriegsleutnant keine Anerkennung, er mußte sich als Kneipensänger durchschlagen. Durchschlagenden Erfolg dagegen hatte Z. 1925 mit dem prallen Volksstück *Der fröhliche Weinberg,* das zum meistgespielten Theaterstück der 20er Jahre wurde und Z. den Kleist-Preis einbrachte. Z. lieferte das Drehbuch zu → Sternbergs *Der blaue Engel* und hatte mit seiner antimilitaristischen Sozialsatire *Der Hauptmann von Köpenick* 1931 einen weiteren außergewöhnlichen Bühnenerfolg. 1933 emigrierte der NS-Gegner Z.; im Exil enstand der Welterfolg *Des Teufels General,* ein Drama um die Verstrickung des Einzelnen im nationalsozialistischen System.

Clara Zetkin

Oben: Dr. Erich Salomon mit der Kamera, die ihn und seine Arbeit berühmt machte – die Kleinbildkamera Ermanox. Sein Bildband *Berühmte Zeitgenossen in unbewachten Augenblicken* (1931) dokumentierte nachdrücklich seine fotojournalistischen Fähigkeiten. Der international renommierte Fotograf emigrierte 1933 nach Frankreich. Während des Krieges gerieten er und seine Familie jedoch in deutsche Kriegsgefangenschaft, wurden nach Auschwitz verschleppt und dort ermordet.

Rechte Seite: Deutsche Bilder in der Presse, in *Deutsche Nachrichten,* 2. Augustheft, 1933

„Im Sturmlauf ist das deutsche Volk im Sinne des Nationalsozialismus geeint worden [...] Die Fotografie soll nicht mehr ablenken vom Kampf, nein, sie soll mitten hineinführen, sie soll selbst ein Werkzeug werden, eine Waffe in diesem Kampf. Und daß sie eine scharfe und gewaltige Waffe werden kann, das haben die Männer des neuen Deutschlands mit klarem Blick richtig erkannt."

C. A. Kanitzberg, „Der neue Weg", in: Der Photofreund, *Berlin, 1933*

DIE NATIONALSOZIALISTISCHE „REINIGUNG" DER BILDPRESSE

Unmittelbar nach Machtantritt der neuen Reichsregierung unter Adolf Hitler setzte eine wahre Hexenjagd auf jüdische Bildjournalisten ein. Die Nationalsozialisten hatten bereits lange vor 1933 das, was sie „die Judenpresse" nannten, im Visier ihrer Diffamierungskampagnen. Angesichts der unverhohlenen Drohungen entließen zahlreiche große Verlage wie auch die deutschen Rundfunkanstalten im März 1933 die ersten jüdischen Mitarbeiter.

Am 13. März 1933 wurde das „Reichsministerium für Volksaufklärung und Propaganda" unter Leitung von Joseph Goebbels gegründet. Mit der Errichtung von berufsständischen Organisationen begann „die Zwangsverpflichtung der im Pressewesen tätigen Personen auf den Staat". Die „Gleichschaltung" der Bildjournalisten erfolgte durch den „Reichsverband Deutscher Bildberichterstatter e.V.", der nach dem „Reichskulturkammergesetz" vom September 1933 in den „Reichsverband der Deutschen Presse" überführt wurde.

Das erklärte Ziel der Nationalsozialisten war, die Presselandschaft innerhalb kürzester Zeit zu arisieren. Da konnte es passieren, daß der eine oder andere „deutsche" Pressefotograf als Jude denunziert wurde, ohne es zu sein, wie das nebenstehende Dokument vom August 1933 am Beispiel von H. Koch aus Hamburg zeigt. Mitte 1934 war dieser Vorgang abgeschlossen, was nicht zuletzt durch den Verkauf des jüdischen Ullstein-Verlags, und damit auch der *Berliner Illustrirten Zeitung,* an eine staatliche Treuhandgesellschaft im Juni 1934 nach außen signalisiert werden konnte. Mit der Zerstörung ihrer beruflichen Existenz flüchteten viele der Bildjournalisten, Redakteure und Bildagenten, die die Pressefotografie und vor allem den Fotojournalismus der Weimarer Zeit zu Größe und Bedeutung geführt hatten: Erich Salomon, Alfred Eisenstaedt, Tim Gidal, Walter Süssmann, Kurt Korff, Stefan Lorant, Simon Guttmann, Rudolf Birnbach ... Diese Liste ließe sich fast endlos fortsetzen und umfaßt auch viele, deren Namen heute vergessen sind.

Deutsche Bilder in der Presse

Verzeichnis deutscher Pressephotographen

A.B.C., Aktuelle Bilder-Centrale, Inh. G. Pahl, Berlin-Steglitz, Worpsweder Str. 17.
Akademia, wissenschaftliches Korrespondenzbüro, Inh. Dr. L. Kühle, Berlin-Charlottenburg 4, Dahlmannstr. 25.
Argusfot, Inh. Carl Fernstädt, Berlin SW. 68, Hedemannstr. 23.
Atlantic Photo-G. m. b. H., Berlin SW. 68, Schützenstr. 67.
Badekow, Martin, Berlin-Charlottenburg 4, Wielandstr. 16.
Baenisch, Wilh., Heimatbilder, Greifswald.
Bärwinkel, F. W., Stralsund i. Pommern, Frankenstr. 50.
Berger, Emil, Photograph, München, Theresienstraße 30.
Bittner, Hans, Berlin-Charlottenburg 5, Rönnestraße 16.
Bloom, Otto, Berlin-Steglitz, Björnsenstraße 23 a.
v. Blücher, F. A., Berlin-Zehlendorf-West, Bülowstraße 3.
Cusion, Albert, Hamburg 5, Lohmühlenstraße 54.
Dietrich, Hans, München, Klenzestraße 41.
Donath, Otto, Berlin-Charlottenburg, Bismarckstraße 19.
Ebert, Georg, Berlin-Lichterfelde, Viktoriastr. 15.
Eberth, Carl, Hofphotograph, Kassel, Hohenzollernstraße 43.
Ehlert, Max, Berlin-Wilhelmshagen, Kirchstr. 15.
Engel, Erich, Berlin NW 21, Dortmunder Str. 9.
v. Estorff, Gustav, Potsdam, Höhenstr. 4.
Feller, Paul, Hannover, Voßstr. 57.
Fotoaktuell, Inh. Frau F. Ruge und Helmut Möbius, Berlin SW 68, Enckestr. 1.
Foto Deli, Inh. Offszanka, Berlin W 62, Kurfürstenstr. 101.
Foto Expreß, Inh. Max Niggl, Berlin-Zehlendorf, Schlieffenstr. 34.
Frankl, A. u. E., Berlin-Schöneberg, Hauptstraße 101.
Frege, Horst, Hamburg, Gryphiusstr. 3.
Frische, John, Hamburg 36, Neuer Wall 63, IV.
Gerlach, Max, Illustrationsverlag, Berlin S 42, Wassertorstr. 60.
Geschwindner, Karl, Karlsruhe i. Baden, Körnerstraße 48.
Gey, R., Sportphotograph, Leipzig C 1, Brüderstraße 14.
Girke, W., Berlin SW 11, Stresemannstr. 49.
Gockel, Willy, München, Theresienstr. 30.
Graeber, Gerhard, München O 8, Orleansstr. 10.
Greth, Frau R., Photographin, Berlin W 15, Pariser Straße 39.
Groß, Alfred, Illustrationsverlag, Berlin SW 68, Zimmerstr. 48 b.
Haeckel, Georg, Illustrationsverlag, Berlin-Lichterfelde, Kaiserplatz 3.
Haeckel, Otto, Photos aus aller Welt, Berlin-Friedenau, Wielandstr. 35.
Hahn, Hans, Berlin W 30, Motzstr. 7.
Hammer, Erich, Dresden A 16, Blumenstr. 106.
Hauschild, Wilhelm, Hannover 1 N, Pettenkoferstraße 11.
Hege, Kurt, Werkstatt für Lichtbildnerei, Essen, Burgstr. 16.
Henschke, Hans, Photoverlag, Berlin SW 68, Markgrafenstr. 78.
Hoffmann, Heinrich, Presse-Illustrationen, Berlin SW 68, Friedrichstr. 214; München, Amalienstr. 25.
Hoffmann, Herbert, Berlin-Charlottenburg 2, Goethestr. 6.
Huhle, Kurt, München, Erhardtstr. 15.
Jacobi, Walter, Darmstadt, Karlstr. 34.
Jäger, Joseph, Frankfurt-Preungesheim a. M., Runkeler Str. 10.
Jung, Hermann, Mainz-Gonsenheim, Kapellenstraße 14.
Junghanß, H. C., Leipzig C 1, Hospitalstr. 12.
Kester, Philipp, Lichtbildarchiv, München, Ungererstraße 12.
Kiesel, Lichtbildner, Berlin W 30, Martin-Luther-Straße 9.
Kindermann, Klaus, Sportbilder, Berlin SW 68, Markgrafenstr. 24.
Klaas, Ludwig, Bad Kreuznach, Baumgartenstr. 46.
Koch, Hans, Sport- und Pressephotograph, Hamburg 30, Hoheluft-Chaussee 131.
Krauskopf, Fritz, Aktualitäten, Heimatbilder, Königsberg i. Pr., Steindamm 64.
Kühlewindt, A., Kgl. Preußischer Hofphotograph, Königsberg/Pr., Vorstädtische Langgasse 39.
Kurth, Helmuth, München 13, Hohenzollernstr. 99/4.
Cantin, Rolf, Inh. Martin Knauer, Düsseldorf, Herderstr. 65.
Licht, E. J., Köln a. Rh., Gereonswall 63.
Löhrich, Max, Pressebüro, Leipzig S 3, Fichtestraße 36.
Lüddecke, Walter, Pressedienst, Berlin SW 11, Trebbiner Str. 9.
Mach, Heinrich A., Sportphotograph, Berlin-Charlottenburg, Schillerstr. 62.
Mai, Paul, Berlin-Neukölln, Friedelstr. 43.
Matthies. Elly, Hamburg-Fuhlsbüttel, Maienweg 271.
Mayen, Axel Dieter, Hannover, Lavestr. 15.
Menzendorf, A., Renn-, Reit- und Fahrsport, Berlin NW 23, Altonaer Str. 3.
Meyfarth, Willy, Altona a. d. Elbe, Catharinenstraße 31.
Neubacher, Hermann, Hamburg 1, Hermannstr. 11.
Nicolai, Christian, Berlin SW 19, Kommandantenstraße 36.
Nolte, Hennig, Berlin-Britz, Talberger Str. 80.
Nötzoldt, Adolf, Erfurt, Am Johannestor 8b.
P.B.Z., Presse-Bilder-Zentrale G. m. b. H., Inh. Brämer & Güll, Berlin SW 68, Friedrichstraße 214.
v. Perckhammer, Heinz, Berlin W 15, Kurfürstendamm 53.
Petri, Paul Hans, Mainz, Heidelbergerfaßgasse 7.
Pfalz-Bilderdienst, Inh. A. Gerspach, Neustadt a. d. Haardt.
Photo-Kühn, Baden-Baden, Friedrichstr. 1.
Plog, Heinrich, Pressephotograph, Ludwigslust i. Mecklenburg.
Pomprein, Rupert, Berlin SW 19, Jerusalemer Straße 8.
Reich, Otto, Hamburg, Schaarsteinweg 4.
Reil, Hermann, Bremen, Lloydstr. 112.
Retzlaff, Hans, Berlin-Charlottenburg 5, Hebbelstraße 2.
Riebicke, Gerhard, Charlottenburg 4, Krumme Straße 54.
Roulat, Friedrich, Berlin W., Potsdamer Str. 119.
Rupp, Alfred, Berlin-Charlottenburg, Wilmersdorfer Str. 163.
Schaller, Hans, Flugsportphotos, Berlin-Wilmersdorf, Babelsberger Str. 46.
Schirner, Sportbilder-Verlag, Berlin SW 68, Kochstr. 13a.
Schorer, Joseph, Hamburg 13, Rappstr. 20.
Schütze, Karl, Hamburg 5, Lohmühlenstr. 54.
Schweig, Gustav, Hamburg, Rellingerstr. 73.
Seifert, Fritz, München, Nymphenburger Str. 66.
Sennecke, Robert, Illustrationsverlag, Berlin SW 11, Hallesches Ufer 9.
Spießl, Johann, München, Eisenmannstr. 3/4.
Stenzel, Friedrich August, Leipzig, Pfaffendorfer Straße 18.
Stöcker, Alex., Berlin-Friedenau, Wiesbadener Straße 3.
Stüber, Frl. Margarethe, Berlin W 35, Königin-Augusta-Str. 44.
Tiedemann, Wilhelm, Hannover, Auf dem Lohe 8.
Transocean G. m. b. H., Berlin W 9, Friedrich-Ebert-Str. 9.
Tschuschke, Curt, Quedlinburg am Harz, Hindenburgstraße 1.
Ullmann, Curt, Berlin-Halensee, Hektorstr. 19.
Unger, Dr. Hj., Schriftsteller und Bildberichterstatter. Eigene Aufnahmen aus aller Welt. Berlin W 15, Pariser Str. 28.
Voigt, Friedrich, Leipzig, Adolf-Hitler-Str. 142.
Walther, Hedda, Berlin-Charlottenburg 9, Kastanien-Allee 23.
Weber, Alfred, Hamburg 21, Overbeckstr. 3.
Weber, Dr. Friedrich, München, Arcostr. 5.
Weber, Wolfgang, Berlin W 9, Bellevuestr. 6.
Wegner, Otto, Berlin N 4, Chausseestr. 53.
Weiler, Wilhelm, München, Türkenstr. 98.
Weißgärber, Horst, Darmstadt, Elisabethenstr. 50.
Weller, Dr. Peter, Berlin W 30, Nollendorfplatz 9.
Wich, Max, Bildverlag, München 13, Zentnerstr. 44.
Wilmkes, Franz, Kettwig-Ruhr, Umstand 28.
Winkelmann, Walter, Hamburg 19, Eppendorfer Weg 111.
Witzmann, Wilhelm, München 2 C 1, Pfandhausstraße 8.

Liste der Juden und Ausländer

Aktueller Bilderdienst (Biberfeld), Berlin. — **Associated Preß**, A. P., Berlin. — Beer, Dr., Hamburg. — Biberfeld, Berlin. — Bieber, E., Hamburg. — **Binder**, Berlin. — **Birnbach** (Weltrundschau), Berlin. — Block, Dr. Hamburg. — **Dephot**, Berlin. — Deutsche Presse-Photo-Zentrale (Basch), Berlin. — Deutscher Presseklischee-Dienst (Fodor), Berlin. — d'Ora (Horovitz), Berlin, Paris, Wien. — Eisenstädt, Alfred, Berlin. — Europa-Materndienst (Fodor), Berlin.— Expreß-Matern-G. m. b. H., (Fodor), Berlin. — Fanat, Berlin. — Federmeyer, Berlin. — **Fodor-Illustrationsverlag**, Berlin. — **Glaß**, Berlin. — **Göndör**, Emmerich, Berlin. — Hegy, Ladislaus, Berlin. — Hirsch, Max, Hamburg. — Illpreß, Berlin. — Jeidels, Berlin. — Karasch, Berlin. — Kastan, Hamburg. — Kertisch, Berlin. — **Keystone** View, Berlin. — Kluger, Zoltan, Berlin. — Köster (alias Glück), Berlin. — Kutschuk, Gregor, Berlin. — Marcus, Elly, Berlin. — **Mauritius**, Berlin. — Moscigay, Hamburg. — Neofot, Berlin. — **New York Times**, NYT., Berlin. — Nevfot, Berlin. — Nordmark-Photo (Dr. Beer), Hamburg. — **d'Ora**, Berlin, Paris, Wien. — Pariselle (alias Lo Wegner), Berlin. — Photothek, Berlin. — **Presse-Photo**-G. m. b. H., Berlin. — Rasmussen, Berlin. — Salomon, Dr., Berlin. — Schaul, Hamburg. — Schlochauer, Berlin. — Süßmann, Walter, Berlin. — Szigethy, Berlin. — Temesvari, Berlin. — Unionbild, Berlin. — Vogel-Sandau, Berlin. — Wallentin, Fred, Berlin. — Wegner, Lo (alias Pariselle), Berlin. — **Weltrundschau** (Birnbach), Berlin. — **Wide World**, W. W., Berlin. — Dr. Wolff. — **Yva.**

*

In unserer ersten Liste war versehentlich der Name H. Koch-Hamburg aufgeführt. Er ist heute an der richtigen Stelle der deutschen Liste genannt.

Register

Das Register führt in alphabetischer Reihenfolge alle im Text genannten Personen, Namen, Orte und Begriffe auf. Zeitungsnamen sind *kursiv* gesetzt. Eine *kursive* Seitenangabe verweist auf eine Abbildung.

Verzeichnis der im Buch verwendeten Abkürzungen

AIZ	Arbeiter-Illustrierte-Zeitung
BIZ	Berliner Illustrirte Zeitung
BVP	Bayerische Volkspartei
DDP	Deutsche Demokratische Partei
DNVP	Deutschnationale Volkspartei
DVP	Deutsche Volkspartei
IAH	Internationale Arbeiterhilfe
IB	Illustrierter Beobachter
Komintern	Kommunistische Internationale
KPD	Kommunistische Partei Deutschlands
MIP	Münch(e)ner Illustrierte Presse
NSDAP	Nationalsozialistische Deutsche Arbeiterpartei
OHL	Oberste Heeresleitung
SA	Sturmabteilung
SBZ	Sowjetische Besatzungszone
SPD	Sozialdemokratische Partei Deutschlands
SS	Schutzstaffel
Ufa	Universum Film Aktiengesellschaft
USPD	Unabhängige Sozialdemokratische Partei Deutschlands

Bibliographie – eine Auswahl

Gerhard Brunn und Jürgen Reulecke (Hrsg): *Metropolis Berlin. Berlin als deutsche Hauptstadt im Vergleich europäischer Hauptstädte 1870–1939,* Bonn/Berlin 1992

Bilder, die lügen, hrsg. von der Stifung Haus der Geschichte der Bundesrepublik Deutschland, Bonn 1998

Enzyklopädie des Nationalsozialismus, hrsg. von Wolfgang Benz, Hermann Graml und Hermann Weiß, München 1997

Johann Friedrich Geist und Klaus Kürvers: *Das Berliner Mietshaus 1862–1945,* Bd. 2, München 1984

Tim Nachum Gidal: *Chronisten des Lebens. Die moderne Fotoreportage,* Berlin 1993

Otto Groth: *Die unerkannte Kulturmacht. Grundlegung der Zeitungswissenschaft,* 2 Bde., Berlin 1960–72

Franz Hessel: *Spazieren in Berlin,* Wien/Leipzig 1929; Neuausgabe: *Ein Flaneur in Berlin.* Mit Fotografien von Friedrich Seidenstücker, Berlin 1984

Bernd Hüppauf: Kriegsfotografie, in: Wolfgang Michalka (Hrsg.): *Der Erste Weltkrieg. Wirkung Wahrnehmung Analyse,* München/Zürich 1994

Sigrid und Wolfgang Jacobeit: *Illustrierte Alltags- und Sozialgeschichte Deutschlands. 1900–1945,* Münster 1995

Wolfgang Jansen: *Das Varieté,* Berlin 1990

Harry Graf Kessler: *Tagebücher 1918–1937,* hrsg. von Wolfgang Pfeiffer-Belli, Frankfurt a. M. 1961

Gabriele Klein: *FrauenKörperTanz,* Berlin 1992

Eberhard Kolb: *Die Weimarer Republik,* München 1993

Jürgen Kuczynksi: *Geschichte des Alltags des deutschen Volkes. 1918–1945,* Köln o.J.

Irene Lusk und Gabriele Dietz (Hrsg.): *Die wilden Zwanziger. Weimar und die Welt 1919–1933,* Berlin 1986

Wilhelm Marckwardt: *Die Illustrierten der Weimarer Zeit,* München 1982

Peter de Mendelsohn: *Zeitungsstadt Berlin,* Frankfurt a. M./Berlin/Wien 1982

Karen M. Moores: *Presse und Meinungsklima in der Weimarer Republik,* Mainz 1997

Hans Mommsen: *Aufstieg und Untergang der Repubik von Weimar 1918-1933,* Berlin 1998

Horst Möller: *Weimar. Die unvollendete Demokratie,* München 1985

Rainer Otto und Walter Rösler: *Kabarettgeschichte. Abriß des deutschsprachigen Kabaretts,* Berlin 1977

Detlev J. K. Peukert: *Die Weimarer Republik,* Frankfurt a. M. 1982

Rudolf Pörtner (Hrsg.): *Alltag und Jugend in unruhiger Zeit,* München 1993

Hagen Schulze: *Weimar. Deutschland 1917–1933,* Berlin 1994

Bernd Weise: Fotojournalismus. Erster Weltkrieg – Weimarer Republik, in: Klaus Honnef, Rolf Sachsse und Karin Thomas (Hrsg.). *Deutsche Fotografie. Macht eines Mediums 1870–1970,* Köln 1997

John Willett (Hrsg.): *Die Weimarer Kultur: eine Kultur mit gewaltsamen Ende,* Stuttgart 1986

Heinrich August Winkler: *Weimar 1918–1933. Die Geschichte der ersten deutschen Demokratie,* München 1998

Heinrich August Winkler und Alexander Cammann (Hrsg.): *Weimar – ein Lesebuch zur deutschen Geschichte 1918–1933,* München 1997

Weimarer Republik, hrsg. vom Kunstamt Kreuzberg und dem Institut für Theaterwissenschaft der Universität Köln, Berlin und Hamburg 1977

Textnachweis

Textauszüge, die direkt auf der Buchseite als „Originalbildzeile“ oder „Originaltext der Fotoreportage“ ausgewiesen sind, stammen von der Rückseite des entsprechenden Originalabzugs der verwendeten Fotografie oder waren den Bildserien als Typoskript beigefügt; es sind zeitgenössische Dokumente, die – soweit sie erhalten geblieben sind – originalgetreu, nach der heutigen Rechtschreibung korrigiert wiedergegeben wurden. Verfaßt wurden diese Dokumente entweder durch den Fotografen selbst oder einen Redakteur der Agentur, die diese Fotografien vertrieb. Die Texte geben somit die unterschiedlichen Sichtweisen der Bildjournalisten wieder, nicht die der Redaktionen, die die Bilder und die dazugehörigen Texte verwendeten. Inwieweit die Texte redigiert und schließlich auch gedruckt wurden, läßt sich nur an den Zeitungen und Illustrierten selbst überprüfen. Stichproben unsererseits lassen jedoch nur Vermutungen über diesen Aspekt der Mediengeschichte zu.

Alle weiteren Textauszüge stammen aus zeitgenössischen Quellen. Der Verlag hat sich bis Redaktionsschluß bemüht, alle Rechteinhaber der weiteren Textauszüge ausfindig zu machen. Personen und Institutionen, die möglicherweise nicht erreicht wurden und Rechte an verwendeten Textauszügen beanspruchen, werden gebeten, sich nachträglich mit dem Verlag in Verbindung zu setzen.

(o = oben, u = unten, re = rechts, li = links, Mi = Mitte)

Und indem ihr seht…

9 Kurt Korff, in: *Berliner Illustrirte Zeitung,* Nr. 50, 1919 **11** Holger Böning: Eine kapitale Ente, in: *Die Zeit,* Nr. 11, 11.3.1999 **16/17** Kurt Korff, in: *Berliner Illustrirte Zeitung,* Nr. 50, 1919 **17 re:** Arthur Liebert: Unsere Zeitung und unsere Zeit. Eine kulturphilosophische Würdigung, in: *Zeitungs-Verlag,* 27. Jg., Nr. 26, 25.6.1926, S. 17 **18 Mi, o:** Kurt Korff, zit. nach: Peter de Mendelsohn: *Zeitungsstadt Berlin,* Ullstein, Frankfurt a.M./Berlin/Wien 1982, S. 152 **18 Mi, u:** Jest van Rennings: *Die gefilmte Zeitung. Werden, Struktur, Wirkung, Wesen und Aspekte der Filmwochenschau,* unveröffentl. Diss., München 1956, S. 156 **18 re:** Otto Groth: *Die unerkannte Kulturmacht. Grundlegung der Zeitungswissenschaft,* de Gruyter, Berlin 1960–72, Bd. 2, S. 205 **22** Siegfried Kracauer: Die Photographie, in: ders.: *Das Ornament der Masse,* Suhrkamp, Frankfurt a.M. 1963, S. 33 **23** Kurt Korff: Die Berliner Illustrirte, in: *50 Jahre Ullstein 1877–1927,* S. 290–291 **24 re:** André Kertész, in: Tim Nachum Gidal: *Chronisten des Lebens. Die moderne Fotoreportage,* Edition q, Berlin 1993, S. 27 **25 li:** Willy Stiewe: *Das Bild als Nachricht,* C. Duncker Verlag, Berlin 1933, S. 87; **re, o:** Gidal 1993, a.a.O., S. 40; **re, Mi:** ebd.; **re, u:** Wilhelm Marckwardt: *Die Illustrierten der Weimarer Zeit,* Minerva Publikation, München 1982, S. 113 **30** Stefan Lorant, zit. nach: ebd., S. 123 (Übersetzung des Autors) **31 li/re:** Egon Erwin Kisch: Ein Reporter wird Soldat, in: Wolfgang R. Langenbucher (Hg.): *Sensationen des Alltags,* Verlag Ölschläger, München 1992, S. 58; **re:** Curt Riess: Weltbühne Berlin, in: Rudolf Pörtner (Hg.): *Alltag und Jugend in unruhiger Zeit,* dtv, München 1993, S. 30–54, S. 54 **34 li, o:** Harry Pross: Presse – 14 Jahre zwischen Glanz und Ignoranz, in: Hilmar Hoffmann und Heinrich Klotz (Hg.): *Die Kultur unseres Jahrhunderts 1918–1933,* Econ, Düsseldorf 1993, S. 212 f.; **li, u/Mi, o:** Paul Schlesinger, zit. nach: de Mendelsohn 1982, a.a.O., S. 362 **35/36** Kurt Koszyk: *Deutsche Presse 1914–1945,* Coloquium Verlag, Berlin 1972, S. 330 **36 u:** Willy Münzenberg, in: *Der Arbeiterfotograf,* Heft 5, 1931, S. 99 **37** Joseph Goebbels, zit. nach: Michaela Haibl: Unterhaltung, in: Wolfgang Benz, Hermann Graml und Hermann Weiß (Hrsg): *Enzyklopädie des Nationalsozialismus,* dtv, München 1997, S. 181

Im November war ich rot

44 Bertolt Brecht: Trommeln in der Nacht, 1922, in: ders.: *Gesammelte Werke 1.* Stücke, Werkausgabe Edition Suhrkamp, Frankfurt a.M. 1967, S. 112 **45** Erich Ludendorff, zit. nach: Albrecht von Thaur: *Generalstabsdienst an der Front und in der OHL,* Göttingen 1958, S. 235 **48** Friedrich Ebert: *Schriften, Aufzeichnungen, Reden. Mit unveröffentlichten Erinnerungen aus dem Nachlaß,* Reissner, 2 Bände, Dresden 1926, Bd. 2, S. 127 **50 o:** Karl Liebknecht: *Gesammelte Reden und Schriften,* hrsg. vom Institut für Marxismus-Leninismus beim Zentralkomitee der SED, Dietz, Berlin 1968, Bd. 9, Mai 1916 bis 15. Januar 1919, S. 594 f.; **u:** Friedrich Ebert, zit. nach: Prinz Max von Baden, *Erinnerungen und Dokumente,* 1927, hrsg. von Golo Mann und Andreas Burckhardt, Stuttgart 1968, S. 567 **53** Friedrich Ebert: *Schriften, Aufzeichnungen, Reden,* a.a.O., Bd. 2, S. 127 **57 Mi:** Aufruf des KPD-Spartakusbundes und der USPD am 5.1.1919, zit. nach: *Geschichte der deutschen Arbeiterbewegung,* hrsg. vom Institut für Marxismus-Leninismus beim Zentralkomitee der SED, von 1917 bis 1923, Dietz, Berlin 1966, Bd. 3, Originalausgabe S. 533; **re:** Theodor Wolff: *Der Marsch durch zwei Jahrzehnte,* de Lange, Amsterdam 1936, S. 219 **59 li:** Appell in Berlin am 1.1.1919, zit. nach: *Weimarer Republik,* hrsg. vom Kunstamt Kreuzberg und dem Institut für Theaterwissenschaft der Universität Köln, 3. verb. Aufl., Elefantenpress, Berlin und Hamburg 1977, S. 133 **59 Mi:** Gustav Noske: *Von Kiel bis Kapp. Zur Geschichte der deutschen Revolution,* Verlag für Politik und Wirtschaft, Berlin 1920, S. 67 f. **59 re:** Regierungsaufruf zur Bildung von Freikorps, zit. nach: *Weimarer Republik,* 1977, a.a.O., S. 140 **60 o:** Karl Liebknecht:

Trotz alledem!, 1919, zit. nach: ebd., S. 147; **u:** Karl Retzlaw: *Spartakus. Aufstieg und Niedergang. Erinnerungen eines Parteiarbeiters*, Verlag Neue Kritik, Frankfurt a.M. 1972, S. 120 f.

Deutschland, Deutschland ...

65 Kurt Tucholsky: *Deutschland, Deutschland über alles*, Berlin 1929, Neuaufl. Rowohlt, Reinbek b. Hamburg 1980, S. 12 u. S. 230 **66 re, o:** Theodor Wolff: *Der Marsch durch zwei Jahrzehnte*, 1936, a.a.O., o.S.; **re, u:** Wolfgang Stresemann: *Mein Vater Gustav Stresemann*, München/Berlin 1979, S. 171 **68/69** Aufruf der Regierung Bauer, zit. nach: Hagen Schulze: *Weimar. Deutschland 1917–1933*, Siedler Verlag, Berlin 1994, S. 218 **69 re:** General von Seeckt, zit. nach: Hans Meier-Welcker: *Seeckt*, Frankfurt a.M. 1967, S. 261. Vgl. auch Friedrich von Rabenau (Hg.): *Hans von Seeckt. Aus meinem Leben. 1918–1936*, v. Hase & Koehler, Leipzig 1940, S. 221, wonach Seeckt „Truppe schießt nicht auf Truppe" gesagt haben soll. Zit nach: Horst Möller: *Weimar. Die unvollendete Demokratie*, dtv, München 1985, S. 146 **70 Mi:** Christliche Welt, zit. nach: Kurt Hirsch: *Die Blutlinie*, Röderberg-Verlag, Frankfurt a.M. 1960; o.S.; **re, o:** Joseph Wirth, zit. nach: Schulze 1994, a.a.O., S. 244 **72 li, u:** Erich Ludendorff: *Meine Kriegserinnerungen 1914–1918*, Verlag Ernst Siegfried Mittler und Sohn, Berlin 1919, S. 622 **74** Gustav Noske, zit. nach: Heinrich August Winkler: *Weimar 1918–1933. Die Geschichte der ersten deutschen Demokratie*, Beck Verlag, München 1998, S. 76 **79** Karl Radek, in: *Protokoll der Konferenz der Erweiterten Exekutive der Kommunistischen Internationale. Moskau. 12.–13. Juni 1923*, Hamburg 1922, Nachdruck: Mailand 1967, S. 147, s.a.S. 240–245 **80** Gustav Stresemann, zit. nach: Erich Eyck: *Geschichte der Weimarer Republik*, 2 Bände, Rentsch, Erlenbach/Zürich u.a. 1954, Bd. 1 (Vom Zusammenbruch des Kaisertums bis zur Wahl Hindenburgs), S. 441 **81** Arnold Zweig: *Bilanz der deutschen Judenheit*, Amsterdam 1934, Neuaufl. Querido Verlag, Berlin 1991, S. 68 **83** *Amtliche Broschüre der Stadt Berlin*, zit. nach: Weimarer Republik 1977, a.a.O., S. 172 **84** Proklamation vom 8.11.1923, zit. nach: ebd., S. 277

Damals war die schöne Zeit

95 Leonhard Frank: *Links wo das Herz ist*, Aufbau-Verlag, Berlin/Weimar 1952, S. 113 f. **96** Henry Bernhard (Hg.): *Gustav Stresemann. Vermächtnis. Der Nachlaß in drei Bänden*, Ullstein, Berlin 1932, Bd. 1, zit. nach: Schulze 1994, S. 300 **97 Mi:** Wolfgang Stresemann: Rede über Briand und Stresemann, in: *Rotarier*, 1974/75, S. 13 **98** Gustav Stresemann an Karl Jarres, zit. nach: Bernhard 1932, a.a.O., Bd. 3, S. 263 f. **100 li, o:** Schulze 1994, a.a.O., S. 295; **li, u/Mi, o:** Propaganda der KPD 1925, zit. nach: *Dokumente und Materialien zur Geschichte der deutschen Arbeiterbewegung*, Dietz, Berlin 1975, Bd. 8, S. 130–133; **Mi, Mi:** Theodor Wolff, in: *Berliner Tageblatt*, 27.4.1925; **Mi, u/re, o:** Gustav Stresemann, in: Bernhard 1932, a.a.O., Bd. 2, S. 60 f. **103 r, o:** Harry Graf Kessler: *Tagebücher 1918–1937*, hrsg. von Wolfgang Pfeiffer-Belli, Insel-Verlag, Frankfurt a.M., 1961, S. 439; **r, u:** Hindenburg in einer Rede vom 11.11.1925, zit. nach: Erich Marcks u.a.: *Paul von Hindenburg. Als Mensch, Staatsmann, Feldherr*, Berlin 1932, S. 104 **110** Kundgebung des Stahlhelms vom 8.5.1927, zit. nach: *Geschichte der deutschen Arbeiterbewegung 1966*, a.a.O., Bd. 4, S. 480 **113** Gustav Stresemann, zit. nach: Bernhard 1932, a.a.O., Bd. 3, S. 565 f. **114** Harry Graf Kessler: *Tagebücher*, a.a.O., S. 595

Wir sind ein armes Land!

117 Kurt Tucholsky: *Deutschland, Deutschland über alles*, Rowohlt, Reinbek bei Hamburg 1980, S. 46 **120 o:** Fritz Wolter: Die Korrumpierung der Presse, in: *Die Weltbühne*, 24.5.1923, S. 598; **u:** Ludwig Turek: *Ein Prolet erzählt. Lebensschilderung eines deutschen Arbeiters*, Malik-Verlag, Berlin 1930, Neuaufl. Verlag Neues Leben, Berlin 1957, S. 337 f. **122** Kommentar eines Hochofen- und Stahlwerkbetriebs 1922, zit. nach: Jürgen Kuczynksi: *Geschichte des Alltags des deutschen Volkes*, Bd. 5, 1918–1945, Pahl-Rugenstein, Köln o.J., S. 31 **135** Wohlfahrtsminister Hirtsiefer am 13.10.1928, zit. nach: Carl Dietmar: *Chronik Köln*, Bertelsmann, Gütersloh/München 1991, S. 369 **141** Protestnote des Vereins deutscher Zeitungsverleger am 3.11.1928, zit. nach: Marckwardt 1982, a.a.O., S. 98 **144** Kommentar zu einer Nahrungs- und Genußmittelstatistik der Jahre 1920–1923, zit. nach: Kuczynksi o.J., a.a.O., Bd. 5, S. 374 **147** Adolf Münzinger: *Der Arbeitsertrag der bäuerlichen Familienwirtschaft*, Berlin 1929, 2. Bd., S. 811 f.

Reich willst Du werden?

149 Joachim Ringelnatz: Komm, sage mir, was du für Sorgen hast, in: ders., *Ausgewählte Gedichte*, Rowohlt, Reinbek bei Hamburg 1987, S. 140 f. **151 re, o:** Arthur Rosenberg: *Geschichte der Weimarer Republik*, 1935, Neuaufl. hrsg. von Kurt Kersten, Frankfurt a.M. 1961, S. 171; **re/u:** Hans von Seeckt: Heer im Staat, 1928, in: ders.: *Gedanken eines Soldaten*, Verlag für Kulturpolitik, Leipzig 1935, S. 23 **154 o:** Franz Hessel: *Spazieren in Berlin*, Verlag Dr. Hans Epstein, Wien/Leipzig 1929; Neuausgabe: *Ein Flaneur in Berlin. Mit Fotografien von Friedrich Seidenstücker*, Das Arsenal, Berlin 1984, S. 193; **u:** Ein Leiter des Hamburger Wohnungsamtes, 1927, in: Sigrid und Wolfgang Jacobeit: *Illustrierte Alltags- und Sozialgeschichte Deutschlands. 1900–1945*, Verlag Westfälisches Dampfboot, Münster 1995, S. 336 **159** Fritz Huschke von Hanstein: Fritz des Kleinen Pferd hieß Spatz. Das Rittergut an der Werra – Eine Jugend auf dem Lande: politikfern, aber stramm deutschnational, in: Pörtner 1993, a.a.O., S. 233–249. S. 241 und 245 **164** Dr. S. Buttenwieser, 1930, zit. nach: Kuczynski o.J., a.a.O., Bd. 5, S. 121 **167** *Soziale Praxis*, Heft 9, Berlin 1923 **173** Wolfgang Stresemann: *Mein Vater Gustav Stresemann*, Herbig, München/Berlin 1979, o.S. **182** Werner Picht und Eugen Rosenstock: *Der Kampf um die Erwachsenenbildung 1912–1926*, Quelle & Meyer Verlag, Leipzig 1926, S.49 **191 li:** Dr. Schmidt, in: *Strafvollzug in Preußen*, hrsg. vom Preußischen Innenministerium, Mannheim/Berlin/Leipzig 1928, S. V; **re:** Staatssekretär Hölscher, in: ebd., S. 3 **192** Agnes Neuhaus, in: *Strafvollzug in Preußen*, hrsg. vom Preußischen Innenministerium, Mannheim/Berlin/Leipzig 1928, S. 117 **195** Carl Zuckmayer: *Als wär's ein Stück von mir. Horen der Freundschaft*, S. Fischer Verlag, Frankfurt a.M./Hamburg 1969, S. 286

Siehst Du, so ist die Welt ...

209: Bertolt Brecht: Der Aufstieg und Fall der Stadt Mahagonny, Berlin 1928/29, in: *Die Stücke von Bertolt Brecht in einem Band*, Suhrkamp, Frankfurt a.M. 1978, S. 203–226, S. 213 **210 Mi:** Stephen Spender: World within world, 1951, zit. nach: *Stephen Spenders självbiografi*, Stockholm 1957, S. 132 (freie Übersetzung des Autors) **210 re:** Gottfried Benn, zit. nach: Detlev J. K. Peukert: *Die Weimarer Republik*, Suhrkamp Verlag, Frankfurt a.M. 1982, S. 186 **213 o:** Walter Gropius: NEUE BAUHAUSBÜCHER, Bauhausbauten Dessau, 2., unveränd. Aufl., Gebr. Mann Verlag, Berlin 1997, zit. nach: *Bauhausbauten Dessau. Bauhausbücher 12*, München 1930, S. 11 **214** Max Greil, zit. nach: Magdalena Droste. *Bauhaus 1919–1933*, Köln 1993, Benedikt Taschen Verlag, S. 113 **218** Tilla Durieux: *Eine Tür fällt ins Schloß*, 1927, Silver & Goldstein, Berlin 1989, S. 223 **221:** Erich Mühsam: Unpolitische Erinnerungen, in: Helmut Kreuzer. *Die Boheme. Beiträge zu ihrer Beschreibung*, Metzler, Stuttgart 1968, S. 17 **222 o:** John Heartfield/George Grosz, in: Der Gegner, zit. nach: Manfred Brauneck (Hg.): *Die rote Fahne. Kritik, Theorie, Feuilleton 1918–1933*, Fink, München, S. 1973, S. 63 **223 u:** Karl Deutsch: Die Maschine als Bühnenelement, in: *Weimarer Republik 1977*, a.a. O., S. 788 **224** Ernst Toller: Ein deutscher Hinkemann. Antikriegsschauspiel, 1923, zit. nach: Ernst Toller: *Hinkemann. Eine Tragödie, Dramen der Zeit 1954*, S. 95; Neuaufl. *Gesammelte Werke in fünf Bänden*, hrsg. von John M. Spalek und Wolfgang Frühwald © 1996 Carl Hanser Verlag, München/Wien **225** Ernst Toller: *Eine Jugend in Deutschland*, 1933, S. 161, Neuaufl. ebd. © 1996 Carl Hanser Verlag, München/Wien **226 o:** Max Reinhardt: Auf der Suche nach dem lebendigen Theater, 1924, in: ders.: *Ich bin nichts als ein Theatermann. Briefe, Reden, Aufsätze, Gespräche, Auszüge aus Regiebüchern*, hrsg. von Hugo Fetting, Henschel-Verlag, Berlin 1989, S. 228 f. © Dornier Medienholding, Berlin **226 u:** Hugo von Hofmannsthal: Jedermann. Das Spiel vom Sterben des reichen Mannes, in: ders.: *Dramen*, S. Fischer Verlag, Frankfurt a.M. 1969, Bd. 3, o.S. **229 li:** Elias Canetti: *Die Fackel im Ohr. Lebensgeschichte 1921–1931*, Carl Hanser Verlag, München/Wien 1980, S. 282 **229 re:** Alfred Döblin: Der Geist des naturalistischen Zeitalters, Dezember 1924, in: ders.: *Schriften zur Ästhetik, Poetik und Literatur* © 1989 Walter Verlag, Düsseldorf/Zürich, S. 188 f. **230 o:** Albert Einstein: Über den Frieden. Weltordnung oder Weltuntergang?, in: *Menschenrechte*, 11.11.1928, zit. nach: Otto Nathan und Heinz Norden (Hg.), Verlag Herbert Lang & Cie., Bern 1975, S. 111; **Mi, o:** Heinrich Mann: Sinn und Idee der Revolution, Ansprache 1918, in: *Münchner Neueste Nachrichten*, Nr. 607, 1.12.1918; **Mi u:** Thomas Mann: Von deutscher Republik, Vortrag 1922, in: *Berliner Tageblatt*, Nr. 469, 17.10.1922; **u:** *Berliner Tageblatt*, Nr. 469, 17.10.1922 **232 li:** Max Reinhardt: *Ausgewählte Briefe, Reden und Schriften*, hrsg. von Franz Hadamowsky, Prachner, Wien 1963, S. 91 © Dornier Medienholding, Berlin **233 re:** Konrad Haenisch: Warum feiern wir Gerhart Hauptmann?, in: *Die Volksbühne*, Nr. 3, 1922, S. 34–36 **324** Arnold Zweig: Bilanz der deutschen Judenheit, Querido Verlag, Amsterdam, 1934, zit. nach: ders.: *Bilanz der deutschen Judenheit. Ein Versuch*, Reclam, Leipzig 1991, S. 210 **237** Käthe Kollwitz: *Tagebuchblätter und Briefe*, hrsg. von Hans Kollwitz, Gebr. Mann Verlag, Berlin 1949, S. 100 f. **239 li:** Yehudi Menuhin, in: Otto Friedrich: *Morgen ist Weltuntergang. Berlin in den zwanziger Jahren*, Nicolai Verlag, Berlin 1998, S. 215 **239 re:** Ein Anwesender bei der Uraufführung der Oper Wozzeck von Alban Berg am 14.12.1925, in: ebd. S. 222 **243** Rudolf von Laban: The Mastery of Movement, London 1950, zit. nach: ders.: *Die Kunst der Bewegung*, Wilhelmshaven 1996, S. 7 **247** Mary Wigman: *Deutsche Tanzkunst*, Dresden 1935, S. 10 **249 o:** Friedrich Hollaender: Das bist Du!, in: Rainer Otto und Walter Rösler: *Kabarettgeschichte. Abriß des deutschsprachigen Kabaretts*, Henschel-Verlag, Berlin 1977, S. 98; **u:** Ein Kritiker über Hollaender, in: ebd. S. 100 **251** Elisabeth Bergner: *Bewundert viel und viel gescholten... Elisabeth Bergners unordentliche Erinnerungen*, Bertelsmann, München 1978, S. 90 **252** Josef von Sternberg: *Ich, Josef von Sternberg*, Erhard Friedrich Verlag, bei Hannover 1967, S. 140 f. **254** Fritz Lang: Wege des großen Spielfilms in Deutschland, in: *Literarische Welt* 2, Nr. 40, 1.10.1926, S. 3

Wochenend und Sonnenschein

257 Comedian Harmonists: *Wochenend und Sonnenschein*, Duophon, Berlin 1930, aus dem Film: Chasing Rainbows (1929), Originaltitel: Happy Days are here again, Originaltext: Jack Yellen, Deutscher Text: Charles Amberg, Musik: Milton Ager © Ager, Yellen & Bornstein Inc., New York **259** Herbert Marcuse: Der affirmative Charakter der Kultur, 1932, in: ders.: *Kultur und Gesellschaft I*, Suhrkamp, Frankfurt a.M. 1980, S.

68 **260 o:** Zwei Jugendliche Arbeiterinnen über ihre Sonntagsausflüge, zitiert nach: Kuczynski o.J., a.a.O., S. 344 ff.; **u:** Interview mit Albert Joost, in: Bernd Polster (Hg.): *„Swing Heil". Jazz im Nationalsozialismus,* Transit Verlag, Berlin 1989, S. 95 **263** Franz Hessel: *Ein Flaneur in Berlin,* a.a.O., S. 186 f. **267** Tilla Durieux: *Eine Tür fallt ins Schloß,* a.a.O., S. 179 **269** Rudolf Kayser: Amerikanismus, 1925, in: *Vossische Zeitung,* Nr. 458, 27.9.1925 **270** Eduard Bernstein: Die Geschichte der Berliner Arbeiter-Bewegung, Bd. 3, Berlin 1910, zit. nach: Gerhard Brunn und Jürgen Reulecke (Hrsg): *Metropolis Berlin. Berlin als deutsche Hauptstadt im Vergleich europäischer Hauptstädte 1870–1939,* Bouvier, Bonn/Berlin 1992, S. 88 **271 o:** George Grosz, zit. nach: Cay Rademacher, Der Schnee der Zwanziger, in: *GEO Spezial,* Berlin, Nr. 1, Februar 1999, S. 134–142, S. 134; **u:** Carl Zuckmayer: *Als wär's ein Stück von mir,* S. Fischer Verlag, Frankfurt a.M. 1980, S. 328 **273** Franz Hessel: *Ein Flaneur in Berlin,* a.a.O., S. 48 f. **279** Ein Varietéfreund, zit. nach: Wolfgang Jansen: *Das Varieté. Die glanzvolle Geschichte einer unterhaltenden Kunst,* Berlin 1990, S. 179 **282** Ludwig Jürgens: *Sankt Pauli. Bilder aus einer fröhlichen Welt,* H. Köhler Verlag, Hamburg 1930, S. 5 **285** Egon Erwin Kisch: Ein Abend in St. Pauli, in: Welt am Abend, 4.2.1931, in: ders.: *Mein Leben für die Zeitung 1926–1947. Journalistische Texte 2,* Aufbau Verlag, Berlin/Weimar 1983, S. 261 **287** Franz Hessel: *Ein Flaneur in Berlin,* a.a.O., S. 263 **289** Harry Graf Kessler: *Tagebücher,* a.a.O., S. 667

Alles bricht zusammen!

293 Aufruf der KPD, zit. nach: Kurt R. Grossman: *Ossietzky. Ein deutscher Patriot,* Kindler, München 1963, S. 233 **295** Ludwig Kaas: Rede zur Generalversammlung der Deutschen Katholiken in Freiburg, August 1929, zit. nach: Rudolf Morsey: Die Deutsche Zentrumspartei, in: ders. und Erich Matthias: *Das Ende der Parteien,* Droste, Düsseldorf 1960, S. 291 **298** Stephen Spender: *World within world,* a.a.O., S. 129 f. (freie Übersetzung des Autors) **301 li:** Rundfunkrede Schleichers vom 15.12.1932, in: *Akten der Reichskanzlei. Kabinett v. Schleicher,* S. 141–145. S. 141, in: Eyck 1954, a.a.O., Bd. 2, S. 503 **302 o:** Wahlaufruf der SPD, in: *Vorwärts,* Nr. 335, 20.7.1930 **u:** Adolf Hitler vor dem Reichsgericht 1930, in: Friedrich A. Krummacher und Albert Wucher: *Die Weimarer Republik. Ihre Geschichte in Texten, Bildern und Dokumenten,* Desch, Wien u.a. 1965, S. 306 **305** Joseph Goebbels: Wege ins Dritte Reich. Briefe und Aufsätze für Zeitgenossen, München 1927, S. 26–29, zit. nach: Ulrich Höver: *Joseph Goebbels: ein nationaler Sozialist,* Bouvier, Bonn/Berlin, S. 81 **306** Ernst Thälmann auf dem Parteitag der KPD am 10.6.1929, *Protokoll der Verhandlungen des XII. Parteitages der Kommunistischen Partei Deutschlands. Berlin-Wedding 9.–16. Juni 1929,* Frankfurt a.M. 1975, S. 75 ff. **309** B. Nelissen Haken: Stempelchronik, Hamburg 1932, zit. nach: Kuczynski o.J., a.a.O., S. 107 **310** Willy Münzenberg, Ansprache auf dem Solidaritätstag 1931, in: *Weimarer Republik* 1977, a.a.O., S. 575 **312 o:** Oberst Kühlenthal, in: *Documents on British Foreign Policy, 1919–1939,* hrsg. von E. L. Woodward und Rohan Butler, Second Series, Vol. 1, Chrown Edition, London 1947, S. 479 (freie Übersetzung des Autors); **u:** Adolf Hitler: *Mein Kampf,* Bd. 1, 1925, Eher-Verlag, München 1934, S. 197 f. **313 li:** Joseph Goebbels, zit. nach: Wilfried Ranke: *Propaganda.* S. 34–49, S. 41, in: Benz u.a. 1997, a.a.O.; **re:** Joseph Goebbels, zit. nach: Winkler 1998, a.a.O., S. 445 **317** Sir Horace Rumbold, in: Eyck 1954, a.a.O., Bd. 2, S. 490 f. **318 o:** Sturmlied der SA, in: Peter Longerich: Die SA, in: Heinrich August Winkler und Alexander Cammann (Hg.): *Weimar – ein Lesebuch zur deutschen Geschichte 1918–1933,* Beck, München 1997, S. 318; **u:** Kampfgesang der kommunistischen Gruppe „Roter Wedding", in: *Mit Lenin! 50 Kampflieder,* Verlag Junge Garde, Berlin 1929/30 **320 li:** Rundschreiben der KPD, zit nach: *Die Generallinie. Rundschreiben des Zentralkomitees der KPD an die Bezirke 1929–1933.* Eingeleitet und bearbeitet von Hermann Weber, Düsseldorf 1981, S. 526–534; **re, o:** Heinz Kühn: *Widerstand und Emigration. Die Jahre 1928–1945,* Hoffmann und Campe, Hamburg 1980, S. 49; **re, u:** Arkadij Gurland: Tolerierungsscherben – und was weiter? In: *Marxistische Tribüne* 2, Nr. 12, 15.06.1932, S. 351–356, S. 352 f. **323 o:** Ein Mieterrat 1932, zit. nach: Johann Friedrich Geist und Klaus Kürvers: *Das Berliner Mietshaus 1862–1945,* Prestel, München 1984, Bd. 2, S. 421 **324 o:** Joseph Goebbels: *Die Tagebücher von Joseph Goebbels. Sämtliche Fragmente,* hrsg. von Elke Fröhlich im Auftrag des Instituts für Zeitgeschichte und in Verbindung mit dem Bundesarchiv, K. G. Saur, München u.a. 1987, Bd. 2, S. 271 © 1987 Rechtsanwältin Cordula Schacht **326** Rundfunkrede Schleichers vom 15.12.1932, a.a.O., S. 141 **327** Carl von Ossietzky, zit. nach: *Weimarer Republik 1977,* a.a.O., S. 403 f. **328 o:** Theodor Wolff: Was tut Lehmann? In: *Berliner Tageblatt,* 18.09.1932, in: Bernd Sösemann (Hg.): Theodor Wolff. Der Journalist. Berichte und Leitartikel, Düsseldorf/Wien/New York/Moskau 1993, S.337–341, S. 337 und 340 f.; **Mi o:** Joseph Goebbels: *Tagebücher,* a.a.O., Bd. 2, S. 331 f.; **Mi u:** Reichspräsident Hindenburg, zit. nach: Thilo Vogelsang: *Reichswehr, Staat und NSDAP. Beiträge zur deutschen Geschichte 1930–1932,* Stuttgart 1962, S. 440; **u:** Ernst Breitschied, in: *Anpassung oder Widerstand? Aus den Akten des Parteivorstands der deutschen Sozialdemokratie 1932/33,* zit. nach: Schulze 1994, a.a.O., S. 145 f.

Spazieren in Berlin

331 Franz Hessel: *Ein Flaneur in Berlin,* a.a.O., S. 273 **332 li:** ebd., S. 275; **re:** Egon Erwin Kisch: Berlin in der Arbeit, in: *Mein Leben für die Zeitung,* a.a.O., S. 37 **335 o:** Walter Mehring: *Das Ketzerbrevier,* Claassen Verlag, Düsseldorf (heute München) 1921, S. 28; **u:** Karl Baedeker (Hg.): *Berlin und Umgebung, Handbuch für Reisende,* Karl Baedeker Verlag, 19. Aufl., Leipzig 1921, S. 39 und 46 **337 o:** Franz Hessel: *Ein Flaneur in Berlin,* a.a.O., S. 94; **u:** Erich Kästner: *Fabian,* Deutsche Verlags-Anstalt, Stuttgart 1931, Originalausgabe, S. 273 **341 li:** „Solang noch Untern Linden", Marschlied aus der Revue „Drunter und Drüber", Musik: Walter Kollo, Text: Herman Haller und Willi Wolff © 1923 Vuvag, Berlin; zit. nach: Walter Kollo: *Chorusbuch, Dreiklang – Dreimasken Bühnen- und Musikverlag,* Berlin/München 1978, S. 59 f.; **re:** Walter Benjamin: Die Wiederkehr des Flaneurs, in: *Die Literarische Welt,* Jg. 5, Nr. 40, 4.10.1929 **342** Gustav Radbruch: Referat über die Rechtspflege, in: Artur Kaufmann (Hg.): *Gustav Radbruch. Band 13. Politische Schriften aus der Weimarer Zeit. 2. Justiz, Bildungs- und Religionspolitik,* C. F. Müller Juristischer Verlag, Heidelberg 1993 **345** Travestie der Berliner auf ein Lied aus der Operette Gasparone von Karl Millöcker (1884), zit. nach: Walter Kiaulehn: *Berlin – Schicksal einer Weltstadt,* Biederstein, München/Berlin 1958, Neuaufl. dtv 1981, S. 237 **350 li:** Carl von Ossietzky, zit. nach: Walther Kiaulehn: *Keine Zeit, keine Zeit, keine Zeit!* In: Winkler/Cammann 1997, a.a.O., S. 149–151, S. 150; **re:** Fritzi Massary, in: Die Dame – Ein deutsches Journal für den verwöhnten Geschmack, zit. nach: Herman Glaser: *Das Automobil. Eine Kulturgeschichte in Bildern,* Beck, München 1986, S. 24 **353** Friedrich Kroner: Das Auto meiner Frau, in: Christian Färber (Hg.): *Die Dame – Ein deutsches Journal für den verwöhnten Geschmack. 1912–1943,* Berlin 1980, S. 148 **359** Paul Michaelis: *Der Robinson der Robinsons. Eine humoristische und sozialistische Erzählung für die Arbeiter- und Fortbildungsschul-Jugend,* Verlag der Leipziger Buchdruckerei AG, Leipzig 1921, S. 45 **360** Franz Hessel: *Ein Flaneur in Berlin,* a.a.O., S. 8 f. **363 li:** Heinrich Zille: Mein Lebenslauf. Aufgezeichnet für die Akademie der Künste in Berlin, in: *Kunst und Künstler,* Jg. 23, Berlin 1925, S. 62 ff.; **re:** Lied, zit. nach: Winfried Ranke: *Vom Milljöh ins Milieu. Heinrich Zilles Aufstieg in der Berliner Gesellschaft,* Fackelträger, München 1979, S. 300 **365** Intellektuelle über den Stammtisch, zit. nach: Georg Wedemeyer: *Kneipe & politische Kultur,* Centaurus-Verlagsgesellschaft, Pfaffenweiler 1990, S. 24 **366** Reklamesprüche für Witwenbälle, in: Franz Hessel: *Ein Flaneur in Berlin,* a.a.O., S. 47 **367** Franz Blei: Beweise für die Liebe, in: ders.: *Lehrbuch der Liebe und Ehe,* Avalun-Verlag, Hellerau bei Dresden 1928, S. 112 **369 o:** „Das gibt's nur einmal", aus dem Ufa-Film „Der Kongreß tanzt", Musik: Werner Richard Heymann, Text: Robert Gilbert © 1931 Ufaton-Verlag, Berlin/München; zit. nach: *Das große Schlagerbuch, Deutsche Schlager von 1800 bis heute,* hrsg. von Monika Sperr, München 1978, S. 161; **u:** Irmgard Keun: *Gilgi, eine von uns,* Universitas Deutsche Verlags-Aktiengesellschaft, Berlin 1931, S. 9 **370** Franz Blei: Sexuelle Not der Eltern, in: ders.: *Lehrbuch der Liebe und Ehe,* a.a.O., S. 17

Von Adenauer bis Zuckmayer

405 Theodor Wolff, Kommentar zur Wahl Hindenburgs 1925, in: *Berliner Tageblatt,* Nr. 197, 27.4.1925 **406** C. A. Kanitzberg: Der neue Weg, in: *Der Photofreund,* Berlin 1933 **407** Deutsche Bilder in der Presse, in: *Deutsche Nachrichten,* Nr. 32, 2. Augustheft, 1933, S. 7 f.

Bildnachweis

Die überwiegende Zahl der Abbildungen, die hier nicht im einzelnen aufgelistet sind, stammen aus dem Archiv des Schwedischen Fernsehens, SVT Bild, Sveriges Television AB, Stockholm, © SVT Bild/Das Fotoarchiv

© Bildarchiv Preußischer Kulturbesitz, Berlin: S. 392 re/Foto: Nina v. Jaanson; S. 406
© Ullstein Bilderdienst, Berlin: S. 380 o, re; S. 383; S. 385 li; S. 390 re; S. 393 Mi; S. 395 re; S. 396 Mi, o; S. 403 re
© VG Bild-Kunst, Bonn 1999: George Grosz, *Der Aufwiegler,* S. 222; Max Liebermann, *Selbstporträt,* S. 392 u, li

Vorsatz: „Zeitungsstadt Berlin 1918–1933": Berlin I, Karte zum Kapitel: Berlin und Potsdam, aus: *Deutschland in einem Band. Kurzes Reisehandbuch von Karl Baedeker. Mit 25 Karten und 73 Plänen,* 4. Auflage, Karl Baedeker, Leipzig 1925 © Karl Baedeker GmbH, Ostfildern

Danksagung

Ein Buch wie *Die Weimarer Zeit* ist das Resultat von Teamarbeit. Von größter Bedeutung für dieses Werk war die sachkundige und kenntnisreiche Bildrecherche nach Pressefotografien aus den 20er Jahren, die meine Kollegen Tove Kleiven und Brigitta Werner bei SVT-Bild, Sveriges Television AB, durch Jahre unermüdlicher Arbeit in den hintersten Winkeln des Archivs geleistet haben. Ihnen ist es überwiegend zu verdanken, daß dieser geschichtlich bedeutende Bildfundus aus der Versenkung ans Licht geholt werden konnte.

Torsten Palmér

Auch über die Entfernung Essen-Stockholm ist enge und konstruktive Zusammenarbeit möglich: herzlichen Dank an Torsten Palmér, Tove Kleiven und Brigitta Werner. Bei der Literaturrecherche haben mich Thomas Morlang und Andreas Schäfer unterstützt, die zugleich die verschiedenen Textstadien gegengelesen haben. Dr. Volker Guckel warf wie immer sein kritisches Auge auf vorletzte Fassungen des Textes. Besonderer Dank für „positive vibrations“ im hier und jetzt gebührt „meinen“ mittlerweile drei Frauen: Regina Berkowitz und Nora Britt Edda Neubauer bekamen Mitte Juli 1999 während der hitzigsten Schreibphase Verstärkung durch Lynn Inger Carlotta.

Hendrik Neubauer

Für Unterstützung bei der Recherche für das Personenglossar dankt Patrick Bierther Daniel Magilow, Olivier Lugon, Patricia Edgar und ihren Kolleginnen von der Photographischen Sammlung der SK Stiftung Kultur, Köln; Brooke Henderson, Getty Museum, Los Angeles; Rainer Laabs, Ullstein GmbH, Berlin; Dr. Margret Heitmann, Salomon Ludwig Steinheim-Institut für deutsch-jüdische Geschichte, Duisburg; Karin Weber-Andreas, Berlin; Jola Merten, Berliner Morgenpost, Berlin; Silvia Volpato, Essen.

Darüberhinaus dankt der Verlag Regine Ermert für Korrektorat und Erstellung des Registers; Astrid Roth und Matthias Rebel für die Recherche historischer Quellen; Astrid Schünemann für Bildrecherche sowie Sybille Carmanns und Annette Ocker für tatkräftige Unterstützung in der Projektkoordination und Endkorrektur.

ZEITUNGSSTADT BERLIN 1918–33

Verlage

1 Verlagshaus Mosse: Jerusalemer Str. 46–49
Berliner Tageblatt, Der Weltspiegel, 8Uhr-Abendblatt, Berliner Volks-Zeitung, Berliner Morgen-Zeitung

2 Ullstein Verlag: Kochstr. 22–26
(ab 1926 Druckhaus am Teltowkanal im Tempelhof)
Vossische Zeitung, Zeitbilder, Querschnitt, Tempo, Berliner Illustrirte Zeitung, Berliner Morgenpost, B. Z. am Mittag, Berliner Allgemeine Zeitung, Die Dame, Uhu, Ullsteins Blatt der Hausfrau

3 Scherl-Verlag (Scherl-Bilderdienst): Zimmerstr. 35–41
Nachtausgabe, Berliner Lokalanzeiger, Bilder vom Tage, Die Woche, Der Tag, Der Montag, Die Gartenlaube

4 Willy Münzenberger – Neuer Deutscher Verlag: Wilhelmstr. 48
Arbeiter-Illustrierte Zeitung

5 Wilhelm Greve AG: Ritterstr. 50–51
Deutsche Allgemeine Zeitung

6 Germania AG: Stralauer Str. 25
Germania

7 Vorwärts-Verlag GmbH: Lindenstr. 3
Vorwärts, Volk und Zeit

8 Vereinigte Zeitungsverlage GmbH: Friedrichstr. 225
Die Rote Fahne

9 VerlagsgmbH: Melchiorstr. 23
Die deutsche Illustrierte